La **Vía Rápida** del **MILLONARIO**

Título original: The Millionaire Fastlane: Crack the Code to Wealth and Live Rich for a Lifetime
Traducido del inglés por Francesc Prims Terradas
Diseño de portada: M. J. DeMarco
Tipografía: Fiona Raven
Maquetación: Toñi F. Castellón

© de la edición original
2011, M. J. DeMarco

© de la presente edición
EDITORIAL SIRIO, S.A.
C/ Rosa de los Vientos, 64
Pol. Ind. El Viso
29006-Málaga
España

www.editorialsirio.com
sirio@editorialsirio.com

I.S.B.N.: 978-84-17399-37-5
Depósito Legal: MA-1309-2018

Impreso en Imagraf Impresores, S. A.
c/ Nabucco, 14 D - Pol. Alameda
29006 - Málaga

Impreso en España

Puedes seguirnos en Facebook, Twitter, YouTube e Instagram.

M. J. DeMARCO

La **Vía Rápida** del
MILLONARIO

DESCUBRE EL CÓDIGO DE LA RIQUEZA
Y SÉ RICO DURANTE EL RESTO DE TU VIDA

EDITORIAL
SIRIO

Para Cakes:

Gracias por ser tanto una madre como un padre y por los sacrificios desinteresados que hiciste por tus hijos. Estoy cariñosamente en deuda con tu machacona insistencia maternal en que consiguiese un trabajo, aquello fue lo que me impulsó a rebelarme contra la mediocridad financiera.

Para Michele Hirsch:

No estoy seguro de si este libro existiría si no hubiese contado con tus palabras de aliento y apoyo durante esos primeros años en un «apartamento tipo estudio». No, no lo he olvidado.

Para la comunidad del Foro de la Vía Rápida:

Gracias por los constantes recordatorios de que tenía un trabajo que terminar.

Índice

Prefacio

LA «PROFECÍA DEL LAMBORGHINI» SE CUMPLE

*L*a vía rápida del millonario es el eco de un encuentro casual que tuve hace mucho tiempo cuando era un adolescente rechoncho. Ese encuentro despertó mi conciencia a la vía rápida; fue una resurrección provocada por un extraño que conducía un coche mítico: un Lamborghini Countach. En ese momento nació la vía rápida, y con ella la resolución y la creencia de que crear riqueza no requiere cincuenta años de mediocridad financiera (décadas de trabajo, décadas de ahorro, décadas de absurda austeridad y décadas de rentabilidades del mercado de valores del 8 %).

En este libro hago referencia a los Lamborghinis en muchas ocasiones, y no fanfarroneo cuando digo que he tenido varios. El icono de la marca de vehículos de lujo representa el cumplimiento de una profecía en mi vida, la cual quedó formulada cuando vi mi primer Lamborghini y esto me sacó de la zona de confort. Me dirigí a su joven dueño y le hice una sencilla pregunta: «¿Cómo puedes permitirte un coche tan impresionante?».

La respuesta que me dio, la cual revelo en el capítulo dos, fue corta y potente, pero me gustaría que me hubiese dicho algo más. Ojalá ese hombre hubiese dedicado un minuto, una hora, un día o una semana a hablar conmigo. Ojalá ese joven desconocido me hubiese enseñado cómo conseguir lo que yo pensaba que representaba el Lamborghini: *la riqueza*. Ojalá ese hombre hubiese metido la mano en su automóvil y me hubiese dado un libro.

Démosle al botón de avance rápido y situémonos en el día de hoy. Mientras circulo por las calles en mi Lamborghini, revivo ese mismo momento, si bien los roles están invertidos. Para celebrar mi éxito con la vía rápida, compré una de esas bestias legendarias, un Lamborghini Diablo. Si nunca has tenido la oportunidad de conducir un automóvil que cuesta más que la vivienda de la mayoría de las personas, déjame decirte cómo funciona el tema: no puedes ser tímido. La gente te persigue entre el tráfico. Se te pegan detrás, curiosean y causan accidentes. Si aprietas el acelerador, es todo un acontecimiento: te toman fotos, los ecologistas enfurecidos te echan mal de ojo y los envidiosos hacen insinuaciones sobre la longitud de tu pene (¡como si poseer un Hyundai implicara estar bien dotado!). Y, sobre todo, la gente hace preguntas.

Quienes más preguntan son adolescentes curiosos de mirada lasciva, como había sido yo muchos años atrás: «Guau, ¿cómo puedes permitirte uno de estos?», o «¿A qué te dedicas?». Los Lamborghini se asocian con la riqueza, y si bien esto es más una ilusión que otra cosa (cualquier tonto puede llegar a tener un Lamborghini), es sinónimo de un estilo de vida de ensueño que la mayoría de las personas conciben como incomprensible.

Ahora, cuando escucho la misma pregunta que hice décadas atrás, puedo regalar un libro y, tal vez, un sueño. Este libro es mi respuesta oficial.

Introducción

EL TRAYECTO HACIA LA RIQUEZA CUENTA CON UN ATAJO

Hay una carretera oculta que conduce a la riqueza y la libertad financiera, un atajo que puede recorrerse a una velocidad deslumbrante y que permite alcanzar la riqueza en la plenitud de la juventud y no en la decrepitud de la senectud. En efecto, no tienes por qué conformarte con la mediocridad. Puedes vivir rico, jubilarte cuatro décadas antes de lo habitual y llevar una vida que la mayoría no puede permitirse. Por desgracia, el atajo mencionado está ingeniosamente disimulado para que no puedas verlo. En lugar de llevarte al atajo, te conducen por un camino paralizante cuyo fin es la mediocridad: una deslustrada cornucopia de estratagemas financieras adaptadas a las masas adormecidas, innumerables directrices que te llevan a sacrificar tus sueños más salvajes en favor de unas expectativas entumecidas.

¿Cuál es este camino? La mediocridad financiera, conocida como «hazte rico poco a poco», «la vía lenta» o «la riqueza en silla de ruedas». Se concreta en este sermón tedioso: «Ve a la escuela y a la universidad, saca buenas notas, gradúate, consigue un buen trabajo, ahorra un diez por ciento de tus ingresos, invierte en el mercado de valores, saca el máximo partido a tu plan de pensiones,* reduce tus tarjetas de crédito y recorta cupones... Entonces, algún día, cuando tengas sesenta y cinco años, serás rico».

Esta directriz es un decreto que nos dice que entreguemos nuestra vida a cambio de la vida. Es la ruta larga, y no, no es pintoresca. Si la riqueza fuera un viaje oceánico, la instrucción de «hazte rico poco a poco» consistiría en navegar alrededor del cuerno de América del Sur, mientras que la vía rápida consistiría en utilizar el atajo: el canal de Panamá.

La vía rápida para ser millonario no es una estrategia estática que predique directrices concretas como «compra bienes inmuebles», «piensa en positivo» o «emprende un negocio», sino que es una fórmula psicológica y matemática completa que descifra el código de la riqueza y abre la verja que permite acceder al atajo. La vía rápida ofrece una serie de indicaciones, en orden progresivo, que permiten que lo indecible llegue a ser probable: que vivas rico hoy, aún eres joven, décadas antes del momento en que se supone que deberías alcanzar la riqueza, al jubilarte. Sí, puedes gozar de toda una vida de libertad y prosperidad, tanto si tienes dieciocho años como si tienes cuarenta. Lo que puede conseguirse en cincuenta años con la estrategia del «hazte rico poco a poco» puede lograrse en cinco con el atajo que es la vía rápida.

¿QUÉ TAL SI TOMAS EL ATAJO?

Si eres el buscador de riqueza típico, tu enfoque puede sintetizarse en una pregunta intemporal: ¿qué debo hacer para enriquecerme? La búsqueda de la respuesta (el Santo Grial que es

---

* En este libro, *plan de pensiones* hace referencia a lo que en Estados Unidos es el *plan 401(k)*, en que el empresario ingresa directamente una parte del salario del empleado en un fondo de jubilación. Según los términos del plan, el empleado puede o debe hacer sus propias contribuciones a este fondo (N. del T.).

la riqueza) te lanza a una persecución en la que encuentras una diversidad de estrategias, teorías, carreras profesionales y planes que, supuestamente, traerán la prosperidad a tu vida. ¡Invierte en bienes raíces! ¡Comercia con divisas! ¡Hazte futbolista profesional! «¡¿Qué tengo que hacer?!», exclama el buscador de riqueza.

¡Detente, por favor! La respuesta tiene que ver más *con lo que has estado haciendo que con lo que no has estado haciendo*. Hay un viejo proverbio cuya formulación ha cambiado varias veces, pero su esencia es esta: si quieres seguir obteniendo lo que estás obteniendo, sigue haciendo lo que estás haciendo.

¿La traducción? ¡DETENTE! Si no te has hecho rico, DEJA de hacer lo que estés haciendo. DEJA de seguir los consejos convencionales. DEJA de seguir a la multitud y de usar la fórmula incorrecta. DEJA de seguir el itinerario que prescinde de los sueños y conduce a la mediocridad. DEJA de ir por carreteras que restringen la velocidad y que te obligan a tomar un sinfín de desvíos. Llamo a todo esto *anticonsejos*, y gran parte de esta obra está centrada en evitar que perseveres en ellos.

Este libro expone cerca de trescientas indicaciones relativas a la riqueza diseñadas para descifrar el código del enriquecimiento, sacarte de la carretera en la que estás actualmente y hacerte entrar en otra en la que podrás descubrir el atajo a la riqueza. Las indicaciones son marcadores direccionales para que pongas fin a tus viejas formas de actuar, pensar y creer y te reorientes en una nueva dirección. Esencialmente, *debes desaprender lo que has aprendido*.

TU REALIDAD NO CAMBIA LA MÍA

Este apartado es para los envidiosos. Presento la vía rápida con un cinismo descarado. Este libro contiene mucha «mano dura», y puesto que es tendencioso, en última instancia deberás buscar tu propia verdad. La vía rápida podrá hacerte sentir insultado, ofendido o desafiado, porque va en contra de todo lo que te han enseñado. Va a contradecir las enseñanzas de tus padres, profesores y asesores financieros. Y como yo contravengo todo lo que la sociedad representa, puedes apostar a que las mentes mediocres tendrán problemas con mis mensajes.

Afortunadamente, el hecho de que des crédito (o no) a la estrategia de la vía rápida no cambia mi realidad; solo cambia la tuya. Permíteme repetirlo: lo que pienses de la vía rápida no cambia mi realidad; *su propósito es cambiar la tuya.*

Y ahora déjame hablarte de mi realidad. Vivo feliz en una gran casa con vistas a las montañas en la hermosa Phoenix (Arizona). Tiene habitaciones que no visito durante semanas. Sí, es una vivienda demasiado grande. ¿Cómo acabé en ella? Esta es una historia épica horrible que prefiero olvidar.

No puedo recordar la última vez que puse la alarma del reloj para despertarme. Para mí, todos los días son sábado. No tengo un empleo ni un jefe. No tengo ningún traje ni corbata. Mis niveles de colesterol confirman que ceno en restaurantes italianos con demasiada frecuencia. Fumo cigarros baratos. Actualmente conduzco un Toyota Tacoma para ir al trabajo (es decir, para ir al gimnasio y a hacer la compra) y un Lamborghini Murciélago Roadster por placer. Casi pierdo la vida compitiendo en la calle con un Viper de 750 caballos al que le habían metido óxido nitroso. Compro en Costco, Kohl's y Wal-Mart si estoy en el barrio y son más de las doce del mediodía. No, no voy al Wal-Mart con el Lamborghini; eso podría causar una alteración en el continuo espacio-tiempo (los fans de *Star Trek* sabrán de qué estoy hablando).

No tengo ningún reloj que cueste más de ciento cuarenta y nueve dólares. Disfruto con el tenis, el golf, el ciclismo, la natación, el senderismo, el sóftbol, el póker, el billar y el arte, y me encanta viajar y escribir. Viajo cuando y adonde quiero. Aparte de mi hipoteca, no tengo contraída ninguna deuda. No puedes comprarme regalos porque tengo todo lo que quiero. Los precios de la mayoría de las cosas son insignificantes para mí, porque aquello que quiero, lo compro.

Logré mi primer millón de dólares a los treinta y un años. Cinco años antes, estaba viviendo con mi madre. A los treinta y siete, me jubilé. Todos los meses gano miles de dólares en intereses y por la revalorización de inversiones de alcance mundial. Haga lo que haga en cualquier día dado, una cosa es segura: me pagan y no tengo que trabajar. Cuento con libertad financiera porque descifré el código de la riqueza y escapé de la mediocridad financiera. Soy un tipo normal que vive una vida anormal. Estoy en un mundo de fantasía, pero es mi realidad, mi normalidad. Vivo fuera del ámbito de lo ordinario; puedo perseguir mis sueños más descabellados en el contexto de una vida libre de trabas económicas. Si hubiese elegido el camino predeterminado, el de «hacerme rico poco a poco», mis sueños estarían en coma; probablemente se habrían visto reemplazados por un despertador y un pesado desplazamiento matutino hasta un lugar de trabajo.

¿Cómo te va con tus sueños? ¿Necesitan reanimación? ¿Si crees que ya no tienes la posibilidad de manifestarlos, tal vez el consejo de «hacerte rico poco a poco» los haya matado. Es un crimen que esta filosofía te exija que ofrezcas tu libertad para conseguir la libertad. Este intercambio es una locura, y acaba con los sueños.

Pero hay una alternativa. Si viajas por las vías adecuadas y haces caso al mapa de carreteras correcto, tus sueños podrán cobrar vida de nuevo, pues verás la posibilidad de realizarlos. Como viajero de la vía rápida, podrás obtener riqueza vertiginosamente, mandar al diablo el consejo de «hacerte rico poco a poco» y tener una vida caracterizada por la prosperidad, la libertad y la realización de los sueños, como en mi caso.

Si ya no eres tan joven, no te preocupes. Para la vía rápida no es relevante tu edad, tu experiencia laboral, tu raza o tu sexo. Tampoco si sacaste un suspenso en la clase de gimnasia de segundo de secundaria o la reputación que tenías como bebedor de cerveza en la universidad. Para la vía rápida es indiferente si te licenciaste en una universidad de prestigio o si cursaste un máster en Harvard.

No se te pide que seas un deportista o un actor famoso, o un finalista de *Operación Triunfo*. La vía rápida no tiene en cuenta tu pasado si abres la verja de entrada a su universo.

Finalmente, para no parecer un locutor de programa de teletienda de los que se emiten a altas horas de la madrugada, déjame aclarar algo: no soy un gurú autoproclamado ni quiero serlo. No me gustan los gurús, porque la «guruidad» implica «saberlo todo». Puedes llamarme el «antigurú» de la filosofía de «hacerse rico poco a poco». La vía rápida es una escuela de por vida en la que nadie se gradúa; llevo más de veinte años con esto y admito humildemente que debo seguir aprendiendo.

ESTO NO VA DE TRABAJAR CUATRO HORAS A LA SEMANA

Quiero dejar algo claro, para empezar: este no es un libro de «cómo hacerlo». No voy a contarte todos los matices sobre «cómo lo hice», porque la forma en que lo hice no es relevante. Esta obra no contiene una lista de sitios web que te indican cómo puedes «externalizar» tu proyecto. El éxito es un viaje, y no basta con subcontratar un equipo en la India mientras tú trabajas cuatro horas a la semana. La vía rápida para ser millonario es como un camino de baldosas* amarillas pavimentado con psicología y matemáticas que hace que tengas muchas probabilidades de conseguir una gran riqueza.

Durante mi viaje de descubrimiento de la vía rápida, siempre estuve buscando la fórmula absoluta e infalible que condujese a la riqueza. Lo que encontré fueron ambigüedades e imperativos subjetivos como «sé resuelto», «la perseverancia tiene su recompensa» o «lo importante no es lo que sabes, sino a quién conoces». Si bien todo esto era parte de la fórmula, no garantizaba la riqueza. Una fórmula viable debe basarse en modelos matemáticos y no en declaraciones ambiguas. ¿Cuenta la riqueza con una fórmula

---

* El autor hace referencia al camino que conducía hasta la casa del gran mago conseguidor de deseos en el clásico infantil *El mago de Oz*. A lo largo del cuento, diversos personajes le indican a su protagonista, Dorothy, que siga *el camino de baldosas amarillas*.

matemática, con un código que puedas emplear para inclinar las probabilidades a tu favor? Sí, y la vía rápida lo descifra.

Ahora, las malas noticias. Muchos individuos que buscan la riqueza tienen falsas expectativas acerca de los libros que hablan de «ganar dinero» y piensan que algún gurú mágico hará el trabajo por ellos. Pero en el camino hacia la riqueza no se cuenta con acompañantes, y está siempre en construcción. Nadie deja caer millones en tu regazo; el trayecto que has de recorrer es tuyo y solo tuyo. *Yo puedo abrir la puerta, pero no puedo obligarte a cruzarla.* No afirmo que la vía rápida sea fácil; de hecho, requiere trabajar duramente. Si esperas encontrar en este libro la forma de tener una semana laboral de cuatro horas, te llevarás una decepción. Todo lo que puedo ser es ese inquietante enano* que señala a lo lejos para dar una instrucción tajante: «Ve por la carretera de adoquines amarillos».

La vía rápida es ese camino.

TOMANDO UN CAFÉ CON UN MULTIMILLONARIO

He escrito este libro en forma de conversación, como si fueses mi nuevo amigo y estuviésemos tomando un café en una pintoresca cafetería del barrio. Esto significa que mi intención es darte información, no venderte algún seminario costoso, obligarte a suscribirte a alguna web o hacerte pasar por un *embudo de conversión*. Si bien voy a interactuar contigo como si fueras mi amigo, seamos sinceros: no tengo ni idea de quién eres. No cuento con ninguna información sobre tu pasado, tu edad, tus prejuicios, tu cónyuge o tu formación. Por lo tanto, necesito hacer algunas suposiciones generales para asegurarme de que nuestra conversación te parezca personal. Son estas:

- Contemplas tu vida y piensas: «Tiene que haber algo más».
- Tienes grandes sueños, pero te preocupa que el camino que estás recorriendo nunca te lleve hasta ellos.

---

* El autor hace referencia a uno de los personajes de *El mago de Oz*.

- Estás en la universidad o cuentas con formación universitaria.
- Tienes un trabajo que no disfrutas o que no te hará rico.
- Tienes pocos ahorros y un montón de deudas.
- Pones dinero regularmente en un plan de pensiones.
- Ves gente rica y te preguntas: «¿Cómo lo hicieron?».
- Has comprado algunos libros y/o programas del tipo «hágase rico rápidamente».
- Vives en una sociedad libre y democrática donde la gente puede formarse y tiene libertad de elección.
- Tus padres son afines a la vieja filosofía de «ve a la universidad y consigue un buen trabajo».
- No tienes ningún talento físico; tus posibilidades de llegar a ser deportista, cantante, actor o una estrella del espectáculo son cero.
- Eres joven y estás muy entusiasmado con el futuro, pero no estás seguro de adónde apuntar.
- No eres tan joven y llevas ya un tiempo en el mundo laboral. Después de todos estos años, no has logrado gran cosa y estás cansado de «empezar de nuevo».
- Has puesto tu corazón y tu alma en un empleo solo para acabar siendo despedido a causa del mal estado de la economía o de los recortes que ha habido en tu empresa.
- Has perdido dinero en el mercado de valores o con alguna inversión tradicional, de aquellas que defienden los gurús financieros convencionales.

Si algunos de estos supuestos reflejan tu situación, este libro marcará un antes y un después.

ALGUNAS CONSIDERACIONES ACERCA DE ESTA OBRA

Al final de cada capítulo, hay un apartado titulado «Resumen del capítulo: indicaciones para la vía rápida», que sintetiza los puntos más importantes que componen la estrategia. ¡No los pases por alto! Son los componentes básicos que te permitirán diseñar tu vía rápida. Además, las historias y los ejemplos que se exponen en este libro están entresacados del Foro de la Vía Rápida y de otros foros de finanzas personales. Si bien las historias son reales y provienen de personas reales con problemas reales, he cambiado los nombres y he corregido los diálogos para mayor claridad. Y, por último, siéntete libre de comentar la estrategia de la vía rápida (*Fastlane*) con miles de personas en nuestro foro (TheFastlaneForum.com). Cuando la vía rápida haya cambiado tu vida, detente un momento y explícanos cómo lo ha hecho, o mándame un correo electrónico (en inglés) a mj.demarco@yahoo.com.

Tardé años en descubrir y ensamblar las estrategias de la vía rápida, aprenderlas, usarlas y, finalmente, ganar millones. Aburrido, jubilado, y sí, aún joven y con cabello, meto la mano en mi Lamborghini (ver el prefacio) y te doy este libro. Y no solo eso: te invito a sentarte en el asiento del copiloto. Abróchate el cinturón de seguridad, agarra bien tu café con leche de diez dólares ¡y emprendamos un viaje por carretera!

1.ª PARTE

LA RIQUEZA EN SILLA DE RUEDAS: «HACERSE RICO POCO A POCO» ES LLEGAR A SER RICO EN LA VEJEZ

La gran decepción

*La normalidad no es algo a lo que haya que
aspirar; es algo de lo que hay que huir.*

Jodie Foster

EL EPISODIO DE MTV CRIBS* QUE NUNCA TUVO LUGAR

resentador: Hoy visitamos al Gran Ricachón y su nido de setecientos cuarenta y dos metros cuadrados. Estamos
en la hermosa costa atlántica, en la soleada Palm
Beach de Florida. El Gran Ricachón tiene veintidós
años. Bien, ¡preséntanos tus juguetes!

Gran Ricachón: Pues mira, tengo el Ferrari F430 de allí con las llantas de veintidós pulgadas, el Lamborghini Gallardo
de allá con diez altavoces de sonido estéreo (una
instalación personalizada) y ese Rolls Royce Arnage
para esas noches en las que solo quiero relajarme
con las damas.

---

* *MTV Cribs* es una serie de televisión estadounidense transmitida por el canal MTV,
en el que se hace un recorrido por las mansiones de celebridades. (N. del T. Fuente:
Wikipedia).

Presentador: Y ¿cómo puedes costearte estos maravillosos juguetes? ¿Y esta mansión en la playa? ¡Te debe de haber costado más de veinte millones de dólares!

Gran Ricachón: Pues mira, me hice rico contratando fondos de inversión y poniendo una cantidad de dinero fabulosa en mi fondo de pensiones gracias a mi empleo en la tienda de teléfonos móviles.

De pronto, la filmación se interrumpe con un crujido. Y ya no sigue.

Como puedes imaginar, un diálogo como este nunca tendría lugar. La respuesta del Gran Ricachón es ridícula y absurda. Somos lo bastante inteligentes como para saber que los niños ricos de veintidós años no han hecho fortuna contratando fondos de inversión y poniendo dinero en su plan de pensiones a partir de un empleo como el mencionado. Sabemos que los individuos que se hacen ricos en la juventud pertenecen a ámbitos muy específicos de la sociedad: son deportistas profesionales, o raperos, o actores, o estrellas del espectáculo, o gente famosa. A quienes no somos nada de eso nos queda el consejo tradicional que nos brindan los expertos financieros. Se llama «hazte rico poco a poco» y consiste más o menos en lo siguiente: ve a la universidad, obtén buenas calificaciones, gradúate, consigue un buen empleo, invierte en el mercado de valores, saca el máximo partido a tu plan de pensiones, prescinde de las tarjetas de crédito y recorta cupones... Si lo sigues al pie de la letra, algún día, cuando tengas sesenta y cinco años, serás rico.

«HACERSE RICO POCO A POCO» ES UNA APUESTA PERDEDORA

Si quieres hacerte rico y tu estrategia es conseguirlo poco a poco, tengo malas noticias. Es una apuesta perdedora, y lo que estás apostando es tu tiempo. ¿De verdad crees que el tipo que vive en una mansión en la playa y que tiene aparcado un superdeportivo de quinientos mil dólares junto a la entrada se hizo rico contratando fondos de inversión? ¿O recortando los cupones que dan en los supermercados? Por supuesto que no. En tal caso, ¿por qué le damos crédito a este consejo como una forma viable de hacernos ricos y conseguir la libertad financiera?

Muéstrame a un joven de veintidós años que se haya hecho rico contratando fondos de inversión. Muéstrame a un hombre que haya ganado millones en tres años al sacarle el máximo partido a su plan de pensiones. Muéstrame a un joven de veintitantos años que se haya hecho rico recortando cupones. ¿Dónde están todas estas personas? No existen. Son personajes imposibles, de cuento de hadas.

Sin embargo, seguimos confiando en los viejos y cansinos medios financieros que defienden esta doctrina de la riqueza: «Sí, señor, consiga un empleo, trabaje cincuenta años, ahorre, viva con austeridad, invierta en el mercado de valores y pronto llegará el día en que obtendrá la libertad, cuando tenga setenta años... y si el mercado de valores se porta bien y tiene usted suerte, podrá alcanzar la libertad financiera a los sesenta». ¿No te parece emocionante este plan financiero de la «riqueza en silla de ruedas»?

En el tumultuoso clima económico de hoy en día, me sorprende que la gente aún crea que estas estrategias pueden funcionar. ¿Acaso la recesión no expuso la filosofía del «hacerse rico poco a poco» como el fraude que es? ¡Ah, ya lo entiendo!, si trabajas durante cuarenta años y evitas las pérdidas del 40 % que puede experimentar el mercado de valores, lo de «hacerse rico poco a poco» va a funcionar; basta con que tengas paciencia, trabajes y confíes en que la muerte no te encuentre primero. Entonces ¡serás la persona más rica del asilo!

El mensaje de «hacerse rico poco a poco» es claro: sacrifica tu hoy, tus sueños y tu vida por un plan que rinde dividendos una vez que la mayor parte de tu vida se ha evaporado. Permíteme ser franco: si tu camino hacia la riqueza devora tu vida adulta activa y los resultados no están garantizados, ese camino apesta. Un «camino hacia la riqueza» codependiente de Wall Street y basado en el tiempo, en el que lo que apuestas es tu vida, es un callejón sucio y maloliente.

No obstante, el plan predeterminado sigue teniendo poder; es recomendado e impuesto por una legión de «expertos financieros» hipócritas que no se han hecho ricos siguiendo sus propios consejos, sino siguiendo su propia vía rápida. Los defensores de la vía lenta saben algo que no te dicen: *lo que enseñan no funciona, pero venderlo sí funciona.*

LA IDEA DE SER RICO JOVEN ¿ES UN DISPARATE?

La vía rápida del millonario no apunta a que te jubiles multimillonario, sino a redefinir la riqueza de tal modo que incluya la juventud, la diversión, la libertad y la prosperidad. Alguien escribió este comentario en el Foro de la Vía Rápida:

> ¿Es un disparate el sueño de vivir la vida cuando aún eres joven? Poseer automóviles lujosos, ser dueño de la casa anhelada, tener tiempo libre para viajar y perseguir tus sueños... ¿Realmente puedes escapar de la rutina en la juventud? Trabajo en la banca de inversión, tengo veintitrés años y vivo en Chicago (Illinois). Mi sueldo es modesto, y las comisiones que percibo también lo son. Según el criterio de la mayoría, tengo un buen empleo. Pero yo lo odio. Cuando voy por el centro de Chicago, veo a algunos tipos que están viviendo la vida. Conducen coches caros y pienso: «¡Todos tienen cincuenta años o más y el cabello plateado!». Uno de ellos me dijo una vez: «¿Sabes, niño?, cuando por fin puedes comprarte un juguete como este, eres casi demasiado viejo para disfrutarlo». Era un inversor inmobiliario de cincuenta y dos años. Recuerdo que lo miré y pensé: «Dios..., esto de ser rico joven no puede ser verdad. ¡Tiene que ser mentira! ¡Tiene que serlo!».

Puedo confirmarlo: no es mentira. Puedes vivir «la vida» cuando aún eres joven. La vejez no es un prerrequisito para alcanzar la riqueza o jubilarte. Lo que es un disparate es pensar que puedes lograrlo a los treinta años siguiendo la filosofía predeterminada del «hacerse rico poco a poco». Lo que es un disparate es creer que debes jubilarte viejo, permitir que esta filosofía robe tus sueños.

ES POSIBLE JUBILARSE JOVEN

¿Qué te evoca la palabra *jubilación*? A mí, a un anciano malhumorado en un porche sentado en una mecedora crujiente. Me evoca farmacias, consultorios médicos, andadores y pañales antiestéticos. Me evoca asilos y unos seres queridos agobiados. Me evoca vejez e inmovilidad. Diablos, ¡incluso huelo un ambiente rancio propio de los primeros años de la década de los setenta! La gente se jubila con sesenta y tantos o setenta y tantos años. Incluso a esas edades, luchan para llegar a fin de mes y tienen que depender de los programas del gobierno para sobrevivir. Otros trabajan hasta bien entrada la «edad dorada» para poder mantener su estilo de vida. Algunos no consiguen jubilarse y trabajan hasta la muerte.

¿Por qué llega a ocurrir esto? Es fácil de entender. Se requiere toda una vida para completar la ruta del «hacerse rico poco a poco», y su éxito depende, nefastamente, de demasiados factores que *no puede controlar*. Invierte cincuenta años en un empleo y en llevar una vida miserable; luego, un día, podrás jubilarte rico, en compañía de tu silla de ruedas y tu caja de pastillas. ¡Qué panorama tan poco alentador!

Sin embargo, millones de personas apuestan por este viaje de cincuenta años. Quienes tienen éxito reciben la recompensa de la libertad financiera junto con un apestoso regalo: *la vejez*. Pero no te preocupes; un mensaje condescendiente baja del cielo: «¡Te encuentras en la edad dorada!». ¿A quién pretenden engañar?

Si para recorrer esta ruta necesitas cincuenta años, ¿vale la pena? Un viaje de medio siglo hacia la riqueza no es una opción convincente, y debido a ello, pocos tienen éxito. Y quienes lo tienen se contentan con obtener la libertad financiera en el crepúsculo de la vida.

El problema que tienen las normas de jubilación aceptadas es *lo que no ves*. No ves la juventud, no ves la diversión y no ves la realización de tus sueños. Los años dorados no son dorados en modo alguno, sino la antesala de la muerte. Si deseas obtener la libertad financiera antes de que la parca venga a buscarte, la filosofía de «hacerte rico poco a poco» no es la respuesta.

Si quieres jubilarte joven y con salud, vitalidad y cabello, vas a tener que ignorar este itinerario predeterminado, y tampoco deberás permitir que algún gurú te dé de comer agua sucia con una cuchara. Hay otra manera.

RESUMEN DEL CAPÍTULO: INDICACIONES PARA LA VÍA RÁPIDA

- La filosofía del «hacerse rico poco a poco» exige tener un empleo remunerado durante la mayor parte de la vida.
- La filosofía del «hacerse rico poco a poco» es una apuesta perdedora, porque es codependiente de Wall Street y está basada en tu tiempo.
- Los verdaderos años dorados de la vida son aquellos en los que somos jóvenes, tenemos los sentidos bien despiertos y estamos llenos de vitalidad.

Cómo mandé al diablo el «hazte rico poco a poco»

El objetivo de la vida no es estar del lado de las masas,
sino huir y encontrarse en el bando de los locos.

Marco Aurelio

«HACERSE RICO POCO A POCO», UNA FILOSOFÍA DESTRUCTORA DE SUEÑOS

Cuando era adolescente, nunca me di la oportunidad de ser un joven rico. *Riqueza* + *juventud* era una ecuación que no contemplaba, sencillamente porque no tenía las capacidades físicas necesarias. Las vías habituales que pueden llevar a un joven a enriquecerse son competitivas y requieren talento; las posibilidades que tenía de ser actor, músico, una estrella del espectáculo o deportista profesional eran nulas. El acceso a todas estas vías estaba obstaculizado por un gran letrero que decía: «CARRETERA CORTADA». Dicho letrero se burlaba de mí: «¡Ni lo sueñes, M. J.!».

Así fue como, siendo aún muy joven, me resigné. Renuncié a mis sueños. La doctrina del «hazte rico poco a poco» lo dejaba muy claro: estudia, consigue un trabajo, confórmate con menos, sacrifícate, economiza y deja de soñar con la libertad financiera, casas en la montaña y coches de lujo. Pero yo seguía soñando, como todo adolescente. En mi caso, mi gran motivación eran los coches; concretamente, el Lamborghini Countach.

LOS NOVENTA SEGUNDOS QUE CAMBIARON MI VIDA

Crecí en Chicago y era un niño gordinflón con pocos amigos. No me interesaban las adolescentes ni los deportes, sino estar tumbado en un puf hartándome de rosquillas mientras veía reposiciones de *Tom y Jerry*. No tenía unos padres que me controlasen; se habían divorciado hacía unos años, así que mis hermanos mayores y yo fuimos criados por una madre soltera. Mi madre no tenía formación universitaria ni una profesión, y trabajaba haciendo frituras en Kentucky Fried Chicken. Eso me dejaba a mi libre albedrío, y lo que solía hacer era consumir dulces y ver el último episodio de *El equipo A*. Mis esfuerzos se limitaban a manejar una escoba rota: la usaba como control remoto de la televisión, ya que el verdadero estaba estropeado y yo era demasiado perezoso como para desplazarme. Cuando lo hacía, mi objetivo solía ser la heladería del barrio; obtener un placer azucarado era una motivación que siempre estaba ahí.

Ese día era como cualquier otro: quería un helado. Pensé en el sabor de mi próximo capricho y me dirigí a la heladería. Cuando llegué, allí estaba. Me encontré frente al coche de mis sueños, el Lamborghini Countach que adquirió fama con la exitosa película de los años ochenta *Los locos del Cannonball*. Estaba ahí aparcado, impasible como un rey omnipotente, y lo contemplé como un adorador fiel a su Dios. Me quedé anonadado; cualquier pensamiento que tuviese que ver con helados había desaparecido de mi cerebro.

Estaba muy familiarizado con el Lamborghini Countach; lo tenía colgado como póster en las paredes de mi dormitorio y había babeado sobre él en mis revistas de automóviles favoritas: era precioso, diabólico, obscenamente rápido, sus puertas parecían las de una nave espacial y su precio era exorbitante. Y ahora ahí estaba, a unos cuantos centímetros de distancia, como un Elvis resucitado. Aprecié su grandeza tangible y pura como un artesano que se hubiese encontrado con un Monet auténtico. No me perdí detalle: las líneas, las curvas, el olor...

Me quedé boquiabierto durante unos instantes, hasta que un joven salió de la heladería y se dirigió hacia el automóvil. ¿Podría ser ese el propietario? De ninguna manera; no podía tener más de veinticinco años. Vestido con unos vaqueros azules y una gran camisa de franela por encima de una camiseta de Iron Maiden, pensé que no podía ser el dueño. Esperaba a un tipo mayor, con el cabello gris y poco abundante y con ropa pasada de moda. Pero no fue el caso.

«¿Qué demonios...?», pensé. ¿Cómo podía un chico joven permitirse un automóvil tan deslumbrante? ¡Por el amor de Dios, ese coche costaba más que la casa en la que yo vivía! «Tiene que haberle tocado la lotería —especulé—. Mmmmm... o tal vez sea un niño rico que heredó una fortuna. No, es un deportista profesional. Sí, eso es».

De repente, un pensamiento atrevido invadió mi mente: «Oye, M. J., ¿por qué no le preguntas qué hace para ganarse la vida?». ¿Podía preguntarle eso? Permanecí estupefacto en la acera, mientras debatía conmigo mismo. Finalmente, envalentonado y vencido por la adrenalina, mis piernas se movieron hacia el automóvil, aunque mi cerebro no pareciese estar de acuerdo. En el fondo de mi mente, mi hermano se mofaba: «¡Peligro, Will Robinson, peligro!».[*]

Sintiendo mi acercamiento, el propietario ocultó su inquietud con una sonrisa forzada y abrió la puerta. ¡Guau!, se elevó vertiginosamente hacia el cielo, en lugar de abrirse hacia un lado, como en los automóviles normales. Eso barrió mi escasa valentía y traté de mantener la compostura, como si los coches con puertas futuristas

---

[*] El autor hace referencia a una frase que se hizo muy popular en Estados Unidos en los años sesenta. La frase pertenece a la serie *Perdidos en el espacio* y era repetida constantemente por el robot que acompañaba a la familia.

fuesen el pan de cada día. Lo que pudieron no haber sido más de veinte palabras me parecieron una novela. Mi oportunidad estaba ahí y la aproveché.

—Disculpe, señor —murmuré nerviosamente, esperando que no me ignorara—. ¿Puedo preguntarle qué hace para ganarse la vida?

Aliviado de que no fuera un mendigo adolescente, me respondió amablemente:

—Soy inventor.

Perplejo por el hecho de que su respuesta no coincidiera con mis preconceptos, las siguientes preguntas que tenía preparadas quedaron anuladas, y ello bloqueó mi próximo movimiento. Me quedé allí tan congelado como el helado que había ido a buscar. Percibiendo que era su oportunidad de escapar, el joven propietario del Lamborghini se sentó, cerró la puerta y encendió el motor. El fuerte rugido del tubo de escape barrió el estacionamiento, alertando a todas las formas de vida de la formidable presencia del vehículo. Me gustara o no, la conversación había terminado.

Sabiendo que pasarían años antes de que volviese a contemplar algo así, registré mentalmente el unicornio automovilístico que tenía delante. Una vía neuronal se abrió de pronto en mi cerebro; fue un despertar.

¡NO HACÍA FALTA QUE FUESE FAMOSO NI QUE TUVIESE TALENTO!

¿Qué cambió ese día? Se me presentó la vía rápida y una nueva verdad. En cuanto al helado que acudí a buscar, no llegué a entrar en la tienda. Me di la vuelta y me fui a casa imbuido por una nueva realidad. No era atlético, no sabía cantar y no podía actuar, pero ¡podía hacerme rico sin ser famoso y sin poseer ningún talento físico!

Desde ese momento, las cosas cambiaron. El encuentro del Lamborghini duró noventa segundos, pero fue el principio de una nueva vida para mí. Pasé a tener unas nuevas creencias, a tomar nuevos rumbos y a efectuar nuevas elecciones. Decidí que algún día sería dueño de un Lamborghini, y que ese día aún sería joven. No estaba dispuesto a esperar hasta el próximo encuentro, la próxima experiencia casual y el próximo póster: quería lograrlo por mí mismo. Sí, dejé de lado la escoba y levanté del puf mi gordo trasero.

LA BÚSQUEDA DE LA VÍA RÁPIDA PARA SER MILLONARIO

Después del encuentro del Lamborghini, hice un esfuerzo consciente por estudiar a jóvenes millonarios que no fueran famosos ni tuviesen talento físico. Pero no me interesaban todos los millonarios; solo aquellos que llevaban un estilo de vida lujoso, opulento. Esto me llevó a centrarme en un grupo limitado de desconocidos, un pequeño subconjunto de millonarios anónimos que cumplían estos requisitos:

1. Llevar un estilo de vida ostentoso o ser capaces de ello. No me interesaba saber acerca de millonarios austeros que vivían entre la gente de clase media.
2. Debían ser relativamente jóvenes (menores de treinta y cinco años) o tenían que haberse hecho ricos rápidamente. No me interesaban las personas que llevaban cuarenta años de su vida empleadas y acumulaban sus millones centavo a centavo. Quería ser rico en la juventud, no en la vejez.
3. Tenían que haber logrado la riqueza por sí mismos. Mi familia estaba sin blanca, de manera que prescindí de investigar a los ricachones que lo eran porque les había tocado la lotería *espermática*.
4. No podían haberse hecho ricos gracias a ser famosos, tener talento físico, jugar al fútbol profesional, actuar, cantar o estar en el mundo del espectáculo.

Busqué millonarios que hubieran comenzado como yo, tipos promedio sin ninguna habilidad o talento especial que, de alguna manera, hubiesen llegado lejos. Durante mi etapa en el instituto y la universidad, estudié religiosamente estas «anomalías millonarias». Leí revistas, libros y periódicos y vi documentales de hombres de negocios que habían triunfado. Absorbí todo aquello que me proporcionase información sobre ese pequeño subconjunto de personas ricas.

Lamentablemente, ese entusiasmo por descubrir el secreto del enriquecimiento rápido me llevó a experimentar decepciones. Hice realidad el sueño de cualquier empresa que se anuncia en la teletienda, pues era crédulo, estaba dispuesto a gastar e iba armado con una tarjeta de crédito. Asalté innumerables oportunidades, desde las que ofrecía un pequeño anuncio clasificado hasta las que prometían que te esperaba el mismo destino que al magnate de bienes raíces asiático que estaba rodeado de chicas sexis en bikini en su yate. Ninguna de estas opciones me hizo rico, y a pesar de los anuncios ingeniosos y sus reclamos, las modelos de pechos grandes nunca se materializaron.

Mientras alimentaba mi apetito de conocimiento y aguantaba un empleo extraño tras otro, mi investigación me llevó a descubrir algunos denominadores comunes en los que valía la pena fijarse. Estaba seguro de haber descubierto todos los componentes de la vía rápida para ser un millonario anónimo. Estaba decidido a hacerme rico joven, y emprendería el camino tras haberme graduado en la universidad. No sabía lo que me deparaba el futuro: los obstáculos, los desvíos y los errores que dificultarían mi empeño.

RESISTIÉNDOME A LA MEDIOCRIDAD

Me gradué en la Universidad del Norte de Illinois con dos títulos empresariales. Ir a la universidad era someterte a un lavado de cerebro de cinco años cuya finalidad era prepararte para que fueses un empleado, y la graduación era el sobrevalorado clímax de este proceso. Consideré que la formación universitaria era un adoctrinamiento destinado a que formases parte de la tripulación de alguna nave espacial corporativa, un matrimonio fracasado entre el graduado universitario y una vida de empleos, jefes, sobrecarga de trabajo y salarios insuficientes. Mis amigos obtuvieron magníficos empleos y alardearon al respecto: «¡Trabajo para Motorola!», «¡He conseguido un trabajo en Northwestern Insurance!», «¡Hertz Rental Cars me ha contratado como director de formación!».

Me alegré por ellos, aunque lo que habían hecho era creerse la mentira de la vía lenta. ¿Y en cuanto a mí? Gracias, pero no, gracias. Procuré evitar la vía lenta como si de una plaga medieval se tratase. Mi idea era encontrar la vía rápida y jubilarme rico y joven.

OBSTÁCULOS, DESVÍOS... Y UNA DEPRESIÓN

A pesar de lo confiado que estaba, los años siguientes distaron muchísimo de colmar mis expectativas. Vivía con mi madre mientras saltaba de un emprendimiento a otro, sin ver el éxito por ninguna parte. Cada mes probaba con un negocio diferente: las vitaminas, las joyas, algún programa de *marketing* excitante «de resultados inmediatos» encontrado en la contraportada de alguna revista de negocios o algún trabajo ridículo de *marketing* en red.

A pesar de todos mis esfuerzos, mi registro de fracasos fue en aumento, al igual que mis deudas. Pasaron los años y la locura fermentó en mí cuando me vi obligado a aceptar una serie de empleos neandertales que hirieron mi ego: fui ayudante de camarero en un restaurante chino (sí, hay cucarachas en la cocina), jornalero en barrios marginales de Chicago, repartidor de *pizzas*, repartidor de flores, transportista, chófer de limusina, repartidor del periódico *Chicago Tribune* a primeras horas de la mañana, vendedor de bocadillos en un restaurante del metro, empleado de almacén en Sears (en el maldito departamento de cortinas), captador de donativos para una ONG (hucha metálica en mano) y pintor de casas.

¿Lo único peor que estos espantosos trabajos y sus salarios? Los horarios. La mayoría requerían ponerse manos a la obra antes del amanecer: a las tres de la madrugada, a las cuatro... Tras cinco años en la universidad, me gradué para vivir como un granjero de lácteos. ¡Demonios!, tenía tan poco dinero que le ofrecí servicios sexuales a una mujer mayor para pagar el regalo de bodas de mi mejor amigo (sí, las maduritas «atacaban» en la década de los noventa).

Mientras tanto, mis amigos progresaban en sus carreras; estaban obteniendo sus aumentos salariales del 4 % anual. Compraron sus Mustangs y Acuras y sus casas adosadas de ciento diez metros cuadrados. Parecían estar satisfechos y vivían ilusionados la vida predeterminada por la sociedad. Eran normales, al contrario que yo.

A los veintiséis años, caí en una depresión; mis negocios no se sostenían por sí mismos y yo tampoco. La depresión estacional hizo mella en mi psique fracturada. El clima lluvioso, oscuro y lúgubre de Chicago me hizo desear la comodidad de una cama caliente y sabrosos pasteles. Los logros iban precedidos por la luz del sol; de modo que, efectivamente, no estaba consiguiendo mucho. Cansado de los trabajos que suelen aceptar quienes no acaban la educación secundaria, me costaba salir de la cama, y las dudas me asaltaban a diario. Agotado física, emocional y económicamente por el fracaso, sabía que mis resultados no eran un reflejo de mi verdadero yo. Conocía la vía rápida hacia la riqueza, pero no lograba ejecutarla. ¿Qué estaba haciendo mal? ¿Qué me estaba frenando? Después de todos esos años de investigación y formación, con un armario lleno de libros, revistas y vídeos para «empezar rápidamente», no estaba más cerca de la riqueza. Estaba parado en el arcén* sin atisbar la vía rápida por ningún lado.

Mi profunda depresión me llevó a evadirme, pero en lugar de sumergirme en las drogas, el sexo o el alcohol, me perdí entre libros y seguí estudiando a los millonarios anónimos. Si no podía tener éxito, me refugiaría en las vidas de aquellos que sí lo habían logrado por medio de absorber libros sobre gente rica, autobiografías

---

* *Arcén: acotamiento* (México), *banquina* (Argentina); el espacio reservado a los lados de las carreteras para los estacionamientos de emergencia.

de individuos de éxito y otros relatos de enriquecimiento a partir de una situación de pobreza.

Pero la cosa fue a peor. Las personas cercanas me dieron por imposible. Mi novia, con la que llevaba mucho tiempo, proclamó: «¡No tienes remedio!». Ella tenía un trabajo seguro en una agencia de alquiler de coches, pero discutíamos porque trabajaba muchas horas a cambio de calderilla, unos míseros veintiocho mil dólares al año. Por supuesto, ella replicaba exponiendo la realidad de los hechos: «No tienes trabajo, ganas veintisiete mil dólares menos que yo y ninguno de tus negocios va bien». Nuestra relación terminó cuando empezó a flirtear con el publicista de una radio corporativa.

Y luego estaba mi madre. Durante los primeros años que siguieron a mi etapa universitaria, hizo la vista gorda, pero luego vinieron los fracasos y los empleos ridículos. Le rogué que fuera paciente y defendí que la creación de riqueza, para un emprendedor de la vía rápida, progresa de forma *exponencial*, mientras que quienes tienen empleos están sujetos a un avance *lineal*. Desafortunadamente, no importó lo geniales que fueran mis gráficos y diagramas; mi madre perdió la fe, y no la culpé por ello. Había más posibilidades de que un ser humano pisase Marte que de que yo triunfase.

Sus instrucciones frenaron mi impulso. Gritaba «¡consigue un trabajo, hijo!» veinte veces a la semana por lo menos. ¡Uf!, incluso hoy me estremezco. Esa frase, gritada con esa voz, podría haber exterminado las cucarachas en un mundo posapocalíptico. Hubo días en los que me habría gustado meter la cabeza en un tornillo de banco y aplastar mis oídos para volverme sordo. El «¡consigue un trabajo, hijo!» penetró en mi alma; era un decreto maternal que ponía fin al juicio con un veredicto unánime del jurado: «Fracaso, más una moción de censura».

Mi madre sugirió: «En el supermercado están buscando un responsable para la sección de charcutería. ¿Por qué no te acercas y miras a ver qué tal?». Pero no estaba dispuesto a que mi formación universitaria y los esfuerzos de los últimos cinco años quedasen eclipsados en el mostrador de una charcutería; no estaba dispuesto a cortar rodajas de mortadela y servir ensaladas de patata a las amas de casa del barrio. Así que agradecí el consejo, pero pasé de él.

UN DESPERTAR EN MEDIO DE UNA TORMENTA DE NIEVE

Hizo falta el dolor de una fría tormenta de nieve, en Chicago, para que me viese arrojado a una encrucijada vital. Era una noche oscura y gélida, y estaba muy cansado de trabajar como conductor de limusina. Mis zapatos estaban empapados por la nieve húmeda y luchaba contra la migraña. Las cuatro aspirinas que había tomado dos horas antes no habían surtido ningún efecto. Quería llegar a casa, pero no podía. Estaba atrapado en la tormenta y las rutas que solía tomar estaban intransitables. Me detuve en el arcén de una carretera débilmente iluminada y sentí que el frío helado de la nieve derretida subía por mis piernas procedente de los dedos de los pies. Puse la limusina en punto muerto y me confronté conmigo mismo en medio de un silencio absoluto, apenas perturbado por la caída de los copos de nieve, que me recordaban lo mucho que odiaba el invierno. Levanté la mirada al techo de la limusina, que tenía quemaduras de cigarrillo, y pensé: «¿Qué diablos estoy haciendo? ¿Es en esto en lo que se ha convertido mi vida?».

Sentado en una carretera sin tráfico en medio de una tormenta de nieve y de la oscuridad de la noche, en mitad de la nada, lo tuve claro. A veces la claridad te inunda como una brisa apacible y otras veces te golpea como un piano de cola que te cayese en la cabeza. En mi caso, ocurrió esto último. Una declaración contundente poseyó mi cerebro: «¡No puedes vivir otro día como este!». Si quería sobrevivir, tenía que cambiar.

LA DECISIÓN DE CAMBIAR

El duro invierno me llevó a actuar con rapidez. Decidí cambiar. Decidí tomar el control de algo que creía incontrolable: mi entorno. Decidí trasladarme. ¿Adónde?, no lo sabía y, en ese momento, no me importaba.

En un instante, me sentí poderoso. La velocidad de esa elección infundió esperanza a mi miserable existencia y experimenté un pequeño goteo de felicidad. Mis fracasos se esfumaron y me sentí renacer. *De repente, un camino sin salida convergió con un sueño.* El cambio de mi estado de ánimo no tuvo que ver solamente con mi decisión de mudarme; tuvo que ver sobre todo con el hecho de tomar el control y saber que tenía la posibilidad de elegir.

Dotado de ese nuevo poder, consideré opciones que nunca se me habían ocurrido. Formulé una sencilla pregunta: «Si pudiese vivir en cualquier parte del país, sin estar sujeto a limitaciones, ¿dónde viviría?». Pensé en aquello que era importante para mí y tracé un círculo alrededor de cinco ciudades en un mapa. Al mes siguiente me mudé, o, mejor dicho, me escapé.

DE LA VÍA LENTA A LA VÍA RÁPIDA

Llegué a Phoenix con novecientos dólares, sin trabajo, sin amigos y sin familia; lo que tendría serían trescientos treinta días de sol al año, y estaba también mi deseo ardiente de materializar la vía rápida. Mis pertenencias incluían un colchón viejo, un Buick Skylark oxidado de diez años sin tercera marcha, un puñado de negocios de poca monta que me reportaban muy poco efectivo y varios cientos de libros. La zona cero de mi nueva vida fue un pequeño apartamento en el centro de Phoenix que se alquilaba por cuatrocientos setenta y cinco dólares al mes. Lo transformé en una oficina. No había mobiliario de dormitorio ni de otro tipo; solo estaba mi colchón, que invadió la cocina. Dormía entre migas, un efecto secundario de haber colocado el colchón al lado de la encimera de la cocina.

Vivía pobre y carente de seguridad, pero me sentía rico. Tenía el *control* de mi vida.

Uno de los muchos negocios que puse en marcha fue un sitio web. Cuando conducía la limusina en Chicago, a veces me quedaba sentado sin hacer nada durante horas y tenía mucho tiempo libre para leer. No perdí ese tiempo. Mientras esperaba a clientes en el aeropuerto o mientras desaparecían en un bar, me quedaba sentado en la limusina y leía. Leí mucho y de todo: sobre economía, sobre programación informática en relación con Internet, más autobiografías de personas ricas...

El empleo de la limusina hizo algo bueno por mí: me hizo ver una necesidad no resuelta para la que había que encontrar una solución. Uno de mis clientes de limusina me preguntó si conocía alguna buena empresa de limusinas en Nueva York. Dejé al pasajero en el aeropuerto, pero sembró en mí la semilla de una iniciativa. Si viviera en Chicago y necesitara una limusina en Nueva York, ¿adónde iría a buscarla? No tenía la guía de las páginas amarillas de Nueva York a mano, y seguramente tampoco la tenía nadie que no fuera de Nueva York. Ante esa pregunta, concluí que otros viajeros tendrían el mismo problema. Así que creé un sitio web para solucionarlo.

Naturalmente, Internet no tiene límites geográficos, por lo que seguí con esta iniciativa en Phoenix. Al igual que mis negocios anteriores, no producía mucho dinero; sin embargo, ahora la situación era diferente. Estaba desprotegido en una ciudad extraña, sin dinero, sin empleo y sin ninguna red de seguridad. Tuve que enfocarme.

Promocioné con fuerza mi sitio web. Mandé correos electrónicos. Hice llamadas en frío. Envié cartas por correo. Aprendí acerca de la optimización de los motores de búsqueda. Como no podía permitirme comprar libros, visité la biblioteca de Phoenix todos los días y estudié los lenguajes de programación de Internet. Mejoré mi sitio web y aprendí sobre gráficos y redacción de textos publicitarios. Exploré cualquier contenido que pudiese ayudarme.

Y, un día, hice un gran progreso. Recibí una llamada de una empresa de Kansas que elogió el servicio de mi sitio web y quería que diseñara el suyo. Si bien no estaba enfocado en el diseño de páginas web, accedí a hacerlo por cuatrocientos dólares. Pensaron que este precio era una ganga, y en veinticuatro horas tuve listo el encargo. Estaba extasiado. ¡En veinticuatro horas, casi había conseguido ganar lo que me costaba el alquiler! Luego, casualmente, aún no habían pasado otras veinticuatro horas cuando recibí otra llamada de una empresa, esta vez de Nueva York, para solicitarme lo mismo, un nuevo sitio web. Diseñé la página por seiscientos dólares y tardé dos días en acabarla. ¡Tenía otro alquiler pagado!

Sé que no es mucho dinero, pero el hecho de pasar de ser pobre a ganar mil dólares en tres días me hizo sentir como si me hubiese tocado un premio de cincuenta millones de dólares. En los primeros meses de mi estancia en Phoenix tomé impulso y sobreviví por mi cuenta por primera vez en mi vida. Ya no era repartidor de flores. Ya no era ayudante de camarero. Ya no era repartidor de *pizzas*. Ya no estaba viviendo a costa de mi madre. ¡Era totalmente autónomo! Experimenté una aceleración trascendental, un soplo de aire fresco en la espalda que fue el presagio de un cambio de rumbo hacia un nuevo universo de generación de riqueza.

Pero había algo que seguía sin estar bien. Faltaba algo y lo sabía. La mayoría de mis ingresos tenían relación con los diseños de mi sitio web y no con mi negocio de publicidad *online*. Esto quería decir que mis ingresos estaban vinculados a mi tiempo, a la creación de sitios web. Más trabajo de creación de sitios web significaba más tiempo, y si dejase de trabajar, mis ingresos se detendrían. Estaba vendiendo mi *tiempo* por dinero.

UNA NUEVA ECUACIÓN DE LA RIQUEZA DIO LUGAR A UNA ACELERACIÓN DE LA RIQUEZA

En invierno, me visitó un amigo de Chicago. Le mostré el directorio de mi web y le sorprendió el abundante tráfico que tenía mi servicio. Recibía consultas sobre precios de limusinas desde todo el mundo, cada minuto del día. ¿Cuánto cuesta una limusina desde Boston hasta Worcester? ¿Cuánto desde el aeropuerto John F. Kennedy hasta Manhattan? Echamos un vistazo a la bandeja de entrada y tenía cuatrocientos cincuenta correos electrónicos. Pasaron diez minutos, hicimos clic en actualizar y había otros treinta más. Los correos iban entrando a un ritmo de varios por minuto. Al ver aquello, me hizo esta sugerencia: «¡Amigo!, convierte estos correos en dinero de alguna manera».

Tenía razón, pero ¿cómo hacerlo? Y ¿cómo podía resolver eso una verdadera necesidad? Me dejó con ese desafío y me propuse resolverlo. Días más tarde, se me ocurrió una solución arriesgada, que no estaba demostrado que fuese a funcionar, y le di una oportunidad. ¿Qué hice? En lugar de vender espacios publicitarios, decidí vender clientes potenciales. Pero había un problema: ese «modelo de ingresos» era nuevo y rompedor. Además, debía convencer a mis clientes de que ese método de negocio sería beneficioso para ellos, y no contaba con datos que me permitiesen predecir si podría tener éxito. Recuerda que estábamos a finales de los años noventa, cuando aún no existía la *generación de oportunidades** en los espacios web, al menos hasta que aparecí yo y la creé.

El caso es que asumí el riesgo e implementé el nuevo modelo. Esperaba que el cambio hiciese caer en picado mis ingresos a corto plazo, y así ocurrió. Preveía que tardaría meses en triunfar, si es que llegaba a hacerlo. El primer mes, el nuevo sistema me generó 473 dólares. ¡Qué horror! Creé más sitios web para cubrir la pérdida de ganancias. Los ingresos del segundo mes fueron de 694 dólares. El tercer mes, de 970. A continuación, de 1.832, 2.314 y 3.733 dólares. Y siguieron aumentando.

El plan funcionó.

Mis ingresos y mis activos crecieron exponencialmente, pero no sin que se presentasen problemas. A medida que creció el tráfico, también lo hicieron las quejas, los comentarios y las dificultades. Introduje mejoras a partir de las sugerencias de los clientes;

---

* La *generación de oportunidades* hace referencia a varias formas de estimular la creación de clientela; en el caso del autor, consistió en recabar los datos que clientes potenciales dejaban en su directorio web, los cuales vendía a empresas que podían prestar el servicio solicitado (N. del T.).

hacía los cambios que me aconsejaban en cuestión de días, a veces horas. Era conocido por responder los correos electrónicos en un plazo de minutos, o de una hora. Aprendí a ser receptivo a los comentarios y las necesidades de los consumidores, y el negocio se disparó.

Las jornadas de trabajo se volvieron largas y debí afrontar muchos retos. Las jornadas de cuarenta horas semanales eran vacaciones para mí; normalmente, trabajaba sesenta. Y no distinguía entre los días laborables y los presuntos fines de semana. Mientras mis nuevos amigos salían a beber y celebrar fiestas, yo estaba acurrucado en mi pequeño apartamento, enfrascado en la programación. No sabía si era jueves o sábado, y no me importaba. Lo que tenía de maravilloso trabajar tan duramente era esto: no me parecía trabajo; de hecho, lo disfrutaba. No tenía un empleo; estaba apasionado con marcar la diferencia. Miles de personas se estaban beneficiando de algo que había creado yo, lo cual me hizo adicto al proceso. ¡Estaba teniendo un impacto!

Empecé a recopilar testimonios de clientes:

«Gracias a vosotros, mi negocio ha llegado a ser diez veces más grande».
«Vuestro sitio web me condujo a mi mayor cliente corporativo».
«Vuestra empresa ha sido fundamental en el crecimiento de mi negocio».

Esta retroalimentación era una forma de riqueza. Aún no nadaba en la abundancia, pero me sentía rico.

MI ATAJO FALLIDO HACIA LA RIQUEZA

En el año 2000, mi teléfono sonó con un tipo de consulta diferente. Me llamaron empresas incipientes del ámbito de la tecnología para saber si les vendería la mía. Ese año, el frenesí del punto-com estaba en pleno auge. No pasaba un solo día sin que apareciese una gran historia sobre alguien que se había hecho millonario vendiendo una propiedad tecnológica. ¿Recuerdas mi búsqueda de los millonarios anónimos? Este subconjunto de ricos estaba creciendo a un ritmo vertiginoso, y parecía que podía ser mi turno.

¿Quería vender mi empresa? ¡Ya lo creo! Tenía tres ofertas; en un caso me ofrecían 250.000 dólares, en el otro 550.000 y en el tercero 1,2 millones. Acepté este último trato y me convertí en millonario al instante... Bueno, casi.

El sueño no duró. En ese momento, pensé que 1,2 millones de dólares era mucho dinero. No lo era. Los impuestos o las opciones sobre acciones carentes de valor mermaron mi patrimonio. Cometí errores e invertí mal. Me compré un Corvette, esperando que me hiciera parecer acaudalado. Pensaba que era rico, pero en realidad no lo era. Cuando esa aventura tocó fondo, me quedaban menos de trescientos mil dólares.

La burbuja tecnológica estalló con implacables consecuencias, al menos para los compradores de mi empresa. En contra de mis recomendaciones, tomaron malas decisiones, unas decisiones que fueron buenas para los ingresos a corto plazo, pero horribles para el crecimiento a largo plazo. Arrojaron el dinero por el inodoro, como si no se fuese a acabar nunca. ¿Realmente había que hacer botellas de agua personalizadas? ¿Y camisetas con el logotipo de la empresa? ¿Reportarían ingresos esas acciones?

Las decisiones se tomaban lentamente y en comité. Los clientes fueron ignorados. Era increíble que la mayoría de los ejecutivos de esa compañía hubiesen cursado másteres en Harvard; era una prueba de que la lógica empresarial no estaba necesariamente asociada con los títulos de prestigio. A pesar de que se le inyectaron doce millones de dólares procedentes del capital de riesgo para capear la tormenta, mi sitio web comenzó a languidecer, poco a poco.

Unos meses más tarde, con la empresa al borde del precipicio de la bancarrota, se votó a favor de su disolución, a pesar de que todavía era rentable. La gente dejó de invertir en empresas tecnológicas y las acciones habían perdido gran parte de su valor. Todas las compañías de tecnologías vinculadas a Internet estaban en coma, incluida esta.

Poco dispuesto a ver cómo mi creación se desvanecía en el olvido, ofrecí recomprar mi sitio web a un precio reducido: por doscientos cincuenta mil dólares solamente, financiados por las ganancias que generaba. La oferta fue aceptada y recuperé el control de la misma empresa que había vendido un año antes. Esencialmente, mi idea era gestionar el negocio, tomar las ganancias y pagar el préstamo que me había concedido el vendedor. Lo que sobrase lo reinvertiría en el negocio. Y así ocurrió. Al volver a tener el control de mi empresa, experimenté una nueva motivación: no solo sobrevivir al derrumbe de las puntocom, sino prosperar.

EL NACIMIENTO DEL ÁRBOL DEL DINERO

Los siguientes dieciocho meses me sentí revitalizado para llevar mi servicio al siguiente nivel. En retrospectiva, quería demostrarme a mí mismo que no era solo un tipo afortunado que quedó atrapado en el auge de las puntocom. Continué mejorando mi sitio web. Integré nuevas tecnologías y escuché a los clientes. Mi nueva pasión eran la automatización y los procesos.

A medida que fui racionalizando mis procesos y sistemas, se fue produciendo una transformación lenta y constante. Fui trabajando cada vez menos. De repente, estaba trabajando una hora al día en lugar de diez. Sin embargo, el dinero seguía entrando. ¿Que me iba a Las Vegas de juerga, a apostar?, el dinero seguía entrando. ¿Que me ponía enfermo cuatro días?, el dinero seguía entrando. ¿Que me dedicaba a invertir en bolsa por Internet durante un mes?, el dinero seguía entrando. ¿Que me tomaba un mes libre?, el dinero seguía entrando.

En ese punto me di cuenta de lo que había logrado. Esa era la vía rápida. Había construido un árbol del dinero real, vivo y fructífero. Era un árbol del dinero floreciente que generaba ingresos las veinticuatro horas del día, los siete días de la semana, y no requería que diese mi vida a cambio. Requería que lo regase y lo expusiese al sol unas pocas horas al mes, lo cual hacía felizmente. Sin que debiese prestarle atención de forma rutinaria, ese árbol del dinero creció, produjo frutos y me dio la libertad de hacer lo que quisiera.

Durante los años siguientes viví una vida de holgazanería y gula. Trabajaba algunas horas al mes, por supuesto, pero sobre todo hacía ejercicio, viajaba, jugaba a videojuegos, compraba autos veloces y competía en carreras con ellos, me entretenía con sitios web de citas, apostaba... Era libre, porque tenía un árbol del dinero que *sustituía* a mi tiempo y producía una cosecha mensual abundante.

Desde que recuperé mi negocio, creció de forma meteórica. Algunos meses ganaba doscientos mil dólares (¡sí, estoy hablando de ganancias netas!). En los meses malos, ganaba cien mil. En dos semanas ingresaba lo mismo que la mayoría de la gente en todo un año. La riqueza fluía y yo volaba bajo el radar...; es decir, no era en absoluto famoso. Si ganases doscientos mil dólares al mes, ¿cómo cambiaría tu vida?

- ¿Qué vehículo conducirías?
- ¿Dónde vivirías?
- ¿Qué vacaciones harías?
- ¿A qué escuelas irían tus hijos?
- ¿Serían las deudas una soga alrededor de tu cuello?
- ¿Cuánto tardarías en ser millonario? ¿Cuatro meses o cuarenta años?
- ¿Tendrías algún problema para pedir un café de seis dólares en Starbucks?

Como puedes ver, cuando se generan este tipo de ingresos, uno no tarda en ser millonario. Yo me convertí en multimillonario a los treinta y tres años. Si no hubiese vendido mi negocio inicialmente, probablemente lo habría logrado con mayor rapidez, pero cuando has estado alimentándote de comida basura y alguien te tira 1,2 millones de dólares en la cara, no es nada fácil decir «no, paso».

Compré mi primer Lamborghini y di cumplimiento a la profecía del sueño que nació en mi adolescencia. Hoy, casi todas las semanas alguien me hace la misma pregunta que hice hace muchos años. Y tengo una respuesta que dar, una respuesta que me habría encantado oír en su momento.

En el 2007, decidí vender mi empresa nuevamente. Era hora de jubilarme y pensar en mis sueños más descabellados, como este libro y escribir guiones. Sin embargo, en esa ocasión tenía delante un abanico de ofertas que iban desde los 3,3 millones de dólares hasta los 7,9 millones. Después de ganar millones una y otra vez en pocos años, acepté una de las ofertas de pago en efectivo y volví a pasar por el proceso de la vía rápida... pero esa vez en diez minutos. Este fue el tiempo que me llevó cobrar los seis cheques, cuyas cantidades sumaron varios millones de dólares.

RESUMEN DEL CAPÍTULO: INDICACIONES PARA LA VÍA RÁPIDA

- La fama o el talento físico no son prerrequisitos para hacerse rico.
- La riqueza rápida se genera exponencialmente, no linealmente.
- El cambio puede acontecer en un instante.

2.ª PARTE

LA RIQUEZA NO ES UN CAMINO, SINO UN VIAJE

El viaje hacia la riqueza

*Un viaje de mil leguas
debe empezar con un primer paso.*

Lao Tse

LA RIQUEZA ES UN VIAJE, ¡NO UN CAMINO!

En nuestra etapa universitaria, mis amigos y yo nos embarcamos en un viaje por carretera, en las vacaciones de primavera. Nuestro plan era ir de Chicago al sur de Florida. Naturalmente, como hombres jóvenes, estábamos entusiasmados ante la perspectiva del viaje y enamorados del destino: una playa soleada y abarrotada de estudiantes universitarias vestidas con poca ropa, bien bronceadas y algo borrachas. Desafortunadamente, enfocados en el destino, no nos ocupamos debidamente del viaje ni del vehículo que debía llevarnos. Ocho horas después de ponernos en marcha, nuestro viejo Dodge Duster empezó a echar humo y se detuvo ruidosamente. Con la junta de culata rota y sin aceite, nuestro viaje se vio interrumpido en algún punto de una carretera rural del sur de Illinois. Estábamos rodeados de vacas, hedor a estiércol y campos de maíz, un entorno que no tenía nada que ver con las playas arenosas del sur de Florida.

Lamentablemente, para la mayoría, el viaje hacia la riqueza suele terminar como el que acabo de describir: en el arcén de una carretera en medio de la nada. Y uno se pregunta: «¿Cómo diablos me encuentro en esta situación?». Como en el caso de mi viaje primaveral, conocer «la carretera hacia la riqueza» y empezar a recorrerla no es suficiente, porque no es la carretera en sí lo que brinda la riqueza. La búsqueda de la riqueza se estanca cuando nos enfocamos en la carretera y su destino, en lugar de centrarnos en el viaje. Sin duda, la vía rápida puede *abrir* la posibilidad del enriquecimiento fulgurante, pero para tener éxito deberás tener en cuenta todos los factores que son importantes para realizar el trayecto. Mis vacaciones de primavera se vieron interrumpidas porque descuidamos el viaje y nos centramos en la carretera. No prestamos atención a factores como la cantidad de gasolina, disponer de un mapa de carreteras o efectuar una puesta a punto del motor. ¡Al diablo con todo eso! Para nosotros, todo consistía en salir a la carretera e ir hacia el sur. Pero cuando se ignoran los factores cruciales del viaje, el motor se sobrecalienta, el aceite se quema, el combustible se acaba y se toman desvíos que dan lugar a grandes demoras. Si nos enfocamos en el camino solamente, es probable que nuestro viaje se vea interrumpido y que no lleguemos nunca al destino soñado.

EL CAMINO ILUSORIO HACIA LA RIQUEZA

Si la riqueza te ha rehuido, es probable que sea porque estás «enfocado en la carretera» y no estás aplicando la fórmula completa. Es muy posible que dispongas de varios elementos: un ingrediente entresacado de uno o dos libros, otro que obtuviste en un seminario de «hacerte rico» y otro consistente en un consejo especial que te dio en la universidad un compañero que estaba sin blanca. Desafortunadamente, estos ingredientes aislados no pueden generar riqueza. Pueden compararse con un automóvil detenido en la carretera con el depósito vacío y la batería gastada. Es imposible descifrar el código de la riqueza si se conoce solamente una variable de una ecuación que contiene múltiples variables.

La fórmula del viaje hacia la riqueza es como una receta.

Imagina que te dejase en la cocina con azúcar y harina y te diese la instrucción de hornear galletas. Te estaría pidiendo una proeza imposible, porque esos dos ingredientes no componen la totalidad de la receta. Sin levadura, las galletas no adquirirán volumen. Si no les pones mantequilla, tendrán un sabor horrible. Solo con que falte un ingrediente o le pongas uno en mal estado, el proceso fallará. Y en esto es en lo que fallan la mayoría de los libros dedicados a la riqueza. Están «enfocados en la carretera», centrados en la parte más atractiva de la fórmula: ¡el azúcar! Te dicen:

- ¡Compra ejecuciones hipotecarias para hacerte rico!
- ¡Compra una franquicia y sé tu propio jefe!
- ¡Aprende la ley secreta mística pertinente y piensa en positivo!
- ¡Pon en marcha un negocio!
- ¡Invierte en bienes raíces para obtener ingresos pasivos!
- ¡Hazte rico cambiando divisas!

Estas estrategias destacan varios caminos hacia la riqueza: la vía de los bienes raíces, la vía de las operaciones comerciales y la vía empresarial. No abordan *nada más*; falta exponer el resto de la fórmula.

ES EL PROCESO LO QUE FORJA LA RIQUEZA, NO LOS ACONTECIMIENTOS

Todos los multimillonarios hechos a sí mismos crean su riqueza mediante un proceso cuidadosamente orquestado. Tienen y usan la fórmula completa. A pesar de lo que hayas leído u oído, la riqueza no es fruto de un acontecimiento. No baja del cielo ni se gana en un concurso. No toca el timbre y te aguarda en el porche con globos y un cheque del tamaño de una nevera. La riqueza no cae de una máquina tragaperras con sandías, limones y cerezas giratorias.

La riqueza es fruto de un proceso, no de un acontecimiento. Pregúntale a cualquier chef y te confirmará que el plato perfecto consiste en una serie de ingredientes combinados y cocinados según un proceso de ejecución bien diseñado: un poco de esto, un poco de eso, añadido en el momento correcto en el lugar adecuado, hasta que ¡ahí está!, un plato sabroso. La creación de riqueza requiere el mismo método de ejecución: una acumulación premeditada de muchos ingredientes que no tienen nada que ver en un todo ensamblado de gran valor y que reporta millones.

La riqueza elude a la mayoría de las personas porque están preocupadas por los acontecimientos y no tienen en cuenta el proceso. Pero sin el proceso no se produce el acontecimiento. Tómate un momento para volver a leer eso. Es el proceso lo que hace que los millonarios lleguen a serlo, y los acontecimientos que ves y oyes son los resultados de ese proceso. En el caso de nuestro chef, el proceso es la *elaboración* culinaria (que incluye varios pasos), mientras que el *plato* resultante es el acontecimiento.

Por ejemplo, cuando un deportista firma un contrato por valor de cincuenta millones de dólares para jugar al baloncesto profesional, esto es un acontecimiento que es fruto de un proceso. Ves la firma del gran contrato, el espectacular evento de adquisición de riqueza, pero generalmente ignoras el proceso que precedió al acontecimiento. El proceso fue el largo y arduo camino que no presenciaste: las prácticas durante cuatro horas diarias, los partidillos de medianoche, la rotura de ligamentos, la cirugía y la rehabilitación, la negativa a ser expulsado del equipo júnior de la universidad, la resistencia frente a las pandillas del barrio... Todo ello forma parte del viaje que conforma el proceso.

Cuando un joven de veinte años vende su empresa de Internet por treinta millones de dólares, lees sobre ello en un blog dedicado a las nuevas tecnologías. El acontecimiento es alabado y exhibido para que todos lo admiren, pero no se habla del proceso, de las largas horas que tuvo que dedicar el joven a la programación. No se habla de la época en que estuvo trabajando en el garaje sin calefacción y con poca luz. No te enteras de que creó la empresa con el capital que le proporcionaban las tarjetas de crédito, para el que tenía que pagar un interés del 21,99 %. Ni llegas a saber que conducía un viejo Toyota que llevaba recorridos casi 300.000 kilómetros.

Cuando J. Darius Bikoff fundó Glaceau Vitamin Water en 1996 y once años más tarde Coca-Cola le ofreció 4.100 millones de dólares por su empresa, esa oferta fue noticia en todo el mundo. ¿Qué es lo que no fue noticia? Los once años de lucha, las dificultades del proceso. La oferta de miles de millones de dólares es el acontecimiento, mientras que el proceso es la lucha y la historia de fondo.

La venta de mi empresa fue un evento culminante, pero se trató del fruto de un proceso laborioso. La gente ve mi bonita casa y mis coches caros y tal vez piense: «¡Guau!, ojalá yo tuviese la misma suerte». Esta creencia es un espejismo; refleja que la persona se está fijando en los acontecimientos y no está teniendo en cuenta el proceso. Todos los acontecimientos de enriquecimiento y las manifestaciones de riqueza resultantes están precedidos por un proceso, por una historia de intentos, riesgos, trabajo duro y sacrificios. Si intentas prescindir del proceso, nunca experimentarás los acontecimientos.

Desafortunadamente, como somos una sociedad condicionada por los medios y queremos tener en el momento aquello que nos gusta, resaltamos y glorificamos el acontecimiento, pero metemos el proceso en la parte de atrás de la leñera y secamos cuidadosamente su sudor, para que la gente no llegue a conocerlo. Sin embargo, si se busca con ahínco, siempre se puede encontrar el proceso, enterrado en otra historia o en los párrafos finales que glorifican el acontecimiento.

Cuando ganes tu primer millón, será a causa de un proceso, y no de una casualidad clandestina que se haya cruzado en tu camino. El proceso es el viaje a la riqueza: el destino brilla como un acontecimiento, pero se llega a él por medio del proceso. El ascensor que lleva el éxito está fuera de servicio; tendrás que subir las escaleras.

LA FÓRMULA DEL VIAJE A LA RIQUEZA

La fórmula del viaje a la riqueza (entendido como un viaje por carretera) es como un gran desplazamiento por un país extenso, como Estados Unidos. El éxito exige que te enfoques en el viaje y las herramientas precisas (el proceso) en lugar de centrarte en el destino (el acontecimiento). Hay cuatro ingredientes que componen la fórmula ganadora; son los siguientes:

El itinerario (3.ª, 4.ª y 5.ª partes)

La brújula para el viaje (tu itinerario) es la fuerza que guía tus acciones. Tu itinerario conforma tu sistema de creencias relativas a la economía y tus convicciones preconcebidas acerca de la riqueza y el dinero. Hay tres itinerarios que te orientarán en tu camino a la riqueza:

1. El arcén.
2. La vía lenta.
3. La vía rápida.

Como si de una receta se tratase, los itinerarios describen por qué, dónde, cómo y qué.

El vehículo (6.ª parte)

Tu vehículo eres tú. Solo tú puedes hacer tu viaje. Tu vehículo es un sistema complejo cuyos componentes son el aceite, la gasolina, un motor, un volante, un parabrisas, los caballos de fuerza y un acelerador. Todos ellos necesitan ajustes frecuentes y un mantenimiento regular para garantizar la máxima eficiencia durante el viaje.

Las vías (7.ª parte)

Las vías son las «carreteras financieras» por las que se desarrolla tu viaje. Por ejemplo, puede ser que viajes por la vía laboral, dentro de la cual dispones de opciones ilimitadas: puedes ser ingeniero, jefe de proyectos, médico, fontanero, camionero... Están también las vías empresariales y del emprendimiento: puedes ser inversor de bienes raíces, propietario de una tienda minorista, inventor o dueño de una franquicia, o puedes comerciar por Internet. Al igual que cuando hacemos un viaje por carretera por todo un país, las vías admiten millones de permutaciones.

La velocidad (8.ª parte)

La velocidad es la ejecución y la capacidad de pasar de la idea a la implementación. Puedes sentarte en un Ferrari en una carretera recta y desierta, pero si no pisas el acelerador, no vas a desplazarte. Sin velocidad, el itinerario no tiene ninguna dirección, el vehículo permanece inactivo y la carretera se transforma en un camino sin salida.

LAS INELUDIBLES CARRETERAS DE PEAJE

Los viajeros que tienen éxito en la vía rápida son guerreros que viven y mueren en carreteras difíciles. El viaje a la riqueza discurre fundamentalmente por carreteras de peaje, unos peajes que no nos vamos a encontrar si transitamos por vías fáciles. Para algunos de nosotros, esta es una buena noticia, porque los peajes hacen que los débiles queden descartados y vuelvan al terreno de la normalidad. Si te resistes a los peajes, la riqueza te eludirá. Desafortunadamente, algunos creen que estos peajes se pueden pagar con ciertos «prerrequisitos» o ventajas, como los siguientes:

- Una familia funcional o una buena infancia.
- El «trabajo duro» frente al «trabajo inteligente».
- Los logros educativos y hacer constar los títulos obtenidos a continuación del nombre.
- Un plan de negocios estelar.
- Disponer de capital de riesgo.
- Tener un determinado sexo, color de piel o edad.
- Desear, soñar y pensar en positivo.
- Conocer a las personas correctas en los lugares adecuados.
- Asistir a las escuelas y universidades idóneas.
- Ser apasionado o «hacer lo que uno ama».

Nada más lejos de la verdad. Este tipo de factores no son relevantes en el contexto de la vía rápida hacia la riqueza. La vía rápida no es una calle arbolada recta y lisa, bordeada por vallas blancas y con niños balanceándose sobre neumáticos que cuelgan de los robles. Es una carretera oscura, desierta y sin pavimentar llena de baches que obliga al aspirante a cambiar y evolucionar. Si el viaje a la riqueza fuese fácil, ¿no sería todo el mundo rico?

Prevé que tendrás que pagar un precio. Prevé que tendrás que correr riesgos y efectuar sacrificios. Debes saber que te encontrarás con baches en la carretera. Cuando tropieces con el primero (sí, sucederá), ten claro que estás forjando el proceso de tu historia. *El proceso de la vía rápida exige sacrificios que pocos llevan a cabo; hay que estar dispuesto a vivir como pocos pueden hacerlo.*

EL VIAJE NO SE PUEDE DELEGAR EN UN CHÓFER

Vivimos en una sociedad que quiere externalizar todo, desde las tareas domésticas hasta la crianza de los hijos. Esto puede funcionar para limpiar un baño sucio, pero no para hacerse rico. Nadie puede conducir por ti en el viaje hacia la riqueza, ni puedes externalizar el pago del peaje a un asistente virtual que esté en la India.

Si alguien me hubiera regalado un Lamborghini (o el objeto de cualquier otro sueño) cuando tenía dieciséis años, puedo garantizarte que no estaría donde estoy hoy. Cuando alguien te concede tus deseos sin que hagas ningún esfuerzo, el proceso resulta perjudicado. La persona en la que necesitaba convertirme habría quedado empequeñecida, porque habría externalizado el proceso. No adquirirás sabiduría ni experimentarás un crecimiento personal si otro hace el viaje por ti. ¡Eres tú quien debe realizarlo!

RESUMEN DEL CAPÍTULO: INDICACIONES PARA LA VÍA RÁPIDA

- La riqueza es una fórmula, no un ingrediente.
- Es el proceso lo que forja millonarios. Los acontecimientos son subproductos del proceso.
- Buscar un «chófer» para que conduzca por ti hacia la riqueza es buscar un sustituto para el proceso. Pero el proceso no puede externalizarse, porque es lo que aporta sabiduría, crecimiento personal y fuerza y lo que desemboca en los eventos de enriquecimiento.

Los tres itinerarios y la riqueza

Si no sabes adónde vas, cualquier camino te llevará allí.

Lewis Carroll

LA BRÚJULA HACIA LA RIQUEZA

Si no sabes adónde vas, ¿cómo sabrás si has llegado ahí? Si tu destino no está definido, sin duda nunca llegarás a él, y probablemente acabarás en un lugar en el que no quieres estar. La riqueza se encuentra con un itinerario, no con un tablero de dardos.

Los millonarios hechos a sí mismos no se vuelven millonarios encontrándose de sopetón con el dinero, del mismo modo que quienes fracasan en el terreno económico no lo hacen encontrándose de sopetón con la pobreza. Unos y otros experimentan directamente el resultado del itinerario financiero que han elegido y de las acciones y creencias que derivan de él. Tu itinerario financiero tiene una importancia crucial para tu proceso, y es la primera herramienta de la que debes disponer en tu viaje hacia la riqueza.

Tu situación económica actual es el producto del itinerario por el que te estás rigiendo actualmente, tanto si lo has elegido tú como si no. Tu itinerario guía tus acciones, y las consecuencias de esas acciones han dado lugar a tu vida económica. La forma en que se desarrolla tu vida está determinada por tus elecciones, las cuales se originan en tus sistemas de creencias, los cuales a su vez emanan del itinerario establecido. Si quieres cambiar tu vida, *cambia tus elecciones*. Para cambiar tus elecciones, debes cambiar tu sistema de creencias. Y tu sistema de creencias está definido por tu itinerario.

¿Cómo afectan las creencias a la economía? Las creencias preceden a las elecciones, las cuales preceden a la acción. Por ejemplo, si crees que «la gente rica se hizo rica invirtiendo en fondos de inversión», tus acciones reflejarán esta creencia. Si algún gurú financiero te aconseja que canceles tus tarjetas de crédito porque «todas las deudas son malas», lo harás. Si un autor te dice que «cincuenta dólares invertidos hoy valdrán diez millones al cabo de cuarenta años» y te lo crees, tus actos van a reflejar esta creencia.

Las creencias son mecanismos potentes que impulsan la acción, sean o no verdaderas. Nuestros padres nos dijeron que Papá Noel era real y lo creímos. Le dejábamos galletas, mirábamos por la ventana esperando ver el reno volador y nos preguntábamos cómo conseguía hacer pasar su voluminoso trasero por la chimenea. Nos creemos lo que nos dicen hasta que reunimos pruebas de lo contrario.

Tu sistema de creencias actúa como un itinerario; es una brújula que, según adónde señale, puede llevarte a tomar desvíos durante toda la vida. Las creencias erróneas son itinerarios mal fundamentados; te llevan por carreteras en las que nunca encuentras el cartel de «Próxima salida: la riqueza».

LOS TRES ITINERARIOS Y SU RELACIÓN CON LA RIQUEZA

La planificación de tu recorrido hacia la riqueza y la construcción de tu proceso empieza con un examen de tu itinerario actual y las alternativas existentes. Hay tres itinerarios financieros:

1. El itinerario del arcén.
2. El itinerario de la vía lenta.
3. El itinerario de la vía rápida.

Hay implícita una psicología en cada uno de ellos, un sistema de creencias que dicta un determinado tipo de acciones. Y, lo que es aún más importante, cada itinerario opera dentro de un «universo» gobernado por una «ecuación de la riqueza», que es una fórmula matemática. Sea cual sea el itinerario que elijas, tu universo de creación de riqueza obedecerá a la ecuación correspondiente a dicho itinerario. Además, cada itinerario predispone, de forma natural, a un destino específico. Estas predisposiciones son:

- **El arcén** → **La pobreza**
- **La vía lenta** → **La mediocridad**
- **La vía rápida** → **La riqueza**

El itinerario que sigas te predispondrá al destino inherente a él. El destino es la «verdadera esencia» del itinerario.

¿Qué es la verdadera esencia? Si juegas al *blackjack* y ganas quince manos consecutivas, contravienes la verdadera esencia de la aleatoriedad. La naturaleza de la aleatoriedad es no lograr quince victorias consecutivas. Cuando un león africano salvaje es domado para actuar en un espectáculo de magia en Las Vegas, está entrenado para contravenir su verdadera esencia. El león, de forma natural, quiere ser salvaje, cazar, matar, alimentarse, aparearse. Quiere volver a experimentar su verdadera naturaleza, y este es el motivo por el cual algunos flamantes magos han perdido la cabeza. ¡Tienes que ser especial para doblegar las leyes de la verdadera esencia!

De manera similar, cada itinerario posee una verdadera esencia que conduce a la pobreza, a la mediocridad o a la riqueza. Por ejemplo, si sigues la opción del arcén, es probable que termines pobre. Si bien es posible alcanzar la riqueza con cualquiera de los itinerarios, es improbable obtenerla por medio de uno que no predisponga a ello.

Cada itinerario contiene modos de pensar clave que actúan como indicadores, o «letreros mentales», que proporcionan dirección y guían las acciones, como en el caso de los verdaderos itinerarios. Estos letreros mentales son:

La percepción de la deuda: ¿la deuda te controla a ti o eres tú quien controla tu deuda?

La percepción del tiempo: ¿cómo valoras y usas tu tiempo? ¿Como si fuese algo abundante? ¿Fugaz? ¿Irrelevante?

La percepción de la formación: ¿qué papel tiene la formación en tu vida?

La percepción del dinero: ¿cuál es el papel del dinero en tu vida? ¿Lo consideras una herramienta o un juguete? ¿Lo tienes en abundancia o es un recurso del que andas escaso?

La principal fuente de ingresos: ¿cuál es tu principal forma de obtener ingresos?

La principal forma de estimular el incremento de la riqueza: ¿cómo estás incrementando tu patrimonio neto y generándote riqueza? De hecho, ¿lo estás haciendo?

La percepción de la riqueza: ¿cómo defines la riqueza?

La ecuación de la riqueza: ¿cuál es tu plan matemático para acumular riqueza? ¿Qué ecuación define la física de tu universo de riqueza?

El destino: ¿concibes un destino? En caso afirmativo, ¿cómo lo imaginas?

La responsabilidad y el control: ¿tienes el control de tu vida y de tu plan financiero?

La percepción de la vida: ¿cómo vives tu vida? ¿Haces planes para el futuro? ¿Estás renunciando al hoy por el mañana, o al mañana por el hoy?

LOS DISTINTOS ITINERARIOS OPERAN
DENTRO DE UNIVERSOS DIFERENTES

Cada itinerario opera bajo un conjunto específico de fórmulas matemáticas, *las ecuaciones de la riqueza* que determinan la velocidad a la que puedes generar riqueza. Al igual que la $E = mc^2$ de Einstein, estas fórmulas gobiernan tu universo de riqueza del mismo modo en que la física gobierna nuestro universo. Y así como la física está sujeta a verdades matemáticas absolutas, ocurre lo mismo con las ecuaciones de la riqueza (y con las probabilidades que hay de obtenerla en relación con dichas ecuaciones).

La velocidad a la que se incremente tu riqueza dependerá del «universo» correspondiente al itinerario que elijas; es dentro de estos universos donde el plan financiero acelera o se detiene. Piensa en ello como en distintos tipos de vía férrea, a cada uno de los cuales corresponde un determinado conjunto de velocidades, reglas y leyes. Puedes ir por una vía que permita circular a veinte kilómetros por hora o por una que permita circular a doscientos.

Si no estás satisfecho con tu situación económica, puedes cambiar de universo inmediatamente por medio de cambiar de itinerario. Sin embargo, antes de poder efectuar este cambio debes entender bien los distintos itinerarios. En las tres partes que siguen vamos a analizarlos. Como ya se ha expuesto, son el arcén, la vía lenta y la vía rápida.

RESUMEN DEL CAPÍTULO: INDICACIONES PARA LA VÍA RÁPIDA

- Para forzar el cambio, este debe provenir de tus creencias, y tu itinerario describe estas creencias.
- Cada itinerario se rige por una ecuación de la riqueza y predispone a un destino económico: el arcén predispone a la pobreza, la vía lenta a la mediocridad y la vía rápida a la riqueza.

3.ª PARTE

EL ITINERARIO DEL ARCÉN: LA POBREZA

El itinerario más seguido: el arcén

Cuando eres la primera persona cuyas creencias son diferentes de las que mantienen todos los demás, básicamente estás diciendo: «Tengo razón, y todos los demás están equivocados». Es muy incómodo encontrarse en esta posición. Es a la vez estimulante y una invitación a ser atacado.

Larry Ellison

EL ITINERARIO DEL ARCÉN

La mayoría de los individuos son *viajeros del arcén* de por vida, seguidores del itinerario del arcén. El plan del arcén es el más seguido; es un contrato por el que se vive un presente agradable en lugar de forjarse un mañana más seguro.

El viajero del arcén está siempre a un evento de la ruina: si fracasa su último álbum, se arruina. Si no cierra cierto acuerdo comercial, se arruina. Si le falla una actuación, se arruina. Si lo despiden, se arruina. En el arcén, siempre dependes de que no ocurra algo para no quedarte sin hogar, para no entrar en bancarrota o para no volver a vivir en el sótano de la casa de tus padres.

Ciertamente, algunos viajeros del arcén obtienen grandes ingresos, pero ninguno de ellos se hace rico realmente. No percibas una contradicción en lo que acabo de decir. El arcén no tiene una rampa de salida hacia la riqueza, solo un letrero de «CARRETERA COR-TADA» que señala el desastre inminente. El periplo del viajero del arcén consiste en montarse en una cinta de correr cuyo destino es, por lo general, la ruina o la falta de efectivo.

¿QUÉ ES UN VIAJERO DEL ARCÉN?

El viajero del arcén de nuestra analogía no tiene ningún destino económico. *Su plan es no tener plan.* Si le sobra dinero, lo gasta inmediatamente en el próximo gran artilugio, el próximo viaje, el próximo coche más nuevo, los próximos estilos de moda o el próximo capricho. Los viajeros del arcén están atrapados, descuidadamente, en un «estilo de vida basado en la servidumbre» alimentado por una necesidad urgente e insaciable de placer, ofrecer una imagen y obtener una gratificación instantánea. Esto perpetúa un ciclo en cascada que gira más rápido cada mes, lo que aumenta la velocidad de la carga, y esto hace que el viajero del arcén quede esclavizado para siempre por su empleo o negocio.

En el arcén es donde hay más gente, porque es la opción de menor resistencia. El canto de sirena es la gratificación instantánea, y el dinero es una patata caliente que se intercambia rápidamente por la última solución del día. ¿Quieres presenciar cómo viven y piensan los viajeros del arcén? Mira el programa de televisión *Judge Judy* durante unas horas: hijas que demandan a sus madres por cien dólares, personas que niegan su responsabilidad, gente que ignora las consecuencias de sus actos, individuos que quieren que el alquiler les salga gratis... Realmente, ese programa debería llamarse *La vida en el arcén*.

LOS LETREROS MENTALES DEL VIAJERO DEL ARCÉN

El itinerario del viajero del arcén contiene características de comportamiento que rigen sus acciones. Hay determinadas señales, o «letreros mentales», que conforman su mentalidad y guían sus actos a lo largo de su vida.

La percepción de la deuda: «¡El crédito me permite comprar ahora! Las tarjetas de crédito, los préstamos de consolidación de deudas, el préstamo para pagar el coche...: ¡todo esto complementa mis ingresos y me ayuda a disfrutar la vida hoy! Si lo quiero ahora, lo obtengo ahora».

La percepción del tiempo: «El tiempo es abundante y gasto el dinero como si no hubiera un mañana. Diablos, podría estar muerto en dos semanas, ¡y no puedes llevarte el dinero contigo!».

La percepción de la formación: «Se acabó el instituto (o la universidad) cuando me gradué. ¡Hurra!».

La percepción del dinero: «¡Si lo tienes, haz alarde de ello! ¿Por qué ahorrar por si un día las cosas se ponen feas? Gasto cada centavo que gano y pago a tiempo la mayor parte de las facturas; ¿no es esto ser fiscalmente responsable?».

La principal fuente de ingresos: «Aquello por lo que me paguen más es lo que haré. ¡Persigo el dinero, claro! ¡Los billetes lo son todo!».

La principal forma de estimular el incremento de la riqueza: «¿Que cuál es mi capital neto? Voy al casino, compro boletos de lotería y tengo un pleito en marcha contra una compañía de seguros... ¿Esto cuenta?».

La percepción de la riqueza: «¡El que muera con más juguetes gana!».

La ecuación de la riqueza: «Mi fórmula es: riqueza = ingresos + deudas».

El destino: «¿De qué destino me hablas? Vivo para el día de hoy; no me importunes con lo del día de mañana».

La responsabilidad y el control: «Todo lo malo me ocurre a mí. Mi jefe me tiene oprimido. Soy una víctima. La culpa es del otro».

La percepción de la vida: «Vive hoy, ¡al diablo el mañana! La vida es demasiado corta para hacer planes que alcancen más allá de los próximos treinta días. ¡No puedes llevarte nada contigo! ¡Solo se es joven una vez! Además, algún día voy a triunfar».

LA INQUIETANTE REALIDAD DEL ARCÉN

Si bien estos letreros mentales y sus comentarios, hipotéticos, pueden sonar ridículos, no lo son. Echa un vistazo a los datos. Lee los informes. Según un estudio de la Oficina del Censo de Estados Unidos realizado en el 2000 (antes de la implosión tecnológica del 2001 y la crisis financiera del 2008), esta era la inquietante realidad:

- Una persona menor de cincuenta cinco años tenía un 57 % de probabilidades de no tener ningún capital neto, o de tenerlo negativo.
- Se estimaba que el 62 % de los hogares estadounidenses contaban con un patrimonio neto inferior a cien mil dólares.
- El 89 % de los hogares de personas de menos de treinta y cinco años contaban con un patrimonio neto inferior a cien mil dólares.
- Una persona que se encontrase en el rango de edad que abarcaba desde los treinta y cinco hasta los cuarenta y cuatro años disponía de un patrimonio neto de trece mil dólares de media, sin tener en cuenta el valor líquido de la vivienda.
- Una persona que se encontrase en el rango de edad que abarcaba desde los cuarenta y cinco hasta los cincuenta y cuatro años disponía de un patrimonio neto de veintitrés mil dólares de media, sin tener en cuenta el valor líquido de la vivienda.

Según una encuesta de la Oficina del Censo del 2007, el 61 % de las personas que tenían ingresos ganaban menos de treinta y cinco mil dólares al año. Estos datos revelan la triste realidad que hay tras las inyecciones de bótox y los sedanes alemanes de lujo: los viajeros del arcén son mayoría. Se estima que el 60 % de los adultos pertenecen a esta categoría. Sí, el mundo está lleno de ilusionistas financieros. Una vez que se tengan en cuenta las recientes crisis financieras, las últimas cifras subirán a alturas estratosféricas; calculo que el 85 % de las familias estadounidenses no dispondrán de ningún capital neto, o que será negativo. Pero puedes apostar a que disponen de seiscientos cincuenta canales por cable que transmiten en sus cinco televisores de pantalla plana de alta definición. Si tienes más de treinta y cinco años y tu capital neto es inferior a trece mil dólares, permíteme ser franco: lo que estás haciendo no está funcionando. Necesitas un nuevo itinerario.

EL VIAJERO DEL ARCÉN TÍPICO TIENE POCOS INGRESOS

Los viajeros del arcén con bajos ingresos son los más abundantes y se encuentran en la clase baja y la clase media. Trabajan por salarios modestos y poseen todos los artilugios que les permiten aparentar, pero cuentan con pocos ahorros y ningún plan de jubilación. Tienen el futuro hipotecado hasta el cuello en favor de un determinado estilo de vida; compran cualquier lujo que se puedan permitir con su sueldo mensual. Cada centavo va destinado a pagar los plazos del automóvil o ropa nueva, o a ir amortizando algún crédito.

Si vives de esta manera, estás en la línea roja, conduciendo por una carretera estrecha que bordea un acantilado. Hay pocas esperanzas para los viajeros del arcén, porque su itinerario está marcado por la gratificación inmediata, el egoísmo y la irresponsabilidad. Esta disposición problemática repele la riqueza y empuja a codepender de personas que viven sobrecargadas: contribuyentes, empleadores, amigos, padres y seres queridos. Los viajeros del arcén con escasos ingresos actúan según este razonamiento: «La vida es corta. ¡Quítate de en medio o te atropello!».

LOS SÍNTOMAS DE LOS VIAJEROS DEL ARCÉN. ¿LOS IDENTIFICAS EN TI?

No has aprendido mucho desde que te graduaste en la escuela secundaria o la universidad.

«Terminé los estudios, ¡hurra!».

Cambias de trabajo a menudo.

«¡Vamos, M. J.!, me fui porque en este otro empleo gano más».

Piensas que las personas ricas lo son porque sus padres eran acaudalados, porque han tenido suerte o porque lo han tenido más fácil que tú en la vida.

«Lo he tenido complicado. Si mis padres me hubiesen pagado la universidad, podría haber tenido un buen empleo. La mía fue una infancia difícil. Esas personas con dinero no tienen ni idea de lo que es vivir así».

Quedas impresionado fácilmente y buscas impresionar.

«Me encantan los bolsos de diseño, los automóviles alemanes, la ropa italiana y los perros de pura raza. ¡Trabajo mucho para ganarme el sueldo y merezco estos lujos!».

Eres poco solvente.

«Pago lo que debo pagar la mayor parte de las veces... Solo ocurre que no siempre puedo pagar a tiempo, debido a situaciones que escapan a mi control. Además, los bancos y las empresas de suministros son entidades grandes que nadan en la abundancia; son el enemigo».

Confías en los políticos y el gobierno para que cambien el sistema, en lugar de enfocarte en cómo puedes cambiarte a ti mismo.

«La solución es un gobierno mejor. Hacen falta más normativas, más programas y más servicios. El gobierno debe estar al servicio de la gente. Los ricos deberían pagar más impuestos por su buena suerte: ¡pueden permitírselo, yo no!».

Ves las casas de empeños, las empresas de microcréditos rápidos y las tarjetas de crédito como medios para obtener ingresos complementarios.

«No puedo esperar a que me llegue la próxima paga para hacer la compra; ¡mi familia tiene que comer! Además, las patas de cangrejo están solo a treinta y seis dólares el kilo».

Te has arruinado al menos una vez.

«No fue culpa mía; me pasé un poco y no creía que iba a perder el empleo. No esperaba que hubiese una recesión. No me siento mal por la bancarrota, porque me permite hacer borrón y cuenta nueva. En el banco, ya casi han dado el visto bueno a darme otra tarjeta de crédito».

Vives al día; dependes de la nómina del mes.

«¿Cómo? ¿Hay gente que no?».

No dices nada cuando en un comercio se equivocan a tu favor al darte el cambio.

«¿De qué estás hablando? Si en una tienda se equivocan al darme el cambio, por supuesto que me quedaré con ese dinero. No es culpa mía que el empleado haya metido la pata».

Tu capital neto es negativo y tienes pocos ahorros (si es que tienes).

«¿Y qué? Si pones el dinero en una cuenta de ahorro, solo te dan el uno por ciento de todos modos. Y mira toda esa gente que invirtió en bolsa. ¡Vaya primos! Por lo menos, si gasto cada centavo no puedo perderlo».

No cuentas con seguro de automóvil ni seguro de salud y tienes relaciones sexuales sin protección con ligues ocasionales.

«¿Qué puedo decir?, me gusta correr riesgos. Sé que los seguros y las medidas anticonceptivas son importantes, pero tengo otras prioridades».

Apuestas en el casino o compras boletos de lotería con regularidad.

> *«Hay que jugar para poder ganar, ¿no? ¡Olvídate de las probabilidades! Esta vez será diferente, puedo sentirlo...».*

Te sumerges en realidades alternativas, como blogs de chismes acerca de celebridades, la televisión, los deportes, los videojuegos o las telenovelas.

> *«Me encantan* Operación Triunfo, Perdidos, Supervivientes y Got Talent. *Tengo muy claro dónde voy a estar de lunes a viernes entre las siete de la tarde y las once de la noche».*

Has perdido dinero siguiendo sistemas que te prometían que te harías rico.

> *«Tiene que haber una manera fácil de hacerse rico. ¡Si compro este programa/esta serie de DVD/este producto de la teletienda, tendré el secreto! ¡Lograr la riqueza está a mi alcance!».*

Tu familia tiembla cuando le pides dinero, o has dejado de hacerlo porque sabes que te van a dar un sermón.

> *«¡Solo les pedí quinientos dólares, caray! Mis padres deberían cuidar de mí hasta que me muera. ¿No ven lo difícil que lo tengo? ¡Mira este apartamento; hay que cambiar las encimeras!».*

¿Puedes identificar un patrón de comportamiento? Estas formas de pensar son propias del viajero del arcén. Espero que no te sientas enojado ni te hayas puesto a la defensiva, porque esto podría indicar que tus creencias son afines al itinerario del arcén.

EL TIRÓN GRAVITATORIO DEL ARCÉN: LA POBREZA

Una recesión es un bache en el camino. ¿Cuántas personas han perdido sus hogares a causa de la crisis económica actual? ¿Cuántas se han quedado sin sus ahorros o sus empleos o han tenido que renunciar a su plan de pensiones? El arcén no ofrece protección, porque quien circula por él está indefenso y no puede amortiguar los golpes. Si chocan contra ti, ya puedes llevar el coche al desguace (o, si vas caminando y te atropellan, acabas en el cementerio). Si quieres que nada ni nadie pueda poner fin a tu viaje, debes adquirir firmeza y protegerte. Debes tener un plan que abarque años, no días.

El estilo de vida propio del arcén te empuja a la pobreza, de forma natural. Puesto que solo contempla el corto plazo, nunca funciona a largo plazo. Hipotecas tu futuro en nombre de un presente agradable. Desafortunadamente, cualquier bache que haya en la carretera (una recesión, la pérdida del empleo, la subida de las tasas de interés, los reajustes de la hipoteca) puede provocar un desastre. El estilo de vida del arcén puede hacer que acabes en la calle, literalmente.

Si le preguntas a cualquier viajero del arcén arruinado qué hizo que su vida financiera escapara a su control, se apresurará a culpar a algún factor externo: «¡Me despidieron!», «¡Mi coche se estropeó!», «¡No tenía seguro de salud cuando me rompí el pie!», «¡El juez ordenó que debía incrementar en un veinte por ciento la pensión alimenticia!». Cuando aumentas las revoluciones de tu motor financiero hasta entrar en la franja roja, está claro que acabas por quemarlo. Y luego, paradójicamente, tu presente agradable se convierte en un mañana de pesadilla: debes trabajar más, acumulas más deudas y estás más estresado.

No sé qué edad tienes, pero seamos sinceros y hagamos la pregunta incómoda: ¿en serio puedes esperar jubilarte con un capital neto de trece mil dólares? ¿O de ciento trece mil? ¿Es racional pensar que puedes vivir de la refinanciación de tu capital inmobiliario? ¿Has pensado más allá de la paga de la semana que viene? ¿En qué punto te darás cuenta de que es hora de cambiar de marcha y reconsiderar tu situación (si es que llegas a hacerlo)? ¿Por qué lo que has estado haciendo durante cinco, diez o veinte años debería empezar a funcionar de repente? Sí, la locura consiste en hacer lo mismo una y otra vez y esperar unos resultados diferentes.

El arcén no es un medio que conduzca a la riqueza a menos que tu estrategia sea confiarlo todo a los casinos o a los boletos de lotería o tengas el plan de envenenar a tu cónyuge y cobrar el seguro. ¡Las ayudas gubernamentales, la seguridad social, la caridad y «mis padres morirán pronto y me dejarán una fortuna» no son planes financieros! Si no quieres trabajar hasta los setenta y cinco años en un empleo de poca monta o jubilarte debajo de un puente con una caja de cartón, debes tener un plan. Si la vida te concede otros cincuenta años, ¿qué piensas hacer?

El primer paso para escapar del arcén es reconocer que puede ser que estés en él. A continuación, deberás reemplazarlo por una estrategia válida.

EL DINERO NO RESUELVE LOS PROBLEMAS DE DINERO

¡Noticia de última hora! En el arcén el dinero es irrelevante. No importa cuánto ganes. No se puede resolver la mala administración del dinero con más dinero. Sí, puedes aparentar ser asquerosamente rico y aun así estar en el arcén.

Los viajeros del arcén pueden encontrarse en todos los ámbitos de la vida, incluso en aquellos que son exponentes de la riqueza en apariencia. Son dueños de negocios, trabajan en profesiones bien remuneradas (son médicos o abogados por ejemplo) o viven como actores o músicos de éxito y obtienen grandes ingresos. El denominador común sigue siendo el mismo: no disponen de un plan ni de ahorros. Estas personas gastan más de lo que ingresan y cambian la seguridad del mañana por un estilo de vida consistente en «vivir a lo grande» en el día de hoy.

La ecuación de la riqueza del viajero del arcén viene determinada por los ingresos más las deudas, las cuales a su vez vienen determinadas por el crédito disponible.

$$Riqueza = Ingresos + Deuda$$

Los viajeros del arcén crean su estilo de vida en proporción directa a sus ingresos y complementan ese estilo de vida con un uso exhaustivo de la deuda. Todo el estrés que experimentan en relación con el pago de su hipoteca o alquiler, el pago de las facturas de suministros y los pagos mínimos relacionados con las deudas de sus tarjetas de crédito es el resultado de no pensar más allá de la hora feliz posterior al día de cobro.

LOS VIAJEROS DEL ARCÉN ACAUDALADOS, CON UN ALTO NIVEL DE INGRESOS

Cuando un viajero del arcén con un alto nivel de ingresos se arruina, la noticia sale en todos los medios. ¿Te has preguntado alguna vez cómo un rapero rico puede acabar arruinado tres años después de haber sacado su último álbum? ¿O por qué un actor famoso necesita declararse en bancarrota solo unos años después de dejar de ser el centro de atención? O ¿cómo puede alguien transformar un contrato de ochenta millones de dólares con la NBA en una situación de pobreza? Te lo diré: estas personas viajan por el arcén, en el que la riqueza equivale a los ingresos más la deuda.

No hay que buscar mucho para encontrar un viajero del arcén con un alto nivel de ingresos. Se trata de individuos que parecen ricos, pero a los que solo una paga, un álbum o una película los separa de la bancarrota. Obtienen grandes ingresos, pero se gastan cada centavo en el siguiente accesorio lujoso. Su estilo de vida se ve impulsado por unos ingresos cuantiosos y una gran línea de crédito. Después de gastarse todo el dinero que han cobrado, compran más objetos que no necesitan con un dinero que no tienen, confiando plenamente en que su gran caudal de ingresos no se detendrá nunca.

De forma humorística, digo que este tipo de viajeros del arcén son «*tarjetos* de crédito». Conducen automóviles preciosos y llevan ropa cara, pero en cuanto se les rompa la junta de culata (dentro de la analogía del viaje hacia la riqueza), se arruinarán completamente.

Un miembro del Foro de la Vía Rápida (TheFastlaneForum. com) publicó este comentario sobre un rapero viajero del arcén, a partir de la información que le proporcionó un amigo suyo, que trabaja en una entidad de crédito:

> A un rapero famoso se le negó un préstamo por valor de sesenta mil dólares [...] a pesar de hacer constar, en su solicitud, que estaba ganando cuatrocientos mil dólares al mes [...] sin embargo, después de tener dos éxitos en el último año, estaba arruinado. Además, tenía una calificación crediticia pésima. Esto demuestra que las habilidades en cuanto a la gestión del dinero y tener un buen historial crediticio son cuestiones muy importantes, incluso cuando se goza de mucho éxito.

Dado que los viajeros del arcén ricos en ingresos cobran grandes cantidades, su ropa de diseño, sus accesorios y sus pasatiempos guardan una relación proporcional con sus ganancias. Por ejemplo, si un viajero del arcén con un alto nivel de ingresos gana veinte mil dólares al mes, ve justificado comprarse unos tejanos de trescientos dólares. El problema es que, al igual que ocurre con los viajeros del arcén con pocos ingresos, los que perciben muchos ingresos no están satisfechos hasta haberse gastado todo lo que han ganado el último mes, y algo más. Esta forma de vivir es irracional; es como si estas personas temiesen que el dinero va a desaparecer si no lo gastan. ¿Que ganan cincuenta mil dólares al mes? Gastan sesenta mil. ¿Que ganan doscientos cincuenta mil? Gastan trescientos cincuenta mil. La cantidad de dinero saliente siempre es superior a la de dinero entrante.

¡Alguien que gane dos millones de dólares al año puede caer en las mismas trampas del arcén que alguien que gane veinte mil! *La disciplina financiera está ciega a los ingresos.* La falta de disciplina financiera es propia del arcén y no es relevante la cantidad de dinero que gane la persona o el vehículo que conduzca.

EL ESPEJISMO DE LOS INGRESOS EN RELACIÓN
CON LA RIQUEZA EN EL ARCÉN

Date cuenta de que los viajeros del arcén con pocos ingresos y los que tienen un alto nivel de ingresos tienen los mismos problemas, aunque los entornos en los que se muevan sean diferentes. *La razón de ello es que una mayor cantidad de dinero no es una solución para la gestión financiera deficiente.* Administrar mal el dinero es como apostar en un casino: con el tiempo, la casa siempre gana. Arrojar más dinero al problema es como intentar tapar el agujero de una presa con más agua. Una mayor cantidad de dinero no compra la disciplina financiera.

Aquellos que carecen de disciplina financiera hacen un mal uso del dinero para retrasar lo inevitable. Si no puedes vivir con cuarenta mil dólares al año, no podrás vivir con cuatrocientos mil. Si te preocupa el pago de tu hipoteca, de novecientos dólares, al viajero del arcén con un alto nivel de ingresos le preocupa el pago de la suya, de nueve mil dólares. La inquietud es similar; los problemas son los mismos, aunque las cantidades difieran. La única solución a los problemas económicos es un cambio de mentalidad con respecto al dinero. Y para cambiar tu forma de pensar, debes cambiar de itinerario. ¡Sal del arcén y deja de equiparar la riqueza con los ingresos más la deuda!

RESUMEN DEL CAPÍTULO: INDICACIONES PARA LA VÍA RÁPIDA

- Tener un billete de primera clase con destino al arcén es no tener un plan financiero.
- La tracción gravitatoria natural del arcén es la pobreza, tanto la relativa al tiempo como al dinero.
- La mala gestión financiera no se puede resolver con más dinero.

- Se puede tener un nivel de ingresos alto y, aun así, estar circulando por el arcén.

- Si la riqueza viene definida por los ingresos más la deuda, es ilusoria, porque es vulnerable frente a los baches y los desvíos. Cuando los ingresos desaparecen, también lo hace la ilusión de riqueza.

- La mala gestión financiera es como el juego: la casa siempre acaba ganando.

¿Se ha intoxicado tu riqueza?

*La riqueza es la capacidad de
experimentar la vida plenamente.*

Henry David Thoreau

LA SOCIEDAD HA INTOXICADO LA RIQUEZA

El atractivo que presenta el arcén es el resultado del concepto tóxico y venenoso que tiene la sociedad de la riqueza. La sociedad ha decidido por ti, sin titubear, la definición que cabe dar a la riqueza: la *riqueza* es tener un Rolls Royce con chófer, alquilar *jets*, efectuar viajes exóticos al Pacífico Sur, tener una mansión junto al mar y poseer un ático en Las Vegas. La sociedad dice que la riqueza son los pendientes de diamantes de seis quilates, los coches de lujo y los relojes que cuestan más que las casas de la mayoría de las personas. Para la sociedad, la riqueza es *una proposición indecente* para comprar un revolcón en la cama con Demi Moore por un millón de dólares a partir del argumento de que «la noche vendrá y se irá, pero el dinero durará toda la vida». Se trata de lo siguiente: «¿Cómo lo estoy haciendo? ¿Estoy dejando claro que soy rico?».

Pregunta a diez personas qué es la riqueza y escucharás diez respuestas diferentes. Para ti, el símbolo de la «riqueza» podría ser un Lamborghini, como lo fue en mi caso, o podría ser una granja de treinta hectáreas en Montana con un establo lleno de caballos de carreras. Si piensas como la mayoría de la gente, la forma en que defines la riqueza, instintivamente, es como un estilo de vida lujoso y ostentoso.

La sociedad nos ha condicionado a creer que la riqueza es un concepto absoluto cuya clave son las posesiones materiales. De hecho, he tenido que adaptar el «gancho» de este libro a la definición que la sociedad hace de la riqueza en lugar de basar el reclamo en la definición real. Y ¿por qué enfocamos mal el tema de la riqueza? Porque, como los perros de Pavlov, hemos sido entrenados para responder así. La sociedad ha hecho un trabajo fantástico definiendo la riqueza por nosotros y, desafortunadamente, nos ha engañado. Pero no te preocupes; si te gusta el lujo, la vía rápida puede ofrecértelo.

LA TRÍADA DE LA RIQUEZA

El concepto de riqueza no es tan ambiguo como puede parecer. Los momentos más felices de mi vida han sido aquellos en los que he experimentado la verdadera riqueza. Y ¿sabes qué? Entre mis días más felices no se encuentra aquel en el que compré mi primer Lamborghini. Tampoco el día en que me mudé a una gran casa en la montaña o en que vendí mi empresa por millones. La riqueza no viene definida por las posesiones materiales, el dinero o las «cosas», sino por tres cuestiones fundamentales: *la familia (las relaciones), el buen estado de forma (la salud) y la libertad (la posibilidad de elegir)*. Es dentro de esta tríada donde encontrarás la verdadera riqueza y, sí, la felicidad.

En primer lugar, la riqueza es tener relaciones sólidas. No solo con la familia propiamente dicha, sino también con las personas en general, tu comunidad, tu Dios y tus amigos. Al final de la emblemática película *¡Qué bello es vivir!* se nos brinda la última lección: «Recuerda que ningún hombre que tenga amigos es un fracasado».

Esta frase refleja lo importante que es compartir la vida con los amigos, los familiares y otros seres queridos. La riqueza es ejercer una influencia positiva en el entorno. La riqueza es la comunidad y tener un impacto en la vida de otras personas. Uno no puede experimentar la riqueza solo, en el vacío. Créeme si te digo que en los momentos más ricos de mi vida he estado rodeado de una familia de amigos y seres queridos.

En segundo lugar, la riqueza es el buen estado de forma: gozar de salud, vitalidad, pasión y una energía ilimitada. Si no estás sano, no eres rico. Pregúntale a cualquiera que tenga una enfermedad terminal qué es aquello que valora. Habla con cualquier superviviente del cáncer y te contará cómo se sintió renacer de repente y cómo pasó de vincular la felicidad con lo material a vincularla con las personas y las experiencias. La salud y la vitalidad no tienen precio.

Y, finalmente, la riqueza es libertad y posibilidad de elección: ser libre para vivir como quieras vivir, lo que quieras vivir, cuando quieras vivirlo y donde quieras vivirlo. Ser libre de los jefes, de los despertadores y de las presiones que ejerce el dinero. Ser libre para perseguir tus sueños con pasión. Tener la libertad de criar a tus hijos como mejor te parezca. Y verte libre de la monotonía de hacer lo que odias. La libertad consiste en vivir la vida como a uno le plazca.

LA RIQUEZA NO SE PUEDE COMPRAR A CÓMODOS PLAZOS

Recuerdo vívidamente aquel día. Después de vender mi empresa en el año 2000, mi abogado me entregó el primer cheque correspondiente a la venta (la cual iba a cobrar a plazos), por valor de doscientos cincuenta mil dólares.

«¡Bravo, doscientos cincuenta mil dólares! ¡Soy rico! ¡Lo logré!», exclamé. Ahora se trataba de anunciarlo al mundo. Enseguida imaginé coches veloces, ropa de diseño, lanchas rápidas y un séquito de mujeres en bikini. Pensé que era rico y que iba a hacer alarde de ello.

Por desgracia, esa fantasía tenía muy poco que ver con la realidad. Sin embargo, lo intenté. Me compré un Corvette convertible de color rojo manzana, brillante. ¿Que quería un coche deportivo? Extendía un cheque. ¿Que quería ropa de diseño de Nordstrom? Ahí iba otro cheque. Estudié comprar una lancha rápida, hasta que el crac de Internet interrumpió mi visión orgásmica. Invertí mi nueva riqueza en acciones de empresas tecnológicas y perdí miles de dólares. Más de la mitad de mi «riqueza» se evaporó en cuestión de meses, y mi contable[*] me informó de que otro tercio se esfumaría muy pronto también, debido a los impuestos.

Paradójicamente, *en mi intento de parecer rico, la auténtica riqueza se alejó*. Sin trabajo, sin empresa, sin ingresos y con una pequeña suma de dinero, no podría sustentarme para siempre ni seguir llevando el fastuoso estilo de vida que imaginaba que llevaba la gente adinerada. No era rico en absoluto.

LA ILUSIÓN DE LA RIQUEZA: PARECER RICO

En la cultura popular de habla inglesa, los maestros ilusionistas de la riqueza son denominados «los millonarios de los treinta mil dólares» (de ingresos anuales). Si no has oído esta expresión, hace referencia a individuos que aparentan ser millonarios pero que no tienen ningún capital neto. Estas personas no son difíciles de encontrar. Conducen BMW de gama media con llantas de cromo personalizadas, llevan ropa de diseño de lujo con letras góticas en cursiva y se congregan en la sección vip de los clubes pidiendo barra libre (que, por supuesto, pagarán con tarjeta de crédito). Se presentan como vistosos debutantes que tienen una actuación extraordinaria, pero detrás de toda su ostentación solo son magos deplorables del arcén.

El problema de *parecer* rico frente a *ser* rico es que lo primero es fácil, mientras que lo segundo no lo es. El crédito fácil y las opciones de financiamiento mensual a largo plazo («¡No pague nada

---

[*] *Contador*, en varios países de Hispanoamérica (N. del T.).

durante un año!») son tentaciones que ayudan a la gente a comprar la ilusión de la riqueza. La sociedad te ha llevado a creer que la riqueza se puede comprar en un centro comercial, en un concesionario de automóviles o en la teletienda. Al igual que mi derroche inicial cuando cobré mi primer cheque, estas exhibiciones de riqueza lanzan un mensaje al mundo, supuestamente: «¡Soy rico!».

Pero ¿lo eres? Cuando vas pagando a plazos un Mercedes Benz de ochenta mil dólares a lo largo de seis años porque no puedes hacerlo de otro modo, esto no es riqueza, sino imitación de la riqueza. Te estás engañando a ti mismo; no vas por la vía rápida. Sin embargo, este no es un sermón acerca de que no puedes gastar dinero en sedanes alemanes caros. De ningún modo.

La riqueza no está implícita en un automóvil, sino en la libertad de saber que puedes comprarlo. En la libertad de entrar en el concesionario, saber el precio que puedes y estás dispuesto a pagar, abonar el importe en efectivo y llevarte el coche. Le compré a mi hermano un Lexus nuevo como regalo. Fue la transacción más fácil que he hecho nunca: indagué acerca del automóvil y determiné el precio que quería pagar. Entré en el concesionario con un cheque bancario y le dije al vendedor: «Tengo un cheque por la cantidad de cuarenta y cuatro mil dólares y quiero comprar ese vehículo. Necesito que me diga si me lo vende o no». Veinte minutos más tarde, tenía un Lexus. Esto es riqueza, no imitación de la riqueza.

Cuando voy conduciendo al gimnasio, paso junto a un complejo de apartamentos deteriorados que está al lado de la autopista. En el estacionamiento, siempre veo el mismo coche: un Cadillac Escalade negro y brillante con llantas personalizadas de cromo de veintidós pulgadas. ¿Ves la incongruencia? Su dueño está viviendo en un apartamento horrible pero, eso sí, conduce un automóvil de sesenta mil dólares con llantas de diez mil. No me extrañaría que tuviese monitores en los reposacabezas y un sonido estéreo procedente de veinticuatro altavoces. Un total de noventa mil dólares de apariencia y dos dólares de sentido común. ¿No sería más inteligente enfocarse en ser dueño de una bonita casa en un vecindario agradable en lugar de alquilar el automóvil más completo para aparcarlo en un complejo de apartamentos de lo más humilde? *Cuestión de prioridades: algunos quieren parecer ricos, mientras que otros quieren* SER *ricos.*

LA FALSA RIQUEZA DESTRUYE LA VERDADERA RIQUEZA

La falsa riqueza es la ilusión de tener riqueza. Quien tiene esta ilusión no es rico, claro. Quien apuesta por la falsa riqueza se ha creído la definición de *riqueza* que proporciona la sociedad. Y no se da cuenta de que la búsqueda de la falsa riqueza hace algo terriblemente destructivo: *destruye la verdadera riqueza.*

A medida que la brecha entre la riqueza verdadera y la falsa se hace más grande, las expectativas se van viendo frustradas y va cundiendo la escasez. Como ocurre con las trampas chinas para dedos,* cuanto más intentas parecer rico, más fuerte se vuelve el apretón de la pobreza. La riqueza no se puede comprar en un concesionario de Mercedes, pero la destrucción de tu libertad sí puede comprarse ahí.

La libertad forma parte intrínseca de la riqueza. Hay quienes hacen alarde de los emblemas de la riqueza pero no tienen libertad, y al no tener libertad van viendo implacablemente carcomidos los otros componentes de la verdadera riqueza: la salud y las relaciones.

Henry Sukarano se compra la casa de sus sueños en un vecindario de Baltimore por 1,8 millones de dólares. Como representante farmacéutico de uno de los principales fabricantes de medicamentos, su carrera va viento en popa. Su gran casa tiene todo lo que quiere; entre otras cosas, una piscina, establos para los caballos y un garaje

---

* La trampa de dedos china es un juguete que atrapa los dedos índices de la víctima dentro de un pequeño cilindro. Entre más intente escapar la víctima, la trampa se va a apretar más

impresionante en el que caben cinco coches. La compra de la casa le da a Henry una sensación de logro... durante unas ocho semanas. La política de su empresa y los recortes de empleos se ciernen sobre la carrera de Henry, lo que lo obliga a trabajar más horas. Debe asumir tareas que anteriormente realizaban trabajadores recién despedidos. Conduce dos horas diarias y tiene la instrucción de cubrir toda la costa este. Siempre está en la carretera, en un avión o durmiendo. Rara vez «vive» en la casa de sus sueños, y cuando lo hace, se pasa el tiempo durmiendo o reponiendo energías tras una semana de duro trabajo. Su relación con su esposa y sus hijos se resiente. Su estado de salud empeora a medida que se va sintiendo cada vez más estresado a causa de la responsabilidad.

Finalmente, Henry se rinde a la evidencia: «No estoy viviendo un sueño, sino que mi sueño me está viviendo a mí». Se siente atrapado en la ilusión de un determinado estilo de vida pero continúa trabajando, fiel a la idea de que la riqueza tiene su precio.

Date cuenta de cómo la destrucción de la libertad ataca a los otros componentes de la riqueza. Las posesiones materiales que no podemos permitirnos tienen consecuencias para nuestra salud y nuestras relaciones. La paradoja de aparentar ser rico es que este comportamiento atenta contra la riqueza real: *destruye la libertad, destruye la salud y destruye las relaciones*.

Por encima de todo, la vía rápida hacia la riqueza aborda el componente de la *libertad* de la tríada, porque la libertad brinda protección a la salud y las relaciones. Solo tú puedes definir tu libertad y cómo prefieres vivir. Si quieres la libertad de volar en *jets* privados, esta es tu idea de la libertad. Si quieres la libertad de llevar un estilo de vida minimalista, esta es tu idea. ¡La libertad es diferente para cada uno! Dentro de tu definición personal de ella, encontrarás una gran pieza de tu rompecabezas de la riqueza. En cambio, la versión de la libertad que nos da la sociedad conduce al purgatorio del arcén.

RESUMEN DEL CAPÍTULO: INDICACIONES PARA LA VÍA RÁPIDA

- La riqueza está constituida por unas relaciones familiares sólidas, un buen estado de forma y una buena salud, y por la libertad, no por las posesiones materiales.
- Las posesiones materiales que no nos podemos permitir tienen un efecto destructivo sobre la tríada de la riqueza.

Haz un mal uso del dinero y el dinero hará un mal uso de ti

*El dinero no puede comprar la felicidad, pero
puede hacer que te sientas terriblemente
cómodo mientras eres desgraciado.*

Clare Boothe Luce

EL DINERO NO COMPRA LA FELICIDAD...
¿LA POBREZA SÍ LO HACE?

Las personas que declaran que «el dinero no compra la felicidad» ya han llegado a la conclusión de que nunca tendrán dinero. Este viejo equívoco es el portador de la antorcha de su pobreza (si el dinero no compra la felicidad, ¿por qué ahorrarlo?). Pero la lógica nos lleva a hacernos el siguiente planteamiento: si el dinero no compra la felicidad, ¿lo hace la pobreza? ¿El tipo que posee un Ferrari tiene automáticamente un pene pequeño mientras que el que está detrás del volante de un Honda tiene que estar bien dotado?

Busca en Google la frase «el dinero no compra la felicidad». Una página tras otra llegan a la conclusión de que el dinero no influye en la felicidad. ¿Debería sorprendernos que un empresario de Connecticut con un salario de seis cifras sea menos feliz que un pastor de ganado de Kenia? No, en absoluto.

El hecho es que estos análisis se quedan cortos porque no identifican al verdadero ladrón de la felicidad: la *servidumbre*, la antítesis de la libertad. La paradoja es que cuando la mayoría de las personas ganan «más dinero», esto no las hace ser más libres, sino menos. Al crearse un estilo de vida basado en la servidumbre, la mayor afluencia de dinero tiene un efecto destructivo sobre la tríada de la riqueza: la familia, el buen estado de forma y la libertad.

Según el Centro para el Matrimonio y la Familia de la Universidad Creighton, las deudas son la principal causa de conflicto entre los recién casados. Las deudas y el estilo de vida basado en la servidumbre mantienen a las personas atadas al trabajo y no a las relaciones. Una encuesta mundial sobre lo que tiene más valor para la gente, efectuada en el 2003 (worldvaluessurvey.com), reveló que los individuos más felices del mundo poseen un fuerte sentido de la comunidad y unos potentes vínculos familiares. Una vez que tenemos satisfechas las necesidades básicas (seguridad, vivienda, salud, comida), nuestro cociente de la felicidad se ve significativamente afectado por la calidad de nuestras relaciones con nuestra pareja, con nuestra familia, con nuestros amigos, con nuestra espiritualidad y con nosotros mismos. Si estamos demasiado ocupados persiguiendo el próximo gran artilugio para aparentar que somos más opulentos que nuestros vecinos, estamos financiando nuestra desgracia. La Encuesta Mundial de Valores llegó a la conclusión de que el «consumismo» es el principal obstáculo para la felicidad.

El hecho es que hay muchos millonarios y profesionales bien remunerados que son absolutamente desgraciados, pero esto no tiene nada que ver con el dinero. *Tiene que ver con su libertad.* El dinero los posee, en lugar de ser ellos los dueños de su dinero. El adicto al trabajo bien remunerado que nunca está en casa para fortalecer la relación con su esposa y sus hijos es probable que sea menos feliz que el pobre agricultor de Tailandia que pasa la mitad del día ocupándose de sus campos y la otra mitad con su familia.

En el 2009 saltó la noticia de que el estadounidense David Letterman, popular presentador de programas de entrevistas, era víctima de una extorsión por parte del productor de otro programa de la cadena CBS. El hombre que perpetró el supuesto chantaje, por valor de dos millones de dólares, parece ser que ganaba doscientos catorce mil dólares al año. Sin embargo, afirmó estar seriamente arruinado, en parte a causa de los pagos que debía satisfacer en concepto de la pensión alimenticia de su excónyuge, que se acercaban a los 6.000 dólares mensuales. Este extorsionista ¿estaba tratando de chantajear a una celebridad porque quería «comprar la felicidad»? ¿Cuál era su verdadera motivación? Creo que estaba tratando de comprar la libertad porque sus deudas lo mantenían en la servidumbre. ¿Le habrían servido para resolver el problema los dos millones? A corto plazo tal vez sí, pero no a largo plazo, porque su relación con el dinero ya estaba dañada. Una fuente cercana a la investigación dijo: «Sencillamente, no quería trabajar más». En otras palabras, anhelaba la libertad.

LA NORMALIDAD ES UNA CARRERA DE LOCOS, UN NUEVO TIPO DE ESCLAVITUD

¿Por qué soy rico, frente al hombre atrapado en el tráfico de la mañana que conduce al trabajo? Porque tengo libertad. Me despierto y hago lo que quiero. Persigo sueños. Escribo este libro sin preocuparme por cuántos ejemplares se venderán. Tomo un avión a Las Vegas para estar ahí dos semanas sin pensar en empleos, jefes o facturas de electricidad impagadas. ¡Es fantástico gozar de libertad!

De todos modos, mi estilo de vida no es «normal». Al igual que en el caso de la riqueza, la sociedad, a través de su directriz «hazte rico poco a poco», ha definido por ti qué es lo «normal». Según la sociedad, lo normal es despertarse a las seis de la mañana, lidiar con el tráfico y pasar ocho horas en la oficina. Lo normal es trabajar como esclavo en un empleo de lunes a viernes, ahorrar el 10 % de lo que ganas y seguir así durante cincuenta años. Lo normal es comprarlo todo a crédito. Lo normal es creer en la ilusión de que el mercado de valores te hará rico. Lo normal es creer que un automóvil más rápido y una casa más grande te harán feliz. Estás condicionado a aceptar qué es lo normal según la definición que la sociedad hace de la riqueza, y, debido a eso, tu idea de lo normal está corrompida. De acuerdo con la sociedad, *lo normal es la esclavitud moderna*.

Me sorprende que la mayoría de las personas viva tan peligrosamente, a una sola crisis de distancia de la ruina económica. En Estados Unidos por lo menos, nos hemos convertido en un país de consumidores y derrochadores indisciplinados. Nos hemos convertido en un país en el que el gasto ilimitado y el despilfarro escriben nuestros obituarios con la tinta del estrés. Si eres rehén de tu estilo de vida, no eres rico, porque careces de libertad.

EL USO ADECUADO DEL DINERO

El dinero no compra la felicidad cuando se emplea mal. En este caso, en lugar de comprar la libertad, compra la esclavitud. Los conceptos de *riqueza* y *felicidad* son intercambiables, pero solo si la definición que hacemos de la riqueza no ha sido corrompida por la que ha formulado la sociedad. La sociedad dice que la riqueza es lo material, y a causa de esta definición errónea, el puente que une la riqueza y la felicidad se viene abajo. Si no te sientes rico, es probable que intentes combatir esta sensación, por lo que compras símbolos de la riqueza para sentirte rico. Anhelas experimentar ciertas sensaciones, sentirte respetado, sentirte orgulloso y estar alegre. Quieres obtener admiración, amor y aceptación. ¿Y qué se supone que deben hacer por ti estos sentimientos y estas sensaciones? Esperas que te traigan la felicidad.

Y este es el cebo. Creemos que la definición corrupta que tenemos de la riqueza equivale a la felicidad, y cuando la riqueza tal como la entendemos no nos hace felices, nuestras expectativas se ven frustradas. La consecuencia es la infelicidad.

Utilizado adecuadamente, el dinero compra la libertad, la cual es un componente de la tríada de la riqueza. La libertad te ofrece opciones. El hecho es que hay muchas personas pobres que viven con mayor riqueza que muchas personas agobiadas de la clase media alta, porque estas últimas carecen de libertad, carecen de relaciones sólidas y carecen de salud, todo ello, efectos perniciosos de trabajar en un empleo odiado cinco días a la semana durante cincuenta años.

El dinero asegura un factor de la fórmula de la riqueza, la libertad, que puede hacer mucho por preservar los otros dos factores que componen la tríada: la salud y las relaciones.

1. El dinero te compra la libertad de ver crecer a tus hijos.
2. El dinero te compra la libertad de perseguir tus sueños más locos.
3. El dinero te compra la libertad de efectuar una contribución especial al mundo.
4. El dinero te compra la libertad de construir y fortalecer tus relaciones.
5. El dinero te compra la libertad de hacer lo que amas, sin que la validación financiera forme parte de la ecuación.

¿Es probable que algo de lo anterior te haga feliz? Apuesto a que sí. Ciertamente, no son aspectos que vayan a hacerte infeliz.

LA TRAMPA DEL ARCÉN: UN ESTILO DE VIDA CARACTERIZADO POR LA SERVIDUMBRE

Los viajeros del arcén están inmersos en un estilo de vida de servidumbre, en el que se ven abocados a participar en una carrera de locos. Esta carrera consiste en un tira y afloja constante entre el despilfarro y el trabajo, en un tiovivo que no para de girar: la persona trabaja para obtener unos ingresos, destina los ingresos a sufragar un estilo de vida... y el centro de dicho estilo de vida es el trabajo. Siempre que el estilo de vida es la servidumbre, la libertad se ve sistemáticamente menoscabada.

1. El trabajo genera ingresos.
2. Los ingresos costean un estilo de vida, y además se contraen deudas (por la compra de automóviles, yates, ropa de diseño...).
3. El estilo de vida y las deudas obligan a trabajar duramente.
4. El ciclo se repite.

Aprendí sobre el estilo de vida basado en la servidumbre a los veintipocos años. Tras graduarme en la universidad, tuve un empleo infernal como trabajador de la construcción en Chicago y me vi obligado a lidiar con el tráfico de la ciudad a diario. El sueldo era superior a cualquier ingreso que hubiese percibido a mi corta edad, y me sentí rico. ¿Qué hice pues? Empecé a llevar un estilo de vida más costoso y financié mi ilusión de la riqueza. Compré mi primer vehículo deportivo, un Mitsubishi 3000GT.

No tardé mucho en darme cuenta de que el automóvil de mis sueños no era un símbolo de riqueza, sino un parásito que se alimentaba de mi libertad. Odiaba mi trabajo: era estresante y agotaba mi energía, además de maniatar mis sueños empresariales. Pero no podía dejarlo; tenía responsabilidades: pagar los plazos del coche, la gasolina y el seguro. A causa de mis obligaciones vinculadas con «cosas», me había autosentenciado a la cárcel de un empleo que detestaba.

Sin embargo, este tipo de servidumbre es normal. Nos enseñan a esforzarnos por comprar lo último y lo mejor sin atender a las consecuencias. Esto nos deja atrapados durante años; quedamos condenados a la cárcel que es un determinado estilo de vida... y cuantos más artículos compramos que no podemos pagar, más larga es la sentencia.

SI CREES QUE PUEDES COSTEARLO, NO PUEDES

Piensa en la última vez que compraste un paquete de chicles. ¿Te preocupaste por el precio? ¿Te preguntaste: «Mmmm, ¿puedo pagar esto?»? Probablemente no. Compraste los chicles y asunto zanjado. Esa adquisición no tuvo un impacto en tu estilo de vida o en tus elecciones futuras. Ocurre lo mismo en el caso de un hombre rico que entra en un concesionario y compra un Bentley de seis cifras sin pensarlo.

Algo es asequible para ti cuando no tienes que plantearte si lo es. Si tienes que pensar en la «asequibilidad», no puedes permitirte ese artículo, porque la asequibilidad implica unas condiciones y tiene unas consecuencias. Si te compras un yate y debes hacer gimnasia mental para justificar que puedes permitírtelo, *es que no puedes.* Por supuesto, puedes forzar la asequibilidad por medio de argumentos descabellados, cuya formulación suele empezar siempre de la misma manera: «Puedo costear esto siempre y cuando...

... consiga ese ascenso».
... no me suban la cuota de la hipoteca».
... mi cartera de acciones gane otro diez por ciento este mes».
... mis previsiones de ventas se dupliquen».
... mi mujer encuentre trabajo».
... cancele mi seguro de salud».

Esta conversación interna es una advertencia de que no puedes permitirte el artículo al que le has echado el ojo. La asequibilidad no admite condiciones. Puedes engañarte pero no puedes eludir las consecuencias.

En ese caso, ¿cómo saber si puedes permitirte un determinado producto? Si lo pagas en efectivo y tu estilo de vida no cambia independientemente de las circunstancias futuras, eso significa que puedes costearlo. Es decir, si compras un yate, lo pagas en efectivo y *no* vas a verte afectado por los «baches de la carretera» que puedan presentarse de improviso, puedes permitírtelo. ¿Te arrepentirías de haber comprado un paquete de chicles si perdieras tu empleo una semana después? ¿O si solo llegases a vender un 50 % de lo que habías previsto? No, la compra de los chicles no sería relevante. Como puedes ver, hay que medir la asequibilidad en función del nivel de riqueza.

Para superar la ilusión de la riqueza, sé consciente de qué es aquello que puedes permitirte y aquello que no. No tiene nada de malo que compres yates y Lamborghinis si realmente puedes pagarlos. Hay un tiempo y un lugar para permitirte caprichos, y *la vía rápida hacia la riqueza está concebida para llevarte a dicho lugar.*

EL CEBO DEL ESTILO DE VIDA BASADO EN LA SERVIDUMBRE

El canto de sirena del estilo de vida basado en la servidumbre es el falso profeta del bienestar. Este profeta predica la gratificación instantánea y el placer inmediato. ¿No sería maravilloso que todo lo apetecible fuese bueno? ¿El chocolate? ¿Ese *combo* gigante de McDonald's? ¿Los baños de sol? ¿Fumar? Lamentablemente, lo que nos hace sentir bien a corto plazo a menudo es perjudicial a largo plazo. La gratificación instantánea es una plaga muy extendida y sus principales efectos secundarios son fáciles de detectar: las deudas y la obesidad.

La mayoría de los estadounidenses están gordos porque la satisfacción instantánea más fácil (y más barata) es la que nos proporcionan los alimentos. Cuando dejas caer tu trasero en el sillón reclinable y devoras una lata de Pringles, eliges experimentar placer en el momento a cambio de ser víctima del dolor más adelante. Si vives con tus padres y te compras un Mustang nuevo de cuarenta y cinco mil dólares, el cual planeas ir pagando a lo largo de setenta y dos meses con tu sueldo de camarero de treinta y un mil dólares anuales, dejas que la gratificación instantánea gane, y a ello le sigue el estilo de vida basado en la servidumbre.

Gestionar la riqueza no es fácil, como tampoco lo es conservar la buena salud; ambas están cortadas por el mismo patrón. Requieren un proceso idéntico: disciplina, sacrificio, persistencia y compromiso; y, sí, en el caso de ambas la gratificación no es inmediata. Si no puedes volverte inmune a las tentaciones de la gratificación instantánea, te será difícil alcanzar o mantener el éxito tanto en el ámbito de la salud como en el de la riqueza. Ambas exigen un cambio de estilo de vida; requieren pasar del pensamiento a corto plazo (la gratificación instantánea) al pensamiento a largo plazo (la gratificación demorada). Este cambio es la única defensa con la que contamos contra el estilo de vida basado en la servidumbre.

¡BUSCA EL ANZUELO!

La gratificación instantánea es el cebo y el estilo de vida basado en la servidumbre es el anzuelo. La industria de la publicidad está en una gran expedición pesquera, y su objetivo es que muerdas el anzuelo. Y ¿cuál es su cebo jugoso? Ese flamante automóvil nuevo, una casa más grande, la ropa de diseño, los productos que «debes tener ahora mismo». Todos los días se te bombardea con el cebo de la gratificación instantánea:

«¡No puedes sobrevivir sin este producto!».
«¡Cómpralo ahora y tu vida será mucho más fácil!».
«¡No serás un triunfador hasta que tengas uno de estos!».
«¡Imagina la envidia que sentirán tus vecinos cuando compres esto!».

Estos mensajes tienen algo en común: tú eres su presa, y a los vendedores les trae sin cuidado si puedes permitirte o no comprar su producto. Defiéndete por medio de descubrir el anzuelo que el cebo oculta: toda la esclavitud que implica el estilo de vida basado en la servidumbre. Cuando la gratificación instantánea te seduce para que muerdas el cebo, pasas a quedar atrapado en el anzuelo.

En lugar de ser el dueño de tus pertenencias, estas te poseen. Ten identificados a los enemigos de la riqueza y sé consciente de qué actos los invitan a entrar en tu vida. Espera hasta que realmente puedas costearte los lujos de los que quieras disfrutar... Por medio de la vía rápida, este día puede llegar más pronto que tarde.

RESUMEN DEL CAPÍTULO: INDICACIONES PARA LA VÍA RÁPIDA

- El dinero no contribuye a la felicidad cuando se utiliza con fines consumistas que acaban con la libertad. Todo aquello que destruye la libertad destruye la tríada de la riqueza.
- El dinero, utilizado correctamente, puede comprar la libertad, la cual puede conducir a la felicidad.
- La felicidad proviene de la buena salud, la libertad y unas relaciones interpersonales sólidas, no necesariamente del dinero.
- El estilo de vida basado en la servidumbre secuestra la libertad, y lo que secuestra la libertad impide la riqueza.
- Si dudas si puedes permitirte algo, no puedes.
- Las consecuencias de la gratificación instantánea son la destrucción de la libertad, de la salud y de la posibilidad de elegir.

Los tipos afortunados participan en el juego

Creo mucho en la suerte, y encuentro que cuanto más duramente trabajo, más tengo.

Thomas Jefferson

¿QUIERES SER UN TIPO CON SUERTE?

Una vez oí que alguien decía de mí que era un «cabrón con suerte». ¡Qué creencia tan triste e ilusoria propia de los viajeros del arcén! No tengo suerte; *decido participar en el juego*. Mientras ese señor envidioso decía eso por lo bajo y se sentaba en el banquillo, yo estaba en la zona de bateo intentando darle a la pelota.

Joe es un viajero del arcén y cree que se requiere suerte para hacerse rico. Se pasa los días trabajando en la construcción y las noches haciendo comentarios en blogs de chismes, jugando a videojuegos y viendo la televisión. Basándose en sus ideas sobre la suerte, ha renunciado a sus sueños de independencia económica. «No soy un tipo con suerte», se lamenta. El hermano de Joe, Bill, también trabaja en la construcción, pero navega por Internet por la noche buscando las prácticas más recientes en los ámbitos de los inventos y la ingeniería. El sueño de Bill es ser inventor, y ha creado cuatro prototipos de inventos en varios campos. Además, pasa su tiempo de vacaciones en ferias y seminarios de *marketing*. Mientras Joe mata ogros y magos en mazmorras infernales, Bill elude el sinsentido existencial, se expone y muestra sus inventos al mundo. ¿Quién va a «tener suerte»?

LOS MILLONES DE LOS RICOS HECHOS A SÍ MISMOS PROVIENEN DE LA SUERTE QUE SE HAN FORJADO

Mark Cuban, empresario multimillonario y propietario del equipo Dallas Mavericks de la NBA (www.blogmaverick.com), contó una historia de suerte con respecto a su éxito. Recordó las dificultades previas a sus primeros éxitos antes de efectuar su gran venta a Yahoo, que le reportó cinco mil novecientos millones de dólares. Y explicó que la gente atribuía sus éxitos a la suerte: tuvo suerte de vender su primera empresa, MicroSolutions... Tuvo suerte de ganar dinero efectuando operaciones bursátiles durante la eclosión de las empresas tecnológicas... Y tuvo suerte de vender su empresa a Yahoo por unos cuantos miles de millones. Date cuenta de cómo la gente razona rápidamente que los acontecimientos son fruto de la suerte, mientras barre el proceso debajo de la alfombra.

Cuban entiende algo que la mayoría no comprende: *el proceso da lugar a los acontecimientos que los demás ven como suerte*. Comentó también que nadie mencionó la suerte cuando explicó que había leído complicados textos de *software* y manuales de *routers* de Cisco,* o que había permanecido sentado en su casa probando y experimentando con las nuevas tecnologías. ¿Dónde estaba la suerte entonces?

«La gente rica tuvo suerte» es un credo típico de los viajeros del arcén y una creencia desempoderadora que despoja de su libre

---

* Cisco Systems es una compañía de computación estadounidense que además posee una división de publicaciones tecnológicas educativas destinadas a la formación de profesionales especializados en el diseño, administración y mantenimiento de redes informáticas.

albedrío a quien la alberga. Si bien la suerte puede ofrecer riqueza a través de los sorteos, el juego en casinos o unos padres ricos, rara vez da lugar a una riqueza duradera. Para beneficiarte de la vía rápida a la riqueza, debes comprender que la suerte es un *resultado del proceso*, de la acción, del trabajo y de estar al pie del cañón. Cuando uno está al pie del cañón, tiene la oportunidad de estar en el lugar correcto en el momento oportuno.

Hay lugares adecuados y lugares equivocados. El lugar adecuado no es tu sofá, en el que te repantingas para ver *Operación Triunfo* o espectáculos de cabaret, ni el bar del barrio, en el que te exaltas cerveza en mano mientras ves cómo tu equipo pierde otro partido. Si quieres estar en el lugar correcto en el momento oportuno, es evidente que tienes que estar en el lugar adecuado. Y para estar en el lugar adecuado tienes que saber cuáles son los equivocados.

Si no estás fuera del arcén tomando medidas e implicándote en el proceso, nunca tendrás suerte. La suerte siempre se percibe como un acontecimiento: te toca la lotería, ganas un sorteo o encuentras en el ático un cuadro de doscientos años de antigüedad que vale millones. De nuevo, más ideas falsas. Al igual que la riqueza, la suerte no es un acontecimiento, sino el efecto de un proceso. *La suerte es el remanente del proceso.*

Los viajeros del arcén adoran los acontecimientos pero odian los procesos. Es natural que supongan que la riqueza es cuestión de suerte, porque creen que es fruto de un acontecimiento. Un miembro del Foro de la Vía Rápida (TheFastlaneForum.com) publicó recientemente que Bill Gates tuvo suerte. Tuve que mostrar mi desacuerdo. La suerte no creó Windows. La suerte no creó una empresa. La suerte no produjo una acción repetitiva y coordinada hacia un propósito específico. Cuando actúas y bombardeas al mundo constantemente con tus esfuerzos, e interactúas con los actos de los demás, tienen lugar acontecimientos. Los viajeros del arcén interpretan que se ha manifestado la suerte, cuando no ha habido más que acción encaminada a fomentar las *mejores probabilidades*.

La suerte se manifiesta cuando las opciones pasan de lo imposible a lo probable. En el caso de los dos hermanos de la construcción mencionados, ¿cuál de ellos va a tener suerte? El hermano que expone sus inventos al mundo inclina la balanza de las probabilidades a su favor. Su hermano perezoso no. Esfuérzate para que tu proceso interactúe con el mundo y podrás incrementar las probabilidades de «estar en el lugar adecuado en el momento oportuno».

Cuando pienso en la suerte, me vienen a la mente los jugadores de póquer. Erróneamente, se interpreta que la base de su oficio es la suerte, pero los jugadores de póquer profesionales afirman que no es la suerte lo relevante, sino el análisis sistemático y el conocimiento de la psicología del adversario. Los mejores jugadores de póquer del mundo son grandes estadísticos e intérpretes del comportamiento humano. ¿Tiene algún papel la suerte? Sí, pero menor; es la competencia del jugador lo que lo lleva a ganar la mayor parte de las apuestas. Si le dices a un gran jugador de póquer que lo suyo es cuestión de suerte, lo estás insultando. Del mismo modo, atribuir a la suerte el éxito de un millonario hecho a sí mismo es proferir el mismo insulto.

Para tener suerte, implícate en procesos que den lugar a las mejores probabilidades. *Tener suerte es posible si juegas.* Cuando juegas al juego de la vida con el objetivo de ganar, la suerte se manifiesta. Lamentablemente, los viajeros del arcén vinculan la suerte con acontecimientos en los que depositan su fe; no se trata de una suerte favorecida por un proceso. Si quieres tener suerte, implícate en el proceso, porque es lo que hace surgir acontecimientos de las cenizas.

RENUNCIA AL «GRAN ÉXITO REPENTINO» COMO PLAN FINANCIERO

Los viajeros del arcén detestan los procesos, por lo que sus planes financieros omiten los procesos convencionales (como ahorrar o gestionar el presupuesto) y dependen de los acontecimientos. Si crees que la suerte es la única fuente de riqueza, gravitarás hacia los acontecimientos afortunados; te esmerarás en encontrar «el gran éxito repentino».

¿Qué cabe entender por *gran éxito repentino*? Milagros súbitos que aportan riqueza con gran rapidez: sorteos, casinos, torneos de póquer...; incluso los pleitos frívolos y defraudar a Hacienda se consideran vías para lograr el gran éxito repentino. En efecto, los grandes éxitos repentinos constituyen intentos de eludir el viaje de la riqueza y empezar en la línea de meta. Consisten en prescindir del camino de baldosas amarillas y de las valiosas lecciones que nos brinda.

Los viajeros del arcén buscan los grandes éxitos repentinos porque sus sistemas de creencias les dicen que la riqueza es el fruto de un acontecimiento. Por desgracia, este tipo de éxitos es muy poco probable que sobrevengan (o son apuestas muy arriesgadas, si se opta por comportamientos poco éticos) y contravienen la verdadera esencia de la riqueza. ¿Crees en los milagros? Los viajeros del arcén sí.

¿Por qué los concursos como *American Idol* atraen a tantos participantes que no dan la talla? Porque hay muchas personas que están buscando el elusivo «gran éxito repentino». Mientras que quienes poseen talento logran pasar (tienen talento porque han trabajado en un proceso), los descalificados culpan a las circunstancias: al jurado, al micrófono o a algún otro factor insignificante. Cantar una canción unas cuantas veces en la ducha antes de participar en el concurso no cuenta como proceso.

LOS VIAJEROS DEL ARCÉN SON LAS VÍCTIMAS PERFECTAS DE LOS TIMADORES

«¡Haga su pedido ahora! Pagará a cómodos plazos (solo efectuará tres pagos de 39,95 dólares) y le enseñaré a ganar millones trabajando solo cuarenta minutos a la semana mientras está colgando bocabajo de un trapecio en el sótano. Sí, amigo, es así de fácil.

Pero ¡aún hay más! Haga su pedido hoy y se llevará como regalo unas cuantas fotos de esta mujer voluptuosa que tengo al lado. ¿No está estupenda? Cuando empiece a ganar dinero como yo, damas como ella llamarán a su timbre a todas horas del día. Sí, amigo, este sistema es increíble y no estará disponible por mucho tiempo. ¡Adquiérelo ya!».

Los gurús de la teletienda saben exactamente lo que hacen. Se dirigen a los viajeros del arcén, que están hechizados por los acontecimientos y el gran éxito repentino. ¿Por qué lanzar este tipo de anuncios a las dos de la madrugada? Porque es entonces cuando los viajeros del arcén están frente al televisor, debido a que están desempleados o a que están viendo reposiciones de *Seinfeld*. En cambio, los conductores de la vía rápida no están despiertos a las dos de la madrugada viendo reposiciones; están forjando sus respectivos procesos y avanzando hacia su destino.

Los viajeros del arcén son víctimas propiciatorias porque buscan los acontecimientos y quieren evitar los procesos. Cuando esta forma de enfocar la vida arraiga en su mentalidad, la propaganda de la teletienda pasa a ser de pronto su entretenimiento nocturno.

LAS TRES CREENCIAS QUE MANTIENEN A LOS VIAJEROS DEL ARCÉN FUERA DE LOS CARRILES

Piensa por un momento, usando la lógica. Si te encontraras con un «sistema» mágico que te permitiera ganar millones con facilidad en unos pocos meses, ¿qué es lo primero que harías? ¡Por supuesto que lo sabes, y yo también lo sé! Contratarías a una empresa de *marketing* directo, empaquetarías tu secreto en cinco CD y un DVD de inicio rápido y lo venderías en un canal de teletienda los martes a las tres de la madrugada. Sí, ¡eso es lo primero que haría yo si tuviera el secreto para ganar mil millones de dólares! Me olvidaría de viajar por el mundo, de efectuar obras de caridad y de la idea de ganar más millones. ¡Nada de eso! ¡Lo mejor es empaquetar el secreto y ponerlo a disposición del mundo a cambio de tres cómodos pagos de 39,95 dólares!

¿Ocurre que la gente se cree al anunciante, o que está buscando el evento fácil a la desesperada? El arte de vender «sistemas» de enriquecimiento en la teletienda es propio de la vía rápida. Por desgracia, los sistemas que se venden no explican la vía rápida, o no permiten obtener tanta rentabilidad como la que obtienen los inventores de dichos sistemas al venderlos. ¿Por qué se salen con la suya estos gurús de la riqueza? Lo entenderás enseguida. La mentalidad del viajero del arcén está anclada en tres creencias que lo mantienen atrapado y hacen que sea vulnerable a las estafas que prometen dinero fácil:

Creencia 1:   Hace falta tener suerte para enriquecerse.
Creencia 2:   La riqueza es fruto de un acontecimiento.
Creencia 3:   Otros pueden darme la riqueza.

Todas estas creencias son erróneas. En primer lugar, la riqueza no tiene que ver con la suerte, sino con un proceso que incrementa las probabilidades. En segundo lugar, los acontecimientos que brindan una riqueza repentina, como los sorteos y las buenas rachas en el casino, es muy improbable que se produzcan, y no son el resultado de un proceso. Y, finalmente, solo tú puedes forjar tu riqueza. Nadie puede conducir por ti en este viaje, y ningún programa de enriquecimiento fácil que se venda en la televisión va a servirte. Estas ilusiones mantienen a los viajeros del arcén fuera de los carriles de la carretera, y ahí están acompañados por la mayoría de la población. Despiertos a las dos de la madrugada en el sofá, piensan que solo una llamada los separa de hacerse millonarios, porque el «chófer» de la televisión así lo ha dicho.

RESUMEN DEL CAPÍTULO: INDICACIONES PARA LA VÍA RÁPIDA

- Como ocurre con la riqueza, la suerte es el fruto de un proceso; no es sinónimo de un acontecimiento fortuito.

- La suerte se genera con el incremento de las probabilidades, que aumentan a lo largo de un proceso basado en la acción.

- Si estás apostando por un «gran éxito repentino», estás motivado por los acontecimientos, en lugar de estar implicado en el proceso que desemboca en el enriquecimiento. Esta mentalidad es propia del arcén, no de la vía rápida.

- Las ofertas de la teletienda para que «te hagas rico enseguida» obedecen a una estrategia de la vía rápida, porque los expertos en *marketing* saben que los viajeros del arcén depositan su fe en los acontecimientos en lugar de implicarse en un proceso.

- Los «sistemas» de enriquecimiento rápido rara vez son tan rentables como el hecho de venderlos a los viajeros del arcén.

La riqueza exige responsabilidad

La responsabilidad es el precio de la grandeza.

Winston Churchill

¡LOS AUTOESTOPISTAS NO CONDUCEN!

Una forma de anclarte al arcén es confiar tu plan financiero a los demás: creer que el camino a la riqueza requiere un chófer y que otra persona puede conducir por ti en este viaje. Esta mentalidad te hace vulnerable al victimismo.

Imagina que hicieses autostop por todo un país como Estados Unidos. Habría una posibilidad nada despreciable de que no llegases nunca a tu destino. Podrías subirte al coche de un psicópata que decidiese llevarte por un desvío imprevisto. Podrías encontrarte con un asesino que te acuchillase y te arrojase en una zanja al borde de la carretera. ¡Hacer autostop es ineficiente y peligroso!

Sin embargo, el manifiesto del arcén predica el autostop: la fe en los demás, y cuando las cosas no salen como se esperaba, culpar a los demás. Después de la fe en la suerte y los acontecimientos, la inculpación es la tercera ancla al arcén.

111

Allá por la década de los ochenta, cuando era adolescente, mi madre se codeaba con amigos en un restaurante local. Varias personas de ese círculo de amistades colocaron sus ahorros de toda la vida en un producto de inversión que tenía un nombre nada sospechoso, El Fondo. Esos amigos (algunos de los cuales eran hombres de negocios respetados) elogiaron esa inversión, alegando unas rentabilidades mensuales impresionantes. Y alentaron a mi madre a invertir, pues era una mujer sola con hijos que tenía dificultades para salir adelante. Pero ella no era tonta. Hizo preguntas y no le gustaron las respuestas. Había algo que le olía mal, que no acababa de encajar. Finalmente, desestimó invertir.

Años más tarde, irrumpió una noticia en primera plana: una empresa de inversión había estafado millones de dólares a sus inversores. Se reveló que esa entidad seguía el esquema Ponzi,[*] y varios inversores estafados se suicidaron, incluido el autor del fraude. Esa empresa de inversión no era otra que la propietaria del genial producto en el que se había negado a invertir mi madre unos años antes: El Fondo.

LA LEY DE LA VÍCTIMA

La ley de la víctima dice que *no puedes ser una víctima si no le cedes el poder a alguien capaz de convertirte en víctima*. Cuando cedes el control a los demás pasas a ser, esencialmente, un autostopista que viaja sin cinturón de seguridad. Ocupas el asiento del pasajero en el automóvil de un extraño, que podría muy bien ser el asesino de tu plan financiero. Cuando ocurre esto, eres susceptible de convertirte en una víctima más.

La senda del victimismo es la de la negación: primero, de la propia responsabilidad por lo ocurrido; después, de responsabilizarse

---

[*] El esquema Ponzi es un sistema de inversión, considerado fraudulento, debido a que los intereses generados en la "inversión" son cancelados con el dinero de los nuevos inversionistas. Este esquema también denominado sistema piramidal, es utilizado generalmente por estafadores que procuran adueñarse de las inversiones de terceros (Fuente: criptotendencia.com).

de tomar las riendas del propio destino. Las personas que no asumen la responsabilidad son víctimas. Algunas de ellas nacen víctimas y, en lugar de tratar de mejorar su suerte, se retiran y se dan por vencidas. Para ellas, todo el mundo tiene la solución a sus problemas, excepto ellas mismas. Y ¿por qué tienen problemas, por cierto? Por nada que sea culpa suya. No, alguien más tiene la culpa. En lugar de mirar hacia dentro, miran hacia fuera y proyectan la responsabilidad en alguna otra entidad. Las víctimas son viajeros del arcén que se niegan a ocupar el asiento del conductor de sus propias vidas y viven bajo una nube oscura de inculpación que refleja una actitud de «están en mi contra»:

«Me despidieron».

«Cambiaron los términos del contrato».

«Me engañaron».

«No me lo dijeron».

«Me subieron el alquiler».

«Me subieron la tasa de interés».

Todos estos problemas se los ha buscado uno mismo. Si el propietario te subió el precio del alquiler, ¿es culpa suya que decidieras vivir en su apartamento y no leyeras el contrato de arrendamiento? Si la empresa te despidió, ¿es culpa suya que eligieras trabajar en ella? ¿Fue culpa mía que estuviera en bancarrota en una limusina en medio de una tormenta de nieve en el arcén de una carretera cuando tenía veinticinco años? Sí, lo fue.

Hace poco, hubo una manifestación sindical contra Wal-Mart por parte de trabajadores descontentos con sus salarios. Un empleado de treinta y tres años llamado Eugene se quejó de la empresa argumentando que se había pasado tres años descargando camiones por un sueldo de 11,15 dólares la hora, lo cual estaba por debajo del promedio del sector minorista, que eran 12,95 dólares la hora. Se lamentaba de que no podía costearse un automóvil o el seguro de salud de Wal-Mart.

Caramba, ¡qué inquietante! ¿Arrestaron a alguien? En serio, ¡alguien debería arrestar al tipo que puso un revólver cargado contra la cabeza de Eugene para obligarlo a trabajar en Wal-Mart por un salario inferior al del mercado! Ese tal Eugene merece que le den un guantazo. Nadie lo obligó a trabajar en Wal-Mart; trabaja allí *porque eligió hacerlo*. Oye, Eugene, si estás cansado de ganar once dólares la hora, aumenta tu valor para la sociedad. Acude a la biblioteca. Wal-Mart no podría ofrecer salarios bajos si no contase con un caudal de víctimas interminable.

Cuando un asesor financiero te promete que tu certificado de depósito bancario te ofrecerá un interés del 14 % y más tarde descubres que te estafó, la culpa es tuya. No hiciste los cálculos. No investigaste. No hiciste caso a esa pieza que no encajaba, a la sensación de que algo olía mal. Has sido víctima de tu propia negligencia.

LA POLÍTICA DEL AUTOESTOPISTA

Los autoestopistas que van por el arcén son muy abundantes en todos los países. Estas personas buscan la vida fácil pero quieren que otros paguen por ella. Son autoestopistas de por vida. Creen que el gobierno (o alguna entidad) debería hacer más por ellos. Son víctimas del sistema. Son víctimas de la vida porque esta les sirvió una mala mano. Votan por cualquier político que les prometa el mundo sin que les cueste nada: atención médica gratuita, educación gratuita, combustible gratuito, hipotecas gratuitas... ¡Qué bien; dadme una papeleta de voto!

La declaración de John F. Kennedy «no preguntes qué puede hacer tu país por ti; pregúntate lo que puedes hacer tú por tu país» ha degenerado en «¿qué puede hacer mi país por mí?». No puedo hacer comentarios sobre el deterioro social que pueda estar teniendo lugar fuera de Estados Unidos, pero en los últimos veinte años, ir por el arcén se ha convertido en una forma de vida en este país. Los estadounidenses una vez proclamaron lealmente: «Dame la libertad o dame la muerte». Ahora solo decimos: «¡Dame!».

En el momento de escribir estas líneas, la economía está cayendo en picado. El mercado inmobiliario ha colapsado, apenas se conceden préstamos y millones de personas han perdido sus ahorros. ¿Cómo hemos llegado a esta situación? No es difícil explicarlo: confiamos en «otros» para que tomasen decisiones financieras por nosotros. Ignoramos la letra pequeña. No leímos los contratos. No leímos la legislación. Hicimos del gobierno una póliza de seguro. Como sociedad, estamos condenados a repetir la historia si seguimos teniendo los mismos comportamientos.

La recesión no me está afectando mucho. Mi casa ha perdido valor, por supuesto, pero no hay problema, porque no la utilizo como un recurso de enriquecimiento. Sin embargo, los gurús dicen: «Tu casa es tu mayor inversión». ¡Menuda tontería! Cuando la bolsa se hundió, no perdí mucho dinero, porque el mercado bursátil no era la base del incremento de mi riqueza. La vía rápida tiene que ver con el control, y si vives como un autostopista en el arcén, no tienes ningún control.

En agosto del 2005, predije en un foro público el próximo estallido de la burbuja inmobiliaria, y basé mi teoría en siete razones. Resultó que estaba en lo cierto, pero esa realidad no me afectó, porque *había elegido tomar decisiones financieras por mí mismo*. No confié en los pontificadores del canal CNBC que declararon que la vivienda era un valor seguro. No confié en los medios convencionales. No confié en los demás. *Confié en mí.* Estaba conduciendo, no haciendo autostop. Y precisamente lo que hace que conducir sea fantástico es la *responsabilidad*, algo que la mayoría de las personas evitan.

LA RIQUEZA EXIGE ADMITIR LA RESPONSABILIDAD, Y DESPUÉS RESPONSABILIZARSE

Admitir la responsabilidad antecede a responsabilizarse, pero lo primero no garantiza lo segundo. Cuando admites ser responsable de haber vaciado tu cuenta bancaria pero haces lo mismo la semana siguiente, no te has responsabilizado de ello. Cuando admites que eres responsable de haber tenido un hijo fuera del matrimonio pero sigues mostrando un comportamiento que facilita que vuelvas a tener más, no te has responsabilizado. Cuando admites ser responsable de que te hayan robado el bolso pero vuelves a dejarlo sobre la mesa a la vista de todos, tampoco te has responsabilizado.

Admitir la responsabilidad es admitir la culpa por las consecuencias de los propios actos, mientras que responsabilizarse (o asumir la responsabilidad) es modificar el comportamiento para evitar experimentar de nuevo dichas consecuencias, en el futuro. Puede ser que *admitamos* nuestra responsabilidad pero que no la *asumamos*. Un usuario del Foro de la Vía Rápida distingue muy bien entre admitir la responsabilidad y responsabilizarse:

> Lo que me fastidia es que haya personas que llevan a cabo la misma mala elección muchas veces y luego dicen ser responsables. Es fácil ser «responsable» cuando esto no significa más que huir de la propia responsabilidad. He visto padres solteros que aseguran ser «responsables» de la semilla que sembraron pero que solo envían un cheque ocasionalmente, por correo. He visto a personas que han tenido que dejar su casa, alegando ser «responsables» de sus actos, y que después se han comprado otra que estaba por encima de sus posibilidades. ¡He visto a personas admitir la «responsabilidad» por las consecuencias que tuvo que condujesen bebidas y que después han vuelto a ponerse al volante borrachas! Estoy cansado y harto de que las personas «admitan su responsabilidad». Quiero que se responsabilicen. La gente debe pensar antes de actuar, asumir sus elecciones antes de efectuarlas. Estoy de acuerdo con que la gente cometa errores, siempre y cuando aprenda de ellos. En esto consiste realmente admitir la responsabilidad y responsabilizarse.

Hace poco, a una amiga mía le robaron el carné de identidad. Mientras cenábamos en un restaurante, se regodeó explicándome la pesadilla que vivió. Decidido a encontrar la causa de su problema, la interrumpí y le hice algunas preguntas. Me preguntaba si era una víctima o si se había responsabilizado.

—¿Cómo te robaron el carné?

—Me robaron el bolso en México.

—¿Cómo ocurrió? —sondeé.

—Estaba en un restaurante y alguien lo agarró.

—¿Ah, sí? ¿Lo tenías abierto sobre la mesa, como ahora?

Echó un vistazo a su bolso y captó la idea. Mientras habíamos estado cenando, su bolso había permanecido sobre la mesa, a la vista de todos. Cualquier ladrón podría haberlo agarrado fácilmente y haber salido corriendo. Me miró, se mofó y luego tomó el bolso y lo puso en su regazo.

¿Era una víctima? ¿O no se había responsabilizado? La causa de su problema había sido una mala elección: la de no proteger su bolso. E incluso después de esa dura lección, aún no entendía lo importante que era responsabilizarse. Si hubiese asumido la responsabilidad por su error, su bolso no habría estado expuesto en la mesa como un reclamo para los ladrones, sino que habría estado a salvo en su regazo.

VOLVERSE INMUNE A LA VICTIMIZACIÓN

Para dejar de ser una víctima, primero admite tu responsabilidad, y a continuación responsabilízate.

En el 2006 compré la casa de mis sueños en Phoenix (Arizona), con vistas a una hermosa cordillera. La casa tenía una de las mejores vistas de la ciudad, pero necesitaba unas reformas sustanciales. Un nuevo amigo me recomendó un contratista general y puse la vivienda en sus manos sin efectuar ninguna indagación, sin pedirle referencias, sin asegurarme de que tuviese licencia...

Y pasó lo que pasó. Lo que debería haber tardado ocho meses degeneró en un calvario de tres años, una pesadilla que fue el fruto de la peor decisión de mi vida. El contratista era extremadamente incompetente y un idiota. Sin embargo, yo tuve la culpa. Admití y asumí la responsabilidad porque fui yo quien lo contrató. Como dice alguien en *La guerra de las galaxias*, de forma un poco distinta: «¿Quién es el idiota, el idiota o el idiota que contrata al idiota?».

Pero no fui una víctima, porque, primero, admití mi responsabilidad –la culpa había sido mía; permití que ocurriera eso– y, segundo, asumí la responsabilidad: ahora, cuando debo contratar a trabajadores que hagan arreglos o reformas, indago antes. La alternativa habría sido considerarme una víctima y autocompadecerme, como hace la mayoría.

En el caso de mi amiga a la que le robaron el bolso, la mentalidad de la vía rápida consistía en admitir la responsabilidad primero y en responsabilizarse después. Admitir la responsabilidad: «Fue culpa mía que me robasen el bolso». Responsabilizarse: «En el futuro, adoptaré medidas para asegurarme de que no vuelva a suceder».

Nos volvemos inmunes al victimismo cuando admitimos nuestra responsabilidad y cuando nos responsabilizamos de nuestras acciones y sus posibles consecuencias indeseables. Considera que tus errores, fracasos y triunfos son cosa tuya. Reflexiona sobre tus elecciones. ¿Estás en una determinada situación porque tú mismo te metiste en ella? ¿Has cometido errores con el proceso? ¿Fuiste perezoso? La mayor parte de las malas situaciones son consecuencia de unas malas elecciones. *Asume la responsabilidad de tus decisiones y serás el dueño de tu vida.* Cuando lo hagas, nadie podrá hacerte cambiar de rumbo, porque estarás en el asiento del conductor. Y cuando uno es el dueño de sus decisiones, ocurre algo milagroso: el fracaso deja de ser el desencadenante de la victimización y *se convierte en sabiduría*. Si te niegas a admitir tu responsabilidad y a responsabilizarte, estás entregando las llaves de tu vida a alguna otra persona. En otras palabras: ¡ocupa de una vez el asiento del conductor de tu vida!

«¡TE LO MERECES!», «¡TE LO MERECES!», «¡TE LO MERECES!»

El otro día oí varios anuncios en la radio, uno tras otro, totalmente inquietantes. No hacía falta ser físico nuclear para darse cuenta de a quién iban destinados: a las víctimas del arcén.

El primer anuncio era de una empresa de modificación de préstamos hipotecarios. El discurso promocional era este: «Modifique su préstamo y abone cuotas de menor cuantía, tal como merece». El siguiente era de un bufete de abogados: «¿Ha sido la víctima en un accidente? Obtenga el dinero que merece». El último era de una empresa de restauración del crédito: «¡Permítanos negociar sus deudas y acabar con ellas, para que pueda vivir la vida que merece!».

El elemento en común de los tres anuncios era la referencia a que el oyente *merecía* gozar de las ventajas que ofrecían. En serio, ¿qué merece realmente la gente que no se administra bien? Tu solvencia es pésima, no pagas a tiempo tus facturas ¿y mereces una vida mejor? Tu abuela golpea tu coche por detrás ¿y de repente te mereces un gran premio en efectivo por parte de una acaudalada compañía de seguros? Te compras una casa que no puedes pagar ¿y ahora mereces pagar cuotas más bajas? ¿Cómo es que de pronto es tan fácil «merecer» sin que sea necesario un esfuerzo previo, como si el premio pudiese caer del cielo en forma de acontecimiento? Nos lavan el cerebro sistemáticamente para que creamos que lo merecemos todo sin sujetarnos a un proceso o sin que debamos responsabilizarnos.

Te mereces lo que te has ganado por medio de tus acciones, o lo que no te has ganado. Admitir la responsabilidad es una cosa; asumir la responsabilidad es otra. Cuando te responsabilizas de tus elecciones, modificas tu comportamiento en el futuro y ocupas el asiento del conductor de tu vida.

RESUMEN DEL CAPÍTULO: INDICACIONES PARA LA VÍA RÁPIDA

- Los autoestopistas asignan el control de sus planes financieros a los demás, lo cual hace probable que se conviertan en víctimas.

- Según la ley de la víctima, uno no puede ser una víctima si no le cede el poder a alguien capaz de convertirlo en víctima.

- Somos responsables de nuestras elecciones.

- Admitir la propia responsabilidad es el primer paso hacia ocupar el asiento del conductor de la propia vida. Responsabilizarse es el último paso.

4.ª PARTE

EL ITINERARIO DE LA VÍA LENTA: LA MEDIOCRIDAD

La mentira que te han contado: la vía lenta

¿Y si te dijera que la locura consiste en trabajar cincuenta horas a la semana en una oficina durante cincuenta años al final de los cuales te dicen que te vayas al diablo, y acabar en alguna residencia en la que esperas morir antes de sufrir la indignidad de intentar llegar al baño antes de hacerte encima tus necesidades? ¿No estarías de acuerdo en que la locura es esto?

Steve Buscemi
(*Con Air*, Paramount Pictures, 2003)

PRÓXIMA SALIDA: LA VÍA LENTA (LA MEDIOCRIDAD)

En la primera parte resalté que el viajero del arcén no tiene un plan financiero y solo se preocupa por los placeres del día, motivado a menudo por la gratificación instantánea. Mientras que el arcén hace referencia a un estilo de vida que hipoteca el futuro a cambio de obtener placer en el momento presente, la vía lenta es la antítesis de esta actitud: se trata de sacrificar el día de hoy con la esperanza de vivir mejor y ser más libre mañana.

Como conductor de la vía lenta, te ves inundado por una serie de doctrinas que te imploran que seas disciplinado para verte compensado en el futuro: consigue un trabajo y desperdicia cinco días a la semana trabajando duramente en la oficina. Tráete el almuerzo en una bolsa y deja de tomar café de diez dólares. No dejes de invertir en bolsa ni de nutrir tu plan de pensiones con el 10 % de tu sueldo. Deja de soñar con ese deportivo que ves por la ventana porque no puedes comprarlo. Aplaza la gratificación hasta que tengas sesenta y cinco años. Ahorra, ahorra y ahorra, porque el interés compuesto es potente: ¡diez mil dólares invertidos hoy se habrán convertido en diez billones al cabo de cincuenta años!

Es curioso el hecho de que la vía lenta acostumbre a ser la primera salida del arcén y que tome forma con la madurez y la mayor cantidad de responsabilidades que tienen los adultos. La mayoría de los graduados universitarios comienzan su nueva etapa en el arcén. Fue mi caso, ciertamente. La graduación me dio licencia para comprar la gratificación instantánea: viajes a Cancún, un llamativo automóvil con un estéreo estridente, juergas nocturnas en las que primaba la bebida, una gran colección de CD... Lo único importante en mi vida era el *ahora*, independientemente de las consecuencias futuras. Los viajeros del arcén (y la gente en general) ven, instintivamente, un futuro mejor: «Ganaré más dinero», «Me tocará la lotería», «Heredaré miles de dólares de mi padre»... Los achaques que aguardan en el futuro a menudo justifican un presente placentero, mientras, entre bambalinas, el estilo de vida basado en la servidumbre va apretando cada vez más sus garras.

Sin embargo, con el incremento de las responsabilidades, tal vez una familia en aumento, unas deudas crecientes y unas expectativas de futuro que no concuerdan con la realidad, el viajero del arcén llega a aceptar la incertidumbre de esta opción y toma una decisión aparentemente responsable: se pasa al itinerario de la vía lenta, una estrategia promovida y elogiada por fuentes dignas de crédito. Mientras que el comportamiento típico del viajero del arcén es la falta de disciplina, el plan financiero de la vía lenta introduce la admisión y asunción de las responsabilidades en la fórmula de la riqueza. Esto no puede estar mal, ¿verdad?

Por desgracia, la vía lenta es como las malas indicaciones que nos dan en una gasolinera, si bien en este caso las instrucciones no nos las dan desconocidos, sino gente en la que confiamos: profesores, personalidades de la radio y la televisión, asesores financieros y, sí, incluso nuestros padres. El prestigio de estas fuentes hace que la estrategia de la vía lenta parezca potente, cuando es absurdo apostar por su eficacia. La vía lenta es la apuesta de por vida de que hacer sacrificios en el día de hoy hará que seamos más ricos en el futuro.

LA PROMESA DE LA RIQUEZA... ¿EL PRECIO? TU VIDA

La vía lenta rara vez es cuestionada. Es una mentira tan bien disimulada que cuando uno descubre el engaño han pasado décadas... Mientras tanto, millones de personas más van siendo adoctrinadas para que crean en ella.

Si te crees la mentira, vendes tu presente con la esperanza de obtener un mañana glorioso. Y ¿cuándo llegará este glorioso mañana? ¿Cuándo podrás derrochar, gastar tus millones y disfrutar de la vida? La fuerza impulsora de la riqueza en la vía del «hazte rico poco a poco» es el *tiempo*: el tiempo que dedicas al trabajo y el que dedicas a invertir en los mercados financieros. Tu glorioso mañana tal vez llegue al cabo de cuarenta años, cuando estés viviendo tu última etapa como alto ejecutivo de la empresa para la que trabajas y te estén practicando el segundo reemplazo de cadera. Tu glorioso mañana puede ser que llegue cuando tengas setenta y tres años y estés empapado en orina y amarrado a una cama maloliente porque has perdido la cabeza debido al alzhéimer. En serio, ¿cuándo se hace realidad el plan de la vía lenta de jubilarse rico y poder disfrutar de los millones ganados?

Siendo adolescente, Joe lee varios libros de finanzas personales sobre hacerse rico. Le dicen que ahorre, obtenga un buen trabajo, recorte cupones y viva por debajo de sus posibilidades. Después de licenciarse en Derecho, Joe sigue este consejo. Aunque le resulta difícil, sigue este plan para hacerse rico de forma diligente. Trabaja sesenta horas a la semana en su bufete de abogados y a menudo no dedica atención a su familia, incluidos sus hijos. Se pasa los días laborables en la oficina, mientras que los fines de semana los pasa en casa «recargándose» de las exigencias del trabajo semanal.

Cuando lleva doce años en el ámbito de la abogacía, Joe siente que su profesión ha perdido el atractivo para él. De todos modos, decide aguantar, ya que está a un solo ascenso de convertirse en socio y tener un salario garantizado de seis cifras. A medida que su vida va avanzando, nunca pierde de vista su objetivo: jubilarse a los cincuenta y cinco, porque, después de todo, el gurú financiero David dice: «Las personas inteligentes terminan siendo ricas».

Joe ahorra, trabaja horas extras, invierte en fondos de inversión y participa en el plan de pensiones de su empresa. Continúa soportando su trabajo por el bien del plan. ¡Nadie dijo que iba a ser fácil! El «día anhelado» se va acercando, el día en que se jubilará millonario. Se justifica pensando que cinco días de infelicidad en un trabajo odiado son un sacrificio aceptable en nombre del futuro. Luego, un caluroso día de verano mientras corta el césped, Joe sufre un ataque al corazón y muere, a los cincuenta y un años..., cuatro años antes de alcanzar su destino.

Puedes *vivir rico joven* o *vivir rico viejo* mientras te arriesgas a morir a lo largo del camino. La elección es tuya, y está claro cuál es la más ventajosa: ser rico a los veinticinco años de edad es mejor que serlo a los sesenta y cinco. Ahora bien, pregúntale a un jovenzuelo cómo hacerse rico joven. ¿Son los cupones, los fondos de inversión y los planes de pensiones la respuesta? El planteamiento es hilarante, lo sé.

Es preferible disfrutar de la riqueza cuando se es joven, cuando aún se tiene salud, vitalidad, energía y, sí, tal vez incluso algo de cabello. Es preferible ser rico cuando se está en la flor de la vida, no en su ocaso, después de que cuarenta años de trabajo repartidos en semanas laborales de cincuenta horas hayan pulverizado los propios sueños. En lo más profundo de nuestra alma, sabemos esto, pero seguimos fielmente comprometidos con la obediencia a un itinerario financiero que nos promete que seremos ricos después de cuatro o cinco décadas.

Y lo más preocupante de todo es: ¿podemos confiar en esta promesa? La recesión global ha expuesto la vía lenta como el fraude que es. Si perdemos el trabajo, el plan se viene abajo. Si perdemos el 50 % de nuestros ahorros en la bolsa, el plan se viene abajo. Si la crisis inmobiliaria acaba con el 40 % de nuestro patrimonio neto no líquido en un año, el plan se viene abajo. *El plan fracasa porque está basado en el tiempo y en factores que no podemos controlar.* Desafortunadamente, millones de personas invierten fielmente décadas en el plan, hasta que acaban por descubrir la desagradable verdad: la vía lenta es arriesgada e insoportablemente incapaz.

Una estrategia que requiere que pagues con tu vida y tus sueños como penitencia es una apuesta fatídica. La vía lenta presupone con arrogancia que vivirás para siempre y, por supuesto, que tendrás un empleo remunerado en todo momento. Por desgracia, las sillas de ruedas no caben en los asientos de los Lamborghinis.

LOS LETREROS MENTALES DE LOS CONDUCTORES DE LA VÍA LENTA

Con el tiempo, el conductor de la vía lenta recoge y adopta una serie de letreros mentales, que se ven reforzados por un número de fuentes en las que confía. Mamá y papá dicen que hay que ir a la universidad, graduarse y conseguir un trabajo. El autor superventas David te conmina: «Deja de beber cafés con leche caros». Suze te aconseja: «Abre una cuenta individual de jubilación y ve depositando en ella el 10 % de tu sueldo». Ramsey te pide: «Reunifica tus deudas». Todos estos mensajes configuran los letreros mentales del conductor de la vía lenta y motivan que su viaje a la riqueza le lleve toda la vida.

La percepción de la deuda: «La deuda es perniciosa. Debe saldarse religiosamente, incluso si esto significa trabajar horas extras de por vida».

La percepción del tiempo: «Mi tiempo es abundante y con gusto lo cambiaré por más dinero. Cuantas más horas pueda trabajar, más podré pagar mis deudas y ahorrar dinero para jubilarme a los sesenta y cinco años».

La percepción de la formación: «La formación es importante porque me ayuda a percibir un salario mayor».

La percepción del dinero: «El dinero es escaso y cada centavo y cada dólar deben contabilizarse, presupuestarse y ahorrarse. Si quiero jubilarme a los sesenta y cinco años siendo millonario, debo asegurarme de no desperdiciar el dinero que tanto me cuesta ganar».

La principal fuente de ingresos: «Mi empleo es mi única fuente de ingresos».

La principal forma de estimular el incremento de la riqueza: «El interés compuesto es muy bueno, porque diez dólares que invierta hoy valdrán trescientos mil dólares al cabo de cincuenta años. A ello hay que añadir los fondos de inversión, la revalorización de mi casa y el plan de pensiones».

La percepción de la riqueza: «Se trata de trabajar, ahorrar e invertir. Se trata de trabajar, ahorrar e invertir. Hay que repetir este proceso durante cuarenta años, hasta la edad de la jubilación a los sesenta y cinco. ¡Si tengo suerte y los mercados me generan un doce por ciento anual, tal vez podré jubilarme a los cincuenta y cinco!».

La ecuación de la riqueza: «Riqueza = empleo + inversiones en los mercados financieros».

El destino: «Una jubilación confortable en los últimos años de mi vida».

La responsabilidad y el control: «Es mi responsabilidad proveer a mi familia, aunque para que este plan funcione tengo que depender de otros, como mi empleador, mi asesor financiero y el gobierno, y de que la economía marche bien».

La percepción de la vida: «Debo conformarme con menos. Debo renunciar a mis grandes sueños. Debo ahorrar, vivir con austeridad y no correr riesgos innecesarios, y un día me jubilaré siendo millonario».

¿Cómo puedes saber que te están vendiendo la vía lenta? A continuación se enumeran los principales mensajes de apoyo al itinerario de esta vía.

Mensajes de apoyo a la vía lenta

- Ve a la escuela (al instituto, a la universidad...).
- Saca buenas notas.
- Gradúate.
- Págate a ti primero.
- Haz horas extras.
- Consigue ascensos.
- Ahorra un tanto por ciento de tu sueldo.
- Haz aportaciones a tu plan de pensiones.
- Invierte en fondos de inversión.
- Compra y no vendas.
- Bienvenidos los salarios, las pensiones, los beneficios.
- Diversifica.
- Incrementa las deducciones de tus pólizas de seguro.
- Invierte en el mercado de valores.
- No tomes cafés con leche caros.
- Sé austero.
- Deja de tener deudas.
- Recorta cupones.
- Cancela tus tarjetas de crédito.
- Invierte periódicamente en bolsa cantidades iguales de dinero (*dollar cost averaging*).*
- Cursa estudios de posgrado.
- Termina de pagar tu casa cuanto antes.
- Tu casa es un activo.

---

* El DCA consiste en ir invirtiendo de forma escalonada en los mercados en lugar de realizar una aportación con todo el patrimonio disponible para la inversión.

- Ten una cuenta individual de jubilación.
- Vive por debajo de tus posibilidades.
- Comprende cómo funciona el interés compuesto.

Cuando te encuentres con estas «frases de moda», ten cuidado: alguien te está vendiendo la vía lenta como un plan total para alcanzar la riqueza. Si bien los cupones y otras estrategias de la vía lenta no son inútiles *dentro de* un plan, no deberían ser *el* plan. *El problema es plantear la vía lenta como la totalidad del plan, no que esté incluida dentro de otro tipo de plan.* Esta distinción es determinante, porque la disciplina financiera debe estar más allá de cualquier campaña de fomento de la riqueza.

LA ECUACIÓN DE LA RIQUEZA DE LA VÍA LENTA

¿Cómo se crea la riqueza en la vía lenta? Para exponer el método propio de esta vía (y su debilidad), hay que efectuar ingeniería inversa y deconstruir la estrategia hasta llegar a sus raíces matemáticas, a su ecuación de la riqueza. Hay que arrojar luz sobre los límites de velocidad teóricos que presenta el plan para la riqueza de esta vía, los cuales están determinados siempre por dos variables: la fuente de ingresos principal (un empleo) y la forma de estimular el incremento de la riqueza (las inversiones en los mercados financieros). Estas son las dos variables de la ecuación de la riqueza de la vía lenta y determinan la capacidad que tiene de generar riqueza (en este caso, su incapacidad al respecto).

Riqueza = (Fuente de ingresos principal: empleo) $+$ *(Factor estimulador de la riqueza: inversiones en los mercados financieros)*

De modo que la ecuación es esta:

Riqueza = Valor intrínseco $+$ *Interés compuesto*

La variable principal de los ingresos, el valor intrínseco, tiene dos variables posibles, en función de cómo reciba su sueldo la persona. Las dos posibilidades son las siguientes:

Valor intrínseco = Salario por hora × Horas trabajadas

o bien:

Valor intrínseco = Salario anual

El interés compuesto se deriva de las inversiones en los mercados financieros, que es el concepto universal de que X dólares (u otra moneda) invertidos en el mercado de valores hoy valdrán X millones de dólares al cabo de unas cuantas décadas. En el capítulo doce se examinarán los fundamentos matemáticos de la vía lenta y se pondrán de manifiesto sus carencias. Entonces verás por qué el plan de la sociedad, el plan de tus padres, el plan de los medios de comunicación y el plan de los gurús son estrategias horribles para alcanzar la riqueza.

¿HAS VENDIDO TU ALMA POR UN FIN DE SEMANA?

Tu alma vale más que un fin de semana. La banalidad, seguida de la ceguera, es el efecto secundario de la institucionalización de la vía lenta.

En el 2007, en una fría mañana de enero, un violinista tocó seis piezas de Bach en una estación de tren de Washington D. C. Lo notable de la situación es que no era un violinista cualquiera y que el violín tampoco lo era. Se trataba de Joshua Bell, uno de los mejores músicos del mundo. Noches antes había tocado en una sala de conciertos de Boston; el precio de las entradas había sido de casi cien dólares, y se habían agotado. Mientras Bell tocaba su violín de tres millones y medio de dólares en medio del ajetreo diario, unas dos mil personas pasaron por la estación, la mayoría camino al trabajo.

Tocó durante cuarenta y cinco minutos sin parar. Solo seis personas se detuvieron para escuchar brevemente. No se congregó ninguna multitud. Alrededor de veinte personas dieron dinero, pero continuaron a paso acelerado. Cuando terminó, solo se encontró con el silencio, roto únicamente por el rítmico bullicio de la concurrida estación. No hubo aplausos, ninguna muchedumbre, ningún reconocimiento.

Este experimento, organizado por *The Washington Post*, revela algo increíblemente impactante y perturbador: ni siquiera el mejor músico del mundo puede iluminar las profundidades cegadoras de la rutina ni a quienes están atrincherados en la indiferencia que esta fomenta. ¿Te has vuelto tan insensible a causa de ganarte la vida que ya no vives? ¿Estás tan cegado de lunes a viernes que no significa nada para ti ninguna belleza que suene en tu presencia? Los que viajan en tren van y vienen como zombis; en medio de sus tinieblas, ignoran cualquier resplandor que aparezca de lunes a viernes. Y si ese experimento se hiciese un sábado, ¿qué ocurriría? ¿Se obtendría otro resultado?

La historia de Bell en la estación pone de manifiesto el desprecio asociado a la vía lenta: si intercambias tu vida, despreocupadamente, por una paga, te arriesgas a no apreciar la vida misma mientras pasas distraídamente por su lado en una concurrida estación de tren. *La vida no comienza el viernes por la noche y termina el lunes por la mañana.*

«¡GRACIAS A DIOS QUE ES VIERNES!»: NACIDOS Y CRIADOS EN LA VÍA LENTA

Un amigo me regañó hace poco porque me negué a salir un sábado por la noche. «¿Estás loco? ¡Es sábado por la noche!», gimió. Le dije algo que un conductor de la vía lenta no entiende: que para mí todos los días son sábado, porque no he renunciado a vivir de lunes a viernes.

A estas alturas, ya sabes que la riqueza guarda relación con tres ámbitos: la salud, un buen estado físico y la libertad. El valor que tiene la libertad para la riqueza se pone de manifiesto los viernes por la noche. Fue precisamente un viernes por la noche cuando mantuve una conversación épica con mi compañera. Mientras estábamos sentados en la terraza de un bar, oímos una cacofonía de voces, cuyo origen eran las conversaciones animadas de varios clientes. En medio de ese ruido de fondo, nadie habría imaginado que estábamos en mitad de una recesión. Tuve que levantar la voz para preguntarle a mi compañera:

—¿Qué oyes?

—Oigo a gente que lo está pasando en grande; están de fiesta —dijo.

Seguí preguntando:

—¿Por qué?

—¿Cómo que por qué? ¡Es viernes! —declaró.

Proseguí con mi indagación:

—¿Qué tienen de especial los viernes? Si viniéramos aquí un lunes, este lugar estaría vacío y no habría ruido de fiesta. ¿Qué hace que los viernes sean tan especiales en comparación con los lunes o los miércoles?

Sabiendo que estaba atrapada en uno de mis interrogatorios paradójicos, me siguió la corriente:

—Mmmmm..., ¿que la gente cobra los viernes?

Entonces, pronuncié el veredicto: los viernes por la noche son glorificados porque la gente celebra los dividendos que les aporta su trato. El trato consiste en intercambiar cinco días de trabajo esclavo por dos días de libertad no adulterada. Los sábados y los domingos son el pago por lo que se ha aguantado de lunes a viernes, y los viernes por la noche simbolizan la manifestación de ese pago, los dos días de libertad. El hecho de humillarse de lunes a viernes es lo que hace que exista el «¡gracias a Dios que es viernes!». ¡Este día, las personas reciben el pago de algo de *libertad* con la moneda que son los sábados y los domingos!

UN 60% NEGATIVO: LA PÉSIMA RENTABILIDAD DE LA VÍA LENTA

La mayor locura es vender la propia alma de lunes a viernes para obtener, a cambio, la paga que son los sábados y los domingos. Dame cinco dólares hoy y a cambio te daré dos mañana. Eso es: dos a cambio de cinco. ¿No te parece un buen trato? Bueno, probemos con otro: ¿qué tal si hoy me das cinco barras de pan y, a cambio, te doy dos mañana? ¿Tampoco te parece bien? ¿Por qué? ¡Si es un trato estupendo!

Espero que reconozcas que el hecho de que te den dos a cambio de cinco es un mal negocio. La rentabilidad de esta inversión es del 60%... negativo. Si obtuvieses repetidamente por tus inversiones un retorno negativo del 60%, entrarías muy pronto en bancarrota. ¿Qué persona que razonase lógicamente aceptaría un trato tan terrible?

Lo más probable es que tú lo hayas hecho. Cuando aceptas el itinerario de la vía lenta como estrategia, estás de acuerdo con que te den dos a cambio de cinco. Das cinco días de servidumbre laboral a cambio de dos días de libertad, los fines de semana. Sí, te humillas de lunes a viernes para obtener los sábados y los domingos. Si bien uno reconoce y rechaza fácilmente un retorno negativo del 60% de su dinero, lo acepta voluntariamente cuando se trata de su tiempo.

Si tienes hijos, has de cuestionar esta normalidad. Los niños crecen los lunes y los martes. Y he oído que también crecen los miércoles, los jueves y los viernes. No esperan al fin de semana para crecer. Cuando la pequeña Miranda pronuncia su primera palabra, da su primer paseo y baila su primer baile, no le importa si estás en Houston para acudir a la reunión trimestral de gerencia. Los niños y las relaciones no esperan al fin de semana para crecer, y mientras tú estás fuera de casa intercambiando cinco por dos, ¿sabes qué? Tus hijos se van haciendo mayores, y tú también.

Las personas que están en bancarrota de tiempo ven que su libertad, su familia y sus relaciones se desintegran. Gestionan mal el tiempo porque la vía lenta se basa en el tiempo. Cinco días de esclavitud a cambio de dos días de libertad no es un buen negocio, a menos que intercambies el tiempo dentro de un sistema en el que puedas obtener un mejor rendimiento por él. En lugar de intercambiar cinco por dos toda la vida, ¿qué tal un intercambio de cinco por dos que tenga el potencial de avanzar hacia una mejor proporción? ¿Qué tal si invirtieses uno y el retorno fuese dos, o invirtieses tres y el retorno fuese diez? ¿Harías la operación de dar cinco a cambio de dos si supieses que eso podría transformarse en dar uno a cambio de diez? ¿Sería una inversión que valdría la pena?

Mientras trabajaba en mi plan, estuve dando siete a cambio de cero (trabajaba siete días y no me tomaba ni uno libre) porque sabía que las carreteras de mi itinerario convergían con mis sueños. Estuve trabajando para llegar a una mejor proporción en el futuro cercano, no en el plazo de cuarenta años. Controlé mi destino y, finalmente, mi inversión de tiempo me produjo unos beneficios de cuarenta años. Ahora *recibo* siete a cambio de cero. Trabajo cero días y obtengo siete días de libertad. Tristemente, si estás atrincherado en la vía lenta, tus opciones de acabar con el retorno negativo del 60 % están restringidas. Seguirás pagando con abundante esclavitud un poco de libertad. Recuerda que la riqueza se define por la libertad, y si necesitas pruebas al respecto, no busques más allá de la noche de los viernes, cuando la gente celebra su libertad, el permiso de fin de semana que les concede la dictadura de la vía lenta.

LO NORMAL ES LA CONDENA A LA MEDIOCRIDAD

Solo un sueño, película del 2008 protagonizada por Leonardo DiCaprio y Kate Winslet, refleja muy bien el abrazo mortal de la vía lenta. Una joven pareja se encuentra viviendo en los suburbios, siguiendo el curso de la vida: el marido (DiCaprio) va a trabajar todas las mañanas y se sumerge entre una multitud de compañeros mientras su esposa (Winslet) cumple el rol de buena ama de casa. Ambos saben, instintivamente, que algo anda mal. Se están conformando. Han aceptado lo normal. Han abandonado sus sueños en favor del plan demente que sigue todo el mundo. A lo largo de la película somos testigos de sus intentos de escapar, lo cual tiene consecuencias peligrosas para ellos.

El problema es que nos han lavado el cerebro para que aceptemos el itinerario de la vía lenta como lo normal. Este itinerario defectuoso adquiere fuerza en las primeras etapas de la vida y es santificado como la única forma en que es probable que los «humildes» se hagan ricos. Parece lógico, ¿no? Las personas como nosotros no se hacen ricas jugando al béisbol profesional, rapeando, cantando, actuando o siendo estrellas del mundo del espectáculo, así que nos queda la vía lenta. Para algunos, esto puede estar bien; pero para los que tenemos grandes sueños, grandes metas y grandes ideas, no es suficiente.

Esta es una historia de la vía lenta extraída de las páginas del Foro de la Vía Rápida (TheFastlaneForum.com):

En mi búsqueda de la riqueza, mi vida se ha vuelto bastante incómoda. Todo comenzó hace cinco años, cuando no tenía nada. Había cumplido los treinta y pensé que vivir de paga en paga no era forma de vivir. Me juré a mí mismo que me haría rico. Para hacer esto me busqué un segundo empleo y ahorré todo el dinero de este mientras usaba el dinero del primero para pagar mis gastos de manutención. Básicamente, los últimos cinco años he vivido así para poder ahorrar:

- Estoy alojado en una habitación de 2,5 x 4 metros, lo cual me permite pagar relativamente poco de alquiler.
- Utilizo el transporte público y una motocicleta para desplazarme.
- Trabajo casi todos los días; no tengo días libres durante la semana.
- Raras veces como fuera.

- Nunca compro «caprichos» o artículos bonitos para mí o mi esposa.
- Casi nunca salgo para pasar un buen rato.

Gracias al segundo trabajo y a mi estilo de vida económico, he logrado ahorrar alrededor de cincuenta mil dólares en cinco años. Habría sido más, pero perdí treinta mil cuando invertí justo antes de que el Dow Jones alcanzara su máximo en octubre del 2007. He llegado al punto de querer un cambio radical. Cinco años es mucho tiempo en el que estar viviendo en una habitación no más grande que la celda de una cárcel. Mis empleos aletargan mi mente. Siento que mi vida es una prisión. Mi estilo de vida me permite ahorrar dinero, pero a expensas de mi cordura mental y mi felicidad. Siento que no puedo seguir viviendo así.

El conductor de la vía lenta acepta una existencia de austeridad y sacrificio, hasta que llega a un punto de inflexión en el que siente que vive encarcelado. El estilo de vida que acabas de leer, ¿te parece fantástico o mediocre? ¿Confluirá con la materialización de un sueño? El plan de la vía lenta reniega del ahora por la vaga promesa de un futuro de riqueza. No considero que «conformarse con menos» sea una estrategia; hace que la persona se predisponga a seguir instalada en la mediocridad: la vida no es genial, pero tampoco es tan mala. Podría ser mejor... pero para ello es necesario cambiar la vía lenta por un nuevo plan.

RESUMEN DEL CAPÍTULO: INDICACIONES PARA LA VÍA RÁPIDA

- La vía lenta es una consecuencia natural de corregir el rumbo y salir del arcén, lo cual tiene lugar cuando la persona admite ser responsable de cómo le está yendo la vida y decide responsabilizarse de ella en adelante.

- Uno disfruta más la riqueza cuando es joven, vigoroso y capaz que cuando está en el ocaso de la vida.
- Se necesitan décadas para tener éxito con el plan que es la vía lenta, y a menudo se requiere una gran destreza para prosperar en el competitivo entorno empresarial.
- Para el conductor de la vía lenta, los sábados y los domingos son la paga por el trabajo que realiza de lunes a viernes.
- El retorno del tiempo en la vía lenta es de un 60% negativo; se reciben dos a cambio de entregar cinco.
- El intercambio propio de la vía lenta suele ser fijo y no puede alterarse, porque está establecido que se trabaje cinco días a la semana.
- El destino al que predispone la vía lenta es la mediocridad: la vida no es genial, pero tampoco es muy mala.

Tu empleo, un trato criminal

*Si trabajas con esmero ocho horas diarias, puede ser que
llegues a ser el jefe. Entonces trabajarás doce horas diarias.*

Robert Frost

ESTUVE CINCO AÑOS EN LA UNIVERSIDAD...
¿POR UNA GUÍA TELEFÓNICA?

Antes de graduarme, me dejé llevar y asistí a varios talleres de empleo. Recuerdo vívidamente uno de ellos: un puesto de principiante en una gran compañía de seguros de Chicago. Mientras nos estaban enseñando las instalaciones de la empresa, un responsable de contratación nos dijo exactamente qué podíamos esperar:

Allí es donde se sientan nuestros nuevos empleados —dijo señalando do un mar de cubículos—. No voy a engañaros; al principio, este trabajo es difícil. Os damos tres cosas: una mesa, un teléfono y una guía telefónica. Pasaréis diez horas al día haciendo llamadas en frío para crearos vuestra clientela. No es atractivo, lo sé, pero las recompensas...

En ese momento, las recompensas me parecieron insignificantes y empecé a fingir. Parecía interesado. Parecía feliz. Me comporté como si el trato fuera aceptable. No lo era. ¿Me había pasado cinco años en la universidad solo para sentarme en un cubículo de menos de 2 x 2 metros y llamar en frío a personas mayores utilizando una maldita guía telefónica? ¿Me estaban tomando el pelo? Podría haber hecho eso al acabar el instituto, y no haberme tenido que gastar miles de dólares en un título universitario. Sin embargo, mis compañeros salivaron ante la oportunidad de tener un buen salario base, un magnífico plan de pensiones y un plan de salud de primer nivel. No, gracias. En caso de que fuese a realizar llamadas en frío utilizando la guía telefónica, no lo haría para un jefe, sino para mí.

DOMESTICADOS PARA SER NORMALES: «CONSIGUE UN EMPLEO»

Si quieres escapar de la vía lenta y encontrar la riqueza y la libertad con rapidez, tienes que olvidarte de los empleos. Sí, estoy siendo muy claro: ¡deja tu condenado empleo!

Los empleos apestan. Estoy hablando en general, sin pensar en ninguno en concreto. Tanto si eres electricista como el gerente de una tienda, tienes un empleo. Los empleos apestan porque están enraizados en un *incremento limitado* y un *control limitado* (aclararé estos conceptos más adelante). Puedes tener un magnífico trabajo, por supuesto (¡incluso divertido!), pero en el ámbito de la riqueza los empleos limitan tanto el incremento como el control, y ambos son imprescindibles si quieres hacerte rico. Siguen a continuación seis razones por las cuales tu plan financiero no debería girar en torno a un empleo (el núcleo de la vía lenta).

Razón n.° 1: intercambiar tiempo por dinero es intercambiar vida

¿Quién nos enseñó que ofrecer nuestro tiempo a cambio de dinero era una gran idea? ¿Por qué esta normalidad se traduce siempre en un sinsentido sin igual? Si estás encadenado a un empleo, estás comprometido con un intercambio glorioso: intercambias tu tiempo (tu vida) por unos pedazos de papel que deben otorgarte libertad. Es decir, *vendes tu libertad para obtener libertad*. No parece muy inteligente, ¿verdad?

Los empleos apestan porque devoran vorazmente el *tiempo*. En ellos, el *tiempo* es el valor de cambio fundamental para ganar dinero. Los empleos constituyen la base de ese horrible intercambio que consiste en dar cinco y recibir dos. Pero permíteme traducir la palabra *tiempo* como *vida*. *En un empleo, estás vendiendo tu vida por dinero.* Si trabajas, te pagan. Si no trabajas, no te pagan. ¿Quién ofició este matrimonio sangriento?

Sigue una lista de empleos habituales en la que se refleja durante cuánto tiempo debes trabajar para ganar un millón de dólares. Si ahorras diligentemente el 10 % de tus ganancias y vas colocando esa cantidad debajo de un colchón, el tiempo que necesitas para llegar al millón se multiplica por diez. ¿Dispones de trescientos años para llegar a ahorrar tu millón?

Profesión/empleo	Sueldo medio anual (en EE. UU.)	Años necesarios para GANAR 1.000.000 $	Años necesarios para AHORRAR 1.000.000 $
Arquitecto	64.000 $	16	156
Mecánico de coches	34.000 $	30	294
Camarero	16.000 $	61	625
Carpintero	37.000 $	27	270
Ingeniero de *software*	80.000 $	13	125
Secretario	38.000 $	27	263
Peluquero	22.000 $	47	454
Profesor	46.000 $	22	217
Farmacéutico	95.000 $	11	105
Oficial de policía	48.000 $	21	208
Fisioterapeuta	66.000 $	15	152
Veterinario	72.000 $	14	139

Fuente: Oficina de Estadísticas Laborales de Estados Unidos, Anthony Balderrama, CareerBuilder.com. Las cantidades se han redondeado para simplificar.

¿No tendría sentido que te pagasen independientemente de lo que estuvieses haciendo? ¿Que te pagasen mientras duermes, mientras te diviertes, mientras estás en el baño, mientras descansas tumbado en la playa? ¿Por qué no cobrar con el paso del tiempo y hacer que el tiempo trabaje para ti en lugar de que lo haga en tu contra? ¿Es posible esto? Sí, pero no en el contexto de la vía lenta.

Razón n.° 2: la limitación de la experiencia

Aprendí más como emprendedor en dos meses que trabajando diez años en docenas de empleos sin futuro. El problema que tiene que te limites a un conjunto de habilidades especializadas es que reduce tu valor útil a un conjunto reducido de necesidades del mercado. Te conviertes en uno de los muchos dientes de una rueda dentada. ¿Y si el diente que eres pasa a estar obsoleto o a ser prescindible? Mala suerte para ti.

Por ejemplo, miles de trabajadores del sector del automóvil han dejado de tener un lugar en el mercado laboral porque sus trabajos han sido subcontratados o reemplazados por robots. Su experiencia no los ayuda, sino que constituye un obstáculo para ellos. ¿Recuerdas las máquinas de escribir? ¿Cómo debe de irle al reparador de máquinas de escribir hoy en día? ¿Y a los corredores de bolsa? ¿Y a los agentes de viajes? Hay trabajos que van pasando de moda —y, junto con ellos, los conjuntos de habilidades asociadas a los mismos—.

Además, la experiencia laboral, por lo general, gira alrededor de un grupo central de actividades que se repiten rutinariamente una y otra vez, día tras día. Después de la experiencia de aprendizaje inicial, el trabajo se reglamenta y la acumulación de nuevos conocimientos tiene lugar a paso de tortuga. Los empleos limitan el aprendizaje y suponen una sentencia de muerte para la vida, ya que la fuerza vital se intercambia por dinero.

Tu experiencia proviene de lo que haces en la vida, no de lo que haces en un empleo. *No necesitas un trabajo para obtener experiencia.*

Pregúntate esto: ¿qué experiencia es más importante? ¿La de un trabajo de baja categoría cuyo objetivo es que puedas pagar tus facturas? ¿O la experiencia (y los fracasos) que obtienes en el curso de crear algo que pueda proporcionarte libertad financiera para toda la vida, de tal forma que no te veas obligado a volver a tener un empleo?

Razón n.° 3: no tienes el control

Tener un empleo es como estar sentado en la caja descubierta de una camioneta. Estás expuesto a los factores duros del viaje, mientras el conductor permanece cómodamente sentado en su asiento. ¿Y si las cosas se ponen difíciles? Empiezas a rodar por la caja o, peor aún, caes fuera del vehículo. No tienes ningún control sentado ahí, y es estúpido que esta sea la «estrategia» básica de tu plan financiero. Si no controlas tus ingresos, no controlas tu plan financiero. Y si no controlas tu plan financiero, no controlas tu libertad.

Millones de personas cantan obedientemente el *Kumbayá** del empleado, en la creencia de que deben tener un trabajo para cubrir sus necesidades. Con un empleo puedes lograr esto, sí, pero ¿se acaban ahí tus aspiraciones? ¿Quieres vivir rico o sumido en la mediocridad? Si el ímpetu de tu viaje financiero puede verse frenado en seco por una carta de despido, estás apostando en el casino. No estás siendo realista, sino un estúpido. Los empleos no ofrecen ninguna seguridad.

Razón n.° 4: los líos y las intrigas de oficina

Varios miembros de mi familia son empleados de por vida, y me entero de algunas de sus penas y fatigas. En las dos docenas de trabajos distintos que tuve en el curso de los años, observé los

---

* *Kumbayá* es una canción tradicional afroamericana de principios del siglo xx creada por descendientes de africanos esclavizados. Las palabras *Kum ba yah* significan 'Ven aquí', y su letra hace referencia a las suplicas de los esclavos que se dirigen a Dios pidiendo la liberación. Durante la década de los sesenta del siglo xx fue uno de los himnos de las luchas civiles.

mismos líos e intrigas. Es siempre la misma historia, con personas diferentes, en días diferentes, en oficinas diferentes. Tal persona se acuesta con el jefe y aspira a recibir un favor. Jim hace poco pero se lleva el mérito del trabajo. Linda tiene mal aliento y todos temen decírselo. Lacey siempre llega tarde y se marcha temprano. Horace roba comida y usa la misma chaqueta deportiva todos los días. Lazy Lester nunca reemplaza el papel de la fotocopiadora. Las oficinas cambian; las historias no.

No importa dónde se trabaje, en todos sitios hay líos e intrigas de oficina. Los escenarios cambian, pero los actores son los mismos. Y, desafortunadamente, como empleado inmerso en el entorno laboral, debes participar en el juego. Tienes que ser obediente; de lo contrario, recibirás represalias por parte de tus compañeros de trabajo o de tu jefe.

Recuerdo los comentarios de mi compañera después de la jornada laboral cuando estaba trabajando en un entorno empresarial muy competitivo. Todo seguía un determinado proceso: ¿tenía una idea mi compañera? Genial; debía comunicarla a su jefe, quien a su vez la transmitía a su jefe, quien luego la pasaba al departamento legal. Este departamento la devolvía al jefe del jefe de mi compañera para que efectuase las modificaciones oportunas, tras lo cual la idea regresaba al departamento legal, y un largo etcétera... En el momento en que la «idea» llegaba a algún punto interesante de la cadena, o bien había quedado obsoleta o bien otras cuatro personas la habían reivindicado como propia. ¿Qué necesidad hay de que este tipo de red enmarañada acabe con nuestra cordura? La única defensa contra las intrigas de oficina es controlar el juego, y para hacerlo, debes ser el jefe. Y para ser el jefe, no solo necesitas dirigir el espectáculo; también debes ser su propietario.

Razón n.° 5: estás abonado a «pagarte a ti mismo el último»

«Págate a ti mismo primero» es una doctrina de la vía lenta. El problema es que esto es casi imposible si se tiene un empleo.

Los gobiernos locales, estatales y federales gravan fuertemente los ingresos obtenidos y tus opciones para proteger tus ingresos de los impuestos se limitan a las contribuciones que hagas a tu plan de pensiones y a tus cuentas individuales de jubilación, aportaciones que también están limitadas (al 10 % de tus ingresos o a un máximo dieciséis mil quinientos dólares, la opción, de estas dos, que corresponda a un importe más bajo). Si intercambias tu vida diligentemente y asciendes en la jerarquía de mando de tu empresa, puedes esperar que el 50 % de tu dinero desaparezca antes de llegar a tus manos. Como empleado, recibes inmediatamente una suscripción al «págate a ti mismo el último». Si te estás pagando el último, de modo que todos obtienen tu dinero primero, no esperes hacerte rico rápidamente.

Razón n.° 6: la dictadura de los ingresos

¿Alguna vez te han subido el sueldo un 1.000 %? Imagina esta situación: impresionado por los beneficios evidentes que ha aportado tu trabajo a la empresa, entras rebosante de confianza en el despacho de tu jefe y le exiges un aumento.

—Aporto valor a esta empresa —argumentas—. Soy una persona de confianza y rara vez me pongo enfermo.

Tu jefe adopta una postura defensiva. Cruza los brazos, inclina la cabeza hacia el cielo y se reclina tranquilamente en su gran sillón de ejecutivo, de color rojo. Tomas una respiración profunda y lo sueltas:

—Por lo tanto, señor, me gustaría un aumento salarial del mil por ciento.

Tu jefe emite un gruñido gutural. Se tambalea hacia delante, abandona su postura reclinada y golpea el escritorio con las manos.

—Bien, ¿qué broma es esta? ¡Estoy ocupado! —exclama.

—No estoy bromeando —replicas—. Lo digo en serio. Gano nueve dólares por hora. Quiero ganar noventa.

—A ver qué le parece mi contraoferta: no obtendrá nada y estará tan contento. Salga de mi despacho; deje de hacerme perder el tiempo. Si sale rápido, no lo despediré. ¿Está de acuerdo?

Tartamudeas. Supongo que tu jefe no pensó que el aumento salarial del 1.000 % fuese factible.

Esta situación no se produciría nunca. Como empleado, no puedes exigir un aumento salarial superior al 10 %, y mucho menos del 1.000 %. Si trabajas en cualquier empresa, las condiciones son estas. *Tu valor viene dictado y tu empleo delimita tu riqueza* con unas limitaciones que no pueden superarse.

Un empleo sella tu destino con un intercambio de tiempo criminal: das cinco días de vida para obtener dos de libertad. Un empleo te encadena a un grado determinado de experiencia. Un empleo te quita el control. Un empleo te obliga a trabajar con personas a las que no puedes soportar. Un empleo hace que seas el último en cobrar. Un empleo impone una dictadura en tus ingresos. Estas limitaciones son insurgencias contra la riqueza. ¿Aún quieres tener un empleo?

RESUMEN DEL CAPÍTULO: INDICACIONES PARA LA VÍA RÁPIDA

- En un empleo, uno vende su libertad (en forma de tiempo) a cambio de libertad (en forma de dinero).
- La experiencia se obtiene por medio de la acción. El entorno de esa acción es irrelevante.
- La acumulación de riqueza se ve frustrada cuando uno no controla su principal fuente de ingresos.

CAPÍTULO

12

Por qué no te haces rico en la vía lenta

Alguien debería decirnos, justo al principio de nuestra vida, que nos estamos muriendo. Entonces tal vez viviríamos la vida al límite, todos los minutos de todos los días. Así pues, te digo: ¡hazlo! Sea lo que sea lo que quieras hacer, hazlo ahora. Solo hay unos cuantos mañanas.

Michael Landon

LA INEFICACIA DE LA VÍA LENTA

Si la vía lenta es tu estrategia para «hacerte rico», puedo aventurarme a hacer una suposición: no eres rico y nunca lo serás. ¿Por qué lo tengo tan claro? Sencillo: porque la estrategia de la vía lenta tiene sus raíces en el *incremento limitado e incontrolable* (que vamos a abreviar como ILI).

El incremento limitado e incontrolable es la demostración perturbadora de la inutilidad de la vía lenta. ¿Cómo te haces rico en esta vía? Consigues un trabajo bien remunerado, ahorras dinero, vives de forma austera, inviertes en el mercado de valores y perseveras en esta dinámica durante cincuenta años. Si reduces esta estrategia a sus componentes matemáticos, verás que las variables que definen el plan no pueden controlarse ni incrementarse.

EL INCREMENTO LIMITADO E INCONTROLABLE. 1.ª PARTE

¿Por qué es tan importante el ILI? Para acumular riqueza, necesitas atraer grandes sumas de dinero. Para atraer grandes sumas de dinero, necesitas dos cosas: control e incremento. La vía lenta no te ofrece ninguna de ellas, y esta verdad queda al descubierto cuando exponemos el equivalente matemático de la estrategia (o su universo de riqueza).

Cuando deconstruimos la vía lenta, nos encontramos con dos variables: primero, la *fuente de ingresos primaria*, que define cómo se obtienen los ingresos, y segundo, el *acelerador de la riqueza*, que define cómo se acumula la riqueza. En la vía lenta, la principal fuente de ingresos es *un empleo*, mientras que el instrumento de aceleración de la riqueza son las *inversiones en los mercados financieros*, como las vehiculadas por los planes de pensiones y los fondos de inversión. Si combinamos las dos variables, obtenemos la ecuación de la riqueza de la vía lenta:

RIQUEZA = Empleo (la fuente de ingresos primaria) + *Inversiones en los mercados financieros* (el acelerador del a riqueza)

Según este plan, los ingresos procedentes del empleo costean tanto el estilo de vida como las inversiones en los mercados financieros. Sin embargo, para descubrir el ILI que se oculta en el plan, tenemos que descomponer más estas variables, empezando por la del empleo.

El guardián de la riqueza: el valor intrínseco

¿Cómo se gana el dinero en un empleo? A partir del *valor intrínseco*.

El valor intrínseco lo determina el mercado y es el precio por el que puedes intercambiar tu tiempo por dinero. El valor intrínseco es lo que ganas en un trabajo. ¿Cuánto está dispuesto a pagarte alguien por lo que le ofreces a la sociedad? El valor intrínseco se mide en unidades de tiempo, ya sea *por hora* o *por año*. Si te pagan diez dólares la hora por preparar hamburguesas en la hamburguesería del barrio, tu valor intrínseco es de diez dólares la hora. Si eres contable y percibes un sueldo anual de ciento veinte mil dólares, tu valor intrínseco es de ciento veinte mil dólares al año.

TRABAJO [valor intrínseco] = Sueldo por hora × *Horas trabajadas*

o bien:

TRABAJO [valor intrínseco] = Salario anual

Observa que el valor intrínseco se mide en unidades de *tiempo*. Esta vinculación al tiempo da lugar al primer elemento penalizador de la creación de riqueza en la vía lenta. ¿Puedes controlar el tiempo? ¿Puedes incrementarlo? No. Tu tiempo está limitado a veinticuatro horas de intercambios. Si ganas doscientos dólares por hora, no puedes pedir el milagro de trabajar cuatrocientas horas al día. Si ganas cincuenta mil dólares al año, no puedes pedir el milagro de trabajar cuatrocientos años. *El tiempo no puede incrementarse.*

Para quien trabaja por un precio por hora, el límite viene determinado por las veinticuatro horas que tiene el día. No hay nada que pueda hacerse para ampliar este límite. En teoría, se pueden intercambiar las veinticuatro horas del día por ingresos, pero no más. Por supuesto, trabajar veinticuatro horas al día es humanamente imposible, por lo que la gente intercambia entre ocho y doce horas diarias.

En el caso del trabajador asalariado, la limitación es la misma. Uno no puede trabajar más años de los correspondientes a su esperanza de vida. ¿Cuál es el límite de este intercambio? ¿Cuarenta, cincuenta años? En toda la historia registrada, ningún humano ha trabajado diez mil años. Tanto si te pagan por horas como por año, el caso es el mismo: ¡no puedes incrementar el tiempo!

Considera esto. ¿Es doce un número elevado? ¿Y cincuenta? ¿Predisponen estos números a crear millonarios? No, y ponen de manifiesto por qué las matemáticas del empleo castigan la riqueza: tu tiempo se limita a números pequeños y no puede incrementarse. Las *horas trabajadas* o el *salario anual* «no dan la talla» desde el punto de vista matemático porque se basan en mediciones de tiempo que no se pueden controlar ni manipular. Las matemáticas no mienten; doce siempre será inferior a diez millones. Si el incremento es limitado, también lo es la creación de riqueza. *Las cantidades pequeñas no hacen millonarios.*

Detrás del incremento limitado hay otro asesino de la riqueza: la ausencia de control. ¿Puedes controlar a tu empleador? ¿Puedes controlar tu salario? ¿Puedes controlar la economía? ¿Puedes ganar cincuenta mil dólares un año y cincuenta millones el siguiente? ¿Puedes controlar algo en relación con tu empleo, incluido tu mísero aumento salarial del 4 %? Acaso pienses que puedes tener el control por medio de ir cambiando de empleo, pero te equivocas. Puedes controlar muy pocos factores, si es que puedes controlar alguno.

Lo que no te dicen sobre el interés compuesto

La segunda variable en la ecuación de la riqueza de la vía lenta es el *principal acelerador de la riqueza*, que consiste en inversiones en los mercados financieros como las vehiculadas por los fondos de inversión, los planes de pensiones y otros instrumentos promocionados por los gurús y asesores financieros. En estas inversiones se aplica la estrategia conocida como *interés compuesto*, una formulación matemática que describe el poder que tiene la acumulación de intereses durante largos períodos de tiempo. La promoción fundamental del interés compuesto es la vieja canción regurgitada sin cesar: «Diez mil dólares que invierta hoy valdrán billones al cabo de cuarenta años. ¡Invierta doscientos cincuenta dólares al mes durante cincuenta años y se jubilará rico!». Usado correctamente, el interés compuesto es un poderoso aliado de la riqueza; utilizado para los fines de la vía lenta, convierte el viaje hacia la riqueza en una peregrinación parsimoniosa. ¿Por qué? De nuevo, el enigma se resuelve si se exploran los componentes matemáticos implicados. La respuesta es la misma que la que corresponde a la pregunta de por qué un empleo no va a hacernos ricos: el *tiempo*.

La creación de riqueza a través del interés compuesto requiere el paso de muuucho tiempo. Al igual que ocurre con los empleos, el interés compuesto generado por los fondos de inversión o los planes de pensiones no puede incrementarse ni controlarse. Estos instrumentos no sirven para generar riqueza, como demuestran los cálculos subyacentes.

Así como los ingresos que obtienes en un empleo se miden por medio de un precio por hora o un salario anual, el proceso de aceleración de la riqueza del interés compuesto también se mide en tiempo (años) multiplicado por la rentabilidad anual. Repasemos nuevamente la patológica fórmula matemática de la vía lenta hacia la riqueza y desarrollémosla:

*RIQUEZA = Empleo (*la fuente de ingresos primaria) + *Inversiones en los mercados financieros (*el acelerador de la riqueza)

O, lo que es lo mismo:

*RIQUEZA = [Valor intrínseco (anual)] (*la fuente de ingresos primaria) + *[Interés compuesto (anual)] (*el acelerador de la riqueza)

Desarrollado aún más:

$$RIQUEZA = (Tiempo \times Valor\ por\ hora\ o\ salario)\ (\text{la fuente de ingresos}$$
$$\text{primaria}) + Suma\ invertida\ (\text{el acelerador de la riqueza}) \times$$
$$(1 + Rentabilidad)^{tiempo}$$

Como en el caso del empleo, el defecto del interés compuesto son las mismas restricciones matemáticas que hacen que los números trabajen *en tu contra* en lugar de hacerlo *a tu favor*. Echa un vistazo a la tabla siguiente, que muestra el efecto del interés compuesto a partir de una inversión de diez mil dólares.

INVERSIÓN DE 10.000 DÓLARES ($)				
Tiempo (años)	Tasa de aumento			
	5%	10%	15%	20%
5	12.763 $	16.105 $	20.114 $	24.883 $
10	16.289 $	25.937 $	40.456 $	61.917 $
15	20.789 $	41.772 $	81.371 $	154.070 $
20	26.553 $	67.275 $	163.665 $	383.376 $
25	33.864 $	108.347 $	329.190 $	953.962 $
30	43.219 $	174.494 $	662.118 $	2.373.763 $
35	55.160 $	281.024 $	1.331.755 $	5.906.682 $
40	70.400 $	452.593 $	2.678.635 $	14.697.716 $

Los gurús de la vía lenta predican que una inversión de diez mil dólares al 15 % se habrá convertido en más de dos millones y medio al cabo de cuarenta años. ¡¡Hurra!!

¿Qué es lo que no te dicen? No te dicen que un retorno del 15 % año tras año es imposible, a menos que inviertas con Bernie Madoff o Charles Ponzi. No te dicen que al cabo de cuarenta años estarás muerto, o poco te va a faltar. No te dicen que al cabo de cuarenta años tus dos millones y medio valdrán, probablemente, el equivalente a lo que actualmente son doscientos cincuenta mil dólares, y que un litro de leche costará tres dólares. No te dicen que este método de aceleración de la riqueza no es el que usan ellos. No te dicen mucho, y sin embargo se supone que debes creer sus aseveraciones sin cuestionarlas.

EL INCREMENTO LIMITADO E INCONTROLABLE. 2.ª PARTE

Para que el interés compuesto sea eficaz, necesitas tres cosas:

1. Tiempo, medido en años.
2. Una RENTABILIDAD DE INVERSIÓN ANUAL FAVORABLE en esos años.
3. Una SUMA INVERTIDA, que debes invertir repetidamente.

Estas tres variables conforman la última parte de la ecuación de la riqueza de la vía lenta:

$$Interés\ compuesto = Suma\ invertida \times (1 + Rentabilidad)^{tiempo}$$

Aunque esta es una versión simplificada de una ecuación más compleja, lo importante de este análisis son sus componentes variables. El interés compuesto exige que tus inversiones rindan, de forma predecible, un 10 % anual. ¡Buena suerte con tu apuesta de cuarenta años! ¿Alguna vez los mercados financieros han perdido un 20 % en un año? ¿O un 40 %? Lo han hecho, y cuando ocurre esto, tus ahorros duramente ganados se evaporan.

Como puedes ver, *la aceleración de la riqueza a través del interés compuesto es deficiente porque sus variables son deficientes.* Ni el tiempo ni la rentabilidad pueden incrementarse o controlarse. De nuevo, nos encontramos con nuestro amigo el incremento limitado e incontrolable.

¿Puedes esperar un retorno del 2.000 % de tu dinero este año? ¿Puedes pretender que el horizonte temporal de tu inversión se incremente desde los típicos cuarenta años hasta cuatrocientos? Una vez más, estas cantidades no pueden aumentar. El límite superior de tu período de inversión es de cincuenta años. En el caso de la rentabilidad, los datos son peores: los retornos anuales típicos son del 6, el 8 o el 10 %. El tiempo está limitado por tus años de vida, la rentabilidad está limitada por la rentabilidad media de las inversiones habituales en el mercado y la suma está limitada porque tu forma de generar ingresos proviene de un empleo, ¡también limitado! La única manera de contrarrestar la debilidad matemática del interés compuesto es *comenzar con una gran cantidad, ¡y conseguir una gran cantidad requiere que se haya incrementado la cantidad inicial, si no era muy elevada!*

Además, como ocurre con los empleos, no puedes controlar el interés compuesto. ¿Puedes exigirle a tu banco que te pague un interés del 25 % sobre tus ahorros? «Hola, señor Banco de la Vía Lenta, ¡le exijo que mi cuenta de ahorros tenga un rendimiento del veinticinco por ciento!». ¿Puedes controlar la economía? «Oiga, señora Economía, ¿me puede garantizar un bajo nivel de desempleo y un entorno fiscal favorable para las empresas?». ¿Puedes controlar la rentabilidad media del mercado de valores? «Escuche, señor Mercado de Valores, estoy cansado de los retornos del ocho por ciento; ¿me puede dar el doscientos cincuenta por ciento este año?». ¿Puedes incidir en la ecuación por otra vía que no sea buscar afanosamente las mejores inversiones para asegurarte de obtener un 1 % adicional? No.

¿POR QUÉ NO TE HARÁS RICO CON LOS FONDOS DE INVERSIÓN Y LOS PLANES DE PENSIONES?

En el 2008 asistí a un seminario sobre inversiones de renta fija que impartía una importante agencia de corredores. Las inversiones de renta fija son instrumentos como los bonos municipales y corporativos. Unos cincuenta asistentes abarrotaban la sala. Me senté en la parte posterior y examiné a la multitud. Si no tenías en cuenta a las personas de pelo gris, las que llevaban calcetines y sandalias, las que usaban bastón y las que iban en silla de ruedas, ¿quién quedaba? Solo yo. Era el más joven entre el público (¡y ya no lo era tanto!). ¿Qué hacía un treintañero como yo en una sala llena de jubilados?

Los asistentes habían tenido su éxito con la vía lenta. Habían empleado el tiempo para acelerar su riqueza, y lo que habían obtenido había sido la vejez. No digo esto para criticar a la generación de las personas que hoy son mayores, sino para destacar una cuestión importante: el interés compuesto (los planes de pensiones, los fondos de inversión, el mercado de valores) no puede acelerar la riqueza de forma rápida.

Según la empresa de investigación y *marketing* The Harrison Group, solo el 10 % de los pentamillonarios (aquellos cuyo patrimonio neto es de cinco millones de dólares) afirmaban que su riqueza procedía de inversiones pasivas. No se informaba de la edad de los consultados, pero se puede adivinar que ninguna de las personas incluidas en ese 10 % tenía menos de treinta años.

Piensa en ello. ¿Alguna vez has conocido a un estudiante universitario que se hubiese hecho rico invirtiendo en fondos de inversión o en un plan de pensiones? Y ¿se hizo rico el tipo que compró bonos municipales en el 2006 y se jubiló en el 2009? También me pregunto si ese muchacho que está conduciendo un automóvil de 1,2 millones de dólares puede hacerlo gracias a que tiene una cartera de fondos de inversión bien equilibrada...

Las personas del párrafo anterior no existen, porque los jóvenes ricos no están obteniendo un retorno del 8 % de sus ingresos, ¡sino del 800 %! ¿En alguna ocasión ha aumentado tu riqueza en un 800 % en un año? Probablemente no, pero ¿sabes qué? *La mía sí lo ha hecho*, porque no estoy encadenado a la ecuación de la riqueza de la vía lenta. ¡Mi instrumento de aceleración de la riqueza no tiene que ver con el mercado de valores!

Sin embargo, te han condicionado a creer que esas herramientas aceleran la riqueza. Los fondos de inversión, las acciones, los bonos, los planes de pensiones, invertir periódicamente en bolsa cantidades iguales de dinero y el interés compuesto son estrategias superficiales de aceleración de la riqueza propias de la vía lenta. Por desgracia, si no tienes el control ni la posibilidad de incrementar componentes como el tiempo o las tasas de interés, dichas estrategias no sirven para acelerar el advenimiento de la riqueza.

«COMPRAR Y CONSERVAR» NO LLEVA A NINGUNA PARTE

En la universidad, me enseñaron que «comprar y conservar» era la estrategia de inversión segura que hacía ganar millones. «Comprad acciones de empresas sólidas, despreocupaos, esperad unas décadas y estaréis inundados de millones». Nos mostraban un gráfico y nos decían: «¡Una inversión de diez mil dólares en la empresa XYZ que se hubiese efectuado en 1955 se habría convertido en cinco millones hoy en día!». *Por fortuna, ignoré el consejo.*

En 1997, abrí una cuenta individual de jubilación con mil dólares e invertí el dinero en un fondo mutuo de crecimiento en una importante empresa de servicios de inversión. Sí, dejé que los «profesionales» administrasen el fondo por mí. Durante la década siguiente, no lo toqué; esencialmente, me olvidé de él.

En esos diez años gané más de diez millones de dólares siguiendo el itinerario y maximizando la estrategia de la vía rápida. ¿Y qué tal le fue a mi cuenta de jubilación? No toqué ese dinero; dejé que fluyese por la vía lenta. Al cabo de ese tiempo, el importe que indicaba era de ¡seiscientos noventa y ocho dólares! Con la inflación, el poder adquisitivo de esa cantidad era el equivalente a quinientos dólares. El cuenco para la calderilla que tengo sobre la mesa de la cocina había sido una inversión mejor que esa. Si hubiese puesto un millón de dólares en el fondo, habría perdido más de cuatrocientos mil. ¿Y este es el recurso estrella con el que cuenta el conductor de la vía lenta para enriquecerse? ¡Esto sí que es divertido! Millones de personas veneran el «comprar y conservar» de la vía lenta como la forma principal de adquirir riqueza: un recorrido de décadas de duración, lleno de peligros y que rara vez conduce al destino anhelado.

En el 2011 escuché a un defensor de la vía lenta proclamar la efectividad del «hazte rico poco a poco»; mencionó este dato tan atractivo: si a finales de 1940 hubieses invertido mil dólares en las acciones del índice bursátil Standard & Poor's 500, ahora tendrías 1.341.513 dólares. Procedamos a examinar este hecho, suponiendo que sea tal:

1. Es 1940 y supongamos que tienes veintiún años.
2. Es 1940 y de alguna manera tienes en tus manos mil dólares, el equivalente a quince mil dólares en la actualidad, más o menos.
3. Tomas esos mil dólares y haces lo que se te ha indicado.

¡Felicidades! En el 2011, con noventa y un años de edad, eres rico, con tus 1.341.513 dólares. Y si tuviste la suerte de obtener tus mil dólares *en el momento de nacer*, ¡«solo» tienes setenta y un años en el 2011! Sí, amigo, ¡emociónate! ¡El «hazte rico poco a poco» te hará rico! Eso sí, olvídate de tu esperanza de vida de setenta y cuatro años y asegúrate de que tu silla de ruedas esté equipada con llantas de cromo. En serio, ¿quién puede entusiasmarse con esta perspectiva?

LA VÍA LENTA MANTIENE UNA RELACIÓN TRAICIONERA CON EL TIEMPO

El interés compuesto y los empleos tienen la misma enfermedad: el consumo pecaminoso y voraz de tu tiempo mientras renuncias al control. Ambas variables de la ecuación de la riqueza de la vía lenta están ancladas en el tiempo: el tiempo que intercambias en un empleo y el que intercambias en las inversiones en los mercados financieros. El tiempo se convierte en el eje de la riqueza y se relaciona congénitamente con las desventajas matemáticas de la mortalidad: las veinticuatro horas que tiene un día y los cincuenta años que puede llegar a durar tu vida laboral. Sí, «hacerse rico» tiene que ver absolutamente con el tiempo. A menos que planees vivir para siempre, esta relación es temeraria. ¿Por qué? Porque *intercambiar tu tiempo es intercambiar tu riqueza.*

Echa un vistazo a los ejemplos siguientes, patéticamente habituales. Supongamos que mantienes una tasa de ahorro del 5 % sobre tu salario bruto y que tus inversiones te producen un rendimiento del 8 % anual. No tendremos en cuenta los impuestos ni la inflación.

Sueldo de 25.000 $/año, ahorras 1.250 $/año, lo inviertes durante cuarenta años a una tasa de interés del 8 % = 362.895 dólares.

Sueldo de 50.000 $/año, ahorras 2.500 $/año, lo inviertes durante cuarenta años a una tasa de interés del 8 % = 725.791 dólares.

Sueldo de 75.000 $/año, ahorras 3.750 $/año, lo inviertes durante cuarenta años a una tasa de interés del 8 % = 1.088.686 dólares.

Sueldo de 100.000 $/año, ahorras 5.000 $/año, lo inviertes durante cuarenta años a una tasa de interés del 8 % = 1.451.581 dólares.

Sueldo de 150.000 $/año, ahorras 7.500 $/año, lo inviertes durante cuarenta años a una tasa de interés del 8 % = 2.177.132 dólares.

No te dejes fascinar por los números. Ten en cuenta que los resultados hacen referencia a cuarenta *años* a partir de *ahora*. Si tienes veinte años, tendrás sesenta. Si tienes treinta, te verás en setenta. Si tienes cuarenta, estarás muerto. Lo siento, pero los ochenta años superan la esperanza media de vida, en Estados Unidos por lo menos.

A esas edades, ¿te parecen atractivos el dinero y la libertad que se puede comprar con él? Además, ¿te das cuenta de que ese dinero equivale a un poder adquisitivo que es la mitad del actual? Hace cuarenta años, podías comprar un automóvil por tres mil dólares y una barra de pan por veinte centavos. Y no olvidemos otros supuestos optimistas: que lleves siempre a cabo una actividad remunerada y que la economía se mantenga tan fuerte que no deje de ofrecerte la rentabilidad del 8 % anual. En el 2008, los mercados financieros perdieron el 50 %. Los gurús olvidan mencionar estas anomalías.

Amigo, no desees que los millones acompañen a tu bastón. Desea que acompañen a tu juventud.

Todos los días, las personas sacrifican su tiempo por pequeñas migajas de riqueza, una estrategia en la que el tiempo es un pasivo y no un activo. Cualquier cosa que te robe tiempo y no pueda hacer que lo liberes es un pasivo.

Dentro de la vía lenta, el tiempo no recibe la consideración que merece; se considera como una especie de fuente abundante que no dejará de manar nunca. Desafortunadamente, la tasa de mortalidad es del 100 % y el pronóstico de la vida es la muerte. Algún día morirás y, con suerte, no habrás malgastado el 60 % de tu tiempo en un cubículo mientras tus hijos crecían y tu cónyuge te engañaba con el instructor de yoga.

LA VÍA LENTA ES EL PLAN DE LAS ESPERANZAS

La vía lenta diluye tu control. Estás leyendo este libro porque quieres controlar tu destino financiero, *no* ponerlo en manos de alguna empresa o de la bolsa. Si quieres hacerte rico, *debes controlar y poder incrementar las variables de tu plan financiero*. Cualquier plan financiero en el que no tengas el control se desvanece inmediatamente en un plan de esperanzas: «¡Espero que no me despidan!», «¡Espero que mis acciones se recuperen!», «¡Espero obtener ese ascenso!», «¡Espero que no me reduzcan la jornada!», «¡Espero que mi empresa no quiebre!». Esperanzas y más esperanzas... Pero ¡lo siento, *las esperanzas no son ningún plan!*

El plan de la vía lenta se basa en una prisión matemática, el guardián de la cual es el tiempo. Para hacerte rico con rapidez, de forma explosiva, debes abandonar la fórmula de la vía lenta y su relación lasciva con el tiempo. ¡La riqueza se construye cuando el tiempo es un activo, no un pasivo!

Con todo, la reacción del conductor de la vía lenta frente al incremento limitado e incontrolable es predecible. Empieza a luchar contra la única variable que percibe que puede controlar: su valor intrínseco. El conductor de la vía lenta argumenta: «¡Debo ganar más dinero!». Y cree que la forma de salir victorioso del combate es embarcarse en una formación costosa. Pero se equivoca.

RESUMEN DEL CAPÍTULO: INDICACIONES PARA LA VÍA RÁPIDA

- Es muy improbable que la vía lenta conduzca a la riqueza, a causa del incremento limitado e incontrolable (ILI).

- La primera variable de la ecuación de la riqueza de la vía lenta parte de un empleo que toma en cuenta el valor intrínseco que equivale a tu valor nominal por cada unidad de tu vida que intercambias.

- Tu valor intrínseco es el valor de tu tiempo establecido por el mercado y se mide en unidades de tiempo, por hora o por año.

- En la vía lenta, el valor intrínseco (independientemente de su medición en cuanto al tiempo) se ve numéricamente limitado, porque los días solo tienen veinticuatro horas (para el trabajador por hora) y la esperanza de vida promedio es de setenta y cuatro años (para el trabajador asalariado estadounidense, en el momento de escribir este libro).

- Como ocurre con la principal fuente de ingresos de la vía lenta (el empleo), el instrumento de aceleración de la riqueza de la vía lenta (el interés compuesto) también está vinculado al tiempo.

- Como el empleo, el interés compuesto es matemáticamente inútil y no puede manipularse. Es imposible obligar al mercado (o a la economía) a rendir beneficios fenomenales, año tras año.

- La riqueza no se puede acelerar cuando está vinculada con unas fórmulas basadas en el tiempo.

- El tiempo es tu combustible primordial y no deberías intercambiarlo por dinero.

- Tu tiempo no debe ser un recurso del que desprenderte en favor de la riqueza, porque la riqueza misma está compuesta de tiempo.

- Tu mortalidad hace que las fórmulas basadas en el tiempo no puedan dar, como resultado, la riqueza (o una riqueza significativa).

- Si no controlas las variables inherentes a tu universo de la riqueza, no controlas tu plan financiero.

El combate inútil: la formación

Lo único que interfiere en mi aprendizaje es mi formación.

Albert Einstein

EL COMBATE CONTRA EL INCREMENTO
INCONTROLABLE Y LIMITADO: LA FORMACIÓN

La reacción natural del conductor de la vía lenta al incremento limitado e incontrolable (ILI) inherente a su ecuación de la riqueza es librar una guerra con su valor intrínseco por medio de desplegar el arsenal educativo. Puesto que el ILI define la vía lenta, el conductor de esta vía hace la reflexión de que la única variable que puede incrementar es su tasa de cobro: «¡Necesito cobrar un sueldo de seis cifras!», «¡Necesito ganar más dinero!». Por tanto, como es de esperar, vuelve a la universidad y obtiene un máster en Administración y Dirección de Empresas (MBA) o algún otro título. Su argumento es este: «¡Los que tienen un MBA ganan un quince por ciento más!» o «¡El sueldo inicial de un profesional de Gestión de Proyectos (PMP) es de ciento veinte mil dólares anuales!».

Por ejemplo, Steve Ambrose decide cursar un MBA para mejorar su currículum. El coste es de cuarenta y cuatro mil dólares y su duración es de ochocientas horas. Steve justifica este doble gasto (de tiempo y dinero) porque prevé que su valor intrínseco aumentará. Una vez terminado el máster, espera tener mayor valor para su empresa y en el competitivo mercado laboral. Desafortunadamente, sigue intercambiando su tiempo por dinero. En un nivel más alto, eso sí. Pero sigue sin tener el control y sin poder incrementar exponencialmente sus ingresos.

Otro caso es el de mi compañera, que se inscribió en un curso para ser profesional de Gestión de Proyectos que devoró ocho horas de cada uno de sus sábados durante cinco semanas de su vida y le costó dos mil setecientos dólares. ¿Su objetivo? Tener un título en Gestión de Proyectos que aumentaría su valor intrínseco en el mercado. Con este título cuenta con más oportunidades de acceder a puestos en los que va a cobrar más. Pero seguirá intercambiando su tiempo por dinero.

Sea consciente de ello o no, el conductor de la vía lenta cree que el hecho de aumentar su valor intrínseco puede hacerle rico. ¿Quieres que te paguen bien cuando salgas de la universidad? Ve a la facultad de medicina y hazte médico; tu valor intrínseco será de doscientos dólares por hora. Hazte ingeniero, abogado o auditor de cuentas; todos ellos son puestos asalariados altamente remunerados. Por lo general, la gente cursa estudios universitarios para cumplir con los objetivos de la vía lenta; intentan, explícitamente, aumentar su valor intrínseco. A ti te digo: ¡combate esta variable!

NO TODAS LAS FORMACIONES SON IGUALES

El problema que tiene acudir a la educación formal para aumentar el propio valor intrínseco es que es tremendamente costosa en tiempo y dinero. No pasa una semana sin que oiga hablar de un recién graduado con un MBA que se esfuerza por pagar sus préstamos estudiantiles trabajando en un puesto de grado medio que podría haber obtenido al graduarse en el instituto. La deuda que te mantiene atrapado en un empleo no es una buena deuda. Tu preocupación por contar con una excelente formación puede ser un caballo de Troya para tu libertad.

No todas las formaciones son iguales. Las hay que pueden obstaculizar tu viaje hacia la riqueza. Si una formación te sepulta bajo una montaña de deudas y te encadena a un empleo el resto de tu vida, ¿es realmente una buena formación? Si un MBA te permite percibir un sueldo un 15 % superior pero tardas quince años en pagar este máster, ¿ha sido una buena inversión?

La idea de que para hacerte rico necesitas contar con un título universitario costoso es un gran mito. Tener un título no es un prerrequisito para hacerse rico en la vía rápida. Algunos de los conductores de la vía rápida más ricos son personas que nunca acabaron sus estudios en el instituto o en la universidad. Bill Gates, Steven Spielberg, Richard Branson, Michael Dell, Felix Dennis, David Geffen y John Paul DeJoria dejaron los estudios para perseguir los objetivos de la vía rápida. ¿Cómo se han atrevido a hacerse ricos sin contar con la debida «educación» formal?

LAS TRAMPAS DE LA VÍA LENTA

Financiar costosos cursos universitarios para contar con la «debida formación» es una apuesta peligrosa que puede hacer que caigas en dos trampas de la vía lenta: *la conformidad y la servidumbre educativa*.

Los contenidos formativos suelen avanzar de los conocimientos generales hacia conjuntos de habilidades muy específicas. Por ejemplo, cuando estudié finanzas aprendí fórmulas matemáticas complejas que ayudaban en la toma de decisiones financieras, tales como «alquilar o comprar» o cuál iba a ser el retorno de una inversión. Estos conceptos son herramientas específicas para intercambios que pueden obstaculizar tus opciones futuras. El camino predeterminado para los graduados con títulos de finanzas es conseguir un trabajo en el sector financiero, una compañía de seguros, una empresa de contabilidad o una compañía de inversión.

Mi formación tuvo la consecuencia indirecta e indeseada de que mis opciones quedaron limitadas a unas disciplinas concretas relacionadas con un conjunto de habilidades educativas. ¿El resultado? *La conformidad y unas opciones limitadas.* Si no hay oportunidades en mi campo, mi formación adquiere un carácter marginal y tiene poco valor. Si las oportunidades disponibles requieren menos formación (por ejemplo, una licenciatura) de la que tengo (un máster en Administración de Empresas), estoy demasiado cualificado y no se me puede contratar. Si mis habilidades pasan a ser menos aplicables a causa de la evolución tecnológica, mi formación se vuelve obsoleta y mi valor para la sociedad cae en picado de resultas de ello.

La segunda trampa formativa en la que se puede caer es la *servidumbre educativa*. Mientras que el viajero del arcén está abocado a un estilo de vida de servidumbre, el conductor de la vía lenta está abocado a la servidumbre educativa. Es decir, su libertad se ve reducida a causa de su formación, y queda atrapado en un empleo. ¿Te ha ocurrido a ti? No es nada barato obtener un título superior. Según el Consejo Escolar estadounidense, en la actualidad cuesta unos sesenta mil dólares obtener un título universitario promedio; este precio incluye el alojamiento y las comidas. ¿Prefieres el prestigio que otorga una universidad privada? En tal caso, el título te costará lo mismo que un Ferrari. Este tipo de deuda entierra los sueños de tu juventud y los ata permanentemente a la vía lenta o, peor aún, al arcén.

Veamos qué dicen las estadísticas. En el 2007, *The Washington Post* informó de que, según Nellie Mae (la gran proveedora de servicios de préstamos estudiantiles), cuando los estudiantes universitarios estén en el último año de carrera, el 56 % de ellos tendrán cuatro o más tarjetas de crédito con un saldo promedio de 2.864 dólares. Según un informe de Demos-USA.org (una organización de investigación y promoción de políticas públicas), quienes tienen entre dieciocho y veinticuatro años destinan casi el 30 % de sus ingresos mensuales al pago de sus deudas. Es un porcentaje que duplica el de veinte años atrás. Y una encuesta efectuada entre prestatarios universitarios reveló que el estudiante de último curso típico se graduaba con una deuda de casi diecinueve mil dólares, de media, relacionada con los préstamos estudiantiles; en el caso de los estudiantes de posgrado, la deuda era de más de cuarenta y cinco mil dólares. Una encuesta del 2007 de Charles Schwab reveló que los adolescentes creen que cuando sean adultos obtendrán un sueldo promedio de ciento cuarenta y cinco mil dólares. ¿La realidad? Los adultos con un título universitario estaban ganando cincuenta y cuatro mil dólares en promedio. Por desgracia, el futuro no es tan brillante como para que tengas que ponerte las gafas de sol. La realidad y las expectativas están separadas por un abismo de casi cien mil dólares. Esta disparidad tal vez explique por qué las deudas de nuestros jóvenes se han disparado en su intento de casar su realidad con sus expectativas: «Si no puedo ganar ciento cuarenta y cinco mil dólares, ¡puedo aparentar que los estoy ganando!».

La mejor excusa de la gente para no hacerse rica es que «no tiene tiempo». Bueno, ¿y por qué no tienes tiempo? Porque tienes un empleo. Y ¿por qué tienes un empleo? Porque lo necesitas. Y ¿por qué lo necesitas? Porque tienes facturas que pagar. Y ¿por qué tienes facturas que pagar? Porque contrajiste deudas. Y ¿por qué contrajiste deudas? ¡Ah, claro!, porque fuiste a la universidad durante seis años y firmaste unos préstamos de seis cifras.

Si financiaste tu educación superior, la deuda es un parásito que te obliga a realizar trabajos forzados, lo cual destruye tu libertad. Aunque ganes más, debes trabajar para ir saldando la deuda. La deuda es un parásito porque en lugar de liberar tiempo lo esclaviza. Tristemente, es implacable sea cual sea su origen. Si debes treinta y cinco mil dólares, tanto si es a causa de tu flamante BMW como si es a causa de tus préstamos estudiantiles, la deuda te quita libertad y te obliga a dedicarle tu tiempo.

RESUMEN DEL CAPÍTULO: INDICACIONES PARA LA VÍA RÁPIDA

- Los conductores de la vía lenta intentan alterar su valor intrínseco mediante la formación.
- El tiempo esclavo es el que te pasas ganándote la vida. Es lo opuesto al tiempo libre.
- La deuda parásita es aquella que esclaviza tu tiempo y te obliga a trabajar.

La hipocresía de los gurús

Hubo un tiempo en que un tonto y su dinero se separaban pronto, pero ahora eso le pasa a todo el mundo.

Adlai Stevenson

TE HAN ENGAÑADO

Supongamos que tras acabar los estudios universitarios estás empezando a acumular grasa abdominal y decides que es hora de volver a ponerte en forma. Te inscribes, en un colegio universitario, en un curso titulado «Nutrición saludable: cómo llegar a tener un cuerpo hermoso a través de la alimentación».

El primer día de clase, llegas temprano, te sientas y esperas ansiosamente al profesor. Después de unos minutos, un hombre obeso entra en la sala y avanza hasta la parte de delante. Piensas: «Caramba, ¡qué gordo está! Pero está aquí para ponerle remedio... ¡Bien por él!». El hombre suda profusamente mientras hurga entre un montón de papeles; miras la silla para estudiantes que está junto a él y te preguntas si podrá caber en ella... ¡Es dos veces más grande que la silla!

Hasta que caes en la cuenta. ¡No es un estudiante sino el profesor! ¿Es una tomadura de pelo? ¿Cómo podrá impartir eficazmente ese hombre un curso titulado «Nutrición saludable: cómo llegar a tener un cuerpo hermoso a través de la alimentación» si él no es un reflejo de esta enseñanza? ¿Cómo podrá tomarlo en serio alguien? Desconcertado por esta muestra de hipocresía, sales del aula y te diriges a la secretaría con la intención de que te reembolse el importe de la matrícula.

En el ámbito de los gurús y asesores financieros, esto es lo que debes hacer: abandonar el aula y solicitar un reembolso, porque son culpables de la *paradoja de la práctica*.

LA PARADOJA DE LA PRÁCTICA

La paradoja de la práctica pregunta: ¿practicas lo que predicas? ¿Eres un modelo, un ejemplo de lo que enseñas?

- ¿Aceptarías consejos para el cuidado de la piel por parte de alguien que tuviese la cara cubierta de granos y espinillas?
- ¿Aceptarías consejos financieros por parte de un vagabundo en bancarrota?
- ¿Aceptarías los consejos médicos de cualquier miembro del personal sanitario?
- ¿Te dejarías aconsejar sobre culturismo por un alfeñique de cuarenta kilos de peso?

La paradoja de la práctica es objeto de un acalorado debate en mi foro. Algunos defienden que es perfectamente aceptable predicar una estrategia para la riqueza sin haberla utilizado nunca.

HAZ LO QUE DIGO, NO LO QUE HAGO

Se da la paradoja de la práctica cuando alguien promueve una estrategia para ganar dinero sin que esa estrategia haya sido la que lo ha hecho rico. Estas personas *no ponen en práctica sus propios consejos*. Enseñan una ecuación de la riqueza (la vía lenta) mientras se enriquecen aplicando otra (la vía rápida).

Cuando veo que la multimillonaria Suze le aconseja a la gente que aplique la estrategia del *dollar cost averaging* a sus fondos de inversión, ¿la escucho? Por Dios, no. Me río. Cuando Cramer aboga por comprar acciones de Lehman Brothers porque asegura que es una buena inversión, ¿lo escucho? ¡De ninguna manera!

Lo siento por cualquiera que siga los consejos de inversión de estas personas. Considero que son mejores artistas del espectáculo que los asesores de inversiones. Pero no siento cariño por el pobre infeliz que perdió sus ahorros para la jubilación porque escuchó a un experto de la CNBC (canal estadounidense de noticias sobre economía) que propugnaba una magnífica inversión o la compra de unas acciones maravillosas. ¿Qué le pasa a la gente? ¿Por qué no se responsabiliza de su plan financiero?

Y luego está tu tío. Ya sabes de quién estoy hablando: el individuo de cierta edad presente en tu vida que recibió una buena educación y que representa que lo sabe todo, incluida la estructura molecular de la materia oscura de la nebulosa Cabeza de Caballo. Siempre está listo para desplegar su ejército de datos: consejos sobre acciones, las últimas y mejores inversiones, las tendencias del dinero... Sin embargo, vive de paga en paga, no lo olvides.

Llamo a estos sujetos «arruinados sabelotodo». Se trata de personas que prestan asesoramiento financiero, sobre cómo ganar dinero, y que son muy pobres. Son gordos hipopótamos que, hipócritamente, pregonan cómo vivir estando en forma y saludables. Escucha a estos individuos para divertirte, no para creerte sus consejos. Los buenos consejos puede darlos el jugador de fútbol americano que anota todos los *touchdowns*, ¡no el tipo eliminado en el último cuarto! El mejor consejo de *quarterback* va a dártelo Peyton Manning, no M. J. DeMarco.

¿QUIÉN ESTÁ INCURRIENDO EN LA PARADOJA DE LA PRÁCTICA?

En el juego del dinero, el dinero es la tarjeta de puntuación. Si alguien te dice cómo «consiguió los puntos», asegúrate de que está revelando cómo se hizo rico realmente, en lugar de estar desplegando una ilusión que oculta las verdaderas causas. Por desgracia, es prácticamente imposible obtener buenos consejos prácticos sobre asuntos de dinero, porque la mayoría de los gurús manifiestan la paradoja de la práctica. Los gurús rara vez son ricos por haber seguido sus propios consejos, sino que lo son porque son conductores de la vía rápida que han tenido éxito y ocultan su paradoja de la práctica.

Las metáforas paradójicas descritas anteriormente corresponden a la hipocresía de las personas a quienes les has confiado tu itinerario financiero. Te venden un viaje río abajo que nunca han realizado. Mientras tanto, te miran desde arriba, instalados cómodamente en su avión corporativo, bebiendo champán. Nadie te cuenta la historia real, no adulterada, que hay detrás de su viaje a la riqueza, pero yo lo haré.

El itinerario de la vía lenta es mojigatamente proclamado por los autores superventas que prestan asesoramiento financiero a través de la televisión, la radio y sus libros. Las estrategias que venden son grandes ilusiones. ¿De verdad crees que estas personas son ricas gracias a lo que predican? ¿O te están vendiendo la vía lenta mientras se hacen ricos en la vía rápida?

Permíteme plantear una hipótesis sobre el probable truco de magia que hay detrás de su farsa.

Hablemos primero de Suze. Suze hace apología de los fondos de inversión, el *dollar cost averaging* o los planes de pensiones. Podemos encontrarla en muchos medios: en la radio, en la televisión y en cualquiera de su media docena de libros. Ahora bien, pregúntate lo siguiente: ¿es Suze rica porque siguió sus propios consejos, como comprar bonos municipales, seguir el enfoque de inversión del promedio del coste en dólares y tener un buen plan de pensiones? La probable hipocresía (la paradoja de la práctica) es que el método de Suze de creación de riqueza no parece ser el camino que ella recorre. ¿Es rica porque aprovecha bien los principios de la vía rápida mientras a ti te lanza a la vía lenta? ¿Tiene *millones* porque siguió sus propios consejos? ¿O acaso los tiene porque ha vendido *millones* de libros? *Su ecuación de la riqueza ¿es diferente de la que enseña?* Hay motivos para sospecharlo.

En un artículo del 2007 se citaban unas declaraciones de Suze en las que admitía que tenía la mayor parte de su riqueza (unos veinticinco millones de dólares) puesta en bonos, principalmente municipales. Además, aseguraba que solo tenía el 4 % de su riqueza vinculada al mercado de valores. Este es el motivo: «Si pierdo un millón de dólares, personalmente no me importa», decía. Sin embargo, este es el instrumento en el que debes confiar para construir *tu* riqueza, según ella. ¿Cómo exactamente adquirió sus veinticinco millones la señora Suze? ¿Gracias a que siguió sus consejos favorables al mercado de valores, los fondos de inversión, las cuentas individuales de jubilación, los bonos y los bonos del Tesoro? ¿O siguió el itinerario de la vía rápida, acumuló riqueza velozmente a través de unos ingresos netos explosivos y luego vertió su riqueza en los instrumentos que pregona? Su consejo para las personas que se hallan al borde de la pobreza es que inviertan en el mercado de valores para *adquirir* riqueza, cuando parece que ella no lo hizo. Amigo, *los ricos usan los mercados financieros para preservar sus ingresos y su riqueza, ¡no para crearlos!*

Refirámonos ahora a David. Mientras hojeaba sus numerosos libros, me vi invadido por una cantidad alarmante de ideas correspondientes a la vía lenta: tablas sobre el interés compuesto, ahorrar el 10 % del salario, dejar de beber cafés caros y otras recomendaciones típicas. Una vez más, asoma el feo rostro de la paradoja de la práctica. ¿Se hizo rico David gracias a sus consejos? ¿O se hizo rico al vender millones de ejemplares de sus once libros, en los que suele regurgitar las mismas recomendaciones favorables a la vía lenta hasta hacerse insoportable?

Y, finalmente, tenemos a Robert, que es oriundo de Hawái y tiene dos padres, uno rico y otro pobre. Robert explica belicosamente la definición real de los activos y que los inversores sofisticados están muy metidos en los bienes raíces. Presumió de su Lamborghini en una ocasión en la televisión nacional, y encontré irónica esta exhibición exagerada, a la par que falsa. ¿Por qué? ¿No mostró Robert el fruto de sus enseñanzas? Tal vez.

Robert tuvo éxito en la vía rápida. Creó y construyó una marca que vale millones. Pero la pregunta curiosa es esta: ¿qué fue primero? ¿Su éxito de ventas o su Lamborghini? ¿Está subyacente la paradoja de la práctica? ¿Se hizo rico Robert antes del éxito de su libro gracias a lo que predica acerca de los bienes raíces? ¿O el Lamborghini llegó después de que hubo vendido millones de ejemplares? Sin duda, Robert ha amasado una gran cantidad de dinero vendiendo libros, juegos y seminarios. ¿Es posible que se te venda *una ecuación de la riqueza* mientras que el diseñador del juego *usa otra*?

Los gurús satisfacen una necesidad del mercado y no lo niego. Pero piensa acerca de esto: ¿están siendo sinceros en cuanto a su paradoja y su poción mágica? ¿Son ricos por lo que predican o por lo que venden? Una vez que estés familiarizado con las matemáticas de la vía rápida podrás discernir qué gurús incurren, probablemente, en la paradoja. ¿Es la ecuación matemática subyacente a sus enseñanzas la misma que los hizo ricos? Si el «haz lo que digo» no coincide con el «haz lo que hago», deberías sospechar.

¿Qué tengo yo de distinto? El hecho de que los conceptos de la vía rápida que expongo en este libro son los que me condujeron a la independencia financiera. Ya tengo la libertad en este sentido: la casa bonita, los vehículos deportivos y una tarjeta de crédito asociada a una cuenta suculenta. No necesito este libro para obtener todo esto. También confieso este descargo de responsabilidad: este libro tiene el potencial de hacerme más rico, porque se basa en la misma ecuación de la riqueza que te enseño. En otras palabras, en mi caso, el «haz lo que digo» coincide con el «haz lo que hago».

LOS GURÚS DE LA VÍA LENTA ADMITEN EL FRACASO

En un programa de radio de temática financiera, promotor de la vía lenta, una persona llamó pidiendo consejo: en unos pocos meses, la recesión había acabado con más del 50 % de sus ahorros, los cuales había tardado casi diez años en reunir. ¿El consejo del gurú de la vía lenta? Un paliativo «siga con el plan». Debía mantener su compromiso. Recuperaría sus ahorros.

En otras palabras, «Mi maldito plan le ha fallado en el transcurso de diez años, pero debe seguir con él. Espere que la economía vuelva a crecer. Espere que la economía nunca experimente otra recesión. Tenga esperanza, esperanza, esperanza. Y sí, compre mi último libro».

Las recesiones económicas dejan al descubierto el hecho de que la vía lenta es muy arriesgada; es un fraude que tiene consecuencias de por vida. Dado que estos gurús se ganan la vida vendiendo el itinerario de la vía lenta, necesitan que creas que funciona. *Su riqueza proviene de tu creencia al respecto.* A pesar de lo que ha revelado magistralmente la actual recesión, los iluminados de la vía lenta nunca admitirán que su estrategia es tremendamente ineficaz; en lugar de ello, han recalibrado su mensaje para ocultar la verdad: continúan ofreciendo la misma retórica fallida en nuevos libros, con nuevos títulos y en los que exponen nuevos tópicos (los nuevos títulos son del estilo *Reconstruya su riqueza*, *Empiece de cero* o *Renueve su compromiso*).

Date cuenta de que el nuevo lenguaje pone la verdad al descubierto: si el plan es tan bueno, ¿por qué es necesario «reconstruir la propia riqueza» o «empezar de cero»? Si la estrategia funcionara, este tipo de mensajes no serían necesarios. Para que la farsa continúe, los gurús deben reforzar la estrategia con nuevos libros que vendan la misma vía. Y la pregunta más importante: ¿crees que esos gurús necesitan «empezar de cero» o «reconstruir su riqueza»? ¡Por supuesto que no! ¡No usan el plan que venden! Operan en un universo de la riqueza completamente diferente que no está basado en el incremento limitado e incontrolable.

RESUMEN DEL CAPÍTULO: INDICACIONES PARA LA VÍA RÁPIDA

- Déjate aconsejar solamente por personas que tengan un historial comprobado y de éxito en la disciplina sobre la que predican.
- Muchos gurús del dinero a menudo incurren en la paradoja de la práctica: enseñan una ecuación de la riqueza mientras se enriquecen con otra. No son ricos por haber aplicado sus propias enseñanzas.

La posibilidad de éxito en la vía lenta: apostar por la esperanza

Prefiero vivir lamentando haber fracasado que lamentando no haberlo intentado nunca.

M. J. DeMarco

LA VIDA EN LA VÍA LENTA ES UN ÉXODO

Hacerse rico siguiendo el itinerario de la vía lenta es análogo a vivir un éxodo, como el de Moisés según la historia bíblica. Dios saca a Moisés de la esclavitud egipcia y lo hace viajar durante cuarenta años por el desierto, con la promesa de un glorioso futuro en una tierra de «leche y miel». Después de toda una vida de luchas y fatigas, Moisés llega al umbral de su destino y... ¡ay!, muere. Nunca llega a vivir lo que se le ha prometido. Porque la vida no tiene garantías.

Tristemente, la adquisición de riqueza por la vía lenta es similar a este viaje largo y peligroso por el desierto. Es un viaje de décadas, que hace pasar hambre a la propia vida y que no hace promesas. Sí, gradúate en la universidad, consigue un buen trabajo, confía tu dinero al mercado de valores, sirve bien a tu jefe y puede ser que te veas recompensado. En el terrible clima económico en el que estamos inmersos, me sorprende que la gente todavía se crea esto.

Pero la gente lo cree, y de forma multitudinaria. Cuando veo las cifras de ventas de los libros que proclaman la vía lenta, me quedo estupefacto. Se venden millones. ¡Qué triste! Millones de personas son desviadas por una carretera plagada de baches y desvíos peligrosos, una carretera que tarda años en recorrerse y en la que uno persevera alentado por la promesa exagerada de un mañana en el que será más libre. La presunción de que vivirás una vida larga y saludable es arrogante. La presunción de que la vida no te deparará dificultades es ingenua. Para prevalecer, la vía lenta presupone que la vida es predecible y benévola.

Sin embargo, no lo es. La gente pierde su trabajo. La gente enferma. El automóvil necesita una nueva caja de cambios. La gente se casa. La gente se divorcia. La gente tiene hijos. La gente tiene hijos con necesidades especiales. La gente tiene padres ancianos que necesitan cuidados. La economía se sume en la recesión o la depresión. La vida está plagada de incógnitas y de situaciones de crisis, lo que hace que el itinerario de la vía lenta sea una apuesta arriesgada que consume nuestro activo más preciado: el tiempo.

SIETE PELIGROS DE LA VÍA LENTA

Las personas conducen por la vía lenta porque es lo que les han dicho que hagan. Creen que los riesgos son mínimos y que es una forma segura de viajar. ¡Después de todo, el 90 % de las empresas de nueva creación quiebran en un plazo de cinco años, por lo que la vía rápida no puede ser más segura! Pero si aplicas un poco de lógica a los discursos de la vía lenta, descubrirás que es extremadamente peligrosa y un plan totalmente basado en la *esperanza*. Requiere que se mantengan ciertas condiciones en el transcurso de décadas, lo cual es indicativo de lo arriesgada que es la apuesta. Los riesgos son estos:

1. **Los riesgos en cuanto a tu salud**

   La vía lenta *alberga la esperanza* de que vivirás el tiempo suficiente para disfrutar de los frutos de tus ahorros cuando llegues a los últimos años de tu recorrido vital. Recuerda que ¡serás millonario cuando te jubiles a los sesenta y cinco! ¿Estarás lo bastante sano para disfrutar tu riqueza? ¿Estarás vivo? Si no te encuentras en condiciones de trabajar, no podrás ganar dinero. ¿Qué ocurrirá entonces con tu plan? Además, no deben presentarse otras calamidades. Debes esperar que el estrés laboral no te mate y que los miembros de tu familia permanezcan sanos.

2. **Los riesgos en cuanto a tu empleo**

   La vía lenta *alberga la esperanza* de que tendrás un empleo remunerado en todo momento y de que irás subiendo de manera segura en el escalafón empresarial año tras año. Debes evitar el paro forzoso, ser víctima de las intrigas de oficina, que te despidan, que te afecten los puntos bajos de los ciclos empresariales, que tus habilidades laborales queden desfasadas y que te perjudiquen las crisis del mercado laboral.

3. **Los riesgos en cuanto a tu hogar**

   El valor de la propia vivienda es alabado como un instrumento de enriquecimiento para la clase media. Muchos gurús han gritado desde los tejados: «¡Jubílese gracias al valor de su vivienda!» y «¡Su casa es un activo!». La vía lenta *alberga la esperanza* de que el valor de los bienes raíces no parará de aumentar, cuando está claro que las cosas no funcionan de esta manera. En el 2008, el valor de mi vivienda se desplomó en ochocientos mil dólares. Evito considerar que mi casa sea una inversión y, por fortuna, mi riqueza no depende de ella.

4. **Los riesgos en cuanto a tu empresa**

No hay muchas empresas que duren siglos. Si tu fe en tu jubilación está asociada con una empresa, sea porque confíes en trabajar ahí siempre, sea porque tu pensión depende de ella, sea porque eres accionista, estás *albergando la esperanza* de que la empresa sobreviva. Esto es una apuesta. Muchos jubilados descubren demasiado tarde que sus pensiones de jubilación (401[k]) se han desvanecido a causa de la mala gestión de los directivos de la empresa. Otros han confiado su riqueza al valor de las acciones de una sola compañía, con lo cual han asumido el gran riesgo de que esas acciones valdrán más en el futuro. Si pones tu jubilación (tu plan financiero) en manos de otros, aceptas unos riesgos externos, que es probable que no puedas controlar.

5. **Los riesgos en cuanto a tu estilo de vida**

La vía lenta te ruega que te conviertas en un avaro. ¿Quieres tener un coche de lujo? ¡Olvídalo! ¿Quieres vivir junto a una playa? ¡Vana ilusión! Si no puedes controlar tus tentaciones de mejorar tu estilo de vida (tener una casa más bonita, comprarte un automóvil mejor, salir a comer a restaurantes de más categoría), la vía lenta se vuelve más lenta y el rumbo se revierte. La vía lenta *alberga la esperanza* de que tu «gratificación demorada» se convierta en «ausencia de gratificaciones».

6. **Los riesgos en cuanto a la economía**

La vía lenta *alberga la esperanza* de que tus inversiones arrojarán un rendimiento predecible del 8 % año tras año. Debes creerte la teoría de que «comprar y conservar» funciona. Pero no lo hace, porque tienen lugar caídas económicas, recesiones y depresiones. Por ejemplo, entre el 2008 y el 2009, los mercados de renta variable perdieron casi un 60 % de su capital. Si estuviste ahorrando durante quince años y lograste reunir cien mil dólares, pasaron a convertirse en cuarenta mil. ¡Necesitarías catorce años en los que tuviese lugar una rentabilidad anual sostenida del 8 % solo para recuperar lo perdido! ¡Esto equivale a haber sacrificado casi treinta años! ¡Y no estoy teniendo en cuenta la inflación, la cual hará que tus cien mil dólares sean más bien equivalentes a lo que actualmente son cincuenta mil!

7. **Los riesgos de volver al arcén**

Los conductores de la vía lenta frustrados a menudo regresan al arcén. ¿Por qué? Porque así esperan tener algún control. Cuando uno no puede controlar el tiempo, ni su empleo, ni cinco de los siete días de la semana, se siente impotente. Las emociones de impotencia crean un ambiente propicio para la gratificación instantánea y el estilo de vida basado en la servidumbre. Un estudio publicado en el 2008 por el *Journal of Consumer Research* reveló que cuando las personas sienten impotencia y que no tienen el control experimentan un fuerte deseo de efectuar compras indicativas de un estatus elevado. ¿A qué se debe su sentimiento de impotencia? Es fácil de entender: en la vía lenta, uno renuncia al control porque es el tiempo el que está al mando. La rebelión ante esta realidad hace que la verja que da acceso al arcén vuelva a abrirse. Albergar esperanzas no es ningún plan.

ES INÚTIL RESISTIRSE

Cuando examinamos la vía lenta con atención, vemos sus verdaderas características: es lenta (como su nombre indica), consume tiempo y es arriesgada. Cuando un conductor de la vía lenta se da cuenta de que el plan no funciona, pone la quinta marcha, pisa el acelerador a fondo y espera el milagro de superar el límite de la velocidad máxima a la que puede ir el vehículo. Pero el problema es la vía por la que circula, y no el acelerador.

La vía rápida del millonario

En otras palabras, el conductor de la vía lenta intenta alterar el resultado de la ecuación de su universo financiero por medio de incidir en sus variables. Para ello, «acelera» en estos aspectos:

- Altera su valor intrínseco por medio de trabajar más horas («¡Necesito ganar más dinero!»).
- Altera su valor intrínseco por medio de cambiar de trabajo o asumiendo más empleos («¡Necesito cobrar más!»).
- Altera su valor intrínseco por medio de volver a la universidad («¡Necesito una profesión mejor!»).
- Altera el interés compuesto por medio de buscar inversiones más rentables («¡Necesito mejores inversiones!»).
- Altera el interés compuesto por medio de expandir el horizonte del tiempo de inversión («¡Necesito más tiempo!»).
- Altera el interés compuesto por medio de aumentar la inversión («¡Necesito ahorrar más!»).

Cada una de estas seis respuestas es un intento inútil de hacer que la ecuación de la riqueza de la vía lenta deje de revelar tanta impotencia. Desafortunadamente, las limitaciones de las matemáticas no se pueden transgredir, y el intento de hacerlo conduce a peligrosos ciclos de causa y efecto. Cuando el conductor de la vía lenta quiere ganar más dinero, trabaja más horas, consigue un empleo mejor remunerado o añade algún empleo al que ya tiene. Cuando quiere que le paguen más, regresa a la universidad con la esperanza de incrementar su valor intrínseco. Cuando se da cuenta de que el hecho de estar percibiendo un 3 % como retorno de su inversión no le permite aumentar su capital con suficiente rapidez, asume mayores riesgos para obtener mejores rendimientos. Cuando ve cómo el 40 % de sus ahorros desaparecen en una recesión económica, vuelve a trabajar argumentando que cinco años no son suficientes para «recuperar lo perdido».

Pero las limitaciones de las matemáticas no pueden superarse. Un automóvil cuya velocidad máxima sean 16 kilómetros por hora siempre tendrá una velocidad máxima de 16 kilómetros por hora, *por más a fondo que se pise el acelerador.* Si recorres Estados Unidos a esta velocidad, ¡necesitarás cuarenta años para hacerlo!

La vía lenta predispone a la mediocridad porque sus números son siempre mediocres.

La vía lenta es arriesgada porque sus variables son incontrolables y porque no permite el incremento exponencial. El incremento limitado e incontrolable no te permitirá hacerte rico nunca. El estilo de vida es la única variable sobre la que puede incidir con eficacia el conductor de la vía lenta; por desgracia, el hecho de que opte por conformarse con menos lo conduce a vivir pobremente.

¿POR QUÉ NO SE ALCANZA LA RIQUEZA EN LA VÍA LENTA?

En la vía lenta la riqueza no se alcanza porque su ecuación no es la correcta, y sus variables tampoco.

En algún momento, el conductor de la vía lenta se da cuenta de que no puede obligar al mercado de valores a rendir más. Tampoco puede obligar a que le suban el sueldo un 200 %. Y no puede costearse estudios de alto nivel con el fin de incrementar su valor intrínseco. Si cambia de empleo, pasa a ganar un sueldo que es solo un poco más elevado. El conductor de la vía lenta es esclavo de su ecuación y recurre a la manipulación de la única variable que puede controlar, sus ingresos netos personales, que aumentan cuando reduce los gastos.

Ingresos netos personales = valor intrínseco − gastos personales

Los gurús de la vía lenta elogian esta estrategia. Las instrucciones son claras: paga tus deudas. Cambia tu coche nuevo por uno viejo. Incrementa lo que puedas deducir en tus seguros para que te salgan más baratos. Cancela tus tarjetas de crédito y págalo todo en efectivo. Deja de tomar café de diez dólares en Starbucks. Llévate el almuerzo al trabajo. Compra a granel. Pásate cuatro horas recortando cupones. Vamos, amigo, disminuye esos gastos; ¡algún día serás rico! ¡Divertidísimo!

Estas estrategias tan tediosas son las clásicas respuestas que se dan a quienes lamentan estar atrapados en la vía lenta. *Hay que llevar un estilo de vida mucho más austero.* Cuando uno está casado con una mala ecuación de la riqueza, esta es la forma que tiene de plantar cara. Es como obtener el divorcio por medio de dormir en el sofá. Como la riqueza está ligada al tiempo y no puedes controlarlo, te quedan las sobras de la cocina... Debes reducir gastos o, lo que es lo mismo, vivir como un pobre. Eso es, ¡conviértete en un tacaño!

Déjame decirte que esta no es la fórmula correcta. Reducir los gastos no desemboca en la riqueza. Son *unos ingresos explosivos y el control del gasto* lo que conduce a la riqueza. Por ejemplo, cuando ganaba cien mil dólares mensuales de forma rutinaria, no tardé en acumular riqueza, porque mantuve el control sobre mis gastos. Así como mis ingresos iban creciendo de forma exponencial, mis gastos lo iban haciendo de forma lineal, y no dejé de prestarles atención. Si mis ingresos aumentaban en un 100 %, mis gastos solo lo hacían en un 10 %. No acumulé riqueza gracias a asfixiar los gastos. *La explosión de mis ingresos y mi control de los gastos me llevaron a hacerme rico.*

¿Qué sucede cuando un conductor de la vía lenta se compromete con la variable que son los gastos? Que *su vida pasa a consistir en todo aquello que no puede hacer.* No puede hacer ese viaje. No puede comprarles a sus hijos unos zapatos decentes. No puede tener el coche de sus sueños. No puede suscribirse a los canales de películas. Se trata de la vieja filosofía del «sacrifica el día de hoy por la promesa de un buen mañana». *Uno se conforma.*

LAS FORMAS DE TRIUNFAR EN LA VÍA LENTA: HACERSE FAMOSO O ENTRAR EN UN PABELLÓN GERIÁTRICO

¿Por qué deberías invertir en un plan que consume cuarenta años de tu vida y que fracasa la mayor parte de las veces? Yo no lo haría. La deprimente realidad es que el fracaso en la vía lenta no tiene lugar de la noche a la mañana, sino que se va fraguando en el curso de los años; el deterioro es análogo al que experimenta una leñera infestada de termitas. Cuando estas son detectadas, ya es demasiado tarde. Sí, es muy difícil alcanzar la victoria en la vía lenta.

En una encuesta del 2002 de la Asociación Estadounidense de Jubilados, el 69 % de los encuestados manifestaron que necesitarían trabajar después de la edad de jubilación. Un año antes, el 45 % dijeron que deberían seguir trabajando pasados los setenta e incluso los ochenta. Estos datos nos permiten llegar a una conclusión inquietante: *la tasa de fracasos en la vía lenta es cercana al 70 %.*

A pesar de los riesgos, a pesar de las limitaciones matemáticas, a pesar del típico intercambio de cinco días por un fin de semana, a pesar de todo esto, puedes mantenerte firme y probar suerte. La victoria no es imposible, si bien debo hacer unas puntualizaciones: quienes triunfan en la vía lenta suelen ser personas de gran talento, muy mayores o que han trabajado demasiado.

CÓMO GANAR EN LA VÍA LENTA: LA «SALIDA SECRETA»

Puedes desafiar la vía lenta si encuentras su «salida secreta», su tarjeta de «salga de la cárcel» (en alusión al Monopoly) que contrarreste las limitaciones del incremento limitado e incontrolable. ¿Cuál es esta vía de escape?

La *fama*. La fama rompe las limitaciones matemáticas del valor intrínseco. Aquellos que desafían la vía lenta tienen una gran presencia en nuestra cultura debido a la fama: son deportistas profesionales, raperos, músicos, actores y estrellas del mundo del espectáculo. Si quieres superar la ineficacia de la vía lenta, tienes que hacerte famoso. ¿Por qué? Porque la fama y la notoriedad conllevan un alto valor intrínseco. La gente pagará cantidades extraordinarias por ti y tus servicios (incluso si, como muchas estrellas de los programas de telerrealidad, no tienes unos talentos específicos).

Cuando un jugador de baloncesto de veinte años deja la universidad y firma un contrato por valor de treinta millones de dólares, acabamos de presenciar un desafío a la vía lenta. Cuando una actriz obtiene un papel protagonista en una película importante y le pagan quince millones de dólares por ello, acabamos de presenciar otro desafío a la vía lenta. Cuando un chico irlandés obeso y de cara pecosa asciende de camarero a finalista en *American Idol*, las limitaciones del itinerario de la vía lenta estallan en pedazos, porque el valor intrínseco de esa persona eclosiona. De repente, *el valor intrínseco del sujeto aumenta increíblemente, debido a la demanda.*

Desafortunadamente, la mayoría de las personas que buscan la riqueza lo hacen por medio de desafiar la vía lenta, en lugar de emprender la vía rápida. Aquellos que han hecho una fortuna gracias a su fama son claros exponentes del éxito en ese desafío. ¿Por qué los estadios se llenan hasta el límite de su capacidad cuando tienen lugar las audiciones de *American Idol*? ¡La fama hace que el valor intrínseco aumente vertiginosamente!

Puedes desafiar las limitaciones de la vía lenta por medio de volverte tan indispensable que tu valor para la sociedad se dispare. Si hay millones de personas que te buscan, se te pagarán millones. El jugador de baloncesto LeBron James cobra millones porque pocos tienen sus habilidades. A los actores y a los artistas del mundo del espectáculo famosos les pagan millones porque millones de personas buscan su «marca» en forma de entretenimiento. El talento extremo se paga extremadamente bien.

LLEGAR A SER EL DIRECTOR GENERAL DE UNA EMPRESA TRAS UNA VIDA DE DURO TRABAJO

La otra «salida secreta» muy buscada de la vía lenta es llegar a ser el director general de una gran empresa. Sin duda, en alguna ocasión has oído este mensaje de la vía lenta: «Sube la escalera corporativa».

Cuando un director general cobra veinte millones de dólares en opciones sobre acciones, hemos sido testigos de otro desafío a la vía lenta. Seguramente has oído hablar acerca de todos esos directivos de grandes compañías sobrepagados, que están acumulando grandes sumas de dinero. ¿Te has fijado alguna vez en su edad? Sin incluir a los fundadores y propietarios, la mayoría de ellos tienen cincuenta y tantos o sesenta y tantos años. Evidentemente, las carreteras que conducen a la gestión corporativa no se recorren de la noche a la mañana; pueden pasar cuarenta años desde que uno entra a trabajar en la sala del correo hasta que llega a ser director general. Si lo consigues, desde luego no será porque te habrás tomado las cosas con calma. No; habrás llegado temprano a la oficina y te habrás ido tarde. Lo siento, no tengo cuarenta años de paciencia para esperar que ese paracaídas dorado aterrice en mi patio trasero.

LOS CONDUCTORES DE LA VÍA LENTA CON ÉXITO SE QUEDAN ATRAPADOS «EN EL MEDIO»

No tengo ganas de ser famoso ni de ser un parásito corporativo. ¡Ni siquiera tengo un traje ni una corbata!, así que ¿cómo subiría la escalera corporativa? Si eres alérgico a la fama y la ascensión empresarial como caminos hacia la riqueza, ¿qué posibilidad te queda? La sociedad te impone la vía lenta como tu única opción. Por desgracia, esta estrategia te lleva directamente a los «medios», es decir, a la clase media o a la mediana edad.

Todo sorteo tiene un ganador. ¡Las escasas probabilidades tienen ganadores! Los conductores de la vía lenta que tienen éxito usando una estrategia propia de esta vía y que sobreviven al itinerario acaban por volverse millonarios, pero, ¡por favor!, no descorches todavía la botella de champán barato. La diferencia que hay entre un millonario de la vía lenta y un millonario de la vía rápida es como la que hay entre un Buick y un Ferrari. Cuando la reconozcas, podrás discernir los consejos correctamente y ubicarlos en la categoría que les corresponda, la vía rápida o la vía lenta.

LOS MILLONARIOS SON RICOS... ¿LO SON REALMENTE?

Hace poco leí un artículo sobre una joven británica llamada Callie, quien, hace varios años, ganó millones en un sorteo. Poco después, había perdido casi todo lo que había ganado. Por supuesto, que lo «había perdido» quiere decir que prácticamente todo su efectivo salió volando del automóvil mientras cruzaba la avenida en su flamante descapotable.

En fin, que no «perdió» su dinero; lo gastó. Solo tenía dieciséis años cuando ganó sus tres millones de dólares, y no necesitó más que seis años para dilapidarlos. Los gastó en drogas, fiestas, coches de lujo, implantes mamarios... y ropa de diseño, en la que se dejó nada menos que setecientos treinta mil dólares. ¿El problema? *Callie pensó que era rica, millonaria*, y gastó como si lo fuera. Pero si bien tres millones de dólares son una cantidad respetable, necesitaba treinta millones para llevar el estilo de vida que estaba llevando.

Esto me lleva a hablar de nuestra famosa palabra, *millonario*. ¿En qué piensas cuando la oyes? En lo mismo en lo que piensas cuando oyes la palabra *riqueza*, probablemente. Es decir, en un estilo de vida fastuoso. Te vienen a la mente yates, helicópteros, mansiones y joyas caras. Durante décadas, el término *millonario* se ha utilizado en todas partes para indicar que alguien es *rico*.

Pero estas visiones de la opulencia se corresponden con el estilo de vida de un millonario que ha llegado a serlo siguiendo la vía rápida, no la vía lenta. Los millonarios de la vía lenta que no han escapado gracias a la fama o a la subida a lo más alto de la escala corporativa viven *de manera diferente*. Poseen hogares en barrios modestos de clase media. Conducen automóviles discretos, como Hondas o Toyotas, disfrutan de vacaciones con poca frecuencia, limitan sus gastos en las cenas, recortan cupones y optimizan al máximo sus planes de pensiones. Trabajan cinco días a la semana en empleos que seguramente aborrecen y ahorran escrupulosamente el 10 % de su salario. Otros son propietarios de pequeñas empresas, franquicias y tiendas minoristas. Varios *best sellers* estadounidenses nos han instruido respecto a ellos: son los «millonarios de la puerta de al lado».

Tristemente, hoy en día, un «millonario» (alguien que tiene un capital neto de un millón de dólares) no es más que alguien que pertenece a la clase media alta. Actualmente, *quien es millonario no es rico*. Para tener el equivalente a lo que antes era un millón, debes tener cinco. Es deprimente, lo sé.

Esta verdad oculta es la razón por la cual muchas personas a las que les toca la lotería se arruinan al cabo de unos años. Los ganadores imaginan un estilo de vida lujoso y se lanzan a vivirlo, sin saber que unos cuantos millones de dólares no les permitirán sostenerlo. Si ganas un millón de dólares (cantidad que, tras restarle los impuestos, queda en seiscientos mil), no deberías cambiar tu estilo de vida. Si tratas de vivir según el «estilo de vida de los millonarios» que te muestra la televisión, el tonto y su dinero pronto se separarán.

Jugar a la lotería es propio del arcén. Por tanto, ¿por qué debería sorprendernos que un flamante ganador de la lotería entre en bancarrota solamente unos años después? Quienes ganan la lotería creen que ser *millonario* es ser *rico*, por lo que no tardan en gastar toda su fortuna en los símbolos de la riqueza. La palabra *millonario* los confundió. Ser millonario es pertenecer a la clase media. Para vivir según el estilo de vida que normalmente solo se pueden permitir los «millonarios», tendrás que acumular mucho más que un millón de dólares. Tenerlo no te da derecho a disfrutar del estilo de vida de los ricos y famosos. Necesitas al menos diez millones para eso. Así, cuando vuelvas a oír la palabra *millonario* en los medios, determina a qué se están refiriendo: ¿a la vía lenta y la clase media? ¿O a la vía rápida y los ricos?

DOCE DIFERENCIAS ENTRE LOS MILLONARIOS
DE LA VÍA LENTA Y LOS DE LA VÍA RÁPIDA

1. Los millonarios de la vía lenta amasan su millón o sus millones en el curso de treinta años o más. Los millonarios de la vía rápida ganan sus millones en un plazo de diez años o menos.

2. Los millonarios de la vía lenta tienen que vivir en hogares de clase media. Los millonarios de la vía rápida pueden vivir en propiedades de lujo.

3. Los millonarios de la vía lenta tienen másteres. Los millonarios de la vía rápida contratan a personas con másteres.

4. Los millonarios de la vía lenta dejan que sus activos estén sometidos a las fuerzas del mercado. Los millonarios de la vía rápida controlan sus activos y poseen el poder de manipular su valor.

5. Los millonarios de la vía lenta no pueden permitirse coches de lujo. Los millonarios de la vía rápida pueden permitirse el lujo de conducir lo que quieran.

6. Los millonarios de la vía lenta trabajan para su tiempo. En el caso de los millonarios de la vía rápida, su tiempo trabaja para ellos.

7. Los millonarios de la vía lenta son empleados. Los millonarios de la vía rápida contratan empleados.

8. Los millonarios de la vía lenta tienen planes de pensiones. Los millonarios de la vía rápida ofrecen planes de pensiones.

9. Los millonarios de la vía lenta utilizan los fondos de inversión y el mercado de valores para hacerse ricos. Los millonarios de la vía rápida los usan para seguir siendo ricos.

10. Los millonarios de la vía lenta permiten que otras personas controlen sus flujos de ingresos. Los millonarios de la vía rápida controlan sus flujos de ingresos.

11. Los millonarios de la vía lenta economizan su dinero. Los millonarios de la vía rápida economizan su tiempo.

12. Para los millonarios de la vía lenta, su casa es un patrimonio neto. Para los millonarios de la vía rápida, su casa es el lugar en el que viven.

En la vía rápida no se trata de convertirse en el próximo millonario de clase media sometido a los imperativos sobre lo que no puede hacer. Se trata de que uno pueda vivir sin restricciones de tipo económico.

RESUMEN DEL CAPÍTULO: INDICACIONES PARA LA VÍA RÁPIDA

- La vía lenta tiene siete peligros, cinco de los cuales no se pueden controlar.
- Los riesgos relativos al estilo de vida son los únicos que los conductores de la vía lenta intentarán controlar.
- La vía lenta predispone a la mediocridad porque su universo matemático se caracteriza por la mediocridad.
- Los conductores de la vía lenta manipulan la variable de los gastos porque es la única que pueden controlar.
- El crecimiento exponencial de los ingresos y la administración de los gastos dan lugar a la riqueza. Uno no se hace rico limitándose a reducir los gastos.
- Puedes romper la ecuación de la vía lenta haciendo que tu valor intrínseco aumente de golpe a través de la fama o de subir a lo más alto de la escala corporativa.
- Los conductores de la vía lenta con éxito que no son famosos ni dirigen una gran empresa terminan en el medio: en la clase media y en la mediana edad.
- Los millonarios de la vía lenta están atrapados en la clase media.

- Una cantidad de cinco millones ahora equivale a lo que era un millón antes.

- Un millonario no puede llevar el estilo de vida de los millonarios si carece de disciplina financiera.

- Muchos a quienes les toca la lotería caen en la «trampa del millonario» y se arruinan porque intentan vivir según el estilo de vida de los «millonarios». No entienden que unos pocos millones no permiten ir muy lejos.

5.ª PARTE

EL ITINERARIO DE LA VÍA RÁPIDA: LA RIQUEZA

El atajo hacia la riqueza: la vía rápida

La gente lo haría mejor si supiese hacerlo mejor.

Jim Rohn

¿HAY UNA TERCERA OPCIÓN?

¿El arcén o la vía lenta? ¿Sacrificar el hoy o el mañana? Puedes ir por el arcén sin ningún plan financiero y convencerte de que tus indulgencias de hoy no tendrán ninguna consecuencia mañana, o conducir por la vía lenta y sacrificar tu día de hoy a cambio de los riesgos y las ilusiones de un mañana seguro.

Pero ¡espera! Hay otra opción. Hay una alternativa, un itinerario financiero híbrido que puede generarte riqueza rápidamente y evitarte que para acumularla necesites cuarenta años. Cuando digo «rápidamente» quiero decir en el curso de unos pocos años. Si tienes dieciocho, puedes ser tremendamente rico a los veinticinco. Si tienes treinta, puedes jubilarte a los treinta y seis. Si tienes cuarenta y ocho años y estás en bancarrota, podrás jubilarte a los cincuenta y cuatro. Pero ¿tienes probabilidades de conseguirlo? ¿Es una estrategia arriesgada? Si pudieras participar en uno de los tres sorteos siguientes, ¿cuál elegirías?

El sorteo del arcén. Primer premio: 10.000.000 de dólares, que se te entregan inmediatamente. Tus probabilidades de ganar: una entre seis millones (0,0000016 %).

El sorteo de la vía lenta. Primer premio: 500.000 dólares, que se te entregarán dentro de cuarenta años. Tus probabilidades de ganar: una entre seis (16 %).

El sorteo de la vía rápida. Primer premio: 10.000.000 de dólares, que se te entregarán dentro de seis años. Tus probabilidades de ganar: una entre siete (14 %).

¿Cuál has escogido? Espero que el de la vía rápida, porque sus recompensas superan con creces los riesgos progresivos del sorteo de la vía lenta. En el sorteo del arcén, tus probabilidades son muy remotas, por lo que estás apostando a nada. Tu elección del itinerario financiero (el arcén, la vía lenta o la vía rápida) es como elegir entre estos sorteos hipotéticos. Cuando uno entiende los tres itinerarios y sus respectivas ecuaciones de la riqueza, puede optar por el que le servirá como brújula.

¿QUÉ ES LA VÍA RÁPIDA?

La vía rápida es una estrategia empresarial y relativa al estilo de vida caracterizada por el *incremento ilimitado y controlable* (IIC); por lo tanto, construye un entorno óptimo para la creación rápida de riqueza y para llevar en poco tiempo un estilo de vida extraordinario. Presta atención a los cuatro componentes siguientes:

1. **El incremento ilimitado y controlable (IIC)**
   Mientras que la vía lenta está definida por variables incontrolables que no pueden verse incrementadas, la vía rápida explota las condiciones opuestas: el control y el incremento máximos.

2. El negocio

Tener tu propio negocio, estar autoempleado y tener espíritu emprendedor son elementos centrales en la vía rápida, al igual que tener un empleo es un elemento central en la vía lenta.

3. El estilo de vida

La vía rápida es optar por un estilo de vida; implica estar comprometido con un conjunto de creencias, procesos y acciones.

4. La rápida creación de riqueza

El objetivo de la vía rápida es generar una gran cantidad de riqueza con rapidez, de tal modo que uno deje de estar confinado en la «clase media».

La siguiente historia describe bien la vía rápida. Está inspirada en una historia real publicada en Internet.

Después de cuatro largos años, vendí mi empresa por treinta y dos millones de dólares [CREACIÓN RÁPIDA DE RIQUEZA], y volvería a hacerlo. Me alegro de haberla vendido, porque quería ganar dinero rápidamente y transformar el dinero sobre el papel en dinero real. Esa decisión cambió mi vida para siempre.

Ahora, hago lo que quiero y no estoy nada aburrido. El mundo es mi patio de recreo: viajo, he aprendido dos idiomas y a tocar el piano. Practico deportes acuáticos, hago caminatas y me voy a hacer *snowboard* al menos durante un mes al año. Tengo tres casas, veo partidos y a mis equipos favoritos cuando elijo hacerlo, y cada semana veo tres o cuatro películas y leo uno o dos libros. La mayor parte del tiempo lo paso con mi familia, y literalmente veo crecer a mis dos hijas ante mis ojos. He vivido con mi familia en las cuatro esquinas del planeta; hemos vivido, por ejemplo, en Australia y el Caribe.

Mirando hacia atrás, no fue fácil. Estuve trabajando entre doce y dieciséis horas diarias durante cuatro años, casi siempre seis días a la semana, y siempre unas cuantas horas los domingos. Creamos un servicio increíble y vendíamos mucho [NEGOCIO CON IIC]. Recuerdo momentos difíciles, y tuve que poner cada centavo de mi dinero en la empresa [...] llegamos a tener menos de cincuenta dólares en la cuenta al menos cinco veces. Durante esos años iniciales, sacrifiqué muchas cosas, excepto a mi familia. Cancelé la televisión por cable y dejé de hacer muchas cosas que disfrutaba temporalmente, porque estaba comprometido con el objetivo y el sueño de algo mucho más grande que estar empleado durante toda la vida [ESTILO DE VIDA].

Actualmente invierto en varias empresas de reciente creación y estoy teniendo un impacto que nunca podría haber imaginado. No tengo nada por lo que disculparme ni de lo que arrepentirme. Mi vida es genial y no cambiaría nada de ella. Si no hubiese tomado la decisión de emprender un negocio y crear una empresa, no sé dónde estaría.

Esta historia ejemplifica la vía rápida a la perfección. Se creó un negocio; un determinado estilo de vida hizo crecer el negocio, lo cual abrió el acceso a la autopista, y la autopista condujo a una riqueza extraordinaria, la cual llevó a la libertad. Este camino no es para todos, es verdad. La pregunta es: ¿es para ti?

LOS LETREROS MENTALES DEL CONDUCTOR DE LA VÍA RÁPIDA

Así como los otros itinerarios contaban con unos letreros mentales, el de la vía rápida contiene también los suyos; son características de comportamiento que impulsan las acciones del conductor de la vía rápida a lo largo del viaje. Son los siguientes:

La percepción de la deuda: «La deuda es útil si me permite construir y hacer crecer mi sistema».

La percepción del tiempo: «El tiempo es el activo más importante que tengo, mucho más que el dinero».

La percepción de la formación: «El momento en el que dejas de aprender es el momento en el que dejas de crecer. La expansión constante de mi conocimiento y mi conciencia es determinante para mi viaje».

La percepción del dinero: «El dinero está en todas partes, y es extremadamente abundante. El dinero es un reflejo de la cantidad de vidas que he afectado. El dinero refleja el valor que he creado».

La principal fuente de ingresos: «Obtengo ingresos a través de mis sistemas empresariales e inversiones».

La principal forma de estimular el incremento de la riqueza: «Hago algo a partir de la nada. Creo activos y hago que sean valiosos para el mercado. Otras veces, tomo activos existentes y les agrego valor».

La percepción de la riqueza: «Se trata de desarrollar sistemas empresariales que generen un flujo de efectivo y una valorización de los activos».

La ecuación de la riqueza: Riqueza = Beneficio neto + Valor de los activos.

La estrategia: «Cuanto más ayudo, más rico soy, en términos de tiempo, dinero y realización personal».

El destino: «Obtener ingresos pasivos de por vida, por medio de negocios o inversiones».

La responsabilidad y el control: «La vida es lo que hago con ella. Mi plan financiero es responsabilidad mía al cien por cien y elijo cómo reaccionar ante las circunstancias que me afectan».

La percepción de la vida: «Vale la pena que persiga mis sueños, por más descabellados que sean, y entiendo que necesitaré dinero para hacer realidad algunos de ellos».

Estos letreros mentales constituyen la formulación del estilo de vida del conductor de la vía rápida. *Impulsan la acción.*

EL ITINERARIO DE LA VÍA RÁPIDA SÍ PREDISPONE A LA RIQUEZA

El itinerario de la vía rápida predispone a la riqueza porque opera bajo una ecuación cuyas variables son controlables e ilimitadas, y la jaula matemática del tiempo no está presente. El ILI es reemplazado por el IIC. Adecuadamente explotado, el itinerario revela una carretera rápida hacia la riqueza, a través de unas formulaciones matemáticas ilimitadas que describen el incremento de esta a través de las *ganancias* o el *valor de los activos*, o ambos. Esta rápida acumulación de riqueza hace que el viaje dure muchos menos años, porque el tiempo se elimina o se explota durante el proceso. La vía rápida produce riqueza en períodos cortos. ¿De qué cantidades estamos hablando? De millones de dólares, a veces miles de millones. Sí, es cierto: el «hazte rico deprisa» existe.

LA SOMBRA QUE HAY TRAS EL «HAZTE RICO DEPRISA»

Los conductores de la vía rápida que tienen éxito «se hacen ricos deprisa». No dejes que estas palabras te asusten. Sé que cuando las oyes te invade una oleada de asociaciones negativas que tienen que ver con el concepto de *estafa*; con cosas como «un pequeño anuncio clasificado» y seminarios que cuestan cinco mil dólares, gurús de la teletienda, sorteos raros, el ministro de Hacienda de Nigeria que necesita ayuda para colocar nueve millones de dólares y el falso «Bill Gates» que necesita que «reenvíes este correo electrónico de comprobación (del funcionamiento de un nuevo *software* en fase de pruebas) a todos tus contactos», por lo que recibirás cincuenta mil dólares en efectivo inmediatamente, porque, vaya, el abogado que figura en la carta así lo dice.

Se ha abusado tanto del «hazte rico deprisa» que es una afirmación que ha perdido credibilidad. Golpeados y maltratados, hemos llegado a creer que esta realidad no existe. Como ocurre con Papá Noel o los unicornios, nos dicen: «¡Esto de que puedes hacerte rico en poco tiempo es una estafa!». No te culpo si has dado crédito a esta advertencia, pero ¿es cierta? ¿No puedes ganar millones, como te aseguran en la teletienda?

Hay que tener en cuenta algo muy importante: las «maquinaciones para hacerse rico» no son propias del «hazte rico deprisa» sino de su malvado hermano gemelo, el «hazte rico fácilmente». El «hazte rico fácilmente» hace sombra a su hermano inocente, y deja un rastro de víctimas de las que se culpa al «hazte rico deprisa». El «hazte rico fácilmente» desfila bajo los focos y en la televisión nocturna. Miente, engaña y arroja un espejismo de vanidad que todos desean. «Mire este vídeo de inicio rápido o compre este programa de *software* y ¡ya está!, será rico en diez días». ¡No! Esto no es «hacerse rico deprisa» sino «hacerse rico fácilmente». Y esto último solo te conduce a gastar más dinero.

Las historias de éxito de la vía rápida encarnan el «hazte rico deprisa». Proclamar que esta opción «no existe» es otra falsedad debida a la ignorancia. No permitas que los perdedores de la vía lenta corrompan la verdad. No aceptes su descrédito. No te creas lo de que «esto solo les pasa a otras personas». Muchos individuos han vivido el «hazte rico deprisa» porque han seguido el proceso pertinente.

HISTORIAS DE LA VÍA RÁPIDA

A menos que vivas completamente aislado, ya estás familiarizado con la vía rápida. Cuando alguien experimenta el acontecimiento de hacerse rico rápidamente gracias a un negocio que puso en marcha, estás presenciando la vía rápida. Aquí hay algunas historias de la vía rápida, extraídas de varias noticias:

- El inventor que crea un dispositivo y vende millones de unidades a quince distribuidores mayoristas.
- El chico que crea una aplicación para teléfonos móviles y la vende cincuenta mil veces.

- El tipo que crea la fórmula de una barrita energética para que le ayude a no pasar hambre y al que luego ofrecen ciento noventa y dos millones de dólares por su empresa.
- El tipo que crea un blog y que tres años más tarde lo vende por cuatro millones de dólares a una gran compañía farmacéutica.
- La mujer que inventa una fregona y vende quinientas mil unidades en la teletienda.
- El adolescente que crea un sitio web que produce 70.000 dólares al mes y por el que luego le pagan millones.
- El tipo que patenta un proceso de producción y que después vende la patente a una de las empresas de la lista Fortune 500* y gana catorce millones de dólares.
- El chico que crea una compañía de *software* y luego se convierte en el hombre más rico del mundo.
- El médico que investiga tratamientos antienvejecimiento y los vende a una compañía farmacéutica por setecientos millones de dólares.
- La autora que escribe un libro sobre un mago adolescente y se convierte en multimillonaria.
- La chica que fabrica y vende veinte millones de prendas interiores que ayudan a las mujeres a combatir la gravedad corporal.
- El vendedor de Internet que gana ciento cincuenta mil dólares al mes vendiendo anuncios.
- El anunciante de teletienda que rehace un producto existente y vende cuatro millones de unidades de la versión «nueva, mejorada».
- El chico que crea una bebida energética para que lo ayude a mantenerse hidratado y luego vende la empresa por quinientos treinta millones de dólares.

---

* Fortune 500 es una lista que publica anualmente la revista *Fortune* y que incluye las 500 mayores empresas estadounidenses de capital abierto a cualquier inversor según su volumen de ventas (N. del T. Fuente: Wikipedia).

Las muestras de éxito ocultas del «hazte rico deprisa» están en todas partes; basta con que las busques.

LA VÍA RÁPIDA: LA «REVOLUCIÓN INDUSTRIAL» DE LA RIQUEZA

La Revolución Industrial fue un período histórico en el que los humanos aprendieron a aprovechar la velocidad y la eficiencia de la fabricación basada en las máquinas. El trabajo manual fue reemplazado por los sistemas, por la unión organizada de partes distintas que daba lugar a un producto específico. Las tareas largas y arduas que llevaban a cabo muchas personas manualmente se transformaron en procesos mecanizados, lo cual expulsó la mayor parte del trabajo humano de la ecuación de la producción. Esa fue la versión de la época del «hazte rico deprisa». Productos que anteriormente se elaboraban en el transcurso de meses podían fabricarse ahora en cuestión de días.

Del mismo modo, la libertad financiera a través del itinerario de la vía rápida es como una revolución industrial para la riqueza. El camino predeterminado hacia la riqueza es el trabajo manual, una lucha contra el *tiempo* y el *valor intrínseco*. El camino rápido hacia la riqueza es industrializar el proceso de enriquecimiento, sistematizarlo como nuestros antepasados sistematizaron la producción. Las diferencias entre el camino predeterminado (la vía lenta) y el atajo (la vía rápida) se verán claras por medio de una parábola egipcia.

LA PARÁBOLA DEL ENRIQUECIMIENTO POR LA VÍA RÁPIDA

Un gran faraón egipcio convoca a sus dos jóvenes sobrinos, Chuma y Azur, y les encarga una tarea majestuosa: construir dos pirámides monumentales en honor a Egipto. El faraón les promete que, una vez completadas las pirámides, serán miembros de la realeza y vivirán en medio de riquezas y lujos suntuosos, que disfrutarán durante el resto de su vida. Ahora bien, cada sobrino debe construir su pirámide *solo*.

Tanto Chuma como Azur tienen dieciocho años, y saben que tardarán mucho tiempo en completar el encargo. No obstante, ambos están dispuestos a dar respuesta al desafío y se sienten honrados por la orden del faraón. Salen de las cámaras de este listos para comenzar el largo proceso de construcción de las pirámides.

Azur empieza a trabajar de inmediato. Arrastra grandes piedras pesadas lentamente hacia un espacio cuadrado. Al cabo de unos meses, la base de la pirámide de Azur va tomando forma. Los ciudadanos se reúnen alrededor de los esfuerzos constructivos de Azur y elogian su trabajo manual. Las piedras son pesadas y difíciles de desplazar, y después de un año de arduo trabajo, la base cuadrada perfecta sobre la que deberá construir la pirámide está casi terminada.

Pero Azur está perplejo. La parcela de tierra que debe soportar la pirámide de Chuma está vacía. No hay ni una piedra en ella. No hay ninguna base para la pirámide. No hay ninguna marca en el suelo. Nada. El lugar está tan desierto como estaba un año antes, cuando el faraón les encargó el trabajo.

Confundido, Azur acude a la casa de Chuma y lo encuentra en su granero trabajando con diligencia en un aparato retorcido que se asemeja a algún tipo de dispositivo de tortura humana. Azur lo interrumpe:

—¡Chuma! Pero ¿¡qué demonios estás haciendo!? Se supone que debes construir una pirámide para el faraón ¿y te pasas los días encerrado en este granero jugueteando con este absurdo artilugio?

Chuma sonríe y responde:

—Estoy construyendo la pirámide; déjame en paz.

Azur se burla:

—Sí, seguro. ¡No has puesto ni una piedra en más de un año!

Chuma, enfrascado en su tarea e inmutable ante las acusaciones de su hermano, replica:

—Azur, tu falta de visión y tu sed de riqueza han nublado tu entendimiento. Construye tu pirámide y yo construiré la mía.

Azur se aleja reprendiéndolo:

—¡Eres un idiota! El faraón te mandará ahorcar cuando descubra tu traición.

Transcurre otro año, en el que Azur consolida la base de su pirámide y se dispone a empezar con la segunda línea de piedras. Pero surge un problema. Azur lo tiene difícil para seguir avanzando. Las piedras son pesadas y no puede subirlas al segundo nivel. Azur reconoce su debilidad: necesita ser más fuerte para desplazar las piedras en sentido ascendente. Con esta finalidad, busca el consejo de Bennu, el hombre más fuerte de Egipto. Por un precio, Bennu lo entrena para que desarrolle unos músculos más grandes y capaces. Azur prevé que cuando haya adquirido mucha fuerza le será fácil subir las pesadas piedras a los niveles superiores.

Mientras tanto, la parcela de tierra de la pirámide de Chuma sigue vacía. Azur supone que su hermano tiene ganas de morir, ya que, según parece, está ignorando la orden del faraón. Azur se olvida de su hermano y de su pirámide inexistente.

Transcurre otro año y la construcción de la pirámide de Azur se ralentiza tremendamente. Es desesperante. A menudo, necesita todo un mes para colocar una sola piedra. Subir piedras a los niveles superiores requiere una gran fuerza y Azur pasa gran parte del tiempo trabajando con Bennu para desarrollar aún más sus músculos. Además, se está gastando la mayor parte de su dinero en los honorarios de Bennu y en la sofisticada dieta que le exige su entrenamiento. Calcula que al ritmo al que está avanzando necesitará treinta años más para completar la pirámide. Sin inmutarse por este dato, Azur se congratula: «Después de tres años, he superado con creces a mi hermano. ¡No ha puesto ni una piedra todavía! ¡Si será burro!».

De repente, un día, mientras está arrastrando una pesada piedra hacia arriba en su pirámide, Azur oye que estalla una gran algarabía en la plaza del pueblo. La gente que solía observar el trabajo de Azur abandona abruptamente su parcela para ir a ver qué significa ese alboroto festivo. Presa también de la curiosidad, Azur se toma un descanso y se va a investigar.

Rodeado por una multitud entusiasmada, Chuma cruza la plaza del pueblo con un artilugio de casi ocho metros de altura, una imponente máquina construida a partir de un complejo laberinto de caballetes, ruedas, palancas y cuerdas. Mientras Chuma avanza lentamente por la calle en medio de la exaltada muchedumbre, Azur teme saber lo que está ocurriendo. Después de un breve recorrido hasta la vacía parcela de su hermano, las sospechas de Azur se confirman.

En cuestión de minutos, el extraño aparato de Chuma empieza a desplazar piedras pesadas y a sentar las bases de su pirámide. Una tras otra, el artilugio levanta las piedras sin problema y las coloca suavemente una al lado de la otra, en el lugar que les corresponde. Milagrosamente, la máquina requiere poco esfuerzo por parte de Chuma. ¡Haz girar una rueda unida a una cuerda y una viga, todo ello entrelazado por un sistema de engranajes, y bingo! Las pesadas piedras son desplazadas con rapidez, como por arte de magia.

Mientras que Azur tardó más de un año en establecer la base de su pirámide, Chuma dispone la suya en una semana. Lo que ocurre con el segundo nivel, que tanto le costó levantar a Azur, es aún más impactante: la máquina de Chuma hace el trabajo treinta veces más rápido. Lo que Azur tardó dos meses en lograr, el artefacto de Chuma lo tiene listo en dos días. En cuarenta jornadas, Chuma y su artilugio han avanzado tanto como Azur después de tres años de trabajo agotador.

Azur queda desolado. Se ha pasado años subiendo piedras con gran esfuerzo mientras *Chuma había construido una máquina que hiciese el esfuerzo por él.*

En lugar de reconocer las virtudes del aparato, Azur se hace una promesa a sí mismo: «¡Debo ser más fuerte! ¡Debo levantar piedras más pesadas!». Así, sigue levantando su pirámide esforzándose mucho, mientras que Chuma continúa dándole a la manivela de su artefacto.

Chuma concluye su obra en un plazo de ocho años, a los veintiséis años de edad. *Estuvo tres años construyendo el sistema y cinco cosechando los beneficios.* El gran faraón está satisfecho y cumple su promesa: recompensa a Chuma haciéndolo miembro de la realeza y le otorga grandes riquezas. Chuma no tiene que volver a trabajar ni un día más en toda su vida.

Mientras tanto, Azur prosigue con la misma rutina de siempre: levanta rocas, desperdicia tiempo y dinero para hacerse más fuerte, levanta rocas y se hace más fuerte. Por desgracia, se niega a reconocer su defectuosa estrategia y persevera en el mismo proceso: arrastrar piedras pesadas hasta que no puede seguir arrastrándolas, y después hacerse más fuerte para poder subir las piedras más arriba.

Esta forma de proceder tan absurda hace que Azur se pase la vida trabajando duramente. Nunca concluye la pirámide que le prometió al faraón, porque decidió hacer el trabajo pesado él mismo cuando debería haberse centrado en crear un sistema que lo hiciese por él. Azur sufre un ataque al corazón y muere cuando va por el nivel doce de su pirámide; solo le faltaban dos para terminar. Nunca llega a gozar de las grandes riquezas que le prometió el faraón.

Mientras tanto, Chuma ha dejado de trabajar cuarenta años antes de lo normal y vive rodeado de lujos. Gracias a que tiene todo el tiempo del mundo, llega a ser el mejor erudito de Egipto y un inventor consumado. Recibe sepultura junto al faraón en la misma pirámide que construyó.

LA VÍA RÁPIDA ES UN SISTEMA DE NEGOCIOS; LA VÍA LENTA ES UN EMPLEO

La vía lenta es un empleo: ofreces tu duro trabajo a cambio del dinero que te paga tu empleador. Los esfuerzos de Azur se parecen a los de un conductor de la vía lenta: para hacerte rico, te dicen que te hagas más fuerte (que gastes dinero, regreses a la universidad y ganes más en el mercado laboral) con el fin de que puedas subir más arriba tus piedras. En cambio, en la vía rápida se trata de crear un sistema mejor, un artilugio mejor, un producto mejor o un «algo» mejor que permita sacar mucho más partido a los propios esfuerzos. En la vía lenta, el trabajo pesado lo haces tú, mientras que en la vía rápida creas un sistema que lo hace por ti.

En tu viaje hacia la riqueza, el itinerario de la vía lenta te pide que soportes una caminata larga y tediosa en pos de tu objetivo. La estrategia de enriquecimiento es continuar caminando, seguir fiel al proceso basado en el trabajo duro. En la vía rápida, la riqueza se adquiere por medio de un sistema de negocios que tú mismo creas: la estrategia de enriquecimiento es la creación y administración de dicho sistema.

RESUMEN DEL CAPÍTULO: INDICACIONES PARA LA VÍA RÁPIDA

- El perfil de riesgo de la estrategia de la vía rápida no es muy diferente al de la estrategia de la vía lenta, pero las recompensas son mucho mayores.
- El itinerario de la vía rápida es una estrategia financiera alternativa basada en el incremento ilimitado y controlable.
- El itinerario de la vía rápida predispone a la riqueza.
- El itinerario de la vía rápida es capaz de generar resultados según la consigna «hazte rico deprisa», que no debe confundirse con «hazte rico fácilmente».

Cambia de equipo y de manual de estrategias

Un hombre envuelto en sí mismo
forma un bulto muy pequeño.

Benjamin Franklin

HAY UN MANUAL DE ESTRATEGIAS PARA HACERSE RICO EN LA VÍA RÁPIDA

Los equipos perdedores usan manuales de estrategias perdedores. Si juegas para un equipo perdedor, estás condenado a jugar según su defectuoso manual. Para ganar, cambia de equipo y juega según su manual de estrategias, un manual ganador. El itinerario de la vía rápida da lugar a ganadores financieros porque se basa en una fórmula ganadora enraizada en unos parámetros matemáticos ilimitados y controlables. ¿Dónde está este manual de estrategias y cómo puedes conseguirlo? Tienes que abandonar el ideario de la mayoría y *traicionar la vía lenta*.

CAMBIA DE EQUIPO Y DE MANUAL

Desde el día en que naciste, fuiste condicionado para jugar para el Equipo Consumidor. Quisiste desde la muñeca Barbie hasta los muñecos de acción de *La guerra de las galaxias*. Te han condicionado a exigir, a querer productos, necesitar productos, comprar productos y, por supuesto, buscar el más barato de esos productos.

Esta es la correlación existente entre la vía lenta y el arcén: los empleos están ahí para facilitar el proceso del consumo. Te haces gerente de marca de una empresa de productos de consumo, te haces agente de seguros, te contratan como contable en alguna corporación... El motor de los empleos es el fomento del consumo; se trata de transferir bienes y servicios a los consumidores. Este enfoque en el «consumidor» es como una atracción gravitatoria destinada a mantenerte receptivo a la forma de pensar contraria a la vía rápida.

DESCIFRAR EL CÓDIGO

Para descifrar el itinerario de la vía rápida debes hacer algo tan sencillo como unirte al equipo que custodia la clave de descodificación. El equipo ganador es el Equipo Productor. Sitúa el enfoque de tu vida en producir, no en consumir. Cuando dejas de adoptar el ideario de la mayoría (el consumo) y pasas a adoptar el ideario de la minoría (la producción), cambias de equipo y de lealtades. Efectivamente, *conviértete en productor primero y en consumidor después*.

¿Qué significa esto en la práctica? Que en lugar de comprar productos en televisión los vendas. Que en lugar de cavar en busca de oro, vendas palas. Que en lugar de asistir a una clase, des una clase. Que en lugar de pedir dinero prestado, lo prestes. Que en lugar de buscar un empleo, contrates empleados. Que en lugar de suscribir una hipoteca, seas quien las conceda. Libérate del consumo, cambia de bando y pasa a ser un productor.

No es fácil, lo sé. Sin embargo, una vez que veas el mundo desde el punto de vista del productor, tu percepción se agudizará como un dial de radio bien ajustado; pasarás de sintonizar ruido estático a escuchar un sonido estereofónico perfecto. De repente, verás claras las oportunidades, empezarás a tener ideas y detectarás las estafas. Es fundamental que adoptes esta forma de ver el mundo, minoritaria, con el fin de fortalecer tu temperamento como creador de riqueza. Recuerda que los ricos son una minoría y que quieres formar parte de esa minoría. El primer paso es que adoptes la mentalidad del productor.

REORIÉNTATE A PRODUCIR

Cuando te encuentres con un mensaje publicitario que quiera convencerte de que compres algo, examínalo desde la perspectiva del productor. ¿Cómo gana dinero esa empresa? ¿Cuál es el objetivo de su mensaje? ¿Qué tipo de procesos comerciales hay detrás de la oferta de ese producto o servicio? ¿Está obteniendo ganancias esa empresa? ¿Cuál es su modelo de ingresos? El artículo anunciado, ¿se fabrica en el extranjero o en tu país?

Nunca he comprado un producto anunciado en los programas de teletienda de altas horas de la madrugada, porque estoy en el mismo equipo al que pertenecen sus productores. Como productor, veo los infocomerciales por lo que son: estrategias de venta de productores (la minoría) que están al servicio del consumidor (la mayoría). El «cómprelo ahora», el «pero ¡espere, hay más!» o los «bonos gratuitos» son armas de *marketing* que forman parte del arsenal del productor. Veo los infomerciales no para comprar, sino para ver qué están haciendo los profesionales del *marketing*.

Como productores, nuestro trabajo es atraer a los consumidores para que compren nuestros productos o servicios. Como tengo la mentalidad del productor bien arraigada, atraigo la riqueza porque *los consumidores buscan productores*. Los consumidores son una mayoría que exige que alguien sacie su apetito.

PARA CONSUMIR ABUNDANTEMENTE, PRODUCE ANTES DE MANERA EFECTIVA

La paradoja de la dicotomía entre el productor y el consumidor es que una vez que triunfes como productor podrás consumir todo lo que quieras con pocas consecuencias para tu economía, porque serás rico.

Para consumir abundantemente, *antes debes producir en abundancia.* Desafortunadamente, la mayoría de la gente lo concibe al revés: consume y no produce. Pero los productores se hacen ricos, mientras que los consumidores se vuelven pobres. Cambia de equipo y sé productor primero y consumidor después. ¡Haz que la riqueza se sienta atraída por ti!

SÉ UN PRODUCTOR: OPTIMIZA TU SISTEMA DE NEGOCIOS

Para cambiar de equipo y convertirte en productor, debes ser un emprendedor y un innovador. Debes ser un visionario y un creador. Tienes que crear un negocio y *ofrecerle valor al mundo.* Así como el eje de la vía lenta es tener un empleo, el de la vía rápida es *montar un negocio.* Sí, debes trabajar por cuenta propia. Lo sé, no es una novedad dentro del universo de libros que hablan de cómo hacerse rico. Sin embargo, es importante tener en cuenta que la mayoría de los propietarios de pequeños negocios y empresas están a años luz de la vía rápida; operan según los criterios de la vía lenta. *Hay negocios que son empleos disfrazados de negocio.*

Tener un negocio que funcione según los principios de la vía rápida es clave para la ecuación de la riqueza de esta vía (*Riqueza = Beneficio neto + Valor de los activos*), porque este tipo de negocio desencadena la *optimización,* un nuevo conjunto de variables de la riqueza que son ilimitadas y controlables, mientras que las variables de la vía lenta son limitadas e incontrolables. Hay que pasar del ILI al IIC.

Por ejemplo, la venta de este libro me libera de la ecuación de la riqueza de la vía lenta y su universo. Me sitúa en el universo de la vía rápida, que se rige por la ecuación de la riqueza del *beneficio neto* y el *valor de los activos.* ¡Este libro es un sistema de negocios en el que tanto el tiempo como el dinero se *incrementan* de forma ilimitada!

¿Por qué? Porque este libro *sobrevive al tiempo*, ya que es capaz de generarme ingresos mucho después de mi inversión de tiempo original. Transfiere eficazmente el acto de generación de ingresos de mí (el activo humano) al libro (el activo comercial).

Desde que lo empecé hasta que lo terminé, tardé unas mil horas en escribirlo. Si se venden cien mil ejemplares y obtengo cinco dólares por cada uno, ganaré quinientos mil dólares, es decir, quinientos dólares por cada hora invertida. Si se venden quinientos mil ejemplares, ganaré dos mil quinientos dólares por hora invertida. Cuantos más libros se vendan, mayor será el rendimiento que obtenga por mi inversión de tiempo original, puesto que mi pago en forma de tiempo ya lo hice en su momento. Imagina que dentro de diez años se vende un ejemplar de este libro. De pronto, ganaré cinco dólares por una inversión de tiempo que hice muchos años atrás.

Y hay más. Si hablo como invitado en un programa de radio durante diez minutos y mi intervención hace que se vendan mil libros, esa inversión de diez minutos me habrá generado unos ingresos de cinco mil dólares (1.000 libros $\times$ 5 dólares de ganancias); la rentabilidad en este caso habrá sido de treinta mil dólares la hora. ¿Puedes hacerte rico intercambiando tu tiempo a razón de treinta mil dólares la hora? Sí, puedes, y con una rapidez tremenda.

Como puedes ver, cuando te liberas de las «esposas de tiempo» impuestas por el itinerario de la vía lenta, tus ingresos se mueven dentro de un sistema que aprovecha unas variables matemáticas ilimitadas, y en este caso es posible hacerse rico en poco tiempo. *Las variables de mi universo de riqueza se pueden controlar y optimizar.* En el próximo capítulo descubrirás por qué la vía rápida puede ofrecerte libertad financiera y riqueza con mayor celeridad que cualquier fondo de inversión.

RESUMEN DEL CAPÍTULO: INDICACIONES PARA LA VÍA RÁPIDA

- Los productores siguen el itinerario de la vía rápida.
- Los productores (y los ricos) son minoría, mientras que los consumidores (y los pobres) son mayoría.
- Cuando tienes éxito como productor, puedes consumir todo lo que quieras.
- Los conductores de la vía rápida son productores, emprendedores, innovadores, visionarios y creadores.
- Un negocio no es sinónimo de vía rápida; algunos son empleos disfrazados.
- El tiempo no forma parte de la ecuación de la riqueza de la vía rápida. Las variables de esta ecuación son ilimitadas y controlables.

Cómo se hacen ricos los ricos en realidad

Solo quienes se arriesgan a ir demasiado lejos tienen la posibilidad de averiguar lo lejos que pueden llegar.

T. S. Eliot

LA PREGUNTA CANDENTE: «¿CÓMO SE HIZO USTED RICO?»

Conduce cualquier automóvil que cueste más que las casas de la mayoría de la gente y habrá personas desconocidas que te abordarán con la pregunta: «¿Qué hace usted para ganarse la vida?». Esta pregunta aparentemente inofensiva es la traducción de la verdadera pregunta que arde en su interior: «¿Cómo se hizo usted rico?». La gente quiere saber el camino que he tomado para poder evaluar sus probabilidades de tomarlo también. Cuando les pido que hagan una suposición, las respuestas son típicas: deportista. Actor. El niño mimado de unos padres ricos. Me tocó la lotería. Estas «respuestas» especulativas revelan la realidad que hay tras la percepción de la gente: para hacerte rico debes hacerte famoso o heredar el dinero, o debes ganarlo en algún sorteo. Esto es lo que pensaba yo mismo, hasta que conocí a ese joven del Lamborghini hace muchos años.

LA ECUACIÓN DE LA RIQUEZA DE LA VÍA RÁPIDA

Lograr ser rico en plena juventud por una vía distinta a las anteriores hace añicos el mito que ha forjado la gente sobre la forma de «hacerse rico deprisa». Si tienes treinta años y millones en tu cuenta corriente, y no eres famoso o rico gracias a una herencia, contradices todas las suposiciones convencionales. Eso no es posible, ¿verdad? Una vez más, el secreto lo revela el lenguaje universal de las matemáticas. El secreto es desvincularse de la ecuación fea y obesa de la vía lenta (el ILI) y casarse con la rubia explosiva y despampanante: la ecuación de la vía rápida (el IIC).

$$Riqueza = Beneficio\ neto + Valor\ de\ los\ activos$$

Debajo de esta ecuación se encuentra el verdadero poder de la vía rápida y la fórmula de cómo crear riqueza con rapidez. Sus variables son controlables e ilimitadas. Si puedes controlar las variables inherentes a tu ecuación de la riqueza, puedes hacerte rico. Estas variables son:

$$Beneficio\ neto = Unidades\ vendidas \times Beneficio\ por\ unidad$$

y:

$$Valor\ de\ los\ activos = Beneficio\ neto \times Multiplicador\ del\ sector\ de\ actividad$$

Todos los propietarios de negocios se basan en esta ecuación, en la que las *unidades vendidas* × el *beneficio por unidad* determina las ganancias netas. Usando mi empresa de Internet como ejemplo, mi beneficio por unidad era de unos cuatro dólares por cada conversión (es decir, por cada visitante a mi sitio web que se convertía en un cliente potencial). En un día cualquiera, visitaban mi web doce mil personas. Esto significa que el umbral superior de mi variable *unidades vendidas* era de doce mil diarias. Tenía la oportunidad de «vender» doce mil personas por día.

Comparemos esta variable con su contraparte de la vía lenta, las horas trabajadas. En mi ecuación de la riqueza, el límite superior son las *unidades vendidas*, y en ese momento, en mi caso, ese límite era de doce mil. Por supuesto, no era razonable esperar una tasa de conversión del 100 % (es decir, que todas las personas que visitasen el sitio se convirtiesen en clientes potenciales). Del mismo modo, en la vía lenta, el límite superior es veinticuatro, porque el día solo tiene esta cantidad de horas, pero tampoco es razonable esperar que alguien trabaje las veinticuatro horas; por lo tanto, el límite superior real se sitúa entre las ocho y las doce horas diarias.

¿Qué te hará rico? ¿El límite superior de las doce mil visitas diarias o trabajar el máximo de horas posibles al día? Estamos hablando de doce mil frente a veinticuatro... No hay comparación posible. De manera que yo me hago rico, mientras el conductor de la vía lenta se hace viejo.

Las variables ilimitadas y controlables te harán rico. ¿Cómo controlé esta variable? ¿Y por qué es ilimitada? Sencillo: mi tasa de conversión promedio era del 12 %. Si quería obtener más ganancias, no debía «entrar en la oficina del jefe y pedirle un aumento». No; tenía opciones más interesantes:

1. **Incrementar las unidades vendidas por medio de aumentar la tasa de conversión:** un incremento del 1 %, es decir, subir del 12 al 13 %, me permitiría ganar, automáticamente, cuatro cientos ochenta dólares más al día. Es decir, catorce mil cuatrocientos más al mes. Si rediseñase el sitio web y llegase al 15 %, mis ingresos se incrementarían en *más de cuarenta y tres mil dólares al mes*.

2. **Incrementar las unidades vendidas por medio de fomentar que más personas visitasen el sitio web:** para aumentar las

ganancias, también podía aumentar el tráfico. Si la cantidad de visitas a mi sitio web subiese de las doce mil a las quince mil y la tasa de conversión se mantuviese en el 12 %, mis ingresos diarios se elevarían mil cuatrocientos cuarenta dólares, es decir, cuarenta y tres mil doscientos dólares al mes. ¿Que no es probable que ocurra algo así? ¡Pues ocurrió! Algunos días, obtuve picos de tráfico de más de veinte mil visitas.

3. **Incrementar el beneficio por unidad**: si detectase una falta de oferta de servicios como el mío o mejorase el que yo ofrecía, podría subir los precios e incrementar mi beneficio por unidad. Si este beneficio pasase de los 4 dólares a los 4,5, pasaría de ingresar ocho mil dólares diarios a ingresar diez mil ochocientos. ¡Eso se traduciría en ochenta y cuatro mil dólares adicionales al mes! Asombroso, ¿verdad?

¿No es maravilloso tener el control? Estas eran mis opciones para crear riqueza. Tenía un control razonable sobre ambas variables, los *beneficios por unidad* y las *unidades vendidas*, mientras que en la vía lenta tienes que suplicarle al jefe un mísero aumento salarial del 3 %.

En segundo lugar, date cuenta de que mis variables de la riqueza eran prácticamente ilimitadas. Controlaba solo una pequeña parte del mercado y posiblemente el umbral máximo de visitas a mi web no era el de aquel momento, de doce mil personas, sino que podía llegar a ser de cincuenta mil o cien mil usuarios *al día*. El beneficio por unidad también es flexible; podía experimentar con poner los precios más altos o con ofrecer nuevos servicios.

Recuerdo el momento en que ideé un nuevo servicio que no me costó nada. Envié un correo electrónico a mis anunciantes para presentárselo. En cuestión de minutos, gané varios miles de dólares, que iban a ser unos ingresos anuales recurrentes. El tiempo que invertí fue insignificante y los resultados iban a ser acumulativos.

Límite de velocidad alto = altos ingresos potenciales. He puesto el ejemplo anterior para ilustrar por qué me hice rico y la mayoría no. Cambié mi universo porque *las variables de mi ecuación de la riqueza eran ilimitadas y controlables.* Cuando hago pequeños cambios progresivos en mi estrategia, mis ingresos suben muchísimo. Un mero aumento del 1 % en las variables podía significar miles de dólares y un nuevo Lamborghini. Cuando las variables de la riqueza pueden verse incrementadas en gran medida, también lo hace el potencial de los ingresos. ¿O prefieres quedarte con el techo de las veinticuatro horas como límite de tu valor intrínseco?

Por desgracia, muchos propietarios de negocios entusiastas eligen opciones en que la «velocidad» es baja. Por ejemplo, si pones un carrito de venta de perritos calientes en el exterior de una tienda de informática, te has condenado a mantener una velocidad baja; no habrá manera de que puedas acelerar demasiado. Las variables son limitadas porque tu alcance se limita a un área pequeña. ¿Cuántos perritos calientes puedes vender en un día? ¿Cuarenta? ¿Cien? ¿Es posible que un día llegues a casa y le digas eufórico a tu esposa: «¡Cariño! ¡Hoy he vendido veinte mil perritos calientes!»? ¡Nunca podrá suceder! Las condiciones que limitan tu posibilidad de negocio se parecen mucho a la jaula de veinticuatro horas que encierra al valor intrínseco. *Las pequeñas cantidades predisponen a la mediocridad.*

Otro ejemplo lo ofrece este mismo libro. ¿Cuántas personas están interesadas en la independencia financiera o en jubilarse anticipadamente? Mi mercado, *mi límite de velocidad*, es de cientos de millones de personas en todo el mundo. Para sacarle partido a la ecuación de la riqueza de la vía rápida, debes tener un negocio que pertenezca al ámbito de la vía rápida, que tenga el potencial de un incremento ilimitado (un límite de velocidad muy elevado). ¡Los números pequeños empequeñecen el enriquecimiento!

LOS MILLONARIOS CREAN Y MANIPULAN ACTIVOS (EL VALOR DE LOS ACTIVOS)

Tras realizar una encuesta a tres mil pentamillonarios (personas con un capital neto de cinco millones de dólares), Harrison Group informó de que casi todos ellos habían amasado su fortuna por medio de obtener ingresos cuantiosos después de un período de años de no tenerlos. Es decir, no se hicieron ricos por medio de «ahorrar el 10 % de su sueldo durante cuarenta años». «Ingresos cuantiosos» es otra forma de decir *valor de los activos*. Además, el 80 % emprendieron su propio negocio o trabajaban para una pequeña empresa que tuvo un crecimiento explosivo. «Crecimiento explosivo» también es otra forma de decir *valor de los activos*. Ninguno de esos multimillonarios tenía un empleo cómodo en la Dirección General de Tráfico. ¿Te sorprende? No debería.

El principal acelerador de la riqueza se reduce a un concepto: unos *activos cuyo valor pueda aumentar y que sean controlables*. Dentro de nuestra ecuación de la riqueza de la vía rápida, este segundo componente es el *valor de los activos*. El valor de un activo es el valor de cualquier propiedad que poseas que tenga valor en el mercado.

Los conductores de la vía lenta y los de la vía rápida tienen dos puntos de vista antagónicos sobre los activos. Los conductores de la vía lenta y los viajeros del arcén compran y venden activos que pierden valor con el paso del tiempo. Coches, yates, productos electrónicos, ropa de diseño, teléfonos inteligentes de última generación y joyas brillantes para impresionar a la mujer recién divorciada del cubículo adyacente: todos estos son activos que pierden valor en el momento en que se carga su importe en tu tarjeta de crédito.

En cambio, los conductores de la vía rápida compran y venden activos cuyo valor va en aumento: negocios, marcas, flujos de efectivo, propiedades intelectuales, licencias, inventos, patentes y bienes inmuebles. En lo que se refiere a la ecuación de la riqueza de la vía rápida, el poder del *valor de los activos* radica en la capacidad que se tenga de controlar esta variable de tal manera que pase a ser prácticamente ilimitada.

LA ACELERACIÓN DE LA RIQUEZA POR MEDIO DEL VALOR DE LOS ACTIVOS

Los ricos aceleran la riqueza por medio de ir incrementando el valor de sus activos y vender esos activos revalorizados en el mercado.

Sheila Hinton, de veinticuatro años, deja su trabajo para ser técnica de informática a domicilio; se encarga de erradicar virus y limpiar ordenadores. Al principio, su negocio abarca el área metropolitana local, pero la demanda la obliga a contratar más técnicos. Su expansión a otras ciudades tiene lugar a una velocidad fulgurante, siempre a partir de la demanda. Al cabo de varios años, Sheila es dueña de una empresa que opera en veintisiete estados. Pasa de ser una técnica a ser una facilitadora del sistema, y su empresa obtiene unos beneficios impresionantes, de 2,9 millones de dólares. Después de disfrutar de las ganancias (y ahorrar la mayor parte), vende su empresa por veinticuatro millones de dólares a un gran fabricante de ordenadores. Construyó un activo a partir de la nada. El activo era su sistema, y ahora, con unos ahorros de treinta millones de dólares, no tendrá que volver a trabajar nunca más.

La historia anterior refleja bien las dos variables que componen el *valor de los activos*:

Valor del activo = Beneficio neto $\times$ *Multiplicador del sector de actividad*

Siempre que tengas un activo que genere ganancias continuas, el *multiplicador de la actividad*, que se rige por las condiciones del mercado vigentes, determina el valor de ese activo. Otras personas o empresas comprarán ese activo en función del beneficio neto de este multiplicado por el factor de multiplicación pertinente.

Por ejemplo, si posees una empresa manufacturera cuyos beneficios netos son de cien mil dólares y el índice de multiplicación medio de tu sector de actividad es seis, el valor de tu activo es de seiscientos mil dólares. Los multiplicadores de los sectores de actividad están sujetos a intensas negociaciones; suben y bajan con la economía y dentro de los distintos sectores.

Es posible que ya estés familiarizado con los *multiplicadores*. El comercio de acciones en los mercados públicos define el multiplicador para cada empresa en función de la relación precio-ganancias. Si las acciones de una empresa cotizan por un importe diez veces superior a la relación precio-ganancias, los inversores están comprando esa empresa por un múltiplo que resulta de multiplicar por diez sus ganancias. La relación precio-ganancias es relevante independientemente de si la entidad es una pequeña empresa privada o una gran compañía que cotice en bolsa: *la valoración de tu empresa se basa en la relación precio-ganancias subjetiva correspondiente a tu sector de actividad.*

Por ejemplo, en el ámbito de negocio de mi sitio web, los multiplicadores del sector de actividad oscilaron entre un factor de dos y un factor de seis. Para este análisis, quedémonos en el medio: un factor de cuatro. Esto significa que *cada vez que mis ganancias netas se incrementaban, el valor de mi negocio aumentaba por un factor mínimo de 4, es decir, en un 400 %.* ¡Un 400 %! ¿Dónde se puede obtener un retorno como este en el mercado financiero actual? ¿Hay algún fondo de inversión que ofrezca esta rentabilidad? No, ni hoy ni nunca.

Esto pone a tu disposición una herramienta de construcción de riqueza fenomenal. Puesto que los ingresos netos o beneficios pueden determinar el valor de los activos, vi cómo el valor de mi activo crecía en un 400 % cada vez que mis beneficios netos aumentaban. Por cada dólar que ganaba, el valor de mi empresa se incrementaba por un factor de cuatro, es decir, cuatro dólares. Si mis ganancias netas aumentaban en quinientos mil dólares en un año, la valoración de mi empresa aumentaba en dos millones de dólares.

A continuación se muestra una lista de los factores de multiplicación promedio correspondientes a varios sectores de actividad.

Publicidad	2,85
Salones de belleza	4,10
Bares / Lugares donde beber	2,70
Lavado de alfombras	5,22
Servicios informáticos	8,19
Agencias de empleo	5,40
Servicios de ingeniería	6,32
Gasolineras	3,70
Tiendas de comestibles	11,34
Laboratorios médicos	2,62
Pequeños comercios minoristas	3,62
Titulares y arrendadores de patentes	14,56
Establecimientos de acondicionamiento físico	3,56
Servicios de fontanería y climatización	4,52
Equipamiento médico y quirúrgico	17,32
Tiendas de artículos usados	4,92

Fuente: *Inc. Magazine*, junio del 2009.

EL FACTOR DE ACELERACIÓN DE LA RIQUEZA

Supongamos que eres un ingeniero disgustado que trabaja para una corporación multinacional. Llevas tres años empleado y ahorras escrupulosamente el 10 % de tu sueldo, el cual pones en un fondo de inversión que tiene una rentabilidad media del 8 % anual. Tu *factor de aceleración de la riqueza* es del 8 %.

Ahora supón que dejas tu empleo y aprovechas tus tres años de experiencia para crear una empresa de fabricación de dispositivos médicos. Calculas que el mercado total (los compradores potenciales) de tus productos asciende a dieciséis millones de posibles clientes. De acuerdo con la tabla anterior, el factor de multiplicación medio correspondiente al sector de los dispositivos médicos es de diecisiete, aproximadamente. Esto significa que dentro de tu margen de aceleración de la riqueza puedes acelerarla por un factor de diecisiete, es decir, en un 1.700 %. Tu factor de aceleración de la riqueza es del 1.700 %.

Ahondemos en este ejemplo. A lo largo de seis años, haces crecer tu empresa hasta el punto de que los ingresos netos llegan a ser de 1,2 millones de dólares anuales. Esto significa que ahora ganas cien mil dólares mensuales (estos son tus beneficios netos) y que tu empresa (el activo) vale alrededor de 18,4 millones de dólares, según el factor de multiplicación promedio (1,2 millones de dólares $\times$ 17,32). Podrías continuar haciendo crecer el negocio (aumentar la riqueza a través del valor del activo) y el flujo de efectivo (aumentar los ingresos) o tratar de liquidar la empresa (vender el valor del activo) para lograr la aceleración de la riqueza.

Comparemos las opciones de aceleración de la riqueza que tiene el conductor de la vía lenta con las que tiene el conductor de la vía rápida. Si permaneces en tu empleo de ingeniero, tus posibilidades son estas:

1. Incrementar tu valor intrínseco y esperar que el jefe te conceda un aumento de sueldo.
2. Esperar que la empresa no te despida, de manera que puedas seguir percibiendo tus ingresos.
3. Poner el 10 % de tu sueldo en un fondo de pensiones y esperar que ofrezca una rentabilidad del 8 % durante los próximos cuarenta años.

Y estas son tus opciones de aceleración de la riqueza si eres el dueño de tu propia empresa de dispositivos médicos:

1. Incrementar tus ingresos netos. El potencial al respecto solo está limitado por la cantidad de dispositivos que puedas vender, es decir, los que puedan adquirir dieciséis millones de clientes.
2. Incrementar el valor de tu activo por un factor del 1.700 %.
3. Liquidar el valor del activo y convertir el dinero sobre el papel en dinero real.

¿Puedes ver ahora por qué algunas personas de treinta años de edad tienen cincuenta millones de dólares y otras solo trece mil? El universo de la vía rápida opera con ganancias del 1.700 % y millones, mientras que el universo de la vía lenta lo hace con ganancias de un 8 % en el curso de cuarenta años. Un plan tiene que ver con la *esperanza*, mientras que el otro tiene que ver con el *control*. ¡Últimas noticias!: un 8 % durante cuarenta años da lugar a millonarios al cabo de cuarenta años, mientras que un 1.700 % y dieciséis millones de clientes potenciales dan lugar a *multimillonarios* al cabo de cuatro años.

EL ABORDAJE DE LA RIQUEZA POR DOS FLANCOS

La búsqueda entusiasta de beneficios netos significa abordar la creación de la riqueza por dos flancos. Dado que el valor del activo está vinculado a las ganancias netas, el incremento de estas eleva simultáneamente el valor del activo, a causa del factor de multiplicación promedio del sector de actividad. Por supuesto, también ocurre lo contrario: si tu empresa se estanca y los ingresos netos empiezan a disminuir, también lo hará el valor del activo correspondiente. Cuando volví a comprar mi empresa, pagué doscientos cincuenta mil dólares. Luego, durante los años siguientes, manipulé el activo y aumenté su valor:

1. Expandí mi base de clientes en un 30 %.
2. Reduje los gastos y obtuve una mayor rentabilidad.

3. Optimicé las operaciones, lo que me generó ingresos pasivos.
4. Percibí mayores ingresos netos.

Durante este proceso, mis ganancias netas eclosionaron y, con ello, el valor de mi activo. Luego, posteriormente, y después de ganar millones en forma de ingresos pasivos, puse la empresa a la venta y tuve ofertas multimillonarias sobre la mesa. Compré un activo por doscientos cincuenta mil dólares, manipulé las variables e hice que se incrementasen, y vendí el producto resultante por millones. Controlé mi plan financiero; el plan no me controló a mí.

En la vía rápida, la aceleración de la riqueza se basa en crear o comprar activos susceptibles de valorizarse, manipular las variables e incrementar el valor de los activos, y después venderlos. O puedes optar por la alternativa que te ofrece la vía lenta: ir depositando cada mes doscientos dólares en un fondo de inversión y rezar para que ofrezca una rentabilidad del 8 % anual y para que tengas siempre un empleo a lo largo de cuarenta años. Perdona que me ría.

LOS EVENTOS DE LIQUIDACIÓN, UNA FORMA ULTRARRÁPIDA DE INCREMENTAR LA RIQUEZA

Los eventos de liquidación (es decir, la venta de un activo, susceptible de mayor valorización, al mercado) tienen la virtud de hacer que quien vende se pueda hacer millonario de la noche a la mañana. Constituyen una estrategia de la vía rápida.

John Twitnuts crea un sitio web de redes sociales que se vuelve viral. Pronto, millones de personas están usando su servicio y John pasa a tener sobre la mesa ofertas de compra y de inversiones de capital de riesgo. A pesar de no haber tenido ingresos ni ganancias, ha creado un activo que tiene valor para el mercado. Recibe una oferta de seiscientos cuarenta millones de dólares por su servicio por parte del motor de búsqueda líder de Internet. John la rechaza, argumentando que su negocio valdrá más dinero una vez que empiece a generar ingresos. Si bien esto es cierto, es una apuesta. Dieciocho meses después, su servicio de redes sociales ha pasado de moda. John busca quien haga una buena valoración de su activo decadente, pero ya no encuentra inversores o compradores interesados en él. Se da cuenta demasiado tarde de que debería haber aceptado los 640 millones y haber efectuado un evento de liquidación. Acaba por vender a precio de saldo, dos millones y medio de dólares, a una empresa de capital de inversión. Su mala apreciación del momento oportuno le cuesta más de seiscientos millones de dólares.

Las valoraciones de activos empresariales, bienes inmuebles y otros activos no son más que eso: valoraciones, basadas en análisis subjetivos y datos de mercado. Si la empresa que construyes desde cero tiene una valoración, sobre el papel, de sesenta millones de dólares y en tu cuenta bancaria solo se reflejan diez mil dólares, ¿eres millonario? Pues no. Quienes son millonarios sobre el papel, quienes no tienen liquidez, no pueden comprar Ferraris ni mansiones; es el dinero lo que permite hacer esto. Y para obtener el dinero necesario, debes aumentar las ganancias y ahorrarlas o buscar el gran acontecimiento: la liquidación.

Los conductores de la vía rápida aceleran la creación de riqueza mediante la creación de activos que les generan un flujo de efectivo y que pueden vender en el mercado para obtener ganancias. Las variables de su ecuación de la riqueza son controlables e ilimitadas.

RESUMEN DEL CAPÍTULO: INDICACIONES PARA LA VÍA RÁPIDA

- La clave de la ecuación de la riqueza de la vía rápida es tener un «límite de velocidad» alto o un rango ilimitado de valores para las unidades vendidas. Esto da lugar al incremento progresivo. La cuota de mercado para tu producto o servicio determina el límite superior de tus ventas e ingresos.

- Cuanto mayor sea tu límite de velocidad, mayor será tu potencial de ingresos.

- El principal acelerador de la riqueza de la gente rica es el valor de los activos, que se define como los activos susceptibles de valorización creados, fundados o comprados.

- La creación de riqueza a través del valor de los activos se ve acelerada por el multiplicador promedio correspondiente al sector de actividad al que pertenecen los activos. Por cada dólar obtenido como ingreso neto, el valor del activo se multiplica por el factor de multiplicación que le corresponde a ese tipo de activo. Por ejemplo, si el factor de multiplicación que le corresponde a tu activo es tres, tu factor de aceleración de la riqueza es del 300 %.

- Los eventos de liquidación transforman los activos valorizados (el capital neto «sobre el papel») en dinero (en capital neto «real»), que puede transformarse en otro flujo de ingresos pasivos: los intereses generados por ese capital una vez invertido en los mercados financieros.

Desvincula la riqueza del tiempo

*El tiempo es la moneda de tu vida. Es la única moneda
que tienes, y solo tú puedes decidir cómo gastarla. Ve con
cuidado para no permitir que otras personas la gasten por ti.*

Carl Sandburg

INDUSTRIALIZAR LA RIQUEZA ES DESVINCULARLA DEL TIEMPO

Saboreé por primera vez la vía rápida al final de la veintena, cuando tuve uno de los peores meses de mi vida: una mezcla brutal de una mala relación que se fue a pique y unas noticias preocupantes en relación con mi salud constituyeron un cóctel letal para la productividad de mi negocio. Pasé la mayor parte del mes en la cama con las cortinas corridas, viendo a la jueza Judy (del programa de telerrealidad *Judge Judy*) gritando sus reflexiones llenas de sentido común. Durante esa etapa problemática, tuve que cobrar mi boleto de lotería de la vía rápida. Todo fue bien en este sentido.

A pesar de haberme visto «temporalmente apartado de la vida», mis ingresos aumentaron. No dejaron de fluir porque yo me hubiese detenido. ¿Cómo pude tener tanta suerte? La tuve porque *estaba desvinculado del tiempo*. Años antes, había roto las cadenas del intercambio de mi tiempo por dinero. Esto me permitió escapar del dominio de la ecuación de la vía lenta y operar según los parámetros de la vía rápida.

Si basas la adquisición de riqueza en factores que no puedes controlar y que son limitados por naturaleza, no vas a avanzar rápidamente. No tienes el control, porque lo tiene el tiempo. Lo tiene tu jefe. Lo tiene el mercado de valores. ¿Cómo escapé de estos controles que la sociedad considera perfectamente aceptables? En lugar de intercambiar mi tiempo por dinero (es decir, en lugar de seguir siendo mano de obra), lo intercambié por un sistema de negocios: convertí la producción de riqueza en un proceso industrial.

En mi situación, el tiempo estaba trabajando para mí, no en mi contra. Mi sistema de negocios ganaba dinero con el paso del tiempo, pero *no a costa de mi tiempo*. Era un árbol del dinero virtual y no le importaba lo que yo estuviera haciendo. Tanto si estaba viendo un programa de entrevistas en la televisión como si estaba volando hacia Jamaica, el sistema estaba construido para funcionar solo; era una entidad viviente que hacía el trabajo sucio para mí. Mi sistema era mi sustituto y era él el que intercambiaba su tiempo. Yo poseía mi tiempo, en lugar de que el tiempo me poseyese a mí.

LOS INGRESOS PASIVOS: EL SANTO GRIAL DE LA JUBILACIÓN

Las dos palabras de moda en los círculos sobre generación de dinero son *ingresos pasivos*. Hacen referencia al hecho de obtener ingresos sin trabajar. En calidad de persona jubilada, cada mes percibo mi paga, con la puntualidad de un reloj, sin necesidad de levantar ni un solo dedo. Los ingresos pasivos constituyen una desvinculación efectiva respecto de la ecuación de *trabajar por dinero* propia de la vía lenta. Lo bueno que tienen los ingresos pasivos es que no importa si tienes veinte años u ochenta. Si tus ingresos mensuales son superiores a los gastos correspondientes a tu estilo de vida, teniendo en cuenta el pago de los impuestos, ¡estás jubilado!

El itinerario de la vía rápida está concebido con dos propósitos: que puedas obtener un flujo de ingresos pasivos superior a tus gastos y a la satisfacción de tus deseos relacionados con el estilo de vida y que puedas lograr la libertad financiera, tengas la edad que tengas.

PRESCINDIR DEL TIEMPO ES HACER
CRECER UN ÁRBOL DEL DINERO

Mi madre decía, y yo la creía: «No podemos permitirnos esto; ¿crees que el dinero crece en los árboles?». Pero estaba equivocada. El dinero crece en los árboles si se tiene un árbol del dinero. Y se puede tener uno si se sabe cómo y dónde obtener las semillas. Los árboles del dinero son sistemas empresariales que sobreviven solos. Requieren cuidados de forma periódica pero sobreviven por sí mismos, y sustituyen así el intercambio de tiempo por dinero.

Hace unos años, estaba en Las Vegas y perdí casi dos mil dólares en apuestas. Al retirarme a la habitación de mi hotel con el rabo entre las piernas, me di cuenta de que era absurdo que me preocupase: había perdido dos mil dólares, pero ese mismo día mi árbol del dinero (la empresa de Internet que creé) me había reportado seis mil. Mientras apostaba (o mientras dormía o nadaba o comía), mi floreciente árbol del dinero daba fruto.

Un árbol del dinero es un sistema de negocios, y es la calle principal en el itinerario de la vía rápida. Los árboles del dinero crean flujos de ingresos pasivos *antes* de que uno se jubile «oficialmente». En efecto, puedes experimentar el destino de la jubilación y la libertad financiera sin estar realmente jubilado. Es similar a tomarte unas vacaciones en el Pacífico Sur y, mágicamente, ahorrarte el viaje en avión de nueve horas.

LA PLÁNTULA DEL ÁRBOL DEL DINERO:
UN NEGOCIO DE LA VÍA RÁPIDA

No todos los negocios pertenecen al ámbito de la vía rápida, y muchos de ellos no se pueden transformar en árboles del dinero. Mal aconsejados por gurús y *coaches* de vida, muchos aspirantes a empresarios toman desvíos tentados por los mensajes «sé tu propio jefe» y «¡haz lo que amas!» y emprenden un camino de servidumbre empresarial que es idéntico al que recorren los empleados.

El sueño de Jillian es ser su propia jefa. Después de estar trece años en Wall Street, renuncia a su trabajo como asesora financiera y compra una franquicia a una cadena de comida rápida. Liquida la mitad de su fondo de pensiones para pagar las tarifas de la franquicia y los costes iniciales. Tres meses después, abre el negocio y espera realizar su sueño. Pero Jillian no pasa a vivir un sueño, sino una pesadilla. Entre que debe trabajar los siete días de la semana, las largas jornadas de trabajo y las disputas constantes entre ella y el franquiciador, se agota en dos años. Sus márgenes de beneficio, escasos y atenuados por las regalías de la franquicia, no le permiten contratar a alguien para que dirija el restaurante en su lugar. Se siente atrapada mientras va intercambiando su tiempo por dólares. A pesar de tener unas ganancias de noventa mil dólares al año, no dispone de tiempo libre para disfrutar los frutos de su trabajo. Podría pagar sesenta mil dólares a un gerente, con lo cual tendría tiempo libre; pero sabe que no podría sobrevivir con treinta mil dólares anuales. Cuatro años después, pone el negocio a la venta y busca la comodidad de un trabajo con horario de nueve a cinco.

Demasiadas personas plantan negocios en un suelo estéril e infértil en el que no puede crecer ningún árbol del dinero. En ese tipo de terreno solo puede prosperar alguna hierba propia de la vía lenta, que absorbe el tiempo y el dinero de quien la ha sembrado.

LAS CINCO PLÁNTULAS DE LOS NEGOCIOS DE LA VÍA RÁPIDA

Hay cinco plántulas que pueden convertirse en árboles del dinero. Las cinco pueden mezclarse entre sí. Cada sistema está asociado con una «nota» que refleja los ingresos pasivos que puede generar. Una calificación más alta significa un mayor potencial de obtener ingresos pasivos, pero no necesariamente que esos ingresos vayan a ser más cuantiosos que en el caso de otras opciones. Las cinco plántulas son:

1. Los sistemas de alquiler.
2. Los sistemas informáticos.
3. Los sistemas de contenidos.
4. Los sistemas de distribución.
5. Los sistemas de recursos humanos.

Plántula 1: los sistemas de alquiler (calificación en cuanto a los ingresos pasivos: sobresaliente)

Los bienes inmuebles son un *sistema de alquiler*. Considero que los árboles del dinero correspondientes a los bienes raíces son la vía rápida 1.0, o la riqueza 1.0. Es la vieja forma de adquirir riqueza, y sigue siendo válida en gran medida. Por ejemplo, tengo una casa de alquiler para una sola familia con un magnífico inquilino. Podría vivir en la luna y seguiría recibiendo cada mes el pago correspondiente, porque mi tiempo estaría desvinculado de estos ingresos. Los bienes inmuebles son un ejemplo perfecto de riqueza 1.0, porque son un sistema en sí mismos. El 95 % de los ingresos son pasivos. A medida que transcurre el tiempo, el inquilino va pagando al propietario para poder seguir usando su propiedad. Desde los hogares para una sola familia hasta los edificios de apartamentos y los ingentes edificios de oficinas, los bienes raíces siempre han sido la opción predeterminada para plantar un árbol del dinero. Además, los bienes inmuebles son un activo que se puede manipular y su valor puede incrementarse. Los activos que pueden valorizarse son piedras angulares en la ecuación de la riqueza de la vía rápida.

¿No quieres involucrarte en bienes raíces? No hay problema; los sistemas de alquiler no están limitados a los bienes inmuebles. Las concesiones, los pagos de regalías y las licencias son otros tipos de «sistemas de alquiler» que pueden producir ingresos mensuales recurrentes. Por ejemplo, si posees los derechos de un disco, las corporaciones tienen que pagarte una regalía para comerciar con tu música. El trabajo pudo haberse grabado décadas atrás y seguir generando beneficios.

Del mismo modo, si inventas y patentas un proceso de producción y le concedes a alguna empresa la licencia de su uso, obtendrás los ingresos correspondientes al importe de la licencia. La patente fue inventada y registrada, pero los ingresos sobreviven, independientemente de lo que hagas con tu tiempo. Los fotógrafos pueden obtener ingresos por licencias al permitir que otros usen sus fotos. Los dibujantes de tiras cómicas conceden licencias para que los autores de libros y los dueños de periódicos utilicen sus trabajos. La tira cómica pudo haberse dibujado años atrás, pero sobrevive al tiempo y genera ingresos «de alquiler» a su creador. Los sistemas de alquiler son excelentes árboles del dinero, porque ocupan el lugar más elevado en la escala de los ingresos pasivos y sobreviven al tiempo.

Plántula 2: los sistemas informáticos (calificación en cuanto a los ingresos pasivos: sobresaliente bajo)

Mi sistema preferido son los sistemas informáticos (los que atañen a los ordenadores, el *software* e Internet). No es sorprendente que Internet haya allanado el camino hacia la riqueza más que cualquier otra opción. De hecho, he oído que hay más personas que se han hecho millonarias gracias a Internet en los últimos cinco años que personas que se hicieron millonarias por otros medios en las cinco décadas anteriores. ¿Qué hace que Internet y los sistemas informáticos sean tan potentes?

Los ordenadores son unos inventos milagrosos y semillas fértiles para los árboles del dinero. Trabajan las veinticuatro horas del día, los siete días de la semana, y no se quejan de las condiciones de trabajo. No se quejan de que no les pagas lo suficiente. No se quejan de los compañeros de trabajo como Joan, la perezosa, o Bob, que viste siempre la misma camisa. Tampoco llegan tarde, no piden aumentos de sueldo y no les importa que acabes de comprarte un nuevo Mercedes Clase S. No; hacen lo que están programados para hacer y se acabó.

Lo que diferencia Internet de los bienes inmuebles es su capacidad de incremento implícita. Cuando tienes un sitio web, millones de personas pueden acceder a él. Cuando tienes una casa de tres dormitorios en Elm Street, solo unos pocos pueden acceder a ella. Esta dualidad hace que los sistemas de Internet sean uno de los mejores semilleros de negocios existentes.

Además, los sistemas informáticos no están limitados a Internet. También atañen al *software* o a las aplicaciones. Algunos de los individuos más acaudalados del planeta son multimillonarios gracias al *software*, como Bill Gates, de Microsoft, y Larry Ellison, de Oracle. El *software* disfruta de márgenes abundantes porque se duplica fácilmente. Una vez que se ha escrito el código, el trabajo ya está hecho. Puedes vender fácilmente uno o diez mil. ¿Puedes duplicar un edificio de oficinas con facilidad? No.

Los millonarios del *software* pueden ser gente corriente. Los desarrolladores de Facebook y de las aplicaciones para iPhone están ganando dinero con rapidez. Un desarrollador de aplicaciones para iPhone, Nicholas, ganó seiscientos mil dólares en un mes con la creación de un solo juego. En una entrevista telefónica, dijo que no le sorprendería ser millonario al final de ese año. No está mal; un día, Nicholas está yendo por la vía lenta con su agradable y cómodo trabajo y metiendo algunos dólares en su plan de pensiones, y de repente se encuentra justo en medio de la vía rápida. Por supuesto, no le fue tan fácil llegar a cambiar de vía. Ingeniero en Sun Micro Systems, trabajó en su aplicación después de trabajar ocho horas al día; acunaba a su hijo de un año con una mano y creaba su código con la otra. ¿Cómo aprendió a crear un código para una aplicación de iPhone? No tenía dinero para comprarse libros, así que se formó buscando en sitios web... ¿Te vas haciendo una idea del proceso que acabó por dar lugar al acontecimiento?

Cuando un *software* cuenta con un canal de distribución potente, puede duplicarse millones de veces; aumenta la magnitud de los ingresos pasivos que genera sin la contraparte de unos gastos significativos.

Plántula 3: los sistemas de contenidos (calificación en cuanto a los ingresos pasivos: notable alto)

Los sistemas de contenidos son sistemas de información. Esa información se puede fusionar con varios otros sistemas, como Internet y los sistemas de distribución física. Este libro es un sistema de contenidos que puedo incorporar de manera efectiva en otros canales, como Internet o una distribuidora de libros.

En los viejos tiempos de la riqueza, hacerte rico por medio de los contenidos significaba que tenías que ser un magnate del sector periodístico, un editor de revistas o un autor de éxito. Debías controlar la prensa o tener la capacidad de distribuir contenidos. La información, como el *software*, a menudo puede reproducirse fácilmente. Puedo hacer imprimir diez millones de ejemplares de mi libro; en cambio, nunca tendré diez millones de propiedades inmobiliarias, ni quiero tenerlas. Así como algunos de los individuos más ricos del planeta son creadores de *software*, otros son autores de éxito.

En pocos años, J. K. Rowling, autora de *Harry Potter* y dueña de la marca con el mismo nombre, pasó de ser una maestra de inglés divorciada de treinta y dos años a tener un patrimonio de más de cuatrocientos millones de dólares. Ha vendido más de treinta millones de ejemplares de sus libros en treinta y cinco idiomas. Supongo que no escuchó la excusa «soy madre soltera y no tengo tiempo». Rowling recuerda el momento más feliz de su vida. No fue aquel en el que se vio inundada de millones, sino aquel en el que vio que podía dedicarse a escribir a tiempo completo.

Del mismo modo, Dan Brown ha vendido más de ochenta millones de ejemplares de *El código Da Vinci*, en cincuenta y un idiomas. Déjame ser muy claro: si vendes ochenta millones de unidades *de lo que sea*, serás un ser humano muy rico.

La última tendencia de la distribución de contenidos consiste en aprovechar los sistemas informáticos. Los blogs, las redes sociales, los libros electrónicos y las revistas en línea son grandes distribuidores y promotores de contenidos. De hecho, esta alianza entre los sistemas informáticos y la distribución de contenidos es tan potente que está sacando del mercado a muchos de los viejos modelos. Los periódicos y revistas de papel están oficialmente en peligro de extinción; no sobrevivirán más allá de la próxima década. *Los cambios generan millonarios.* Aquellos que observan y aprovechan el cambio son y serán los nuevos millonarios y multimillonarios.

Los contenidos también sobreviven al tiempo. Puedo haber tardado años en escribir este libro, pero también va a sobrevivir a los años. Si alguien lo compra dentro de cinco años, obtendré una pequeña ganancia por una inversión de tiempo efectuada años atrás. Los contenidos son activos que se pueden vender una y otra vez, y con cada venta, el coste en tiempo disminuye mientras que la tasa de retorno por hora se incrementa.

Plántula 4: los sistemas de distribución (calificación en cuanto a los ingresos pasivos: notable)

Un sistema de distribución es cualquier estructura u organización diseñada para llevar productos a las masas. Los sistemas de distribución pueden formar híbridos con las otras plántulas, como los sistemas informáticos y los de contenidos.

Si inventas y fabricas un nuevo producto y lo vendes en la teletienda, estás aprovechando un sistema de distribución. Si vendes este producto por medio de un infomercial a las dos de la madrugada, estás aprovechando un sistema de distribución. Si vendes tu producto a cuatro distribuidores mayoristas que, a su vez, lo venden a minoristas como Wal-Mart y Target, estás aprovechando un sistema de distribución.

Al inventar cualquier producto, la fabricación siempre es la mitad de la batalla. La distribución es la otra. El producto más maravilloso del mundo no es utilizado por la gente si no se pone en el sistema de distribución adecuado (un sistema que ya exista o que cree uno mismo).

Amazon es un ejemplo de sistema de distribución que utilizo. Este libro se vende en Amazon y está al alcance de millones de personas. Sin embargo, el solo hecho de que un libro se encuentre en Amazon representa un potencial no manifestado. Es como tener un automóvil con un motor de mil caballos aparcado en el garaje. Debo encender el motor e impulsar el potencial del sistema de distribución. La herramienta está ahí, lista para ser explotada por una ejecución exitosa (o fallida).

El desarrollador de la aplicación de iPhone del que te hablé antes aprovechó el almacén de aplicaciones del iPhone para expandir su *software*. Este fue su canal de distribución. No podía vender su *software* si no contaba con una forma de distribuirlo.

La distribución es un medio a través del cual llevar el producto a las masas. Algunos sistemas son mejores que otros a este respecto. La clave de su eficacia está en la estructura de control. Si *creas* una empresa de *marketing* multinivel para vender tu nuevo producto vitamínico, estás creando una red de distribución potente, capaz de generar millones de dólares en ingresos. En cambio, si te *unes* a una empresa de *marketing* multinivel ya existente, estás eligiendo ser un engranaje en el proceso de distribución.

Otra forma potente de distribución es crear franquicias o una cadena. Cuando un concepto de negocio de éxito se convierte en una marca y se sistematiza, se puede duplicar y vender a otras personas. Los empresarios experimentados de la vía rápida reconocen que un negocio local de éxito que tenga poco potencial de crecimiento en el lugar puede expandirse enormemente por medio de franquicias o la creación de una cadena. ¿Te resulta familiar este sistema? Es lo que hizo Starbucks para convertirse en la cadena de cafeterías más grande del mundo.

Hay restaurantes que se expanden tanto por medio de una cadena como de franquicias. Dairy Queen y McDonald's tienen ambas. Si tu negocio opera en un ámbito limitado, puedes multiplicarlo creando una cadena y otorgando franquicias. Si tienes un carrito de perritos calientes y los vendes en un solo lugar, no hay forma de que puedas expandirte. En cambio, si tienes quinientos carritos de perritos calientes y los vendes en quinientas ubicaciones a través de quinientos operadores propietarios, de pronto estás operando a otra escala. La ecuación de la riqueza de la vía rápida es potente.

Plántula 5: sistemas de recursos humanos (calificación en cuanto a los ingresos pasivos: aprobado)

Amazon es un sistema de distribución respaldado por un sistema informático y operado por un sistema de recursos humanos. Los sistemas de recursos humanos son los más caros y complicados de llevar. Las personas somos impredecibles, costosas y difíciles de controlar. Pregúntale a cualquiera que tenga una empresa que dependa de la actividad de sus empleados y te dirá lo complicado que es mantenerlos contentos.

Llegué a la encrucijada de los empleados con mi propia empresa. Tenía que elegir entre quedar desfasado en Internet a causa de los avances tecnológicos que había experimentado este ámbito o contratar a dos personas para llevar mi empresa al siguiente nivel. Como los ingresos que obtenía con mi negocio ya eran pasivos en un 80 %, sabía que contratar empleados perjudicaría este porcentaje, porque los empleados necesitan quien los dirija. Hasta cierto punto, incluso los gerentes necesitan gerentes.

Las otras alternativas eran mantener mi empresa en piloto automático y observar cómo iba quedando desfasada con el paso de los años (las empresas que operan en Internet necesitan reinventarse constantemente); regresar al modo «inicio» (volver a dedicar largas horas a mi sitio web con el fin de reinventarlo, como Chuma cuando estuvo varios años preparando la construcción de su pirámide), o vender la empresa. Después de evaluar las opciones, elegí esta última. En mi caso, añadir recursos humanos habría restado ingresos pasivos; no los habría incrementado. Si bien habría ganado más dinero al contratar a más personas, no estaba dispuesto a renunciar a mi tiempo libre por ello.

Un año después de vender mi empresa, examiné la posibilidad de tener un *parking* cerca del aeropuerto. Los viajeros locales que llegasen al aeropuerto de Phoenix podrían aparcar su vehículo en un estacionamiento cercano y acabar de llegar al aeropuerto como pasajeros de otro vehículo. En líneas generales, se trataba de un sistema de alquiler. La gente pagaría por estacionar su automóvil y yo ganaría un importe diario por cada coche estacionado. Ese negocio tenía cualidades similares a los negocios de Internet; estaría en funcionamiento los siete días de la semana, las veinticuatro horas del día, y generaría ingresos con el mero paso del tiempo. Era una gran idea con un alto potencial en cuanto a los ingresos pasivos. Encontré un terreno en venta cerca del aeropuerto que era perfectamente adecuado. Empecé a hacer números, a efectuar proyecciones y a considerar escenarios para ver cómo podía hacer realidad ese negocio.

Los cálculos revelaron algo importante: si bien el modelo empresarial era realmente el correspondiente a un sistema de alquiler, su funcionamiento correspondía a un sistema de recursos humanos. Para materializar mi idea como un negocio de éxito, habría debido tener contratadas al menos dos docenas de personas en todo momento. Eso me detuvo en seco y no seguí desarrollando la idea. No estaba dispuesto a arriesgarme a intercambiar los ingresos pasivos por un sistema de recursos humanos impredecible y difícil de gestionar.

Una miembro de la comunidad de la Vía Rápida posee unas instalaciones de almacenamiento. Su negocio corresponde a un sistema de alquiler. La gente paga dinero para almacenar sus trastos y ella recibe unos ingresos mensuales. Tal vez supongas que sus instalaciones están gestionadas por un sistema de recursos humanos (administradores, asistentes de propiedad), pero no es así. Cada instalación está automatizada con un sistema informático. Esto hace que la tasa de ingresos pasivos de su negocio sea del 85 %. Quita el sistema informático, añade un sistema de recursos humanos y la tasa de ingresos pasivos caerá en picado.

¿Indica esto que los sistemas de recursos humanos son fatales para los ingresos pasivos? Depende. En primer lugar, ¿cuál es la tasa de ingresos pasivos de tu negocio en la actualidad? Si tienes una cafetería y trabajas ochenta horas a la semana, tus ingresos pasivos son nulos. Un gerente (un sistema de recursos humanos) incrementaría tu índice de ingresos pasivos en un 40 % aproximadamente. En mi negocio, este índice era del 85 %, y añadirle cualquier sistema de recursos humanos lo habría reducido.

Los sistemas de recursos humanos pueden aumentar o reducir la tasa de ingresos pasivos. Los buenos empleados nutren los árboles del dinero. Los malos empleados arrancan la fruta de los árboles del dinero y hacen que deban podarse. Pero no dejes que eso te asuste. Si quieres ganar millones de dólares, o miles de millones, necesitas sistemas de recursos humanos, porque no puedes hacerlo todo tú.

RESUMEN DEL CAPÍTULO: INDICACIONES PARA LA VÍA RÁPIDA

- Para desvincularte del intercambio de tiempo por dinero propio de la vía lenta, debes convertirte en productor; concretamente, debes ser el propietario de un negocio.

- Los sistemas de negocios rompen la dinámica del intercambio de tiempo por dinero porque actúan como operarios sustitutos del intercambio de tiempo.

- Si percibes unos ingresos pasivos que te permiten cubrir sobradamente todas tus necesidades y tus gastos relacionados con tu estilo de vida, teniendo en cuenta los impuestos, estás jubilado.

- La jubilación puede tener lugar a cualquier edad.

- El fruto del árbol del dinero son los ingresos pasivos.

- Un objetivo de la vía rápida es crear un sistema empresarial que sobreviva al tiempo y que no requiera que le dediques el tuyo.

- Las cinco plántulas de los árboles del dinero son los sistemas de alquiler, los sistemas informáticos, los sistemas de contenidos, los sistemas de distribución y los sistemas de recursos humanos.

- Los bienes inmuebles, las licencias y las patentes son ejemplos de sistemas de alquiler.

- Los negocios de Internet y las empresas de *software* son ejemplos de sistemas informáticos.

- Escribir libros, escribir en blogs y tener revistas son ejemplos de sistemas de contenidos.

- Las franquicias, las cadenas, la venta por Internet y la venta en la teletienda son ejemplos de sistemas de distribución.

- Los sistemas de recursos humanos pueden hacer subir o bajar el porcentaje de ingresos pasivos.

- Los sistemas de recursos humanos son los más caros de administrar e implementar.

Recluta tu ejército de combatientes por la libertad

Los ricos mandan a los pobres, y el
prestatario es esclavo del prestamista.

Proverbios, 22: 7

CÓMO INCREMENTAN LA RIQUEZA LOS RICOS

Estuve varios años llevando a clientes en limusinas, así que oí muchas cosas. Recuerdo a Gary, un joven cliente de veintitantos años que contrataba nuestra limusina varias veces al mes para que le sirviese como escolta personal cuando iba a fiestas o salía a emborracharse. Curiosamente, no contrataba el servicio de limusina los viernes o los sábados solamente, sino también durante la semana. Todos los días de su vida eran fines de semana para él. Cuando nos contrataba, sabía que me esperaba una noche larga y rentable, ya que daba unas propinas fabulosas.

Encontrándome en la ruina y como estudioso de la riqueza, no pude contener la curiosidad y le pregunté al dueño de la empresa de limusinas cuál era la historia de Gary. Me dijo que estaba semijubilado y que acababa de vender su empresa de oficinas administrativas por millones. ¡Caramba! Ese tipo no podía ser mucho mayor que yo, y ya se había prácticamente jubilado y vivía a lo grande. Las siguientes veces que le hice de chófer escuché disimuladamente sus conversaciones con la esperanza de enterarme de alguna clave del enriquecimiento. Y así fue. Oí cómo le decía, en estado de embriaguez, a su compañero de parranda: «Gracias a los municipales y los tesoros [es decir, gracias a los bonos municipales y del Tesoro] no tendré que volver a trabajar ni un día más en toda la vida». Ahí estaba otra pieza del puzle de la riqueza.

LA MEJOR FORMA DE OBTENER INGRESOS PASIVOS

En el capítulo anterior no mencioné las mejores plántulas de árboles del dinero que existen. No lo hice porque no se trata de plántulas empresariales, sino de una semilla que ya tienes. Tanto si estás en bancarrota como si tienes un empleo en el que no puedes prosperar, y también si no posees ningún negocio, ya dispones de la materia prima necesaria para sembrar el mejor árbol del dinero posible.

¿De qué se trata? A ver si lo adivinas. ¿De los bienes raíces? No. ¿De un negocio en Internet? No. ¿De una empresa de *marketing* en red? ¡Por favor, no! ¿De conceder licencias para un invento que has creado? Tampoco. El mejor árbol del dinero que existe se encuentra en tus bolsillos: es el mismo dinero. Sí, el dinero de toda la vida. *El dinero es el rey de los árboles del dinero.*

¿Cómo se convierte el dinero en ingresos pasivos? Si cuentas con mucho dinero, tienes justo lo que te permite pasar de ser un consumidor a ser un productor. Más concretamente, pasas de ser prestatario a ser prestamista. Pasas de ser empleado a ser empleador. Pasas de ser cliente a ser el propietario que vende a clientes. En otras palabras, la gente te paga por usar *tu dinero* en forma de intereses o propiedades.

Por ejemplo, examinemos el interés, que es el pago obtenido por prestar dinero. En este momento, probablemente no estés ganando intereses, sino pagándolos. Alguien te prestó dinero para la hipoteca de tu casa y, a cambio, estás pagándole intereses al propietario de ese dinero. Estos intereses son ganancias o ingresos para la otra persona.

Si bien el acto de convertirse en prestamista parece complicado, no lo es. Cada vez que compras un certificado de depósito de un banco, te conviertes en prestamista. Cada vez que compras un bono municipal, ya sea directa o indirectamente, a través de un fondo de inversión, te conviertes en prestamista. Cuando depositas dinero en el banco, te conviertes en prestamista. Como prestamista, no administras los préstamos; te limitas a esperar y cosechas los beneficios. Es muy fácil, y los ingresos son totalmente pasivos. Gary, mi acaudalado pasajero de la limusina, era un prestamista que no tuvo que volver a trabajar ni un solo día más en toda su vida.

LOS AHORRADORES SE CONVIERTEN EN
PRESTAMISTAS, PROPIETARIOS Y PRODUCTORES

El otro día oí decir por la radio a un gurú autoproclamado: «¡Los ahorradores son unos perdedores!». No pude creer lo que acababa de oír. ¿Los ahorradores son unos perdedores? ¿Y quiénes son los ganadores? ¿Los tipos que te aconsejaron que depositases millones en inversiones inmobiliarias de alto riesgo? Los ahorradores no son perdedores. Son ganadores, porque se convierten en prestamistas. Porque se convierten en propietarios de empresas. Porque se convierten en productores y generan activos.

Abre tu billetera y mira un billete de dólar (o el equivalente aproximado en tu moneda). No puedes comprar mucho con él, pero es el embrión de un flujo de ingresos pasivos. Un dólar tiene el poder de darte un centavo, como ingreso pasivo, durante el resto de tu vida. Sí, durante lo que te queda de vida. Aunque con un centavo no vas a poder comprar nada, esta monedita desbloquea el ADN implícito en el dinero. Es un ingreso totalmente pasivo.

Me jubilé en la treintena gracias a esta realidad tan simple. Soy un prestamista, y cuando uno tiene mucho dinero para prestar, vive con libertad, porque recibe ingresos pasivos cada mes. Si tuvieses diez millones de dólares y los prestases a un interés del 5 %, disfrutarías de unos ingresos pasivos de 41.666 dólares *mensuales*. Si el interés fuese del 8 %, tus ingresos mensuales pasivos serían de 66.666 dólares. Mientras tanto, tu capital de base permanecería intacto. ¡Podrías seguir con esta actividad durante años y tus diez millones de dólares estarían siempre ahí!

Imagina que abrieses el buzón de tu correo electrónico un determinado día del mes y que siempre, todos los meses, te constase un ingreso de cuarenta mil dólares, sin haber hecho nada por ello. ¿Qué apuros podrías pasar si ganases cuarenta mil dólares al mes? ¿Te parece un planteamiento poco realista? No lo es. Así es como vivo. Incluso en el momento actual, en que las tasas de interés están bajas, puedo encontrar modalidades seguras de inversión que me brindan una rentabilidad que oscila entre el 4 y el 6 %, en algunos casos libres de impuestos. Mientras que la mayoría de la gente se estremece ante la perspectiva de que las tasas de interés van a subir, yo estoy encantado. Recibo un aumento de sueldo. Una subida de la tasa de interés del 1 % se traduce en que gano varios miles de dólares más al mes. Y dado que la inflación aumenta al unísono con las tasas de interés, estos ingresos me protegen contra sus efectos. Si la inflación aumenta, las tasas de interés también lo hacen.

¿Cómo materialicé esta realidad? Creé un flujo de ingresos pasivos a través de mi negocio de Internet (una plántula empresarial de árbol del dinero), que financió mi sistema de ingresos pasivos procedentes de préstamos. Así como el porcentaje de ingresos pasivos era del 85 % en el caso de mi negocio de Internet (ya que tenía que dedicarle varias horas a la semana), el porcentaje de ingresos pasivos es del 99,5 % en el caso de mi actividad crediticia. No hago prácticamente nada y llegan los ingresos.

En lugar de intercambiar mi tiempo por dólares, *invertí mi tiempo en un sistema autónomo que era capaz, a la vez, de generarme ingresos pasivos y de financiar mis inversiones en los mercados financieros.* Era una acometida por dos flancos en la que los ingresos pasivos eran tanto el objetivo a corto plazo como a largo plazo.

RECLUTA TU EJÉRCITO DE COMBATIENTES POR LA LIBERTAD

Cada dólar que ahorras es un combatiente por la libertad que engrosa las filas de tu ejército. Si tu dinero está luchando por ti, tu tiempo es liberado y rompes la ecuación del «tiempo por dinero».

El dinero es tu ejército. Cuanto más tengas, más luchará por tu libertad. Los conductores de la vía lenta se enfocan en la variable de los gastos de la ecuación de la riqueza, cuando deberían enfocarse en la variable de los ingresos. Los ingresos son la clave del engrosamiento de tu ejército de combatientes por la libertad. No reclutarás un gran ejército por medio de reducir la cantidad de accesorios del próximo coche que te vayas a comprar.

Y cuando hablo de dólares, no me refiero solamente al dólar estadounidense, sino a todos los activos internacionales expresados en dólares. Mientras escribo esto, gran parte de mis ingresos provienen de activos cuyo valor no se expresa en dólares estadounidenses sino en monedas de otros países más fuertes y con mejores rentabilidades. Los conductores de la vía rápida piensan globalmente, no localmente.

¿Qué representa un dólar para ti? ¿Una forma de conseguir barra libre en la discoteca todos los viernes? ¿O es la semilla de tu árbol del dinero? ¿Es tu combatiente por la libertad? Haz que el dinero luche por ti en lugar de luchar tú por el dinero.

CÓMO USAN EL INTERÉS COMPUESTO LOS CONDUCTORES DE LA VÍA RÁPIDA (LOS RICOS)

En mi análisis de la vía lenta, he afirmado que el interés compuesto no servía como acelerador de la riqueza a causa de su vinculación al tiempo. Cuando los amantes de los medios de la vía lenta lean esa afirmación, me crucificarán, porque criticar el interés compuesto es el *summum* de la blasfemia financiera. Pero también he dicho que es un gran generador de ingresos pasivos cuando se parte de grandes sumas de dinero. ¿Te parece que me contradigo? Ocurre que los conductores de la vía rápida y los de la vía lenta aprovechan el interés compuesto de manera diferente. Los conductores de la vía lenta (la clase media) lo utilizan para enriquecerse, mientras que los conductores de la vía rápida (los ricos) lo usan para obtener ingresos y liquidez. Los primeros empiezan con cinco dólares, mientras que los segundos empiezan con cinco millones.

El interés compuesto paga mis facturas. Es mi herramienta. Es mi fuente de ingresos pasivos. Sin embargo, *el interés compuesto no es el responsable de mi riqueza*. Esto tiene una importancia capital. Los conductores de la vía rápida no utilizan el interés compuesto para hacerse ricos, porque no está en su ecuación de la riqueza. El trabajo pesado de la creación de riqueza lo hacen sus negocios de la vía rápida.

Cuando un político rico o una figura pública acaudalada revelan sus finanzas, observa los lugares comunes. La fuente de su riqueza proviene de sus actividades económicas, mientras que sus reservas de efectivo están vinculadas a valores de renta fija como los bonos municipales, los bonos del Tesoro y otras inversiones seguras que ofrecen un buen flujo de liquidez. Los ricos no utilizan los mercados financieros para crear riqueza; *aumentan la riqueza que ya tienen por medio de sacar rendimiento a sus activos empresariales*. Cuando oigas hablar de un multimillonario de veinticinco años que se hizo rico invirtiendo en fondos de inversión, no te lo creas; es un cuento de hadas. Los millonarios son los tipos que administran los fondos de inversión; ¡son los productores!

CÓMO APROVECHAR EL INTERÉS COMPUESTO

¿Preferirías tener cinco millones de dólares en este momento, o un centavo que duplicase su valor todos los días durante cuarenta días? No hay color, ¿verdad? Tomarías los cinco millones de dólares. Pero sería un grave error. Si aceptas los cinco millones ahora, dejarás de ganar casi cinco millones y medio de dólares. ¡Cinco millones y medio! La tabla siguiente muestra la fuerza de la duplicación.

Un centavo duplicado			
Días	Cantidad (en dólares)	Días	Cantidad (en dólares)
1	0,01	21	10.485,76
2	0,02	22	20.971,52
3	0,04	23	41.943,04
4	0,08	24	83.886,08
5	0,16	25	167.772,16
6	0,32	26	335.544,32
7	0,64	27	671.088,64
8	1,28	28	1.342.177,28
9	2,56	29	2.684.354,56
10	5,12	30	5.368.709,12
11	10,24	31	10.737.418,24
12	20,48	32	21.474.836,48
13	40,96	33	42.949.672,96
14	81,92	34	85.899.345,92
15	163,84	35	171.798.691,84
16	327,68	36	343.597.383,68
17	655,36	37	687.194.767,36
18	1.310,72	38	1.374.389.534,72
19	2.621,44	39	2.748.779.069,44
20	5.242,88	40	5.497.558.138,88

Ahora toma la tabla anterior y reemplaza los días por *edades*. El día uno pasa a ser una persona de veintiún años.

Un centavo duplicado

Edad	Cantidad (en dólares)	Edad	Cantidad (en dólares)
21	0,01	41	10.485,76
22	0,02	42	20.971,52
23	0,04	43	41.943,04
24	0,08	44	83.886,08
25	0,16	45	167.772,16
26	0,32	46	335.544,32
27	0,64	47	671.088,64
28	1,28	48	1.342.177,28
29	2,56	49	2.684.354,56
30	5,12	50	5.368.709,12
31	10,24	51	10.737.418,24
32	20,48	52	21.474.836,48
33	40,96	53	42.949.672,96
34	81,92	54	85.899.345,92
35	163,84	55	171.798.691,84
36	327,68	56	343.597.383,68
37	655,36	57	687.194.767,36
38	1.310,72	58	1.374.389.534,72
39	2.621,44	59	2.748.779.069,44
40	5.242,88	60	5.497.558.138,88

La segunda tabla refleja un viaje por la vía lenta, en el que el interés compuesto no manifiesta su poder hasta que la mayor parte de la vida se ha evaporado. Las grandes cantidades de dinero no llegan hasta que uno tiene cincuenta y tantos o sesenta y tantos años, y la tabla refleja unas ganancias del 100 % año tras año. La rentabilidad promedio de los mercados financieros sería del 7%. Sin embargo, ni siquiera aplicando la duplicación llegas a tener seis mil dólares a los cuarenta años. Como volvemos a ver, esta es la situación en la que se encuentra el conductor de la vía lenta: encarcelado en el tiempo e incapaz de controlar la rentabilidad de su dinero.

Los conductores de la vía rápida son conscientes de este punto débil y saben que la estrategia del interés compuesto es realmente efectiva cuando se parte de grandes sumas de dinero. Hay que evitar treinta años de ineficacia matemática y exponer a este interés una cantidad de dinero que permita obtener una buena rentabilidad.

EL TSUNAMI DEL INTERÉS COMPUESTO

Igual que ocurre con los tsunamis, la fuerza del interés compuesto no es visible hasta que se aproxima a tierra firme. Cuando la ola se acerca a la orilla, su fuerza pasa a ser increíblemente grande.

Un centavo duplicado			
Edad	Cantidad (en dólares)	Edad	Cantidad (en dólares)
21	0,01	41	10.485,76
22	0,02	42	20.971,52
23	0,04	43	41.943,04
24	0,08	44	83.886,08
25	0,16	45	167.772,16
26	0,32	46	335.544,32
27	0,64	47	671.088,64
28	1,28	48	1.342.177,28
29	2,56	49	2.684.354,56
30	5,12	50	5.368.709,12
31	10,24	51	10.737.418,24
32	20,48	52	21.474.836,48
33	40,96	53	42.949.672,96
34	81,92	54	85.899.345,92
35	163,84	55	171.798.691,84
36	327,68	56	343.597.383,68
37	655,36	57	687.194.767,36
38	1.310,72	58	1.374.389.534,72
39	2.621,44	59	2.748.779.069,44
40	5.242,88	60	5.497.558.138,88

¿Puedes saltarte 30 años y empezar aquí?

La mayoría de los conductores de la vía lenta se montan en la ola del interés compuesto cuando se encuentra a un millón de kilómetros mar adentro. Y ¿sabes qué? No ocurre nada. Flotan sin rumbo y no llegan a ninguna parte. Si percibes un 10 % en intereses por tus cinco mil dólares, esto no te hará millonario. Poner doscientos dólares de tu sueldo, cada mes, en una cuenta de ahorro que rinda el 3 % no te permitirá enriquecerte rápidamente.

El conductor de la vía rápida observa la gran ola cerca de tierra firme y procura cabalgarla en la orilla, que es donde va a tener un impacto. Para activar el poder del interés compuesto, empieza en la orilla, con una gran cantidad, a la que vas a sacar mucho rendimiento. Si tienes diez millones de dólares y recibes el 10 % en intereses, estarás recibiendo un millón de dólares al año, o, lo que es lo mismo, 83.333 dólares al mes. Móntate «en la cresta» del interés compuesto cuando la ola esté realmente elevada, no cuando está un millón de kilómetros mar adentro.

Mi objetivo con esta metáfora ha sido mostrar que los ricos no utilizan el interés compuesto para hacerse ricos, sino que lo usan para obtener ingresos y liquidez. Un 5 % de rentabilidad libre de impuestos sobre la base de diez millones de dólares te genera de repente unos ingresos pasivos de quinientos mil dólares anuales. Como un tsunami en la orilla del mar, el interés compuesto tiene una fuerza incontenible aplicado a grandes sumas de dinero. Es entonces cuando el dinero se transforma en un flujo de ingresos totalmente pasivo. Ahora bien, ¿cómo consigues tus diez millones de dólares? Con el crecimiento exponencial de tus ingresos obtenidos con una actividad económica propia de la vía rápida. Es decir, acabas por obtener esa cantidad sumando tus ingresos netos y el valor de tus activos. *No* la obtienes reduciendo los gastos, *ni* invirtiendo en el mercado de valores, *ni* por medio de un empleo.

RESUMEN DEL CAPÍTULO: INDICACIONES PARA LA VÍA RÁPIDA

- Un dólar ahorrado es la semilla de un árbol del dinero.

- Un mero 5% de interés sobre la base de diez millones de dólares te ofrece una rentabilidad de cuarenta mil dólares mensuales. Se trata de unos ingresos totalmente pasivos.

- Un dólar ahorrado es el mejor instrumento de generación de ingresos pasivos.

- Los conductores de la vía rápida (los ricos) no usan el interés compuesto o los mercados financieros para enriquecerse, sino para obtener ingresos y preservar la liquidez.

- Un dólar ahorrado es un combatiente por la libertad que sumas a tu ejército.

- Los ricos aprovechan el interés compuesto a partir de un gran capital de base.

- Los conductores de la vía rápida acaban por convertirse en prestamistas netos.

La verdadera ley de la riqueza

No intentes ser una persona de éxito,
sino una persona valiosa.

Albert Einstein

LA LEY DE LAS MATEMÁTICAS TE HARÁ
RICO, NO LA DE LA ATRACCIÓN

Las matemáticas son el lenguaje trascendente del universo. No se pueden discutir ni debatir. Dos más dos es igual a cuatro. Diez millones siempre será mayor que veinticuatro. Estas declaraciones son hechos y no son susceptibles de ser interpretadas por alguna teoría filosófica mística. *Las matemáticas son la ley.* Los «secretos» y las filosofías místicas no lo son.

Si quieres hacerte rico, empieza por observar la verdadera ley del universo, las matemáticas, y no alguna ley mágica que no puede probarse ni documentarse. Cantar tópicos positivos alrededor de una fogata no te hará rico. Pero no te enfades por lo que acabo de decir; sé que esto de la ley de la atracción suena genial y que tiene aplicaciones prácticas.

Si no estás familiarizado con la ley de la atracción, es una filosofía mística que afirma que te conviertes en aquello en lo que piensas y que tus pensamientos conscientes e inconscientes crean tu realidad. La ley de la atracción sostiene que si sabes exactamente lo que quieres y se lo pides al universo, verás cómo acude a ti y acabarás por tenerlo. ¡Piensa que eres rico y lo serás! Parece fácil, ¿verdad?

No ocultaré que no comulgo con la ley de la atracción; creo que son un montón de tonterías orquestadas para vender libros a aquellos que piensan que el hecho de pensar los hará ricos. De hecho, la ley de la atracción no son más que viejos principios relativos a las creencias y la visualización que han sido reempaquetados y reconcebidos a partir de principios del *marketing* para que sean consumidos masivamente. ¿Quiénes son los verdaderos conductores de la vía rápida? ¡Los vendedores de la ley de la atracción!

¿HACER UN PASTEL SIN PONER AZÚCAR?

¿Por qué he tardado tanto en escribir este libro? Porque me pasé dos años deseando y pensando positivamente al respecto. Dejé que la ley de la atracción hiciese el trabajo. Le pedí este libro al universo y estuve abierto a recibirlo. Lo vi frente a mis ojos. Incluso tomé una foto del estante de una librería y «puse» mi libro en él, con *Photoshop*. ¿Qué pasó?

Absolutamente nada. El universo nunca me dio el libro terminado. El hecho es que a pesar de todos mis pensamientos positivos y de todas las meditaciones que lancé al universo en relación con mi libro, nunca se materializó hasta que senté mi trasero en una silla y comencé a escribirlo. Me comprometí, de forma coordinada, con la *acción* (con mi decisión consciente, y después con los numerosos actos que la siguieron).

Si eres un fan de la ley de la atracción y encuentras ofensiva esta crítica, está bien; no escribí *La vía rápida del millonario* para hacer amigos o para abrirme camino como conferenciante en el ámbito del pensamiento positivo. Lo escribí para decirte exactamente lo que tienes que hacer para hacerte rico. El hecho de pensar nunca ha enriquecido a nadie, a menos que ese pensamiento se manifestase en acciones coherentes encaminadas a la aplicación de leyes que funcionan.

De hecho, me parece insultante que alguien suponga que mi éxito se debe al pensamiento positivo. Soy un realista que entiende la naturaleza humana, y esta naturaleza es la de tomar el camino de la menor resistencia. No me sorprende que los libros sobre la «atracción» vendan millones de ejemplares. Los libros que prometen los caminos más sencillos hacia la riqueza funcionan bien porque lo fácil vende. *Los acontecimientos de riqueza venden. Los procesos no.*

El pensamiento positivo se ve favorecido por el cinismo. La creencia es el punto de partida del cambio. La visualización es crucial. En efecto, si no crees que puedes hacerlo, tengo una noticia para ti: no puedes. Este planteamiento no es nuevo, sino *viejo*. Si bien la ley de la atracción es un buen martillo de la caja de herramientas, su error es que ignora el verdadero secreto que está detrás de la riqueza, el verdadero secreto que trasciende toda riqueza, a todas las personas, todas las culturas y todos los caminos: la ley de la *efectación*. El defecto que tiene la ley de la atracción es que ignora las matemáticas.

LA LEY DE LA *EFECTACIÓN*: EL PRINCIPIO DE LA VÍA RÁPIDA

La ley de la *efectación* establece que *cuantas más vidas afectes por medio de una entidad que controles, en alcance, magnitud o ambos, más rico serás*. La versión abreviada y aséptica es sencilla: influye en millones (de personas) y gana millones (de dólares). (Lingüistas, puedo oír vuestras exclamaciones. Relajaos. Sé la diferencia que hay entre *afecto* y *efecto*. Estoy usando *efectación* [*effection*, en el original inglés] como aparece en el *Webster's Revised Unabridged Dictionary* [Diccionario completo revisado de Webster], publicado en 1913 por C. & G. Merriam Co.: como un sustantivo que significa 'creación; una realización').

Hace un tiempo, escribí un artículo titulado *The Shortest «Make Millions» Article Ever Written* [El artículo más corto jamás escrito sobre cómo ganar millones]. Adivina lo extenso que era ese artículo. ¿Tenía un solo párrafo? ¿Tal vez una o dos frases? No. Solo tenía dos palabras: *Impact millions* ('ten un impacto sobre millones de personas'). Ten un impacto sobre millones de vidas y ganarás millones. ¡Tan simple como eso!

En otras palabras, ¿sobre cuántas vidas has influido? ¿Quién se ha beneficiado de tu trabajo y tus activos? ¿Qué problemas has resuelto? ¿Qué valor tienes para la sociedad? Si trabajas en la recepción de un hotel, no estás teniendo un gran impacto, y tu cuenta bancaria reflejará este hecho. La cantidad de dinero que tienes (o que no tienes) es un reflejo directo de la cantidad de valor que has proporcionado (o que no has proporcionado).

LA *EFECTACIÓN* ES EL ALCANCE, LA MAGNITUD O AMBOS

Para aprovechar la ley de la *efectación*, tu negocio debe tener un impacto en cuanto al alcance o la magnitud, o ambos. Dentro de la ecuación de la riqueza de la vía rápida, el *alcance* y la *magnitud* están implícitos en la variable del *beneficio neto*.

$$\text{BENEFICIO NETO} = \text{Unidades vendidas (Alcance)} \times$$
$$\text{Beneficio por unidad (Magnitud)}$$

Un ejemplo de alcance se refleja en el itinerario de la vía rápida en la variable de las ganancias de nuestra ecuación de la riqueza: las *unidades vendidas*. Si vendes veinte millones de bolígrafos y ganas setenta y cinco centavos por cada uno, acabas de ganar quince millones de dólares. Esto es tener un impacto en el alcance con una magnitud diminuta. Naturalmente, vender un bolígrafo no tiene un gran impacto en la vida de nadie. En este caso, la riqueza se amasa a través del alcance, no de la magnitud.

Por el contrario, la magnitud consiste en tener un gran impacto sobre unos pocos, y dentro de la ecuación de la riqueza de la vía rápida se refleja como el *beneficio por unidad*. El precio siempre refleja la magnitud. Si vendes un producto que cuesta cincuenta millones de dólares, has accedido a la magnitud. Por ejemplo, si fueses el propietario de un complejo de apartamentos con cuatrocientas viviendas y ganases cien dólares con cada una, obtendrías unos ingresos mensuales de cuarenta mil dólares. Como estarías brindando un hogar a cuatrocientas familias, estarías teniendo un impacto en cuanto a la magnitud, no en cuanto al alcance. Las viviendas tienen relación con la magnitud. Las actividades de mayor magnitud tienen un mayor potencial de ganancias a escalas más pequeñas. La magnitud siempre se refleja en el precio del artículo. Un valor alto se corresponde con un precio elevado y con una gran magnitud.

Si puedes combinar la magnitud y el alcance, ya no hablamos de millones, sino de miles de millones. El Donald Trump empresario tiene un impacto en cuanto a la magnitud y también en cuanto al alcance y, por lo tanto, tiene miles de millones.

El alcance genera millonarios. La magnitud genera millonarios. El alcance y la magnitud juntos generan multimillonarios.

¡SIGUE AL DINERO!

Por desgracia, la palabra *ley* se usa con ligereza para reflejar conceptos que no son verdaderas leyes. La ley de la atracción no es una ley, sino una teoría. La palabra *ley* refleja algo absoluto, que funciona el 100 % de las veces. Cuando sueltas una sandía desde la ventana de tu dormitorio, situado en un décimo piso, la ley de la gravedad se ocupa de su destino: la sandía cae al suelo en todas las ocasiones. La certeza del resultado es del 100 %.

Lamentablemente, el pensamiento positivo y la visualización no siempre funcionan. La creencia y la manifestación no son absolutas, por lo que no pueden clasificarse como leyes. Sin embargo, la ley de la *efectación* es absoluta.

Muéstrame a cualquier multimillonario hecho a sí mismo y te mostraré a una persona que ha influido en las vidas de muchos individuos en cuanto al alcance o la magnitud, de forma directa o indirecta. Garganta Profunda les dijo a Woodward y Bernstein: «¡Seguid al dinero!». Cuando uno lo hace, se encuentra con la única ley verdadera de la riqueza, y es la de la efectación. ¿Por qué? Porque la *efectación* tiene sus raíces en las matemáticas, y a causa de esto opera independientemente de cuál sea el itinerario que se siga.

Un «conductor» puede usar la ley de la *efectación* para dejar de estar confinado en la vía lenta. En el caso de los deportistas profesionales, los actores y las estrellas del espectáculo, su valor intrínseco eclosiona a causa de la *efectación*: la sociedad percibe de pronto que su valor es estratosférico. Estas personas siguen intercambiando su tiempo por dinero, pero el grado de su valor es totalmente nuevo.

Por ejemplo, durante la última década, Bill Clinton ganó más de cincuenta millones de dólares en concepto de honorarios como orador. Aunque en el caso de las ponencias uno intercambia directamente su tiempo por dinero, el valor intrínseco de Clinton es legendario, tal vez de más de cien mil dólares por hora. Debajo de esta gran tarifa se encuentra la ley de la *efectación*. *Clinton habla a millones y recibe millones.*

Un rapero vende millones de canciones y recibe millones. Un ama de casa vende un millón de artilugios de cocina y gana millones. Un ganador de la lotería gana millones porque millones de personas participaron en el sorteo. El hijo del papá Warbucks hereda millones porque la compañía Warbucks ha servido a millones. Un cirujano plástico gana millones porque sirve a muchos y cada servicio va asociado con una magnitud considerable. El agente de estrellas del deporte gana millones porque sus clientes sirven a millones. *Sigue el rastro de las cantidades de dinero millonarias hasta su origen y encontrarás millones de algo.*

La *efectación* en forma de alcance o magnitud siempre precede al dinero, ya sea de forma directa o indirecta. Cuanto mayor sea la cantidad de vidas que afectes, directa o indirectamente, más riqueza atraerás.

LA GRAN RIQUEZA SIGUE A LOS GRANDES NÚMEROS

Los deportistas son un ejemplo perfecto de *efectación*. Si juegas al béisbol profesional, se te paga en función de un valor intrínseco estratosférico. En el 2009, Alex Rodríguez firmó un contrato por valor de doscientos cuarenta millones de dólares. ¿Cómo se justifica esto exactamente? Es fácil de entender: la ley de la *efectación* justifica toda riqueza. Alex Rodríguez, a través del béisbol, entretiene a millones de personas. El alcance es muy elevado en su caso. Ocurre lo mismo con cualquier deportista profesional de élite: se les pagan millones porque entretienen a millones. Un humorista que hace reír a millones recibe millones. El ejecutivo corporativo que propicia que una corporación preste servicios a millones recibe millones.

Los anteriores son casos de un valor intrínseco muy elevado que conducen a la riqueza gracias a la ley de la *efectación*. Si quieres hacerte rico por medio del valor intrínseco, debes hacerlo a través de esta ley. Debes estar en una posición desde la que puedas tener un impacto sobre millones de individuos. Sé indispensable e irremplazable como un deportista, una estrella del espectáculo o un ejecutivo de alto nivel.

¿No puedes ni soñar con ganar millones como deportista? En ese caso, acude directamente a la fuente y sirve a la fuente. Por ejemplo, los agentes de deportistas de alto nivel son tan ricos como los propios deportistas, porque tienen contacto indirecto con la ley de la *efectación*. Los corredores de bienes raíces que se especializan en los hogares de la gente acaudalada se enriquecen porque se conectan indirectamente como árbitros de la ley. A esta ley no le importan los itinerarios, los intercambios de tiempo ni nada que no sea el poder matemático de las grandes cantidades. Ten un impacto gigantesco varias veces o ten un pequeño impacto millones de veces.

Joe Magnitud posee una empresa de construcción de inmuebles comerciales. Construye catorce complejos de oficinas (alcance) y divide los espacios. La venta completa de cada complejo le aporta unos beneficios de cuatrocientos mil dólares (magnitud), por lo que gana 5,6 millones de dólares.

Joe Alcance escribe un libro en el que describe en detalle cuál es la dieta que siguen muchas estrellas. Vende ochocientos mil ejemplares (alcance) y gana siete dólares por ejemplar (magnitud). Gana la misma cantidad que Joe Magnitud: 5,6 millones de dólares.

Cuanto más te acerques al origen de las grandes cantidades, más cerca te encontrarás de la riqueza. Servir a millones es ganar millones. *Piensa a lo grande para ganar a lo grande.*

RESUMEN DEL CAPÍTULO: INDICACIONES PARA LA VÍA RÁPIDA

- La ley de la *efectación* establece que cuantas más vidas afectes, en cuanto al alcance o en cuanto a la magnitud, o ambos, más rico serás.
- El alcance se traduce como *unidades vendidas*, dentro de la variable del *beneficio* de la ecuación de la riqueza de la vía rápida. Y la magnitud se traduce como *beneficio por unidad* dentro de la variable del *beneficio* de dicha ecuación.
- La ley de la atracción no es una ley, sino una teoría. La ley de la *efectación* es absoluta y opera independientemente de cuál sea el «itinerario» que se siga.
- En el origen de la riqueza de todos quienes se han hecho ricos por sí mismos se encuentra la ley de la *efectación*.
- La ley de la *efectación* es absoluta porque es válida tanto si el acceso y el control son directos (cuando eres el

deportista, por ejemplo) como si son indirectos (cuando eres el agente del deportista).

- Para ganar millones, debes prestar un pequeño servicio a millones (en este caso, la cantidad es muy alta en la variable del alcance) o un gran servicio a unos pocos (en este caso, la cantidad debe ser muy alta en la variable de la magnitud).

6.ª PARTE

TU VEHÍCULO PARA IR HACIA LA RIQUEZA: TÚ

Sé tu propio dueño

Los eventos y las circunstancias tienen su origen en nosotros mismos. Brotan de las semillas que hemos sembrado.

Henry David Thoreau

«PÁGATE A TI MISMO PRIMERO», UNA INSTRUCCIÓN PARALIZANTE

Para tener éxito en la vía rápida debes tener un vehículo que cuente con una puesta a punto adecuada, que te permita afrontar el viaje que tienes por delante. Y el vehículo que debe conducirte a la riqueza eres *tú*. *Tú* eres el mecanismo que permite el movimiento. *Tú* eres el responsable de emprender el viaje, y lo primero que debes hacer para estar al cargo de ti mismo es ser tu propio dueño.

Seguramente has oído la frase «págate a ti mismo primero», una declaración habitual en la vía lenta, surgida del clásico libro de 1926 (en su versión original) *El hombre más rico de Babilonia*, de George Clason. Es una buena lectura, pero fundamentalmente incorrecta.

Si no estás familiarizado con el «págate a ti mismo primero», es una doctrina de la vía lenta que te insta a ahorrar dinero (a pagarte a ti mismo) antes que nada: los alimentos, la gasolina, los plazos del automóvil y las facturas. Supuestamente, esto fuerza a la tasa de ahorro del conductor de la vía lenta a hacer que su maltrecho vehículo de aceleración de la riqueza vaya más rápido. La forma en que el ahorro consigue esto es a través del interés compuesto que generan diversos productos financieros.

El hecho es que aconsejar a un conductor de la vía lenta que «se pague a sí mismo primero» es como aconsejar a un tetrapléjico que suba un tramo de escaleras. Es inútilmente infructuoso. Si tienes un empleo, examina tu última paga. ¿Tu salario bruto es el mismo que tu salario neto? No; y en el caso de algunas personas, puede ser hasta un 35 % inferior. Además, los instrumentos que te permiten ahorrar antes de pagar impuestos, como los planes de pensiones y los fondos de jubilación, limitan estrictamente tus contribuciones a cantidades infantiles. Enriquecerte por esta vía teniendo un empleo es una vana pretensión.

Si tu principal fuente de ingresos proviene de un empleo, tu capacidad de pagarte primero se ve impedida porque ¡los gobiernos son los primeros en cobrar! Para que realmente puedas «pagarte a ti mismo primero», necesitas pagarte primero grandes cantidades y al gobierno después. *Debes ser el dueño de tu vehículo.*

PARA PAGARTE PRIMERO, DEBES SER TU PROPIO DUEÑO

No puedes pagarte primero si no eres dueño de ti mismo. Tu vehículo (tú) debe ser libre. *Si tienes un trabajo, tienes un dueño.* Y cuando alguien es tu dueño, no cobras el primero, sino el último.

El primer paso hacia tener el control de tu vehículo es que seas tu propio dueño, para poder pagarte a ti primero y al gobierno después. Lograrás esto llevando a cabo una actividad económica dentro de una empresa que controles.

Una empresa constituye el marco de la vía rápida porque ofrece el beneficio impositivo inmediato de que «te pagas a ti mismo primero» frente a que «te pagas a ti mismo el último». Cuando uno posee una empresa, las ganancias netas se ven reducidas por los gastos. El beneficio restante está sujeto a impuestos, que se pagan al gobierno. Además, las empresas existen separadas de sus propietarios y sobreviven al tiempo. *Es una estructura subrogada lo que te sirve como sistema de negocios.*

Cuando tienes una empresa, le pagas al gobierno cuatro veces al año, una vez al trimestre, a través de los impuestos estimados. Si tienes empleados en nómina, pagas impuestos cada vez que les pagas. Yo me pago primero trescientas sesenta y cinco veces al año, mientras que le pago al gobierno cuatro veces al año. ¿No te parece una estructura que no solo conduce a «pagarse a uno mismo primero» sino también a la riqueza?

CÓMO SER DUEÑO DE TI MISMO

Al igual que muchos emprendedores, cometí el terrible error de entrar en el mundo de los negocios como propietario único. Cualquier «asesor» que recomiende una estructura empresarial basada en la propiedad única o en una sociedad general debe evitarse como los aseos de los aeropuertos. Estas entidades son arriesgadas porque no te protegen y te otorgan una responsabilidad ilimitada sobre ti mismo y tus bienes personales. Si eres un fontanero organizado como propietario único y dejas accidentalmente un cúter en la casa de un cliente y su hijo de tres años se mata con él, adivina qué va a pasar: que te van a perseguir, porque elegiste una entidad empresarial que cuenta con una muy mala protección. En lugar de demandar a una empresa, el cliente te demanda a ti, y corres el riesgo de perderlo todo. Las mejores estructuras empresariales para tu negocio de la vía rápida son:

1. Una corporación C (una empresa que, según la ley federal estadounidense, tributa separadamente de sus propietarios).
2. Una corporación S (en este caso, a diferencia del anterior, la empresa no tributa separadamente de sus propietarios).
3. Una corporación de responsabilidad limitada.

Cada una tiene sus ventajas y desventajas, pero las tres presentan dos aspectos positivos: la limitación de la responsabilidad y la eficiencia impositiva.

La corporación C

La corporación C es una estructura empresarial que sobrevive al tiempo y se puede transferir fácilmente. Las ganancias empresariales se gravan según las tasas tributarias correspondientes a los ingresos corporativos, y los ingresos netos se distribuyen entre los socios propietarios.

Algunos propietarios de corporaciones C usan esta estructura para implementar una estrategia conocida como *división de ingresos*. Esta estrategia consiste en dividir los ingresos obtenidos entre el propietario y la empresa, con lo cual ambos entran en una categoría tributaria inferior. En este libro no vamos a sumergirnos en las estrategias fiscales ni en la formación corporativa; baste con resaltar el hecho de que este tipo de corporación permite uno de los componentes de la vía rápida: el control.

Aunque las corporaciones C y sus dueños están sujetos a una doble tributación (el impuesto sobre las ganancias empresariales y sobre los dividendos de los accionistas), este tipo de estructura presenta ventajas para las empresas grandes y para aquellas que tienen la estrategia de incrementar sus activos. Es decir, si no planeas distribuir las ganancias y te centras en el incremento del *valor de los activos* más que en el *beneficio neto*, las corporaciones C son un buen marco. La mayor parte de las empresas que cotizan en bolsa son corporaciones C que no distribuyen dividendos entre sus accionistas; hacen crecer sus ingresos y el valor de sus activos.

La corporación S

Una corporación S es como una corporación C, con la diferencia de que no paga impuestos como entidad separada. Considerada una entidad «de flujo directo», no paga impuestos como empresa; los impuestos los paga el propietario, y se reflejan en su declaración de la renta. Las corporaciones S también cuentan con algunas ventajas fiscales, porque los beneficios no están sujetos a los fuertes impuestos que deben pagar las empresas de propiedad individual. Sin embargo, a diferencia de las corporaciones C, que pueden tener una cantidad de propietarios ilimitada, las corporaciones S no pueden tener más de cien y deben satisfacer otras condiciones para poder ser registradas.

La corporación de responsabilidad limitada (CRL)

Una CRL opera exactamente como una corporación pero tiene las ventajas de una sociedad o de una empresa unipersonal. Los beneficios que genera la CRL pasan a sus propietarios, llamados *miembros*, y se reflejan en el impuesto sobre la renta de estos. Las CRL también se consideran entidades «de flujo directo», porque las ganancias pasan directamente a los propietarios. En el caso de las sociedades, las estructuras recomendables son la CRL o la corporación S, y no la sociedad general, que no ofrece protección en cuanto a la responsabilidad civil.

En el caso de las pequeñas empresas emergentes, recomiendo una CRL o una corporación S. No optes nunca por una sociedad o una empresa unipersonal, ya que no acotan los límites de la responsabilidad civil. Crear una corporación no es tan costoso como puede parecer. En Estados Unidos, según el estado en el que uno viva, no debería costar más de mil dólares. En Arizona, se puede crear una corporación por unos pocos cientos de dólares.

LA ELECCIÓN DE UNA ENTIDAD

La elección de la entidad depende de cuáles sean tus objetivos y tu visión en cuanto a tu negocio. He aquí algunas consideraciones generales que pueden ayudarte a decidir:

- ¿Cuál es tu estrategia de retiro? ¿Salir a bolsa? ¿Vender la empresa a inversores privados?
- ¿Cuál es tu estrategia de crecimiento?
- ¿A qué responsabilidad civil estás expuesto en el peor de los casos?
- ¿Planeas reunir el capital ahora o en el futuro?
- ¿Planeas contratar empleados?
- ¿Planeas incorporar nuevos socios?
- ¿Planeas obtener ganancias con rapidez? ¿O no por un tiempo?

Tus respuestas determinarán cuál es la mejor entidad para ti. En mis negocios, utilizo tanto la corporación S como la CRL. Y, por último, no soy contable ni abogado, y lo que he expuesto no debe interpretarse como un consejo profesional; así que, por favor, consulta con un profesional competente para que te confirme (o te desmienta) lo que acabo de recomendarte; también, si no vives en Estados Unidos, para que te indique las opciones equivalentes en tu país.

RESUMEN DEL CAPÍTULO: INDICACIONES PARA LA VÍA RÁPIDA

- «Pagarte a ti mismo primero» es imposible si tienes un empleo.
- Para poseer tu vehículo (tú), crea una corporación que te separe formalmente de tu actividad empresarial. Tu corporación es el cuerpo de tu sustituto.
- Las entidades empresariales recomendables para ir por la vía rápida son la corporación C, la corporación S y la corporación de responsabilidad limitada.

El volante de la vida

*Tu vida es el resultado de la suma de todas las elecciones
que llevas a cabo, tanto conscientes como inconscientes.
Si puedes controlar el proceso de elegir, puedes controlar
todos los aspectos de tu vida. Puedes encontrar la
libertad que es el resultado de ser tu propio dueño.*

Robert F. Bennett

LA PRINCIPAL CAUSA DE LA POBREZA

Si la pobreza fuese una enfermedad, ¿cuál sería su causa? La falta de dinero, por supuesto. Pero ¿es esto una causa o un síntoma del problema subyacente? Y ¿cuál sería este problema? ¿La falta de formación? ¿La falta de oportunidades, de modelos positivos o de determinación? No. Todo esto son síntomas. Si sigues las huellas de la pobreza hasta su origen, encontrarás que empieza siempre en el mismo lugar: la *elección*. Las malas elecciones son la principal causa de la pobreza.

LA RAÍZ DEL PROBLEMA

Como mis ingresos aumentaron, también lo hizo mi colesterol. El camino de la buena vida transcurre paralelo al acantilado de la gula. El método de abordaje preferido de mi médico eran los medicamentos. Desestimé esta vía porque yo quería solucionar el problema, no ocultar los síntomas.

Si abordas la cuestión de la riqueza como una gran compañía farmacéutica y te ocupas de los síntomas mientras descuidas el problema, no tendrás éxito. «¿Estás cansado todo el rato? Toma esta pastilla. ¿Quieres perder peso? Aquí tienes otra pastilla». Los problemas se ignoran mientras los síntomas se abordan en ciclos catatónicos. Rechacé la medicación contra el colesterol porque abordaba el síntoma, no el problema. *El problema era la mala dieta; el colesterol era el síntoma.*

Si el depósito del combustible de tu automóvil tuviera una pequeña fuga, ¿cómo lo arreglarías? El solucionador de síntomas haría más viajes a la gasolinera para asegurarse de que su coche tuviese siempre el combustible suficiente. El solucionador de problemas taparía el agujero. Uno abordaría el síntoma (la fuga de combustible), mientras que el otro abordaría el problema (el agujero del depósito). Si bien añadir combustible mitiga el síntoma, no resuelve el problema. Cuando el comportamiento cesa, el problema persiste.

¿Qué tiene que ver esto con el éxito y las elecciones? Es fácil de ver: *si no estás donde quieres estar, el problema son tus elecciones*. Tus circunstancias son los síntomas de esas elecciones. Por ejemplo, a todo el mundo le encantan las declaraciones sobre el éxito. Aquí hay dos:

- La voluntad de perseverar constituye a menudo la diferencia entre el éxito y el fracaso.
- El éxito significa tener el valor, la determinación y la voluntad de llegar a ser la persona que se supone que debes ser.

El problema que tienen las declaraciones anteriores es que son asintomáticas. Son ambiguas en relación con el problema real, que es la elección. La primera cita trata de la perseverancia. ¿Cómo perseveramos? Reaccionamos a partir de nuestras elecciones conscientes. Para ello no basta con elegir una vez sino que hay que hacerlo cientos de veces, tal vez miles. No puedes elegir perseverar con una sola elección. No puedes despertarte un día y decir: «¡Ah!, hoy escogeré perseverar». ¡Debes hacerlo todos los días, no una sola vez! La perseverancia está formada por muchas elecciones que dan lugar a un estilo de vida. Si renuncias después de dos intentos, ¿has perseverado? ¿Sigues perseverando después del primer fracaso?

La segunda cita presenta el mismo problema. La determinación no guarda relación con una sola elección, sino con miles de ellas. No puedes decidir ser alguien determinado; debes ejercer la determinación repetidamente, con perseverancia y manteniendo tu compromiso.

El objetivo de esta disertación ha sido mostrar que el éxito en la vía rápida no es el fruto de una elección, sino de cientos de ellas. Cuando se toman una serie de elecciones, una tras otra, se obtiene un proceso, y este configura un estilo de vida. Las elecciones relacionadas con el estilo de vida te convertirán en millonario.

EL VOLANTE DE TU VIDA

Tus elecciones desencadenan los incendios que son tus circunstancias futuras. El tejido de tu vida está cosido por las consecuencias acumuladas de tus elecciones, millones de ellas, que efectuaste y sigues efectuando. Actúas, reaccionas, crees, no crees, percibes, percibes mal, y todo eso construye tu existencia. Si no estás satisfecho con tu vida, responsabiliza de ello a tus elecciones. Cúlpate a ti y a las decisiones que has tomado. Eres lo que has elegido ser.

Necesité veintiséis años de vida y una tormenta de nieve para comprender el poder que tenían mis elecciones. ¿Recuerdas? La tormenta hizo que mi limusina no pudiese circular, pero yo estaba allí porque lo había elegido. Elegí tomar ese empleo. Elegí buscar empleos mal pagados. Elegí seguir viviendo en Chicago. Elegí evitar ser empleado en una empresa tras acabar los estudios universitarios. Elegí a mis amigos. Elegí mis actividades empresariales. Elegí todo eso, y condujo mi vida hasta ese preciso momento. De pronto entendí que *yo era el conductor de mi vida* y que mis problemas eran las consecuencias de mis elecciones. ¡«Conduje» hasta ahí!

Estés donde estés ahora (leyendo en el tren, en un avión, en el baño de un apartamento destartalado o en una playa caribeña), tú lo has elegido. Además, no te he obligado a tomar este libro y leerlo. Has elegido hacerlo tú. Sí, *estás exactamente donde decides estar*. Y si el resultado ha sido la infelicidad, debes comenzar a tomar mejores decisiones.

ELIGE SER RICO O SER POBRE

Hay un gran abismo entre pensar en la riqueza y elegir la riqueza. Puedes elegir el arcén, la vía lenta o la vía rápida. Puedes elegir alinear tu vida con un propósito mayor o elegir dejar que la vida te viva a ti. Puedes elegir creer estas teorías o elegir no hacerlo. El denominador común eres *tú*.

Tu volante (tus elecciones) es el instrumento de control más potente del que dispones. ¿Por qué detesto la vía lenta? Porque niega las propias elecciones y las cede a otro: la empresa, el jefe, el mercado de valores, la economía y un largo etcétera.

La gente no elige ser pobre. Toma malas decisiones que van formando, poco a poco, el puzle de su pobreza. Si eres pobre y sigues las huellas de tu pobreza hasta su origen, verás que se ha ido forjando de forma lenta, sistemática y metódica, a partir de un continuo de malas elecciones. ¿Te reconoces en alguna de las siguientes?

- La elección de hacer trampa en tus exámenes en lugar de estudiar.
- La elección de desaprovechar tu etapa universitaria porque tus padres te pagaron los estudios.

- La elección de mentir en lugar de ser honesto.
- La elección de conducir sin seguro.
- La elección de trabar amistad con malas compañías en lugar de hacerlo con buenas personas.
- La elección de mirar la televisión en lugar de leer un libro.
- La elección de conducir a 170 km/h en una zona en la que estaba prohibido ir a más de 90.
- La elección de robar en el supermercado de la esquina.
- La elección de comer o beber en exceso.
- La elección de creer en personas sin referencias para que te hagan un trabajo.
- La elección de engañar a tu pareja.
- La elección de comprar a crédito.
- La elección de drogarte los fines de semana.
- La elección de elegir a un contratista sin comprobar su historial.
- La elección de jugar a videojuegos treinta horas a la semana.
- La elección de casarte cuando solo hacía cuatro semanas que habíais empezado a salir.
- La elección de emprender un negocio con unos socios incompetentes.

EL CAMINO A LA TRAICIÓN ESTÁ SIEMPRE ABIERTO

Siempre me han encantado las buenas carreras callejeras. Habiendo sido dueño de varios coches deportivos con la potencia del motor aumentada, era normal que me gustase participar. Una tarde de verano, después de tomar unas copas, dejé que mi ego tomara el control y participé en una carrera. Aceleré demasiado, perdí el control, crucé entre el tráfico que venía en dirección contraria y me estrellé contra un árbol. El nuevo ocupante del asiento del pasajero pasó a ser el tronco de una palmera datilera de nueve metros de altura. Me arrestaron, me metieron en el calabozo y me acusaron de conducir bajo los efectos del alcohol y de conducción temeraria.

Afortunadamente, no maté a nadie, tampoco a mí mismo. De hecho, el policía que me arrestó (que presenció toda la carrera) declaró que si el impacto hubiera tenido lugar en el lado del conductor y no en el del pasajero, me habría matado. Sobreviví a un lanzamiento de moneda de cuyas caras una era la vida y la otra la muerte. Al reflexionar sobre ello me di cuenta de que mi decisión de participar en la carrera había sido una *elección traidora*.

Las elecciones traidoras son acciones que causan un daño irreparable a la propia vida, los propios sueños y los propios objetivos. Sus consecuencias son que tomamos desvíos que no queríamos tomar y que pasamos a ir por carreteras peligrosas de las que es difícil salir; a veces es imposible.

Si hubiese matado a alguien, me habría pasado años en la cárcel, me habría gastado la mitad de mi fortuna en abogados y tendría que vivir con la dolorosa realidad de haberle quitado la vida a alguien. Mi existencia se habría transformado en un instante. Ninguna cantidad de dinero puede evitar que entres en la cárcel o purgar tu alma del estúpido error de haberle quitado la vida a una persona. Las elecciones traidoras te cambian la vida para siempre.

Jack decide financiar la casa de sus sueños con una hipoteca de ochocientos mil dólares, aunque solo gana sesenta y cinco mil al año, gracias a la facilidad con que conceden créditos las entidades financieras y al *boom* del mercado inmobiliario. No lee los documentos y presupone que quien le ha concedido el préstamo hipotecario ha pensado en lo mejor para él. Dieciocho meses después, la tasa de interés sube y no puede pagar la hipoteca, lo cual desemboca en una ejecución hipotecaria. Su escasa calificación crediticia lo acosa durante doce años; no cumple las condiciones para que le concedan una nueva hipoteca y tampoco puede explorar determinadas oportunidades de negocio.

Tras haberse convertido en millonario a los veintiocho años siguiendo la vía rápida, André lo tiene todo: una bella esposa, dinero, una hija saludable recién nacida y siete restaurantes en cinco distritos. André está en la cima. Un viernes por la noche, después de haber tomado unas copas para celebrar el cumpleaños de su gerente nocturno, André conduce borracho; elige pensar: «Estoy bien». De camino a casa, sufre un accidente y mata a una familia de cuatro miembros. Es arrestado por conducir ebrio, y tras ser condenado pasa los siguientes once años de su vida en prisión. Pierde sus negocios y a su familia.

La vida de André cambió para siempre debido a una serie de elecciones traidoras: la elección de beber. La elección de conducir. La elección de pensar «estoy bien». La serie de elecciones fue abundante, y las consecuencias fueron claras. No eligió sabiamente.

Acontecimientos recientes que vemos en las páginas de deportes ilustran la gravedad de la traición. El jugador de fútbol americano Michael Vick se involucró en actividades delictivas y esto le ha cambiado la vida. Su legado (si se puede llamar así) nunca será el mismo. Ha perdido la reputación y dos años de su vida. Hizo múltiples elecciones que comenzaron con la de implicarse con unos delincuentes.

Otro jugador de la Liga Nacional de Fútbol Americano efectuó una elección que le costó la vida. Nunca pensó que el hecho de engañar a su esposa podría tener un final tan trágico. Pero lo tuvo para Steve McNair cuando su amante, presuntamente, lo mató de un balazo en un apartamento de Nashville (Tennessee). Aunque no eligió ser asesinado, eligió coquetear con otra mujer. Eligió esa relación. Eligió engañar. Eligió actuar. Como puedes ver, no estoy hablando de una sola elección, sino de muchas que lo hicieron cómplice de la traición. Las elecciones de Steve McNair cargaron el arma, si bien fue otra persona la que apretó el gatillo.

El volante de tu vida es un arma peligrosa. Basta con que lo hagas girar ocho centímetros mientras vas conduciendo y puede ser que metas tu vida en un camino sin retorno, o, lo que es peor, que la estrelles contra un muro de hormigón. Como ocurre con el volante de un automóvil, las propias elecciones son supersensibles. Desafortunadamente, el semáforo de acceso a las calles traidoras siempre está en verde. Las personas se ahogan en la miseria de sus propias elecciones mientras se niegan a reconocer que son la causa de sus desgracias.

LO QUE SE ELIGE HOY TIENE UN IMPACTO PARA SIEMPRE

«¡Ya lo verás!».

«Ya lo verás» es la forma que tiene mi madre de decir «tengo razón y tú estás equivocado, y el tiempo revelará esta verdad».

Cuando yo era un adolescente rebelde, mi madre me lanzó un «ya lo verás» después de haber cedido a mis ruegos de tener una motocicleta todoterreno. Por supuesto, la idea no le gustaba. No pasó mucho tiempo antes de que su «ya lo verás» se hiciese realidad. Lleno de testosterona, engreído e invencible, con quince años de edad y sin experiencia en la conducción de motocicletas, me jugué la vida. Me estrellé en un camino de tierra por el que estaba circulando a 80 km/h y me rompí una muñeca y dos dedos, perdí la sensibilidad nerviosa en una rodilla y me fastidié el cuello.

Aunque los huesos se curaron, aún estoy sufriendo las consecuencias de lo que ocurrió ese día. Han transcurrido décadas, pero vivo con un dolor de cuello constante y tengo que dormir en posiciones poco convencionales para evitar la incomodidad. He gastado incontables horas y dinero en fisioterapia y tratamientos quiroprácticos. Muchas veces fantaseo con retroceder en el tiempo hasta ese día y abofetear a ese niño arrogante. Desearía poder decirle cómo son las cosas; desearía poder hacer que leyera este capítulo; desearía que entendiese el alcance, la *potencia*, de sus elecciones.

Nuestras elecciones tienen consecuencias décadas más tarde. Esta trascendencia son los «caballos de fuerza» de nuestro vehículo. Todos los días, mi incomodidad me recuerda aquel fatídico momento en que elegí mal. Y hoy sigo pagando la hipoteca de esa elección, una hipoteca que nunca acaba de amortizarse.

EL EFECTO MARIPOSA

¿Puedes tomar una decisión en este instante que altere para siempre la trayectoria de tu futuro? Puedes, y tal vez signifique la diferencia entre la pobreza y la riqueza.

Cuando llevas a cabo pequeñas elecciones que empiezan a alejarte de tus condiciones iniciales, profundos efectos se dejan sentir a lo largo del tiempo. Piensa en ello como en un palo de golf que golpea la bola. Cuando la cara del palo golpea recta la bola, esta sale directa y se dirige hacia el agujero. Pero cuando la cara del palo está girada menos de un grado, la trayectoria de la bola se desvía lo suficiente para que esta acabe por aterrizar muy lejos de su objetivo. En el momento del impacto, la desviación es mínima, pero se hace más grande a medida que la bola se desplaza, hasta que llega a caer tan lejos que es casi imposible enderezar el rumbo en ese hoyo. Una mala elección puede hacer que tu trayectoria se desvíe en un solo grado hoy, pero las consecuencias se agravan con los años.

Las elecciones presentan este tipo de desviaciones con el tiempo, lo cual se conoce como *diferencial de impacto*. El impacto de la desviación se incrementa en el transcurso de los años, y la desviación puede ser positiva o negativa. Por ejemplo, cuando me mudé a Phoenix desde Chicago, el diferencial de impacto se incrementó con el paso del tiempo. Si no hubiese efectuado esa elección, mi vida sería significativamente distinta. También opté por tener un empleo sin futuro como conductor de limusina, lo que me abrió los ojos a una necesidad que estaba por cubrir en el mercado. Esa fue, asimismo, una elección de una potencia extraordinaria y que dio lugar a un diferencial de impacto positivo.

La excelente película del 2003 *El efecto mariposa*, protagonizada por Ashton Kutcher, ilustra magníficamente la potencia que tienen las elecciones. En la película, los protagonistas llevan a cabo elecciones traidoras en su niñez, y somos testigos de cómo se desarrollan sus vidas a medida que esas elecciones traidoras se despliegan a través del tiempo. Vemos el diferencial de impacto.

Reconoce que todos los días tomas decisiones cuya repercusión se extenderá a lo largo de los años. La pregunta es: ¿acabará por traerte felicidad y riqueza tu elección? ¿O depresión y pobreza?

LA REDUCCIÓN DE LA POTENCIA

Tus elecciones tienen un recorrido significativo en el futuro, y cuanto más joven seas, mayor es su potencia. Por desgracia, dicha potencia mengua con la edad.

Si esta afirmación te parece confusa, reflexiona sobre ella en términos de un asteroide que está en curso de colisión con la Tierra. Si el asteroide está a millones de kilómetros en el espacio (esto representa las elecciones que efectuamos en las primeras etapas de la vida), el cambio de un solo grado en su trayectoria salvará a la Tierra de la destrucción. Esta es la potencia de las elecciones que se llevan a cabo pronto en la vida. Para nosotros, los mayores, el asteroide está más cerca de nuestro planeta (y más cerca de matarnos), lo cual debilita la potencia de nuestras elecciones. Un cambio de un grado no es tan efectivo, y debemos cambiar de rumbo diez grados para conseguir la misma potencia.

Cuando tenemos menos de veinticinco años, contamos con la potencia máxima, y nuestras elecciones tienen unas repercusiones increíbles. Una elección que efectué hace más de veinte años sigue afectándome. ¡Esto es mucha potencia! Si reflexionas sobre tus elecciones, verás que las llevas a cabo en un instante pero que sus consecuencias se alargan toda la vida, sobre todo las que efectuaste a una edad temprana.

Las elecciones de tu vida son como un gran roble que tiene millones de ramas. Las ramas simbolizan las consecuencias de tus elecciones. Cerca del tronco del árbol, las ramas son gruesas, lo que refleja las decisiones que tomaste temprano en la vida, mientras que las ramas más alejadas son delgadas, lo que simboliza las decisiones que has tomado cerca del final de tu vida.

Las elecciones juveniles irradian la mayor fuerza y se funden prácticamente con el tronco de tu árbol. A medida que las ramas se bifurcan con el paso del tiempo, se vuelven más débiles y delgadas. No tienen potencia suficiente para doblar el árbol en nuevas direcciones, porque el tronco es grueso a causa de la edad, la experiencia y los hábitos reforzados.

El accidente que sufrí con la motocicleta tuvo una potencia considerable, porque actualmente experimento aún sus repercusiones. Si a los veintitrés años no estás casado y ya tienes cinco hijos, ¿adónde crees que te llevarán las ramas de tu árbol de las elecciones? ¿Cómo de grueso e indestructible es tu árbol? Si te saltas las clases y estás borracho durante los cuatro años de universidad, ¿cómo se extenderá este comportamiento en el árbol? Si tu mejor amigo es traficante de drogas, ¿adónde te conducirá esta rama?

Con dieciséis años, para gastar una broma, David enciende una bomba de humo en el autobús escolar y catorce niños sufren las consecuencias de su inhalación. Afortunadamente, los niños no tardan en recuperarse, pero David permanece arrestado durante diez días, y esto impulsa su vida por un camino diferente. Mientras está detenido conoce a Rudy, quien le enseña las «reglas» del robo perfecto. Esta relación forja la nueva «elección profesional» de David: dedicarse a robar. Después de evitar la ley durante siete años, es detenido, declarado culpable y sentenciado a nueve años de cárcel.

Si David no hubiera conocido a Rudy, ¿qué sería? ¿Bombero? ¿Banquero? Las elecciones y su potencia van muy lejos.

A los diecisiete años y en contra de los deseos de sus padres, Alyssa, una estudiante con honores, se va de su casa para irse a vivir con un hombre de treinta y un años al que había conocido cuatro meses antes en el bar local. Su novio le presenta la metanfetamina cristal, y lo que empieza como un experimento divertido acaba por convertirse en una adicción que deteriora su vida. Alyssa recurre a actividades ilegales para mantener su hábito; incluso les roba a sus padres. Al final, es atrapada en el centro comercial robando y sentenciada a tres años de cárcel y a seguir un programa de rehabilitación.

Si Alyssa hubiera escuchado a sus padres, ¿dónde estaría hoy? Las elecciones y su potencia van muy lejos.

Las elecciones más pequeñas que llevas a cabo en tu vida diaria crean hábitos y estilos de vida que conforman un proceso; estas son las que pueden tener el mayor impacto. No puedes decidir «pasarte a la vía rápida», porque esto sería un acontecimiento, y *transitar por la vía rápida es un proceso que incluye centenares de elecciones*.

Tengas la edad que tengas, reflexiona sobre tu vida y analiza las bifurcaciones que has encontrado en el camino y adónde te han llevado tus elecciones. Las bifurcaciones son posibilidades de elección, tanto grandes como pequeñas, y todas presentan un rasgo en común: el tremendo poder que tienen de llevarte a lugares diferentes. Lo que sea que decidas hoy tendrá un impacto mañana, en las semanas siguientes, en los meses siguientes, en los años siguientes, en las décadas siguientes y, sí, en las generaciones siguientes.

Si tienes menos de treinta años, tus elecciones cuentan con la máxima potencia, porque constituyen las ramas gruesas de tu árbol. ¡Es hora de que pises el acelerador a fondo!

RESUMEN DEL CAPÍTULO: INDICACIONES PARA LA VÍA RÁPIDA

- La principal causa de la pobreza son las malas elecciones.
- El volante de tu vida son tus elecciones.
- Estás exactamente donde elegiste estar.
- El éxito consiste en centenares de elecciones que conforman un proceso. El proceso constituye el estilo de vida.
- Las elecciones son la forma de control más potente con la que cuentas en tu vida.
- Las elecciones traidoras tienen siempre un impacto negativo en tu vida.
- Tus elecciones tienen una potencia significativa, es decir, cuentan con mucho recorrido en el futuro.
- Cuanto más joven eres, más potentes son tus elecciones; cuentas con más «caballos de fuerza».
- Con el tiempo, la potencia de las elecciones mengua, ya que las consecuencias de las elecciones anteriores son «gruesas» y «difíciles de doblar».

Limpia tu parabrisas

*Hasta que no vemos lo que somos no podemos dar
pasos para convertirnos en lo que deberíamos ser.*

Charlotte P. Gilman

LIMPIA TU PARABRISAS

Mientras le echaba gasolina a mi Lamborghini, un adolescente me preguntó en una ocasión si podía tomar algunas fotos.

—¡Claro, adelante! —le respondí.

Tras lanzar varias exclamaciones sobre el automóvil, dijo:

—Tengo que tomar tantas fotos como sea posible porque nunca podré pagar uno como este.

¿Ves el problema que presenta esta conclusión? Ese muchacho eligió creer que *nunca* sería dueño de un Lamborghini. No podía ver más allá de su propio parabrisas. ¿Es esta una pequeña elección? ¿Una elección traidora? ¿Una elección que tiene una potencia significativa?

La elección aparentemente inocente de la percepción mencionada contiene el terrible poder de la traición. Puede acabar con los sueños de la persona. El adolescente eligió tener una percepción pobre, la cual siempre lo llevará a unos resultados mediocres. Su jurado interior deliberó y emitió el veredicto: un automóvil de lujo siempre estaría «fuera de su alcance» y, por lo tanto, sus elecciones reflejarían esta mentalidad. Por desgracia, no era consciente del efecto debilitante de tener empañado el parabrisas que nosotros mismos creamos para ver el mundo a través de él.

LA ELECCIÓN DE LA PERCEPCIÓN

En el capítulo anterior te hablé sobre las elecciones y su impacto en nuestra vida. Hasta ahora, solo me he referido a las elecciones relativas a la acción, a los actos físicos que producen consecuencias. Sin embargo, si miramos con mayor profundidad, ¿cuál es la causa de esos actos? ¿Qué es lo que nos motiva a actuar y elegir? Hay dos tipos de elecciones:

1. Las elecciones relativas a la percepción (los patrones de pensamiento).
2. Las elecciones relativas a la acción.

Las primeras sirven como impulso para las segundas: si crees y percibes cierta idea, es probable que actúes de acuerdo con esa creencia. La diferencia entre el adolescente de la gasolinera y yo era la siguiente. Cuando vi mi primer Lamborghini, pensé: «Algún día, voy a tener uno de esos». La elección de mi percepción era fuerte y se fue manifestando en elecciones de actos coherentes con ella.

Eliges interpretar los acontecimientos según tu marco de referencia particular. Tu mente etiqueta y categoriza lo que te rodea. Por ejemplo, cuando alguien dice «perro», es posible que pienses en un labrador negro, mientras que otras personas van a pensar en un caniche. Cuando ves una mansión en la playa, ¿piensas «gente con suerte»? ¿O «nunca tendré una como esta»? El primer paso para tomar mejores decisiones comienza con tu elección relativa a las percepciones, porque tus actos derivan de esas percepciones.

Si pierdes tu empleo, puedes etiquetarlo como un suceso negativo o positivo. Si te cazan yendo a demasiada velocidad, puedes enojarte o estar agradecido. Las elecciones relativas a la percepción empiezan directamente en el órgano que tienes entre los oídos y desembocan en elecciones relativas a la acción.

TU PERCEPCIÓN NO ES LA REALIDAD

Hace unos años, mi novia y yo estábamos en casa de un amigo para participar en una fiesta. Nos sentamos en una mesa pequeña y vimos a un caballero demasiado eufórico que iba de mesa en mesa hablando con la gente. Parecía que quería vender algo. Así era. Acabó por llegar a nuestra mesa y dijo de súbito:

—¡Eh!, ¿os gustaría ganar diez mil dólares al mes?

La pregunta era inapropiada en el contexto de una fiesta, así que decidí responder con el mismo desparpajo:

—¿Diez mil dólares al mes? ¿De verdad?

Pensando que me había enganchado, trató de convencerme para que entrase en un sistema multinivel con el fin de vender un suplemento de hierbas. Lo interrumpí y me reí:

—Escucha, gano diez mil dólares cada dos días, así que para mí tu oportunidad supondría un recorte salarial del noventa por ciento. ¿Crees que me interesa?

Los ojos se les salieron de las órbitas, y tras recogerlos de la mesa, se alejó como un ratón sin su queso.

En ese breve intercambio, ese hombre demostró creer que diez mil dólares mensuales es mucho dinero. Pero no lo es. El dinero es infinito. Los buscadores de oportunidades de la vía rápida pueden encontrar formas de ganar cantidades de seis e incluso siete cifras mensualmente. *Todo es cuestión de percepción.*

Recuerdo cuando pensaba que diez mil dólares era mucho dinero. Era una percepción y no una realidad. Ganar un millón de dólares en un mes es posible si se toman las decisiones adecuadas y si uno conduce por las carreteras de la vía rápida oportunas. Esta percepción lleva a mejores elecciones con respecto a la acción. En cuanto al tipo de la fiesta, eligió uno de los caminos que siguen las multitudes. En lugar de crear una empresa de venta multinivel, se unió a una. En lugar de servir a las masas a través de la *efectación*, se unió a las masas.

LA LIMPIEZA DEL PARABRISAS EMPIEZA CON EL USO DEL LENGUAJE

Puedes ver cuál es tu mentalidad por medio de examinar las palabras que utilizas al hablar y al pensar. Tomemos como ejemplo este comentario que alguien hizo en el Foro de la Vía Rápida:

> ¡Me prometí el viernes pasado! Lo estuve considerando durante un tiempo, pero decidí darle otra oportunidad al matrimonio. Es una gran chica y se merece lo mejor, y creo que puedo dárselo.

Cuando lees esta declaración, ¿ves un éxito asegurado? ¿O un fracaso anunciado? Aunque le deseo a este hombre el mejor matrimonio, veo unas palabras y expresiones flácidas, que denotan falta de confianza: «darle otra oportunidad», «creo». Este lenguaje vaticina problemas. ¿Qué me habría convencido de lo contrario? Una declaración como la siguiente:

> ¡Me prometí el viernes pasado! Lo estuve considerando durante un tiempo, pero decidí casarme por última vez. Es una gran chica y se merece lo mejor, y se lo daré.

Observa la diferencia. La primera manifestación es débil y la segunda es firme. Ambas parecen decir lo mismo, pero una sugiere un posible fracaso, mientras que la otra sugiere compromiso con el éxito. El lenguaje interno tiene peso. Si un neurocirujano te dijese antes de la intervención «creo que puedo operarle e intentaré tener éxito», deberías asustarte y cambiar tu bata de hospital por un camisón celestial.

Cambiar las propias palabras y percepciones de pensamiento es similar a limpiar el parabrisas y ver más allá del propio campo de visión. ¿Cómo manejas tus elecciones relativas a la percepción? ¿Qué lenguaje usas en tu mente? *Yo nunca... No puedo... Solo con que...* ¿O eliges unas palabras mejores? *Es posible... Superaré... Voy a... Puedo...*

Si tu mundo está poblado con palabras como *nunca* y *no puedo*, ¿sabes qué? Que tienes razón. ¡No puedes y nunca podrás! ¿Es posible ganar un millón de dólares en un mes? Claro que sí; pregúntale al tipo que lo logra. ¿Qué hace que su parabrisas sea diferente al tuyo? Las buenas elecciones en cuanto a la percepción se traducen en buenas elecciones en cuanto a la acción. Si cambias tu forma de percibir, tus actos futuros también van a cambiar.

El objetivo de este libro es que transformes tu percepción sobre la riqueza y el dinero. Que creas que es posible jubilarse a cualquier edad. Que creas que la vejez no es un prerrequisito para alcanzar la riqueza. Que creas que tener un empleo es tan arriesgado como tener un negocio. Que creas que el mercado de valores no garantiza que vayas a hacerte rico. Que creas que puedes jubilarte dentro de tan solo unos años.

¿Cómo puedes incorporar estas nuevas creencias de tal forma que sustituyan a las antiguas? Encuentra la información, los recursos y las personas que estén en sintonía con ellas. En mi caso, busqué las historias de aquellos que se habían hecho ricos en poco tiempo y no tardé en descubrir que lo de «hazte rico deprisa» no era un mito. Nunca encontré a ningún joven de diecinueve años que se hubiese hecho rico acumulando dinero en fondos de inversión; pero sí encontré inventores, fundadores de empresas, autores y propietarios de sitios web que eran millonarios a los veinticuatro años.

Si quieres unos resultados extraordinarios, vas a tener que pensar de forma extraordinaria. Desafortunadamente, no vas a encontrar esta forma de pensar si estás atrapado por la fuerza de la gravedad que es la mentalidad de la sociedad y las creencias que nutren dicha mentalidad.

CONSEJOS PARA EL VIAJE: ELIGE MEJOR Y TENDRÁS UNA VIDA MEJOR

A medida que avances en tu trayecto, respétate y pregúntate: ¿es adecuada la forma de percibir que he elegido? ¿Y la forma de actuar que he elegido? ¿Va a traicionar mis sueños y empañará mi parabrisas, impidiéndome así seguir avanzando hacia una vida mejor? ¿He elegido ser una víctima o un vencedor? ¿He decidido rendirme o aceptar el desafío?

Para cambiar tu vida debes empezar por cambiar tus elecciones. El vehículo de la vía rápida hacia la riqueza está impulsado por las elecciones, no por el asfalto. Puedes emplear dos estrategias para elegir mejor, según el tipo de decisión que debas tomar:

1. **El análisis de las consecuencias en el peor de los casos (ACPC)**.
2. **La matriz de decisión promedio ponderada (MDPP)**.

EL ACPC está concebido para alejarte de los desvíos peligrosos y las elecciones traidoras. Por el contrario, la finalidad de la MDPP es ayudarte a tomar mejores decisiones en caso de múltiples contingencias. Cada una de estas dos estrategias opera en un extremo del espectro de las elecciones: una nos ayuda a evitar la toma de decisiones desastrosas y la otra facilita que efectuemos buenas elecciones.

El análisis de las consecuencias en el peor de los casos (ACPC)

Esta herramienta requiere que proyectes tu pensamiento hacia el futuro y que analices posibles consecuencias. El ACPC te pide que respondas tres preguntas en relación con cada decisión que va a tener repercusiones:

1. ¿Cuál es la peor consecuencia que puede tener esta decisión?
2. ¿Cuáles son las probabilidades de que ocurra esto?
3. ¿Se trata de un riesgo aceptable?

Aunque la formulación de estas tres preguntas puede parecer larga, tu proceso de análisis no debería requerir más de unos pocos segundos. No necesitas papel y bolígrafo; solo tu cabeza y elegir conscientemente tu modalidad de percepción. Cuando las elecciones se analizan utilizando el ACPC, los desastres potenciales quedan al descubierto y se pueden escoger alternativas. Los innecesarios caminos traicioneros pueden evitarse.

Yo utilizo el ACPC exhaustivamente. Por ejemplo, hace varios años, después de tomar varias copas en un bar local, me fui a casa con una mujer que había tomado la iniciativa y quería verse satisfecha. Me susurró: «Hazme el amor». Por supuesto, puesto que la había conocido hacía dos horas solamente, sabía que no se trataba de amor, sino de otra cosa. Por detrás de mi ebria pasión, llevé a cabo mi análisis, el ACPC. ¿Cuál era el peor resultado que podía derivarse de la opción de acceder a la invitación?

1. Podía contraer una enfermedad de transmisión sexual.
2. Podía dejarla embarazada y quedar encadenado a esa persona el resto de mi vida.
3. Podía ser falsamente acusado de violación.

¿Cuál es la probabilidad de estos resultados?

1. Contraer una enfermedad de transmisión sexual: el 10 % (¡si nos basamos en su aparente promiscuidad!).
2. Dejarla embarazada: el 1 %.
3. Ser acusado falsamente: el 0,5 %.

¿Son aceptables estos riesgos? Enseguida razoné: «¡Por Dios, no!». Pensé que un riesgo del 10 o el 1 % era demasiado elevado y que las consecuencias podrían cambiar mi vida *para siempre*. Desestimé la proposición de la mujer y oculté mi lujuria en favor de una mejor elección. ¿Y si no lo hubiera hecho? Me habría gustado divertirme un poco, por supuesto, pero ¿y después? ¿Debería afrontar una situación de embarazo no planificado con una mujer a la que no conocía? ¿Me condenaría a padecer una enfermedad que pondría en peligro mi salud y limitaría mi búsqueda de una futura pareja? Las posibles consecuencias de esa acción incluían graves trayectorias traidoras, que evité.

El ACPC entra en juego cuando voy conduciendo. Ya sea que conduzca un Viper o un Lamborghini, siempre aparece algún conductor idiota que me reta a una carrera. Cuando eso ocurre, piso fuerte el acelerador durante tres segundos, no voy a negarlo, pero en ese tiempo se impone el ACPC. ¿Qué es lo peor que podría pasar? Que podría matarme, o podría matar a alguien. ¿Las posibilidades? ¿Un 3 %? Conociendo mi espíritu competitivo en las carreras, los riesgos son peligrosamente elevados. De manera que suelto el acelerador y no me implico. Mientras tanto, el otro conductor acelera (se ve que tiene que demostrar algo), sin tener en cuenta los posibles resultados. Está bien; tal vez haya una razón por la que él está conduciendo un Honda de diez años mientras que yo estoy al volante de un Lamborghini. Que gane la carrera callejera; yo ganaré la vida.

La matriz de decisión promedio ponderada (MDPP)

¿Alguna vez te has visto enfrentado a una decisión difícil? Un día te parece mejor la opción A y al día siguiente te parece mejor la opción B. ¿No sería genial si tomar una decisión difícil fuese tan simple como elegir el número más alto?

La segunda herramienta de toma de decisiones que utilizo compara y cuantifica las opciones en cuanto a las elecciones importantes. Ya sabes qué tipo de decisiones son: ¿debería mudarme o quedarme? ¿Dejarlo o continuar? ¿Volver a la universidad o no? Para trabajar con la MDPP sí necesitas papel y bolígrafo. O puedes visitar HelpMyDecision.com y dejar que la web haga los cálculos por ti. Ten en cuenta que la MDPP está pensada para las grandes decisiones, por lo que tal vez te convendrá usarla unas pocas veces al año, mientras que el ACPC puedes utilizarlo a diario.

Con la ayuda de la MDPP es fácil tomar decisiones, ya que determina y prioriza los factores relevantes y luego cuantifica cada decisión con un valor. El valor más alto refleja la mejor decisión. Por ejemplo, si tuvieses que elegir entre mudarte a Detroit o a Phoenix, la MDPP arrojaría una valoración numérica, como Detroit 88 y Phoenix 93. Según esta valoración, Phoenix sería la mejor opción. Si bien la MDPP es subjetiva y requiere que seas totalmente objetivo, es una gran herramienta para identificar qué opción se adecua más a tus preferencias.

Para usar la MDPP debes tener un mínimo de dos opciones ante ti, pero pueden ser más. Supongamos que vives en Detroit y estás considerando la posibilidad de mudarte a Phoenix. Te debates entre ambas opciones y no consigues ver claro. Un día quieres mudarte, y al siguiente quedarte. Normalmente, esto ocurre cuando hay demasiados factores que deben tenerse en cuenta dentro de cada posibilidad.

En primer lugar, toma un papel y un bolígrafo. Haz tres columnas en el papel. Encabeza la primera de ellas con el título

«Factores», y las otras dos con las palabras correspondientes a las dos opciones (en este caso, «Detroit» y «Phoenix»).

Matriz de decisión promedio ponderada		
FACTORES	DETROIT	PHOENIX

En segundo lugar, ¿qué factores son importantes en tu decisión? ¿El clima? ¿Las escuelas? ¿El coste de la vida? ¿Estar cerca de la familia? Escribe todos los factores relevantes para la decisión, incluidos los que lo son menos, en la primera columna. Ahora, tu MDPP presentaría este aspecto:

Matriz de decisión promedio ponderada		
FACTORES	DETROIT	PHOENIX
Clima		
Escuelas		
Coste de la vida		
Clima empresarial		
Impuestos		
Seguridad		
Diversión		
Cercanía de la familia		

En tercer lugar, junto a cada factor, evalúa la importancia que tiene para tu decisión del uno al diez; el diez indica la máxima importancia. Por ejemplo, padeces un trastorno afectivo estacional, por lo que le asignas un valor de diez al clima en la matriz. A continuación, consideras que tus hijos tienen casi dieciocho años, por lo que decides que un buen sistema escolar no es una prioridad, y le asignas un tres. Procede de esta manera con todos los factores. Ahora, tu MDPP tiene este aspecto:

Matriz de decisión promedio ponderada		
FACTORES	DETROIT	PHOENIX
Clima (10)		
Escuelas (3)		
Coste de la vida (6)		
Clima empresarial (2)		
Impuestos (7)		
Seguridad (4)		
Diversión (8)		
Cercanía de la familia (7)		

Después de haberle asignado un valor a cada criterio, puntúa cada una de las dos opciones en relación con cada factor, también del uno al diez. Le pones un dos al sistema escolar de Detroit y un tres al de Phoenix, ya que determinas que es un poco mejor. Le pones un cinco a las posibilidades de diversión en Detroit, donde están tus poderosos Red Wings, y un dos a las de Phoenix. Sigue así en relación con todos los factores dentro de cada opción. Así queda ahora tu MDPP:

Matriz de decisión promedio ponderada		
FACTORES	DETROIT	PHOENIX
Clima (10)	2	8
Escuelas (3)	2	3
Coste de la vida (6)	5	7
Clima empresarial (2)	6	4
Impuestos (7)	6	7
Seguridad (4)	3	6
Diversión (8)	5	2
Cercanía de la familia (7)	10	0

Ahora, en cada fila, multiplica el valor de cada factor por la puntuación que le has dado en cada una de las opciones y coloca ese número al lado de la puntuación correspondiente, entre corchetes. Por ejemplo, en la fila de la diversión, el total en el caso de Detroit es 40 (8 x 5) y en el caso de Phoenix es 16 (8 x 2). Haz esto en todas las filas. Al finalizar, tu MDPP quedará así:

Matriz de decisión promedio ponderada		
FACTORES	DETROIT	PHOENIX
Clima (10)	2 [20]	8 [80]
Escuelas (3)	2 [6]	3 [9]
Coste de la vida (6)	5 [30]	7 [42]
Clima empresarial (2)	6 [12]	4 [8]
Impuestos (7)	6 [42]	7 [49]
Seguridad (4)	3 [12]	6 [24]
Diversión (8)	5 [40]	2 [16]
Cercanía de la familia (7)	10 [70]	0 [0]

El último paso consiste en sumar los números que están entre corchetes para obtener la cantidad final correspondiente a cada opción. La que obtenga la puntuación más alta será la preferible. Así queda, al final, la MDPP:

Matriz de decisión promedio ponderada		
FACTORES	DETROIT	PHOENIX
Clima (10)	2 [20]	8 [80]
Escuelas (3)	2 [6]	3 [9]
Coste de la vida (6)	5 [30]	7 [42]
Clima empresarial (2)	6 [12]	4 [8]
Impuestos (7)	6 [42]	7 [49]
Seguridad (4)	3 [12]	6 [24]
Diversión (8)	5 [40]	2 [16]
Cercanía de la familia (7)	10 [70]	0 [0]
La mejor opción ········▶	**232**	**228**

En este ejemplo hipotético, deberías permanecer en Detroit porque ha obtenido la puntuación más alta.

La MDPP es una gran herramienta para tomar decisiones importantes siempre que seamos completamente honestos a la hora de evaluar el peso de los distintos factores. He usado la MDPP muchas veces en mi vida para obtener claridad en elecciones difíciles. Me mostró que debía mudarme a Phoenix, me ayudó a ver por qué era oportuno que vendiese mi empresa en el momento en que lo hice e incluso me alejó de algunas malas inversiones empresariales.

En el 2005, tuve la oportunidad de invertir en un restaurante de Las Vegas. Después de informarme sobre la ocasión y los fundadores, llegó el momento de tomar una decisión. Pero no hubo manera. Salí del estancamiento por medio de un análisis MDPP que me indicó que debía desestimar la inversión. Y eso hice. Al cabo de algo más de un año, supe que esa inversión acabó mal y que los inversores perdieron la mayor parte de su dinero. La MDPP arrojó claridad sobre mis dudas y me libré de perder ciento veinticinco mil dólares.

Si examinas un mapa de tu país, encontrarás miles de vías: autopistas, carreteras, calles, avenidas, ramblas..., todas ellas conducentes a lugares diferentes. Tus elecciones revelan esas vías, que muestran ser atajos impresionantes o desvíos peligrosos. Las dos herramientas de toma de decisiones que he presentado son instrumentos de navegación que te ayudarán en tu viaje hacia la riqueza.

QUITA LOS OJOS DEL ESPEJO RETROVISOR

El día de hoy es la línea de salida hacia el resto de tu vida. Sí, hoy es el mañana del que te preocupaste ayer. El problema del pasado es que tenemos recuerdos que no deberíamos haber conservado y que no olvidamos lo que deberíamos olvidar. Si no quitas los ojos del espejo retrovisor, estás atrapado en el pasado. Si estás atrapado en el pasado, no estás mirando hacia delante. Si no estás mirando hacia delante, no puedes alcanzar la meta, el futuro que te has propuesto.

Al universo no le importa tu pasado. No lo ve. Al universo no le importa que llevara pantalones rosas en el instituto. Al universo no le importa que me pelease con Francis Franken y perdiese. Al universo no le importa el máster en Administración y Dirección de Empresas que obtuviste en la Universidad de California en Los Ángeles, que tu padre traficase con drogas o que mojases la cama en la adolescencia. Al universo no le preocupa nada de todo esto. Una persona y solo una convierte en relevantes los «pecados» del pasado: tú.

Si el universo no recuerda, ¿por qué deberías hacerlo tú? Al ser el menor de tres hermanos, ten por seguro que fui objeto de comentarios mezquinos: «gordo», «estúpido» y otros. Sin embargo, el solo hecho de que uno de mis hermanos me hubiese tildado de idiota durante doce años no ha hecho que esta sea mi realidad. Tu pasado nunca es igual a tu futuro a menos que lo permitas.

Piensa en una moneda. Por más veces que se lance al aire, el siguiente lanzamiento siempre es aleatorio. La probabilidad de que salga cara o cruz la próxima vez no se puede vincular con lo que ha salido antes. Ocurre lo mismo con tu pasado. El hecho de que hayas fracasado en cinco relaciones no significa que vayas a fracasar en la siguiente, ¡sobre todo si has aprendido de ellas! El hecho de que hayas estado preparando hamburguesas hace tres horas no significa que no puedas ser millonario el próximo año. El universo olvida. Un ejemplo de ello es que, en mi caso, olvidó que había estado fregando suelos y repartiendo *pizzas* no hacía mucho tiempo.

¿TE TRAICIONAN LOS RECUERDOS?

Tus recuerdos tienen el mismo carácter que tus elecciones. Como estas, pueden ser traidores, estar silenciados o ser aceleradores. Ahora bien, a diferencia de lo que ocurre con las consecuencias de las decisiones, puedes elegir cómo clasificar tu pasado. Los registros del pasado pueden sellarse.

Por ejemplo, si perdiste los ahorros de tu vida en una franquicia de restaurante que quebró poco después de que invirtieses en ella, tus recuerdos pueden ser aceleradores o traidores. Tus recuerdos y la percepción con ellos asociada podrían ser: «Tener un negocio es muy arriesgado. Nunca volveré a tener uno» o «La próxima vez venderé franquicias, en lugar de comprarlas». *La primera de estas declaraciones es traidora, mientras que la segunda es aceleradora.* Tienes elección en cuanto a la forma de conceptualizar tus fracasos y tu pasado. Según cómo lo hagas, o bien te serán útiles o bien te perjudicarán.

Cuando reflexiono sobre mis fallos, dejo que me sirvan para efectuar cambios futuros. Esto forma parte del proceso de admitir la responsabilidad y responsabilizarse: ¿qué he aprendido? ¿Qué puedo cambiar a partir de esa experiencia? ¿Qué debería olvidar?

Después de estrellar mi Viper y estar a punto de matarme, recuerdo haber tenido la sensación de haberlo perdido casi todo. No quise volver a experimentar ese sentimiento, y su recuerdo me sirvió para efectuar un cambio: pasé a considerar que las carreras callejeras son cosa de idiotas. Otra opción habría sido permitir que el ego se impusiese, seguir participando en esas actividades y declarar orgullosamente: «¡Nunca más volveré a perder una carrera!». Si bien las consecuencias de nuestras elecciones no se pueden cambiar, sí podemos modificar los recuerdos que tenemos de lo acontecido, en nuestro provecho. Mi vida no aparece definida por el hecho de haber sido el peor alumno de la clase de gimnasia en el instituto. Si tu pasado define tu existencia, será imposible que te conviertas en la persona que debes llegar a ser en el futuro.

RESUMEN DEL CAPÍTULO: INDICACIONES PARA LA VÍA RÁPIDA

- Lo que elijas hacer derivará de lo que hayas elegido percibir.
- Lo que elijas percibir o no percibir se manifestará como la elección de una determinada acción o inacción.
- Puedes cambiar lo que eliges percibir por medio de sintonizar con aquellos que experimentan tu nueva elección como una realidad.
- El *análisis de las consecuencias en el peor de los casos* te ayuda a evitar las elecciones traidoras.

- La *matriz de decisión promedio ponderada* puede ayudarte a tomar mejores decisiones por medio de arrojar luz sobre las alternativas y los factores implicados.
- El universo no tiene memoria; solo tú tienes.
- Tu pasado puede acelerar tu marcha hacia una nueva vida o puede traicionarte. Tú eliges.
- Si tus ojos están fijos en el pasado, no puedes convertirte en la persona que debes llegar a ser en el futuro.

Cuando el viento sopla en contra

Los mediocres rinden un homenaje ridículo a los genios.

Oscar Wilde

EL VIENTO QUE SOPLA EN CONTRA DE LA VÍA RÁPIDA

El mayor invento de la humanidad fue el avión, porque desafió la fuerza de la gravedad y pareció contravenir las leyes de la física. ¿Cómo iba a poder flotar algo tan pesado? Lo que hizo que el logro de Orville y Wilbur Wright fuese tan espectacular no tuvo que ver solamente con que pusiesen un aparato en el aire, sino también con el hecho de que se sustrajeron del tirón gravitacional de la sociedad:

«Volar es imposible».
«Chicos, estáis locos».
«Estáis perdiendo el tiempo».
«Vaya par de tontos».

Antes de poder abordar la cuestión de volar, los hermanos Wright tuvieron que contrarrestar el viento en contra procedente de la sociedad: el condicionamiento social natural que impregna todas las mentes jóvenes. Un miembro del Foro de la Vía Rápida publicó este contenido:

> Ve a una clase de parvulario y pregunta a los niños quiénes pueden cantar. Todos levantarán la mano. Avancemos trece años y pregunta lo mismo a la misma clase: solo unos pocos adolescentes levantarán la mano. ¿Qué ha cambiado? Que los párvulos creían que podían cantar porque nadie les había dicho lo contrario.

Una exposición perfecta. No debemos escuchar a quienes tienen una actitud negativa, porque han sido condicionados por la sociedad. La sociedad soplará siempre en contra de la dirección en la que vas. No puedes preocuparte por el hecho de apartarte de las normas sociales, porque la norma es estar a dos salarios de la bancarrota. Si quieres ir más allá de los resultados promedio que obtiene la gente promedio, tendrás que adoptar un enfoque poco habitual, con el que no simpatiza «todo el mundo». Cuanto más extraordinario procures ser, más deberás vencer la presión del adoctrinamiento social. *Para adquirir una riqueza extraordinaria deberás tener unas creencias extraordinarias.*

DALE LA ESPALDA AL VIENTO QUE SOPLA EN CONTRA

Si le das la espalda al viento que sopla en contra, este pasa a convertirse en un factor de aceleración. Yo tuve que hacer esto, o habría fracasado. Después de graduarme, se esperaba de mí que encontrase un buen empleo. No lo hice; en lugar de ello, me sumergí en emprendimientos empresariales. Mi familia pensó que estaba loco y proclamó: «¡Estás desperdiciando una formación de cinco años!». Mis excompañeros pensaron que estaba delirando: ¡¿qué hacía repartiendo *pizzas* y conduciendo limusinas teniendo dos títulos empresariales colgados en la pared?! Las mujeres no querían salir conmigo porque había roto el molde profesional asociado con mi formación universitaria propugnado por el cuento de hadas.

Ir por la vía rápida y adquirir velocidad requerirá que les des la espalda a las personas que soplan en tu contra. Tienes que liberarte de la fuerza gravitatoria de la sociedad y sus expectativas. Si no eres consciente de esta gravedad natural, tu vida puede quedar reducida a un ciclo perpetuo de carácter pegajoso, que es lo que la sociedad prescribe como normal: levantarse, ir al trabajo, volver a casa, comer, ver algunos episodios de una serie televisiva, acostarse... y después repetir lo mismo, día tras día. Antes de que te des cuenta, han transcurrido cuarenta y cinco años y necesitas otros veinticinco para que tu plan financiero funcione. El tiempo pasa, los sueños mueren, y ¿qué queda? Un viejo cuerpo marchito desgarrado por lo que podría haber vivido.

¿Quiénes soplan en contra? Son:

1. Los amigos y familiares que no son capaces de entender lo que estás haciendo.
2. Las instituciones educativas, que predican el dogma de la vía lenta.
3. Los padres que han sido condicionados a creer que solo se pueden hacer ricas otras personas.
4. Los gurús de la vía lenta que afirman que tu casa es la mejor inversión.
5. Los gurús de la vía lenta que afirman que cien dólares que inviertas hoy valdrán diez millones de dólares al cabo de cincuenta años.
6. Tu entorno.

¡HUYE DE LOS SOPLADORES INCRÉDULOS!

Denomino «sopladores incrédulos» a aquellas personas que no alientan tus sueños. Hacen que debas afrontar una mayor fricción en tu avance. Cuando expresas entusiasmo en relación con determinadas acciones o ideas, reaccionan manifestando duda e incredulidad, y utilizan expresiones que son fruto del condicionamiento que han recibido, del estilo «esto no va a funcionar», «seguro que hay alguien que ya lo está haciendo» y «¿por qué te molestas en intentarlo?». En los círculos motivacionales, los llaman *ladrones de sueños*.

Debes darles la espalda. Todos los emprendedores tienen sopladores incrédulos en su vida. Los vendedores de las redes multinivel consideran que *yo* soy un soplador incrédulo. Estos individuos presentan obstáculos en nuestro viaje por la vía rápida, y es normal que lo hagan. Recuerda que han sido condicionados por la sociedad a creer en el camino predeterminado. No saben nada de la vía rápida ni creen en ella. Todo aquello que se sale de sus esquemas les parece extraño, y cuando les hablas de la vía rápida es como si les hablases en chino. Si eres productor, formas parte de la minoría; el resto de la población es consumidora. Para ser distinto de «todos» (los que no son ricos), tú (que serás rico) debes contar con un sistema de defensa sólido; de lo contrario, la toxicidad de los incrédulos infectará tu forma de pensar. Relacionarte con personas que piensan de la forma habitual, negativa y limitada, se va a volver en tu contra. Si no los controlas, estos vientos que te golpean te conducen directamente al sofá y la videoconsola. Se trata del viejo «dime con quién andas y te diré quién eres».

Estas posibles influencias te convierten en una tierna flor que necesita protección, agua y mucho sol. Los amigos, familiares y compañeros de trabajo negativos son como nubarrones. Defiéndete de ellos o la consecuencia será que te irás sumergiendo en la mediocridad, poco a poco.

¡HUYE DE LOS VIENTOS AMBIENTALES!

Si bien puede ser que redirijas los vientos que soplan en contra de origen humano, los factores ambientales no son tan fáciles de controlar. ¿Qué son los vientos de tipo ambiental?

En mi caso, el viento ambiental era Chicago. Padecía un trastorno afectivo estacional y necesitaba el sol para motivarme. Chicago era un viento que soplaba en mi contra con fuerza huracanada, y si quería tener éxito, debía darle la espalda. De manera que hui y me mudé a uno de los lugares más soleados del planeta. Si no le hubiera dado la espalda a ese viento ambiental que soplaba en mi contra, este libro no existiría. ¿Dónde estaría hoy si no le hubiese dado la espalda al tornado? Sé que no estaría aquí, feliz y jubilado treinta años antes de lo habitual. No, estaría en la autopista Kennedy luchando contra el tráfico y adicto a los antidepresivos.

Tomé la decisión de convertir el viento ambiental que soplaba en sentido contrario en viento de cola. Si bien no puedo culpar al entorno de todos mis problemas, estos me impulsaron a pasar de estar «interesado» en la riqueza a «comprometerme» con ella.

Otro viento en contra puede ser el entorno laboral. Si tu empleo odiado te roba la vitalidad, es un viento en contra. Si después de un largo día de trabajo no te sobra nada de energía para dedicarla a tus sueños ni a tu plan de la vía rápida, estás acabado. El viento te mantiene atrapado.

Uno de los empresarios de éxito a los que estudié fue Sylvester Stallone. Aunque la gente cree que es un actor, en realidad es un emprendedor. Su guion para *Rocky* fue su producto estrella, que conmovió a millones de personas, y lo vendió con una serie de condiciones, que incluían que él tenía que interpretar el papel principal.

Stallone no desconocía la ley de la *efectación*. Uno de los elementos reveladores de su historia de éxito fue su resistencia a conseguir un empleo «normal». Mencionó que si hubiese decidido trabajar en alguna empresa, su sueño habría muerto, porque sabía que la fuerza de la gravedad de un empleo era demasiado fuerte para que pudiese resistirse a ella. Reconoció que un entorno empresarial habría sido un viento en contra. Si tu entorno sopla fuerte en tu cara, debes tomar medidas para alejarte de ese viento. ¿Qué vientos te impiden perseguir tus sueños? Toma el control y efectúa elecciones que puedan alterar el rumbo de tu vida.

CÓMO CREAR VIENTOS ACELERADORES

Mi viento en contra era mi entorno. En tu caso, podrían ser unos amigos negativos u otras influencias procedentes de la vía lenta. Cuando les das la espalda a estos factores, ese viento deja de soplar en tu contra. Cuando te asocias con personas que potencian tus objetivos, generas un viento que te empuja desde atrás y ganas impulso. Las personas positivas nutren tu crecimiento, les quitan importancia a tus fracasos e invierten en tus sueños. Te ayudan a perseguirlos, no solo porque te motivan, sino también porque contribuyen a incrementar el alcance de tus iniciativas llegado el momento.

Las personas son como caminos: pueden traer oportunidades o angustia a tu vida. La calidad de estos caminos depende únicamente de la calidad de la persona. Piensa en tus relaciones como en un pelotón de ejército con el que vas a entrar en batalla. ¿Junto con quién vas a pelear? ¿Con tu amigo Mark, que siempre llega tarde, miente y se emborracha todos los sábados por la noche? ¿Con tu amiga Lucy, que tiene un empleo nuevo cada tres semanas, la sorprendieron robando en el centro comercial y solo está buscando a un tipo superrico que la lleve al paraíso? ¿Son estas las personas con las que puedes contar? ¿Son estas las personas con las que quieres ir a la batalla? Si no es así, debes elegir mejores guerreros.

¿Cómo? Únete a clubes de emprendedores, asiste a eventos de fomento de contactos, alíate con individuos de ideas afines, ten contacto con gente que siga la vía rápida y que crea que cualquier cosa es posible y decide a quién quieres en tu equipo de guerreros. Lee libros, incluyendo autobiografías, de aquellos que tienen el tipo de éxito que deseas. Encuentra un mentor. Participa en foros de emprendedores afines a la mentalidad de la vía rápida, como el que yo he creado. No pasa ninguna semana sin que reciba el correo electrónico de alguien que me dice: «Este foro ha cambiado mi vida». ¡Esto es un viento de cola!

Amigo, esto es una guerra y tu vida está en juego. Necesitas contar con guerreros que conserven la sangre fría ante la Estrella de la Muerte y puedan desactivar el rayo abductor de la vía lenta, en lugar de contar con unos gallinas que dejen caer su carga a la primera señal de que se acercan los cazas imperiales de la vía lenta. Reflexiona sobre tu entorno y tus relaciones y reconoce los vientos que soplan en tu contra. A continuación, elige la acción aceleradora: ¿se pueden eliminar, ignorar o gestionar estos vientos? A diferencia de lo que ocurre con el viento atmosférico, puedes decidir qué hacer con los vientos que soplan en tu contra. El éxito sigue a aquellos que hacen que los vientos los empujen.

¿LA MEDIA NARANJA O LA MITAD DE LAS DISTRACCIONES ENCARNADAS EN UNA SOLA PERSONA?

El peor viento en contra puede ser que lo sople la persona que está sentada en el asiento del acompañante de tu vehículo. No para de sermonearte sobre tus estúpidas ideas ni de recordarte tus fracasos. O no dice nada y se limita a distraerte: juguetea con la radio, va manipulando el control de la temperatura, sube y baja las ventanillas y tararea viejas canciones de Duran Duran. O no deja de darte instrucciones: «¡Charles, Charles! ¡Haz esto! ¡Haz aquello! ¡Gira por ahí! ¡No, por aquí no, idiota!». ¿Te puede acechar un peligro mayor que este en tu viaje? ¿Quién es esta persona? ¿Qué hace en tu vehículo?

Esta persona es tu pareja. Al hablar con otros aspirantes a emprendedores, me he dado cuenta de que las parejas (maridos, esposas, prometidos, prometidas, novios y novias) pueden constituir algunos de los principales obstáculos. Tener un compañero que no comulgue con los ideales y filosofías por los que riges tu vida es como arrastrar un remolque lleno de abono húmedo. Si tu pareja no es afín a la filosofía emprendedora y sigue el camino de la vía lenta, ¿puedes esperar que avancéis juntos, al unísono? Alguien que pelea contigo en tu bando es un factor de aceleración; si lo único que hace es oponerse a tus ideas y proyectos, es un factor boicoteador.

Una de mis primeras novias era un excelente partido. Pero era devota de la filosofía de la vía lenta. No podía entender mi anhelo ferviente de ser un emprendedor. Nuestra relación se fue estancando a medida que mis fracasos se fueron sucediendo, y acabó por romperse. No fue culpa de nadie; solo ocurrió que éramos dos personas diferentes que estaban siguiendo caminos distintos.

Las malas relaciones son obstáculos en el camino hacia el éxito por la vía rápida. Quitan energía y debilitan los sueños. Tener una relación de este tipo es como remar en bote río arriba. Los pasajeros reacios incrementan la carga, distraen y, a veces, sale caro deshacerse de ellos. Sí, el divorcio es traicionero y costoso, tanto en términos emocionales como económicos. Ir por el camino menos transitado ya es difícil de por sí; ¿por qué complicar el viaje añadiendo al automóvil el peso de alguien que no comparte tu destino? ¿Mantienes la relación correcta con una persona que cree en ti y en tus objetivos? ¿O es tu relación como el agua tibia, es decir, no es buena ni mala, sino solo lo bastante cómoda para soportarla? Si es así, puede ser que haya llegado el momento de que la reevalúes.

RESUMEN DEL CAPÍTULO: INDICACIONES PARA LA VÍA RÁPIDA

- La fuerza de la gravedad de la sociedad no nos empuja a ser personas excepcionales, sino individuos promedio.

- Las relaciones tóxicas te quitan energía y restan valor a tus objetivos.

- Las personas que forman parte de tu vida son como tus compañeros en un pelotón de batalla. Pueden salvarte, ayudarte o destruirte.

- Las buenas relaciones aceleran tu proceso, mientras que las malas relaciones lo boicotean.

Tu combustible principal: el tiempo

El tiempo no es una mercancía, algo que pueda pasar de unas manos a otras como un pastel. El tiempo es la sustancia de la vida. Cuando alguien te pide que le des tu tiempo, en realidad te está pidiendo que le des un pedazo de tu vida.

Antoinette Bosco

LA CUBETA DE POLLO FRITO DE SEIS DÓLARES

¿Por qué la mayoría de la gente nunca se hará rica? Basta con que te fijes en una cubeta de pollo frito de seis dólares. La noticia corrió como la pólvora: un importante restaurante de comida rápida ofrecía una cubeta de pollo gratis a cualquiera que presentara un cupón disponible en Internet. La gente acudía a los restaurantes y esperaba durante horas, solo para que le diesen la cubeta prometida. ¿Conoces a alguien que haga cola durante horas solo para obtener algo gratis?

¿Eres una de esas personas?

Episodios como el que acabo de narrar son habituales, y mi reacción es siempre la misma: ¿qué diablos le pasa a la gente? Te lo diré: *esas personas le otorgan a su tiempo un valor cero.* Para ellas, es gratis. Igual que ocurre con el aire que respiramos, están convencidas de que el tiempo es abundante, de que hay una cantidad infinita. Viven como si fuesen inmortales. Están seguras de que el tiempo, el combustible de su vida, nunca se va a agotar.

Me pregunto: si a esas personas les quedasen tres semanas de vida, ¿harían cola para obtener una cubeta de pollo gratis? ¿Y si les quedasen tres meses? ¿O tres años? ¿En qué nivel de mortalidad llegarían a la conclusión de que hacer cola durante tres horas para obtener pollo gratis no constituye un buen uso del tiempo? Esta es la grasienta verdad del caso del pollo: *concédele poco valor a tu tiempo y serás pobre*. Si tu elección, como estilo de vida, es malgastar tu tiempo, quedarás varado en lugares en los que no quieres estar.

Mira a tu alrededor. ¿Cómo valoran su tiempo tus amigos, familiares y compañeros de trabajo? ¿Hacen cola para ahorrarse cuatro dólares? ¿Conducen durante cuarenta minutos para ahorrarse diez? ¿Están apalancados en el sofá esperando ver, ansiosamente, quién es el ganador en el programa de telerrealidad del momento? El estadounidense promedio ve la televisión durante más de cuatro horas diarias. En el transcurso de una vida de sesenta y cinco años, esas personas se habrán pasado *nueve años* pegadas a la pantalla. ¿Por qué? Sencillo. La vida apesta. Hay que evadirse de la vida. La vida no es buena. Muéstrame a alguien que se pase horas jugando a videojuegos de navegador como *Mafia Wars* o *Farmville* y te mostraré a alguien que es probable que no tenga mucho éxito. Cuando la vida apesta, se buscan escapes. Yo no necesito la televisión porque invierto mi tiempo en una vida real, digna de ser vivida, en lugar de evadirme a una realidad ficticia que se retransmite todos los martes a las ocho de la tarde.

Lo vuelvo a repetir: el pensamiento mayoritario genera mediocridad. Para la mayoría, el tiempo es un activo que infravaloran, y por eso lo malgastan irracionalmente.

¿CON QUÉ RAPIDEZ SE ESTÁ HUNDIENDO
TU BARCO? EL CASO DEL *TITANIC*

Las personas que hacen cola para ahorrar dinero deberían sostener una pancarta que anunciase al mundo: «Valoro más el dinero que mi vida». Esta elección es un error fundamental.

Un gran ejemplo de cómo el tiempo reina sobre el dinero lo ofrece la película *Titanic*, de 1997. El barco se está hundiendo y quedan pocos botes salvavidas, y Caleden Hockley, un acaudalado industrial del acero interpretado por Billy Zane, negocia su vida con un oficial del barco y le ofrece efectivo a cambio de un asiento en uno de los botes. El oficial le reprocha al magnate su ofrecimiento exponiéndole una dura verdad: «Su dinero no puede salvarle a usted más de lo que puede salvarme a mí».

Reflexiona sobre esto por un momento: tu dinero no puede salvarte a ti más de lo que puede salvarme a mí. Potente. En esos ocho segundos, el verdadero valor del tiempo queda al descubierto y nos cruzamos con la certeza de nuestro propio reloj de la muerte. Una vez que tu tiempo se ha ido, estás muerto. Cuando tu reloj deje de marcar la hora, ninguna cantidad de efectivo te salvará del final.

Los conductores de la vía rápida entienden que *el tiempo es el depósito de gasolina de la vida*. Cuando el depósito se queda vacío, la vida se acaba. El tiempo es el activo más valioso que posees; no el dinero, no el Mustang restaurado de 1969, no la colección de monedas viejas del abuelo. El tiempo. El hecho es que todos nosotros estamos en un barco que se hunde. ¿Dispones de tu tiempo en consonancia con esta realidad? ¿Lo tratas como se merece o de forma descuidada? ¿O estás malgastando tu combustible primordial como si el depósito no fuera a vaciarse nunca?

NACISTE RICO Y MORIRÁS ARRUINADO

El tiempo es el gran igualador. Naciste con el depósito lleno de gasolina. No hay estaciones de servicio, y la única vez en que se llenó fue el momento en que tomaste tu primera bocanada de aire.

No puedes extender tu tiempo más allá de los límites que te impone tu mortalidad. Por supuesto, puedes aumentar tu esperanza de vida desde los setenta y seis años hasta los ochenta y dos si cuidas tu salud y llevas una buena dieta, pero dentro de los límites de la mortalidad, el tiempo no es infinito, sino finito. El mayor acto de latrocinio que comete la humanidad es actuar como si el tiempo que vamos a estar en la Tierra fuese infinito, cuando no lo es.

La realidad es que el tiempo es mortalmente escaso, mientras que el dinero es extremadamente abundante. En un día cualquiera, se intercambian tres billones de dólares en los mercados de divisas mundiales. Es decir, 3.000.000.000.000 dólares. Para ponerlo en perspectiva, podrías gastar un millón de dólares al día durante ocho mil años (o, lo que es lo mismo, durante ciento nueve vidas) y no llegarías a gastar los tres billones. El dinero es abundante y continuará siéndolo mientras los gobiernos del mundo sigan imprimiéndolo.

Ahora bien, ya que no vas a vivir ocho mil años en esta vida, ¿no es lógico extraer la conclusión de que el dinero es un recurso abundante mientras que el tiempo no lo es? Siempre puedes ganar más dinero, pero no puedes desafiar la mortalidad. Lo irónico de la fortuna financiera es que por más dinero y bienes que tengas, morirás en la quiebra. No puedes escapar de la combustión continua del tiempo, que tiene lugar a cada segundo. Al tiempo le da igual si vives feliz o deprimido; se va escurriendo de todos modos. Como el tiempo es escaso, ¿no tendría sentido que no perdieses tres horas de tu vida por una cubeta de pollo de seis dólares?

PAGAS EL RESCATE DE TU TIEMPO LIBRE CON TIEMPO CONTRATADO

Hay dos tipos de tiempo que conforman tu vida: tu *tiempo libre* y tu *tiempo contratado*.

Tiempo de vida = Tiempo libre + Tiempo contratado

Tu *tiempo libre* es el que puedes gastar como quieras: viendo la televisión, haciendo *footing* en el parque, jugando a videojuegos, durmiendo, comiendo, yendo de vacaciones... Si tu situación es la misma en la que se encuentran la mayoría de las personas, tu tiempo libre se concentra en las noches y los fines de semana, que es cuando no estás intercambiando tu tiempo por dinero.

El *tiempo contratado* es el opuesto: es el tiempo total que dedicas a ganar dinero. No incluye solamente el tiempo en el que estás trabajando, sino también el resto del tiempo vinculado con tu actividad laboral: te levantas por la mañana, te duchas, te vistes, te diriges a la estación de tren, esperas, te desplazas hasta el lugar de trabajo, trabajas durante ocho horas y regresas a casa; el tiempo que dedicas a todo ello es tiempo contratado. Cuando te pasas todo el fin de semana recargando las pilas tras una dura semana laboral, ese es tiempo contratado. En definitiva, el tiempo contratado es el que dedicas al trabajo en sí y a aquello que guarda relación con el trabajo. Los rituales matutinos, el tráfico, la compilación de informes en el hogar, las «recargas» de energía... Cualquier cantidad de tiempo que dediques a ganar dinero es tiempo contratado.

Si ganas la lotería y dejas tu empleo porque ya no necesitas que nada de tu tiempo sea contratado, este tipo de tiempo se ve reemplazado de pronto por tiempo libre. *El dinero compra tiempo libre y erradica el tiempo contratado.* Mientras debas trabajar, lo irónico es que tu tiempo libre no es gratuito; lo compras pagándolo con tu tiempo contratado. Disfrutas de dos semanas de vacaciones porque las paga tu año de tiempo contratado. Puedes relajarte con una cerveza fría en el sofá porque has pagado antes por ella, con ocho horas de tiempo contratado. *El tiempo contratado es el «pago para el rescate» de tu tiempo libre.*

EL TIEMPO CORRECTO FRENTE AL TIEMPO EQUIVOCADO

Existe el tiempo correcto y el tiempo equivocado. El primero es el tiempo libre; el segundo, el tiempo contratado. En la vía lenta se rescata tiempo por medio del tiempo dedicado al trabajo y el dedicado a invertir en los mercados financieros. ¡Recuerda que cinco días comprometidos a cambio de dos días de libertad es un mal intercambio! Un plan financiero en el que el árbitro es el tiempo no es un buen plan financiero.

Si hubieses nacido como esclavo, el tiempo de tu vida sería «contratado» en un 100 % y libre en un 0 %. Si bien el tiempo total no puede alterarse, sí puedes modificar los porcentajes. ¿No te gustaría que tu tiempo contratado fuese un día y tu tiempo libre fuesen seis? Si puedes «robarle» tiempo libre al tiempo contratado, tu vida contendrá más «tiempo correcto» y menos «tiempo equivocado».

¡DESHAZTE DE LA BASURA QUE LLEVAS EN EL MALETERO!

Si eres piloto de carreras, sabes que cada gramo de peso cuenta. Quienes participan en competiciones eliminan todo lo que no es esencial para que el automóvil sea lo más ligero posible. Esto incrementa la eficiencia, la velocidad y el rendimiento del vehículo. El peso innecesario obliga al automóvil a realizar un mayor esfuerzo. Sin embargo, en nuestro viaje hacia la riqueza, cargamos con un peso innecesario. Llevamos el maletero del coche lleno de basura, lo cual nos obliga a trabajar más duramente. Y cuando trabajamos más de ese modo el tiempo suficiente, nos desgastamos y sucumbimos. Este peso debilitante es la *deuda parásita*.

La deuda parásita es todo lo que le debes al mundo. *Son los desperdicios del estilo de vida basado en la servidumbre.* Tu nuevo y flamante Infiniti que debes pagar en sesenta plazos mensuales, tu hipoteca a treinta años, tu elegante ropa de diseño que hace cuatro meses que está pasada de moda y, sí, incluso ese mobiliario terrible que parecía una buena idea en su momento. Toda esta basura crea servidumbre y te ata al tiempo contratado. Cuando estás obligado a trabajar, tus opciones se ven limitadas, y las opciones limitadas te cierran caminos. Aparte de la colección de muñecas espeluznantes de mi madre, nada me parece más aterrador que tener un parásito enganchado al cuello que me vaya chupando la sangre. La deuda parásita es un lastre en tu viaje; es un chupasangre que te roba el tiempo libre, la energía, la libertad y la salud. Es enemiga de todos los aspectos de la verdadera riqueza.

LA DEUDA PARÁSITA CONSUME EL TIEMPO LIBRE

La causa principal del tiempo contratado es la deuda parásita. Seguramente has oído la expresión *ladrón de corazones*. Pues bien, la deuda parásita es la *ladrona de vidas*. Es un cerdo glotón que engulle el tiempo libre y lo excreta como tiempo contratado. Cualquier deuda que te obligue a trabajar hace que debas restar tiempo a la columna del tiempo libre y añadirlo a la columna del tiempo contratado.

La deuda necesita un goteo de sangre constante, y esa sangre proviene de tu depósito de gasolina: el tiempo. Y dado que el tiempo es fijo, el incremento de la cantidad de tiempo contratado procede de una sola fuente: tu tiempo libre.

EL COSTE DE LA DEUDA PARÁSITA

El estadounidense promedio debe más de lo que puede asumir. Tener un estilo de vida basado en el crédito da lugar al estilo de vida basado en la servidumbre, cuya expresión es el tiempo contratado. Y como el tiempo total es limitado, el tiempo contratado aumenta por medio de robarle al tiempo libre. El tiempo contratado lleva al arcén.

La próxima vez que compres un artilugio lujoso a crédito, debes saber exactamente lo que estás comprando: estás adquiriendo una deuda parásita que consume tu tiempo libre y lo expulsa como tiempo contratado.

Por ejemplo, si compras un sistema de audio que cuesta cuatro mil dólares y ganas diez dólares por hora, ¿cuál es el precio real de tu adquisición? ¿Cuál es el peso de esa deposición intestinal?

Su precio son cuatrocientas horas de tu tiempo libre, ya que deberás trabajar cuatrocientas horas por diez dólares la hora para pagar la deuda. Añádele un 10 % en concepto de intereses y el coste final será de cuatrocientas cuarenta horas de tu tiempo libre, que deberás añadir a la carga que ya estés llevando. Así que la próxima vez que saques la Visa calcula el precio real del artículo. ¿Cuánto tiempo libre te va a costar eso? Todo lo que compramos no tiene un coste, sino dos:

1. El coste monetario.
2. La cantidad de tiempo libre transformada en tiempo contratado.

LA LEY DE LAS GALLETAS CON PEPITAS DE CHOCOLATE

Cuando pasé a vivir por mi cuenta, aprendí rápidamente la ley de las galletas con pepitas de chocolate: si las galletas no entran en el carro de la compra, no llegan a casa. Y si no llegan a casa, no se meten en mi boca. Y si no entran en mi boca, no se transforman en grasa abdominal.

La deuda parásita sigue la misma ley. Controla la deuda parásita controlando su fuente: la gratificación instantánea, la cual es un rasgo del arcén. La próxima vez que te sientas impulsado a comprar algún abalorio en una tienda de ropa y complementos, pregúntate: ¿estará obsoleto al cabo de seis meses y acabará en el garaje junto con todos los otros trastos? Dentro de cuatro meses, ¿esta estúpida camiseta tribal quedará relegada a ese lado polvoriento del armario reservado para las batas que te pones al pintar? Cuando compres el próximo capricho de moda sin poder permitirte el lujo de hacerlo, estarás abriendo las compuertas a la deuda parásita para que fluya contigo río abajo, hasta el arcén.

Si el coste de ese producto no te obliga a echar mano de la tarjeta de crédito, no se convierte en un parásito. En tal caso, estás protegiendo tu tiempo libre. Cuando te plantees comprar algo, piensa: ¿me *quitará libertad* esta adquisición? ¿Seré su dueño o ella me poseerá a mí? Mientras que algunos eligen verse privados de libertad detrás de unas barras de hierro, otros eligen no tener libertad detrás de paredes forradas con terciopelo. Ambos tipos de personas se encuentran en la misma situación. La mayor riqueza consiste en tener el tiempo libre que nos permita vivir tal como queremos vivir. En la vía rápida se trata de ser rico tanto en lo que respecta al estilo de vida como en lo que respecta al tiempo.

UNA MALA VALORACIÓN DEL TIEMPO LIBRE CONDUCE A LA POBREZA

Todos, tanto los ricos como los pobres, poseemos, compartimos y consumimos la misma cantidad de tiempo. Tú lo usas todos los días. Y yo. Y tu vecino. Nadie obtiene más y nadie recibe menos. Todos disponemos de veinticuatro horas. A nadie se le otorgan privilegios injustos en este ámbito. Tú, yo y todos tenemos veinticuatro horas al día a nuestra disposición para consumirlas y gastarlas. El tiempo es el igualador supremo.

Si eso es así, ¿por qué tan pocos se hacen ricos mientras que el resto sobrevive de sueldo en sueldo? La diferencia radica en la valoración que hacen del tiempo libre unos y otros, en el itinerario elegido y en el hecho de que hayan adquirido, o no, deuda parásita. Adivina si los comportamientos siguientes corresponden a los de una persona rica o pobre:

- Duerme hasta el mediodía.
- Se pasa horas mirando programas de telerrealidad en la televisión.
- Conduce durante dos horas para ahorrar veinte dólares.
- Compra billetes de avión para efectuar un viaje con varias escalas para ahorrar cien dólares.
- Se pasa horas navegando por las redes sociales y los blogs de chismes.

- Es un druida de nivel 10 en el videojuego de rol en línea *World of Warcraft*.
- Mira todos los partidos de su equipo.

Detrás de las enredadas raíces de la pobreza encontrarás una escasa valoración del tiempo libre, que se concreta en malas elecciones. Quienes pierden el tiempo es porque no lo valoran como merece. Se trata de las personas que están acampadas a las puertas de Wal-Mart a las cuatro de la madrugada esperando beneficiarse de las rebajas. Se trata de las personas que duermen a las puertas de Best Buy esperando ganar un televisor de alta definición de treinta y dos pulgadas. Se trata de las personas que aguardan fuera de IKEA esperando obtener un desayuno gratis.

Los «perdedores de tiempo» también son *ahorradores poco prácticos*. El ahorrador poco práctico se aferra desesperadamente a cada dólar, temeroso de que no vuelva nunca. La poca practicidad extrema nunca ayuda a ahorrar dinero. Por ejemplo, una vieja amiga mía quería una bicicleta estática y la encontró de oferta en una tienda situada a varios kilómetros de distancia de su casa. Le dije que comprara el maldito artículo en la tienda del barrio, donde el precio era veintinueve dólares superior al de la oferta. Pero no, ella era una ahorradora poco práctica. ¿Qué hizo? Conducir durante una hora para ahorrarse veintinueve dólares. En total, invirtió dos horas y media en la compra. Restémosle la gasolina y nos sale que la valoración total que hizo de su tiempo es de unos cinco dólares la hora. Según la última información de la que dispongo, no trabaja por cinco dólares la hora, pero no tiene ningún problema en perder su tiempo libre a este ritmo. Al ahorrador poco práctico le encanta malgastar el tiempo para ahorrar dinero. Desde los billetes de avión que incluyen múltiples escalas hasta el servicio de vehículos lanzadera compartidos de los aeropuertos, no vale la pena ser tan poco práctico para ahorrar unos cuantos dólares.

Si a estas personas les quedasen tres meses de vida, ¿estarían fuera de Best Buy esperando en un saco de dormir? ¿Y si les quedasen seis meses? ¿Y seis años? ¿En qué punto van a guardar su saco de dormir y decir: «Caramba, ¿qué demonios estoy haciendo durmiendo en una acera delante de una tienda de productos electrónicos? ¿Estoy aprovechando mi vida de forma inteligente?»? Los viajeros del arcén duermen en las aceras.

Los conductores de la vía rápida elevan el tiempo a la categoría de consideración principal a la hora de tomar decisiones, porque saben que es nuestro activo más valioso. *Los conductores de la vía rápida son austeros con el uso del tiempo, mientras que los conductores de la vía lenta lo son con el uso del dinero.* Los viajeros del arcén y los conductores de la vía lenta se basan solamente en el dinero para tomar decisiones: ¿en qué empleo les van a pagar más? ¿Dónde está el artículo más barato? ¿Cómo pueden obtener un poco de pollo gratis? El dinero escasea y el tiempo cubre la retaguardia y barre el desastre. Si quieres ser rico, tienes que empezar a pensar como los ricos. *El tiempo es el rey.*

RESUMEN DEL CAPÍTULO: INDICACIONES PARA LA VÍA RÁPIDA

- Los conductores de la vía rápida consideran que el tiempo es el rey de todos los activos.
- El tiempo es mortalmente escaso, mientras que el dinero es extremadamente abundante.
- El tiempo contratado es el tiempo que gastas en ganar dinero. El tiempo libre es el que empleas a tu gusto.
- Tu tiempo de vida está compuesto tanto de tiempo libre como de tiempo contratado.
- El tiempo libre lo compra y lo paga el tiempo contratado.

- Los conductores de la vía rápida buscan transformar el tiempo contratado en tiempo libre.

- La deuda parásita se traga el tiempo libre y lo excreta como tiempo contratado.

- Los caprichos relacionados con el estilo de vida tienen dos costes: el coste en sí y el coste en tiempo libre.

- La deuda parásita debe detenerse en su origen: la gratificación instantánea.

CAPÍTULO
27

Cambia el aceite sucio y gastado

La formación es lo que queda después de que uno ha olvidado todo lo que aprendió en su etapa de estudiante.

Albert Einstein

CAMBIA EL ACEITE CADA 5.000 KILÓMETROS

La primera lección a la hora de adquirir un automóvil: cambia el aceite cada 5.000 kilómetros. Si no haces caso a esta instrucción, tu vehículo muere mucho antes del final de su vida útil. El hecho de cambiar el aceite a menudo posibilita que tu coche siga funcionando de manera óptima. Si no lo cambias, el aceite se ensucia y aparecen los problemas. Puede ser que tu vehículo acabe estropeado en el arcén.

El viaje por la vía rápida requiere que el aceite viejo se vaya viendo reemplazado por aceite nuevo. Y ¿qué es este aceite? *El aceite es la formación.* El conocimiento. La inteligencia callejera. Pero ten cuidado: el aceite debe ser el correcto y el propósito el adecuado.

Los viajeros del arcén no se preocupan por el aceite. Y al cabo de 5.000 kilómetros, están acabados. El último cambio de aceite que llevan a cabo es su graduación. Los conductores de la vía lenta les ponen aceite a sus vehículos con el único propósito de incrementar su valor intrínseco. Buscan la formación y los títulos con los que puedan aspirar a tener un mejor salario. Por su parte, los conductores de la vía rápida cambian el aceite de su vehículo durante toda su vida útil.

LA GRADUACIÓN NO ES EL FINAL: ES EL COMIENZO

Afróntalo: *lo que sabes hoy no es suficiente para llegar adonde necesitas estar mañana*. Debes reinventarte constantemente, y reinventarse es formarse. Por desgracia, la graduación suele ser el punto final de la formación. Sea cual sea la edad en la que nos graduemos, ahí empieza la edad adulta. La fiesta se ha acabado y empieza la vida real. Dejar de aprender tras haberse graduado es matar la riqueza. Los años en los que vas a obtener los ingresos más notables van a ser los *posteriores* a tu graduación; por tanto, ¿no sería inteligente por tu parte que siguieses formándote mucho más allá de los años en los que recibiste la educación formal?

> Jim Gallagher se graduó hace once años y está desempleado. Jim es corredor de bolsa, pero a causa de la proliferación de Internet sus conocimientos están desfasados y próximos a carecer de valor. El mundo ha avanzado, pero él y su formación no lo han hecho. Muy a su pesar, Jim acepta un humilde empleo como dependiente en una tienda de muebles local. Su plan financiero se detiene porque está operando con el mismo aceite gastado que cambió por última vez once años atrás. Jim descuida cambiar el aceite, por lo que su viaje hacia la riqueza fracasa.

La formación (tu aceite) es un componente fundamental en tu viaje hacia la riqueza. Cuando incorporas continuamente nuevos conocimientos, nuevas habilidades y nuevas aptitudes, se abren nuevos caminos y todo va bien. La formación adecuada tiene una potencia increíble.

EL PAPEL DE LA FORMACIÓN

La formación es provechosa tanto en el itinerario de la vía lenta como en el de la vía rápida, pero su papel es muy distinto en uno y otro caso. En la vía lenta, la formación se utiliza para elevar el propio valor intrínseco, mientras que en la vía rápida se emplea para *favorecer y hacer crecer un sistema empresarial*. Además, la formación de la vía rápida está protegida por unos métodos que no favorecen la deuda parásita o el conformismo. Dentro de la vía rápida, el propósito de la formación es incrementar el poder del árbol del dinero y el sistema empresarial. En lugar de ser, tú, un engranaje en una rueda, *aprendes a construir la rueda*.

Por ejemplo, si acudo a un seminario de capacitación para adquirir las habilidades que me van a permitir «contratar magníficos vendedores», estoy llevando a cabo una actividad que va a mejorar la fertilidad de mi negocio y de mi árbol del dinero. Si leo un libro sobre una nueva tecnología informática que muestra cómo crear nuevas funciones interactivas en los sitios web, estoy aprendiendo a favorecer el sistema. Lo repito: en la vía rápida, la función de la formación es fomentar el crecimiento del sistema empresarial. Por el contrario, en la vía lenta, el objetivo de la formación es mejorar el valor intrínseco de quien la recibe. En este último caso, se trata de que la persona se convierta en un engranaje útil en un sistema.

Un usuario del Foro de la Vía Rápida tenía la oportunidad de cursar un máster en Dirección y Administración de Empresas y preguntó si valía la pena. Normalmente, mi respuesta sería no, pero esa vez el contexto era distinto del habitual. En primer lugar, el máster no le costaría dinero al usuario, ya que se lo pagaría el gobierno; solo le costaría tiempo. En segundo lugar, había decidido adoptar la ideología de la vía rápida, por lo que su propósito no era incrementar su valor intrínseco, sino tener más conocimientos, que iban a facilitarle la implantación de su sistema empresarial. Así que le aconsejé que cursase el máster.

«¡NO SÉ CÓMO HACERLO!»

Un cambio de aceite va a hacer que tu automóvil funcione bien durante meses o años, pero hay algo que debes tener en cuenta: tu formación continua no debe cargar con el lastre del conformismo o de la deuda parásita, sino que debe favorecer tu sistema de la vía rápida. ¿Cómo? Haz del mundo real tu universidad. *Tú eres tu propia universidad.*

Pregúntale a cualquier emprendedor de éxito y te confirmará esta verdad: uno aprende más de su implicación, de sus actos, de mostrarse y de repetir las mismas acciones que de cualquier libro o profesor.

«Pero ¡no sé cómo hacerlo!», te lamentas. Por favor, ¡para! La excusa que ocupa el primer lugar en la lista de excusas más utilizadas, el principal enemigo, es el «no sé cómo hacerlo». Bien, ¿y por qué no sabes cómo hacerlo? Voy a decírtelo: no lo sabes porque no te lo has enseñado a ti mismo, ni has tenido suficiente interés en saberlo. Es más fácil ceder bajo el peso del «no sé cómo hacerlo» que buscar activamente la manera. En la sociedad de la información de hoy en día, *no hay absolutamente ninguna excusa para no descubrir la forma de hacer algo.*

Me gradué en la universidad con dos títulos empresariales, en *marketing* y finanzas. Ninguno de ellos tenía que ver con la informática. Cuando me gradué, no tenía ninguna experiencia en el ámbito de la programación. Sin embargo, gané mis millones en Internet. Es curioso el hecho de que después de seguir, durante trece años, una costosa formación reglada, *nunca* cursé, en ese contexto, ninguna asignatura relacionada con Internet o las tecnologías web. Las únicas clases de ordenador que recibí tuvieron que ver con cursos de introducción al mundo de la empresa. Si no acudí a ninguna institución a aprender sobre Internet, ¿cómo me formé en este conjunto de habilidades? Muy sencillo: procuré cambiar el aceite con frecuencia. Me convertí en un autodidacta. Leí libros. Fui a la biblioteca. Me pasé horas en Internet y leí artículos, tutoriales, *wikis*. Busqué y consumí conocimiento.

Hace años, cuando decidí emprender mi negocio con base en Internet, pude haber renunciado fácilmente apoyándome en lo obvio: ¡no sé cómo hacerlo! ¡No sé cómo programar un sitio web! ¡No sé cómo diseñar gráficos! ¡No sé cómo administrar un servidor! ¡No sé cómo escribir textos promocionales! Estas excusas son como una bolsa de plástico que puede asfixiar tus sueños, pero solo si metes la cabeza en ella. En mi caso, mi visión de un sitio web no terminó con el «no sé cómo hacerlo», sino que empezó ahí. ¡Así que saca la cabeza de la bolsa!

Si no hubiese renovado mi conjunto de habilidades (mi aceite), mi viaje se habría estancado. Mi búsqueda religiosa de conocimiento me permitió seguir siendo competente en un mundo en constante cambio y me preparó para las oportunidades que ofrecía la vía rápida. Mi formación no terminó con la graduación, sino que empezó ahí. Y lo mejor de todo fue que mi formación autodidacta me permitió acelerar como impulsado por un doble turbo por la vía rápida, ya que mis habilidades no debían soportar la carga de la deuda parásita o el conformismo.

LA FORMACIÓN ESTÁ DISPONIBLE GRATIS

La mayor parodia del mundo libre es la infrautilización del conocimiento. Entra en la librería más cercana e inhala. ¿Lo hueles? Es el olor del conocimiento infinito. Entra también en la biblioteca de tu localidad y mira. ¡Es asombroso! Hay estanterías llenas de libros que van de pared a pared, y puedes llevártelos sin pagar nada. Imagina que pudieses digerir cada libro, cada párrafo y cada oración. ¿Sería el «no sé cómo hacerlo» un obstáculo para tu éxito?

Me asombra el hecho de que, habiendo tanta información disponible de forma gratuita, la mayor parte de la gente opte por no tomarla. La formación es fruta que está en un árbol esperando a ser cosechada, y todo lo que se necesita es una escalera para acceder a ella. Sin embargo, la mayoría de las personas se aferran a la creencia limitante de que «no pueden pagar su formación». Siento decirlo, pero esta es una excusa de perezosos.

La formación está disponible gratuitamente. Hay un conocimiento infinito a tu alcance, y lo único que te impide obtenerlo eres tú mismo. *Sí, tú mismo.* Apaga el televisor, toma un libro y léelo. Deja de tocar piezas en el videojuego *Guitar Hero* y ve a la biblioteca. Olvídate de jugar a la videoconsola y acércate a los libros. Un conductor de la vía rápida comprometido lee un libro por semana, asiste a seminarios, entra en los foros empresariales, utiliza Google para buscar distintos temas y estrategias.

Tienes la capacidad innata de convertirte en un experto en cualquier ámbito que no requiera talento físico. ¡En cualquier ámbito! Ningún libro del mundo puede hacer de mí un jugador de baloncesto o un cantante profesional, pero los libros pueden convertir a los principiantes en expertos en aquellas disciplinas que no estén relacionadas con habilidades físicas. Puedes convertirte en un experto en divisas. En bienes raíces. En crear negocios. En programar sitios web. En ventas. En dar conferencias. La formación en cualquier disciplina que no requiera coordinación física está ahí, disponible. ¿Qué hace falta? Que te comprometas a buscarla y, luego, a lo más importante: a aplicarla.

Cuando remodelé mi casa, quería pintar las paredes de mi gran vestíbulo con la técnica del falso acabado, que se utiliza para dar una impresión de lujo; transmite una sensación de profundidad y luminosidad. Es una técnica complicada, y tenía dos opciones: llamar a un profesional o aprender a hacerlo yo mismo. Puesto que estaba jubilado, lo consideré un reto divertido, así que opté por ponerme manos a la obra.

Acudí a Internet y estuve viendo vídeos tutoriales durante varias horas. Después me acerqué a The Home Depot (una tienda de productos de bricolaje y decoración del hogar) y compré lo necesario. Durante varios días practiqué en cajas de cartón. Llegué a dominar la técnica en una semana. Aprendí una habilidad en ese tiempo. Pocos días antes «no sabía cómo hacerlo» y ahora poseía una nueva aptitud, que incluso podía vender si quisiera. Los mejores especialistas en el falso acabado ganan más de cien dólares por metro cuadrado. En una semana, adquirí una capacidad que abrió un pequeño sendero en la ecuación de la vía rápida.

Las habilidades y la pericia te están esperando. Nadie dejará caer un libro en tu regazo y te regalará conocimiento. Tienes que buscarlo, aprenderlo y después usarlo. *La adquisición y la aplicación de conocimientos te hará rico.*

Y ¿dónde se encuentra el conocimiento infinito gratuito? Está a tu alrededor, como el aire que respiras, o como un manzano que está esperando a que agarres sus manzanas. Ya he mencionado algunas de estas fuentes; repasémoslas y presentemos otras:

Las librerías: los libros ofrecen el mayor rendimiento en relación con el dinero invertido en ellos. Cómpralos, pídelos prestados o róbalos si hace falta. Pero léelos.

La biblioteca: el mayor depósito gratuito de conocimiento y el mayor desactivador de la excusa «no puedo permitirme comprar libros». Yo empecé en la biblioteca.

Los foros de Internet: encuentra grupos de personas con ideas afines a las tuyas y aprende de aquellos que han tenido éxito. ¡Encuentra «vientos de cola»!

Las clases de Internet: pueden ser costosas, pero oportunas.

Los *blogs/podcasts/screencasts/webcasts*: otros destructores de excusas.

Los seminarios: los buenos seminarios aportan valor, suponiendo que sean patrocinados por las entidades correctas y no por los gurús que promulgan el «hazte rico deprisa».

La televisión: la televisión por cable se ha convertido en un recurso educativo. Desconecta de los infames programas de telerrealidad y sintoniza los canales que tienen una vocación educativa; canales como National Geographic y otros que ofrezcan contenidos de historia, descubrimientos, ciencia e incluso militares.

Los cursos de formación continua: ofrecidos principalmente por colegios comunitarios, forman a las personas en una amplia variedad de disciplinas y emiten títulos oficiales.

Las revistas gratuitas: visita TradePub.com y FreeBizMag.com y regístrate para suscribirte a revistas gratuitas relacionadas con tu tema de interés.

Por desgracia, aunque estemos rodeados por una cantidad infinita de conocimiento, la mayoría de las personas no lo aprovechan. Tomemos, como ejemplo, este comentario sobre la formación por parte de Lonnie Scruggs, inversor de bienes raíces de éxito (LonnieScruggs.net):

Antes tenía dos empleos. La formación cambió mi vida. Antes de aprender a poner mi dinero a trabajar, todo el trabajo lo hacía yo. En aquel entonces no contaba con nada de formación al respecto y pensaba que la forma de poder obtener la libertad financiera consistía en tener dos empleos. Y los mantuve durante muchos años. Finalmente, me di cuenta de que los días no tenían las horas necesarias y de que no podía trabajar las suficientes horas en un mes para alcanzar la seguridad financiera. Tenía que haber una mejor manera, y empecé a buscarla.

Cuando me di cuenta de que la formación y el conocimiento eran la respuesta, me decidí a ponerme manos a la obra. Antes de eso, todo lo que tenía era un poco de «escolarización».

Ahora, cuando miro atrás, veo que no hice todas las cosas fáciles y divertidas que mucha gente hacía, pero sí hice lo correcto. Y hoy disfrutamos de seguridad y libertad financieras. Podemos hacer lo que queramos. Muchos de nuestros amigos siguen empleados, en busca de una seguridad financiera que nunca obtendrán. Tuvieron la misma oportunidad de elegir que yo, pero tomaron las decisiones equivocadas. Todos tenían estudios, pero no la formación que conduce a la libertad financiera. Ahora me dicen lo afortunados que somos. La mejor inversión que puedes hacer es en ti mismo. Así que disponte a pagar por formarte ahora, o prepárate para pagar un precio mucho mayor por tu falta de formación más adelante. Las decisiones que tomes hoy determinarán tu futuro financiero. Asegúrate de tomar la elección correcta, porque tendrás que vivir con los resultados de esa elección.

Los ricos entienden que la formación no termina con una ceremonia de graduación, sino que empieza ahí. El mundo está en constante cambio, y a medida que evoluciona, tu educación debe avanzar con él, o caerás en la mediocridad.

«¡NO TENGO TIEMPO!»

Muy cerca de la excusa «¡no sé cómo hacerlo!» está la del famoso «¡no tengo tiempo!». ¿Dónde demonios vas a encontrar tiempo para cambiar tu aceite? En serio, entre el trabajo a tiempo completo y los dos niños, ¿dónde está el tiempo? Está en medio de todas las otras actividades.

Cambiar el aceite no es difícil si lo vinculamos a actividades que ya estemos realizando que requieran repetición y constancia. Aunque el tiempo transcurra de forma lineal, puede manipularse realizando dos tareas en un mismo período. Se trata de aplicar la vieja expresión *matar dos pájaros de un tiro*. Optimiza el tiempo al máximo y estarás haciendo lo mismo con la riqueza. Persigue dos objetivos en un solo marco temporal. Haz que la vida sea tu universidad. A continuación encontrarás algunas estrategias para engañar al tiempo, propias de la «universidad de la vida».

La universidad de la conducción: escucha audiolibros o noticias de tipo financiero por la radio mientras estás atrapado en un atasco. Los inconvenientes del tráfico se convierten en formación.

La universidad del ejercicio: absorbe libros, *podcasts* y revistas mientras haces ejercicio en el gimnasio. Entre las tandas de ejercicios, en la cinta de correr o en la bicicleta estática, el entrenamiento se transforma en formación.

La universidad de la espera: lleva contigo algo para leer cuando preveas que te aguarda una tediosa espera: en los aeropuertos, en los consultorios médicos, en las salas de espera de los organismos oficiales... No estés ahí sentado pensando en las musarañas; ¡aprende!

La universidad del excusado: no estés nunca ahí sentado sin leer algo de valor educativo. Prolonga tu «estancia» (incluso después de haber terminado) con la intención de aprender algo nuevo, todos los días. La universidad del excusado es el mejor lugar en el que cambiar el aceite, ya que asistimos a ella a diario y no podemos evitar gastar ese tiempo. ¡Esto significa que el retorno de tu inversión de tiempo es infinito! El tiempo del excusado se convierte en formación.

La universidad del empleo: si puedes, lee durante los tiempos de inactividad del trabajo. Durante mis empleos sin futuro (como conductor de limusina, como repartidor de *pizzas*...), disfrutaba de «tiempos de espera» significativos entre los trabajos. Mientras esperaba pasajeros, *pizzas* y encargos de flores, leía; no me sentaba por ahí a jugar con una maquinita de bolsillo. Si puedes explotar los tiempos muertos que se den en el contexto de tu trabajo, te estarán pagando por aprender. Los empleos sin futuro se transforman en formación.

La universidad del televisor: ¿no puedes desengancharte del televisor? No hay problema; coloca un televisor cerca de tu zona de trabajo y dedícate a tu plan para la vía rápida mientras el televisor va a lo suyo. Mientras veía innumerables reposiciones de *Star Trek*, en las que los protagonistas iban audazmente adonde nadie había llegado antes, aprendí a programar sitios web. De hecho, mientras escribo esto, estoy viendo a los New Orleans

Saints derrotar a los New England Patriots en *La noche de fútbol de los lunes*. En este caso, he convertido mi afición al fútbol americano en trabajo y formación.

Piensa en el tiempo que ya estás utilizando. ¿Cuántas horas desperdicias en las trivialidades de la vida? Ese tiempo no tiene por qué perderse; es adecuado para efectuar los cambios de aceite que conviene realizar en la vía rápida.

Para empezar a proceder a tu primer cambio de aceite, elige un tema que te interese o un ámbito de tu vida en el que debas mejorar. ¿No se te da bien vender o escribir? Ve a la biblioteca y comienza a leer. Antes de empezar a escribir *La vía rápida el millonario*, compré seis obras relacionadas con la publicación, la redacción y la autoría. No escribí ni publiqué el libro a ciegas; me formé a fondo durante el proceso.

Ponte el objetivo de leer doce libros al año por lo menos, o uno al mes. Si eres tan dinámico como yo, leerás uno a la semana. No puedo enfatizar lo suficiente que cuanto más conocimientos adquieras más potente será tu vehículo a la hora de avanzar por la vía rápida.

EL CAMBIO DE ACEITE DE 50.000 DÓLARES

La última vez que fui a que me cambiasen el aceite (del coche de verdad), el anuncio de que allí te cambiaban el aceite por 21,99 dólares se transformó en una factura de ciento diez dólares a causa de las sugerencias de servicios extras que me propusieron. Un cambio de aceite no debería costar más de veinticinco dólares; si el precio es más elevado, deberías sospechar. El precio medio de un libro son veinte dólares. Los libros usados son más baratos. Los de las bibliotecas son gratuitos. Un crédito de formación continua en un colegio comunitario cuesta treinta dólares la hora. Los cambios de aceite son económicos. Sin embargo, seguimos atando las cadenas de la deuda a nuestros tobillos y pagamos miles de dólares por nuestros cambios de aceite.

El otro día vi una foto en la que un estudiante estaba protestando públicamente por uno de los rescates financieros del gobierno. Sostenía una gran pancarta que decía: «Tengo una nota media de sobresaliente, una deuda de cincuenta mil dólares y no tengo trabajo. ¿Dónde está mi rescate?». ¿Dónde está tu rescate? Déjame decírtelo: entra en el baño, dale al interruptor de la luz y mira en el espejo. Ahí está tu rescate. Estoy cansado de las historias victimistas de estudiantes bienintencionados que se gradúan de la universidad con montañas de deudas y no pueden conseguir un empleo. Lo que debes hacer es asumir tu responsabilidad. Te creíste el mito de que la universidad garantiza un trabajo, cuando la realidad es que cuando uno permite que las fuerzas del mercado conduzcan su vehículo, es probable que termine en la calle con un cartel hecho en casa que proclame el valor de sus altas calificaciones y la agobiante carga de su deuda de cinco cifras.

A nadie le importa tu caso, le seguiría diciendo al estudiante. Tienes deudas porque tomaste dinero prestado. Estás endeudado porque te creíste una mentira y renunciaste al control. Te creíste el cuento de la vía lenta. ¿Alguien te obligó a pedir préstamos? No tienes trabajo porque votaste por los políticos que penalizan a los productores y premian a los consumidores. Afronta los hechos.

Es una estupidez llevar a cabo un costoso cambio de aceite que nos obligue a depender del tiempo contratado toda la vida. Como ya he dicho, a la deuda parásita no le preocupa su origen; solo quiere comerse tu tiempo libre, sazonado si puede ser con un poco de sal y pimienta.

CUIDADO CON LOS SEMINARIOS

¿Qué tonto pagaría cincuenta mil dólares para asistir a un seminario? Muchos lo hacen. Esta es una pregunta habitual en el Foro de la Vía Rápida: «Fulano de Tal está ofreciendo un seminario de tres días sobre inversión inmobiliaria por cincuenta mil dólares. ¿Debería asistir?». ¿Qué? ¿Has fumado *crack*? ¿Sabes lo que te propones comprar? Déjame decírtelo: vas a pagar cincuenta mil dólares para que alguien te explique lo mismo que vas a encontrar en un libro que puedes comprar en las librerías por diecinueve dólares.

Un seminario de cincuenta mil dólares es una forma de sacarle partido a una realidad bien conocida por los productores: *la gente es perezosa*. La gente quiere que se le dé todo hecho. La gente no quiere leer y conectar los puntos; quiere que alguien lo haga en su lugar. La gente quiere ser dirigida. Quiere que alguien conduzca su vehículo. La gente quiere acontecimientos, no procesos, ¿y qué acontecimiento podría ser mejor que un seminario de cincuenta mil dólares?

Los seminarios pueden ser excelentes para adquirir formación, pero tiene que ser el seminario adecuado. Debe ser asequible e impartido por productores y expertos experimentados, y no por oradores públicos profesionales. La mayor parte de los seminarios que tienen un precio muy elevado son máquinas de *marketing* bien pensadas, diseñadas para extraer hasta el último dólar de tu billetera. La mayoría de los seminarios baratos duran un solo día y su finalidad es venderte un seminario más costoso. Y ¿qué cabe decir de los tipos seductores que los imparten? Que son culpables de la típica paradoja de la práctica: son ricos gracias a que hablan en público a millones de personas, no por haber aplicado lo mismo que enseñan.

Un miembro del Foro de la Vía Rápida hizo esta reflexión sobre la experiencia que acababa de tener con el seminario de un famoso gurú autor de libros:

En primer lugar, no se te «permitía» conectarte a la Red. Si se te permitiera, la gente sabría antes que el seminario no es más que un extenso argumento de venta de un seminario más grande que cuesta cincuenta mil dólares. En segundo lugar, no aprendes nada de nada, excepto que deberías haber hecho caso a tu instinto y no haber ido. Pero es cierto lo que se dice de que nace un tonto a cada minuto. Es sorprendente cómo gente que no tiene nada en el banco es capaz de reunir cincuenta mil dólares alentada por la esperanza de tener una vida mejor. Y, finalmente, hay una parte del seminario en la que te hacen aumentar el saldo de tu tarjeta de crédito, porque, después de todo, los ricos amasan dinero y los pobres lo ganan poco a poco. Todo el mundo va e incrementa su saldo, y adivina qué ocurre después: te dan la estocada de los precios de los grandes seminarios, que oscilan entre los dieciséis mil y los cincuenta mil dólares. Esto significa que vas a pagar por un seminario más o menos costoso según si te tomas más o menos en serio tu propio enriquecimiento. ¿Es ridículo? Pues parece ser que no, porque la gente se apresura hasta el fondo de la sala como ganado que va al matadero, con la tarjeta de crédito en la mano. Se van satisfechos de sí mismos y algo excitados, y con una pequeña pegatina en la camisa que dice: «Invierto en mí mismo».

Que un cambio de aceite costase cincuenta mil dólares sería tan impactante como lo es el hecho de que haya que pagar esta cantidad por un seminario. Los buenos seminarios cuestan menos de mil dólares y los imparten expertos, profesionales y empresas de seminarios respetables. Los buenos seminarios proporcionan formación y no valen lo mismo que un Cadillac Escalade nuevo. Los malos seminarios son publicitados exageradamente y el público es presionado a asistir a ellos; se abusa de la gente. Quienes imparten malos seminarios tratan de ganar dinero y no de ayudarte a ti a ganarlo.

¿Cómo puedes distinguir un seminario bueno de uno malo? El primer indicador es el precio. Si no es razonable, ahí tienes una señal de advertencia de que quien lo imparte está más interesado en ganar dinero que en ofrecer formación. El segundo indicador también tiene que ver con el precio. Ten cuidado con los seminarios *gratuitos*. «Gratuito» significa, por lo general, que vas a recibir ocho minutos de formación y que van a intentar venderte un seminario carísimo durante ocho horas. En tercer lugar, ¿quién imparte el seminario? ¿Es un orador profesional o alguien que realmente practica lo que enseña? Lee la letra pequeña. Tal vez el gran anuncio es: «¡Las estrategias de Johnny Gurú han hecho ganar millones!», mientras que la letra pequeña dice: «Johnny Gurú no estará presente». ¿Cómo? ¿Permitirías que un cirujano en prácticas te operase sin que el cirujano experimentado estuviese ahí? ¡Menudo riesgo!

RESUMEN DEL CAPÍTULO: INDICACIONES PARA LA VÍA RÁPIDA

- Los conductores de la vía rápida empiezan a formarse tras haberse graduado, si no han empezado a hacerlo antes.
- Al conductor de la vía rápida, la formación le sirve para construir mejor su sistema empresarial y su árbol del dinero, no para incrementar su valor intrínseco.
- Los conductores de la vía rápida no están interesados en ser un engranaje en una rueda. Quieren ser la rueda.
- «No sé cómo hacerlo» no es más que una excusa. La disciplina permite superarla.
- El conocimiento infinito está por todas partes y es gratis. Lo que hace falta es disciplina para asimilarlo.
- Puedes convertirte en un experto en cualquier disciplina que no requiera habilidades físicas.
- Puedes dedicar tiempo a tu formación en momentos que dediques a otras actividades.
- Los organizadores de los seminarios caros se aprovechan de los viajeros del arcén y de los conductores de la vía lenta desencantados presentándoles promesas vacías como «acontecimientos».

Da lo máximo de ti

*Si te parece que tienes las cosas controladas, es
que no estás yendo lo bastante deprisa.*

Mario Andretti

LOS GANADORES DE LA VÍA RÁPIDA SE HACEN
A SÍ MISMOS EN LA FRANJA ROJA

Los ganadores se hacen a sí mismos en la franja roja. ¿Y qué es la franja roja? Es el *compromiso* puro, no adulterado.
Los árboles del dinero, las empresas y los sistemas no se crean de la noche a la mañana. Chuma tardó años en construir la máquina con la que levantó la pirámide. El compromiso es el agua, el sol, los fertilizantes y el cuidado del árbol del dinero. Sé que es probable que la palabra *compromiso* ocasione una huida en estampida. Pero si crees que el proceso de la vía rápida debe ser fácil, detente ahora y regresa a la vía lenta, ¡que tampoco es fácil!

Recuerda que el «hazte rico fácilmente» es el señuelo de un anzuelo. Crear un negocio de éxito es como criar a un niño desde el nacimiento hasta la edad adulta. Al igual que un padre tiene que comprometerse con sus hijos, tú debes comprometerte con tu sistema y tu negocio. Es en la franja roja de las revoluciones donde se ponen a prueba los límites de un automóvil, y ahí es donde tus límites se pondrán también a prueba.

¿ESTÁS INTERESADO O COMPROMETIDO?

Demasiadas personas navegan por el mar la vida relajadamente, sin cambiar de velocidad (siempre van con la primera marcha puesta), y luego se preguntan: «¿Cómo he acabado aquí?». ¿Quién no quiere dejar de preocuparse por cuestiones económicas? Desafortunadamente, no se requiere ningún esfuerzo para estar «interesado» en la riqueza y la seguridad financiera. Pero tener interés en algo es el jardín de infancia; no es suficiente. Aquellos que tienen «interés» en enriquecerse conducen todo el rato en primera.

Para cambiar de marcha y acelerar, debes realizar un esfuerzo bien dirigido y llevar a cabo una serie de buenas elecciones con el fin de explotar el poder de la vía rápida. Hay una profunda diferencia entre estar interesado y comprometerse.

Quien está interesado lee un libro; quien está comprometido aplica las enseñanzas del libro cincuenta veces. Quien está interesado quiere comenzar un negocio; quien está comprometido constituye una empresa. Quien está interesado trabaja en su proyecto de negocio una hora al día de lunes a viernes; quien está comprometido trabaja en su proyecto los siete días de la semana en todos los momentos disponibles. Quien está interesado tiene alquilado un coche caro por el sistema del *renting*; quien está comprometido va en bicicleta y pone el dinero en su sistema. Quien está interesado aparenta ser rico; quien está comprometido planifica cómo llegar a ser rico.

Mark Zuckerberg, el fundador de Facebook, no creó la red social más utilizada por estar interesado. Estaba comprometido. Thomas Edison no inventó la bombilla porque tenía interés en ello; la creó porque estaba comprometido al respecto. Quien está interesado abandona después del tercer fracaso; quien está comprometido sigue adelante después del centésimo.

Mientras levantaba mi empresa, mi sistema, mi sustituto, estaba comprometido. Me pasé doce horas al día durante semanas perfeccionando y construyendo mi sistema. Me abstuve de salir a beber con los amigos por las noches. Vivía en un pequeño apartamento. Comía pasta barata para almorzar y cenar. Estaba dispuesto a lavar platos para que mi plan funcionara. Mientras que mis amigos estaban más preocupados por poder presumir de tener el coche más rápido en un videojuego de carreras, yo quería la libertad financiera. Quería un automóvil que fuese rápido en la vida real, no en un videojuego. Mis amigos estaban comprometidos con ganar en un mundo de fantasía, mientras que yo lo estaba con ganar en el mundo real. *Los ganadores de la vía rápida se hacen a sí mismos en la franja roja.*

DISTÁNCIATE DE «LA MAYORÍA»

¿Hasta qué punto quieres ser rico? ¿A qué estás dispuesto? ¿Serías capaz de dormir en tu coche por esta causa? ¿Y a vivir en un pequeño apartamento mientras tus amigos son dueños de enormes casas? ¿Y de renunciar al nuevo BMW en favor de un coche viejo que ya lleva recorridos 250.000 kilómetros? ¿Y de trabajar como camarero en un restaurante sencillo mientras tus amigos tienen empleos bien remunerados?

La mayoría de la gente no está dispuesta a lo anterior, y aquí tenemos la línea que separa a los ganadores de los perdedores. Para que uno se comprometa con la vía rápida, la idea de ser esclavo de la rutina durante cincuenta años tiene que parecerle más dolorosa que la idea de trabajar duramente para salir de ahí. La elección es entre una comodidad mediocre ahora o una comodidad increíble más adelante. El conductor de la vía rápida renuncia a la comodidad inmediata sabedor de que gozará de una comodidad extraordinaria a largo plazo.

Cuando se trata de meterse en el lodo y ensuciarse, la mayoría de las personas optan por la navegación suave que proporciona la primera marcha y evitan sentirse incómodas en la franja roja. En esta franja hay que sortear obstáculos y el proceso se vuelve dificultoso.

Después de que le diagnosticaran un cáncer terminal, el profesor Randy Pausch, de la Universidad Carnegie Mellon, nos bendijo con su última conferencia. Dijo:

> Los obstáculos están ahí por una razón. Esta razón no es que desistamos, sino que tengamos la oportunidad de mostrar lo mucho que queremos algo. Y están ahí para que las personas que no quieren eso lo suficiente se echen atrás. ¡Están ahí para detener a esas otras personas!

Las tres últimas palabras de la cita son «esas otras personas». Te conviene estar seguro de que no eres una de «esas otras personas», porque «esas otras personas» es sinónimo de «la mayoría de las personas». La mayoría de las personas son consumidores que se encuentran a dos pagas de distancia de la ruina. La mayoría de las personas no invertirán largas horas en su sistema empresarial mientras sus amigos disfrutan la vida gracias al crédito. La mayoría de las personas facilitarán que sus amigos y familiares desistan de sus sueños con mensajes del tipo «esto no va a funcionar». La mayoría de las personas empiezan algo entusiasmadas y eufóricas, pero se dan por vencidas cuando se encuentran con el primer bache o fracaso. La mayoría de las personas sucumben a la tentación de renunciar y se rinden, desconocedoras del hecho de que están cerca de su objetivo (ya que la curva de crecimiento es exponencial en la vía rápida).

«¿Ya llegamos?». La riqueza es una entidad taimada, y su carácter esquivo hace que los débiles no la encuentren. En tu viaje, pasarás por estas etapas predecibles: entusiasmo, cuestionamiento, compromiso y renacimiento. Tener éxito en la vía rápida requiere pagar un peaje: una inversión de tiempo y esfuerzo. El hecho de pagarlo hace que tú seas especial y que todos los demás queden excluidos.

No hay forma de que puedas evitar el esfuerzo característico de la franja roja ni hay nadie que pueda realizarlo por ti. Sé consciente de que vas a tener que trabajar y realizar sacrificios, conoce tu destino, visualiza tus sueños, prepara tus medios y sé consciente de que estás dispuesto a pagar el peaje porque no quieres estar dando cinco y recibiendo dos durante el resto de tu vida. Si no realizas el trabajo duro que exige la vía rápida, alguna otra persona aprovechará la oportunidad. Y si no eres como todos, descubrirás algo milagroso: *que puedes vivir de forma distinta a como viven todos*.

¡DEJA DE PISAR EL FRENO!

El sudor del éxito es el fracaso, y yo estoy empapado.

Si alguna vez has asistido a una clase de *step*, de *spinning* o de aeróbic, ya sabes cuáles son los objetivos: sudar, hacer que tu ritmo cardíaco aumente, desarrollar resistencia cardiovascular y perder peso. No tendría sentido que fueses a una clase de *cardio* y el instructor te prohibiese sudar. El trabajo duro hace que sudes, y el sudor constituye la prueba de tu esfuerzo.

Lamentablemente, esta ridícula analogía es la paradoja a la que te enfrentas si tienes miedo de fracasar y te niegas a soltar el freno. El sudor del éxito es el fracaso. Así como no puedes desarrollar resistencia cardiovascular sin sudar, no puedes experimentar el éxito sin fracasar. El fracaso es una reacción natural que tiene lugar en el camino hacia el éxito. Si evitas el fracaso, también evitarás el éxito.

No puedes conducir hacia la riqueza con el coche frenado. Tienes que asumir riesgos. Tienes que experimentar incomodidades. Tienes que exponerte y fallar.

¿Cuál es la causa del miedo al fracaso? Se puede decir que es el análisis exagerado que hace la persona de las consecuencias que tendrían lugar en el peor de los casos posibles. ¿Qué es lo peor que podría pasar y cuáles son las probabilidades de que eso ocurra?

¿Puede ser que tu proyecto empresarial fracase y tengas que volver a trabajar? No es para tanto. Cuando te resistas a los obstáculos que presenta la sociedad, ¡sudarás!

Eso sí, asume riesgos calculados. Haz algo y pasarán cosas. Conocerás gente nueva. Aparecerán nuevas oportunidades. Obtendrás retroalimentación. Tendrás golpes de suerte. El hecho de actuar obra maravillas. La vía rápida es arriesgada, en efecto. El fracaso es inevitable. Aprendí a programar ordenadores por el método del ensayo y error. Podía ser que fallase con un bloque de código cientos de veces antes de encontrar la solución. También fracasé con programas de *marketing* multinivel y con programas de *marketing* directo, por ejemplo. Y con la venta de joyas. En todos los casos le quité importancia al fracaso, volví a analizar la situación, aprendí, efectué cambios y probé de nuevo. ¡Me olvidé de los frenos!

En una ocasión escuché: «El hombre inteligente aprende de sus errores. El hombre sabio aprende de los errores de los demás». Tú puedes aprender de mis fracasos. No aprendí la vía rápida de la noche a la mañana; la encontré buscándola con la luz del fracaso. Es normal tener miedo a fracasar, pero el fracaso genera experiencia y la experiencia nutre la sabiduría.

LOS RIESGOS DE LA VÍA RÁPIDA PUEDEN OFRECERTE RETORNOS DE POR VIDA

Bill Gates es un ejemplo espectacular de éxito en un solo intento. Construyó una empresa y ganó miles de millones. Con una empresa le bastó. Algunos podrían decir que yo también soy un ejemplo espectacular de éxito en un solo intento. Estupendo. Prefiero ser esto a un ejemplo espectacular de fracaso. Basta con un acierto para obtener rendimientos de por vida.

Tienes un desafío: en el béisbol, si quieres batear un *home run*, debes situarte en el plato y balancear el bate. Los *home runs* no puedes golpearlos desde el banquillo o sentado en el sofá comiendo chucherías mientras matas monstruos en un videojuego. ¡Sitúate en el plato y comienza a mover el bate! ¡Empieza a golpear la pelota! Después de que hayas efectuado los suficientes balanceos y de que te hayas acostumbrado a la velocidad del negocio, el contacto se vuelve más fácil.

ASUME RIESGOS INTELIGENTES; PRESCINDE DE LOS RIESGOS ABSURDOS

Hay dos tipos de riesgos, según si cabe esperar unos resultados y consecuencias positivos o negativos: los riesgos inteligentes y los riesgos absurdos.

Volar a Las Vegas y apostar el sueldo de un mes en la mesa de los dados es un riesgo absurdo. Conducir por la autopista un automóvil al que le fallan los frenos es un riesgo absurdo. Cuando asumimos riesgos inteligentes y evitamos los absurdos, es más probable que acabemos por hacernos ricos con el tiempo. Los riesgos inteligentes presentan unos inconvenientes limitados, mientras que su potencial es ilimitado. Los riesgos absurdos presentan grandes inconvenientes y su potencial es limitado o no va más allá del corto plazo.

La mayor parte de los riesgos absurdos son asintomáticos. Esto quiere decir que no están claramente definidos y hay que pensar un poco para detectarlos. Cuando salgo disparado por las calles de Phoenix en un vehículo con ochocientos cincuenta caballos de fuerza, estoy corriendo un riesgo asintomático y absurdo. El lado positivo del riesgo es una explosión momentánea de adrenalina y una hipertrofia temporal del ego. El lado negativo es que puedo estrellarme y matarme o matar a otra persona. El aspecto positivo es limitado y no va más allá del corto plazo, mientras que el aspecto negativo es ilimitado y se extiende a largo plazo. Se trata de un riesgo idiota, en definitiva.

Voy a exponer otro riesgo absurdo, del que me he dado cuenta al redactar este capítulo. Estoy escribiendo este libro en una aplicación informática en la nube. Esto significa que estoy escribiendo en una fuente externa, en un servidor externo. Y no he hecho copias de mi trabajo. Si el servidor de la nube falla, lo pierdo. Sí, hay riesgos absurdos de todos los tamaños y colores.

Hablemos ahora de los riesgos inteligentes. Cuando invierto cien mil dólares en una compañía de Internet, estoy asumiendo un riesgo inteligente. Cuando vendí mi empresa de Internet, reinvertí parte de los ingresos en ella. Aún conservo un pequeño porcentaje, lo cual me aporta unos ingresos totalmente pasivos. ¿Por qué invertí cien mil dólares y me expuse al riesgo? Evalué que las probabilidades de éxito de la empresa compradora eran altas. Su objetivo era tomar mi pequeña empresa y transformarla en una compañía de cien millones de dólares. Si lo lograban, mi pequeña inversión de cien mil dólares se convertiría en dos millones. ¿El lado negativo? El intento de la compañía podía fracasar y el valor de liquidación de mi inversión perdería alrededor del 50 %. Los aspectos negativos eran limitados, mientras que los positivos eran sustanciales. Era un riesgo inteligente.

Si dejas tu empleo para emprender un negocio coherente con la vía rápida, estás asumiendo un riesgo inteligente. El lado positivo es que puedes ganar millones. El negativo es que es posible que tengas que llevar un estilo de vida más austero: tal vez debas fregar suelos, preparar hamburguesas, comer arroz y alubias e ir en bicicleta a la tienda de comestibles. ¿Es tan malo todo esto? No si sabes cuál es tu destino y si estás comprometido con el itinerario. Todo se reduce a lo que estás dispuesto a hacer y lo que no estás dispuesto a hacer. Los riesgos implican gestionar las elecciones con cuidado. Reduce al mínimo los riesgos absurdos y saca partido de los riesgos inteligentes. En cuanto a las posibilidades de fracasar, créeme si te digo que *es más fácil vivir arrepentido por un fracaso que arrepentido por no haberlo intentado nunca.*

LA EXCUSA DEL «ALGÚN DÍA...»

¿Qué le impide a la gente meterse en la franja roja?

El «algún día». Algún día haré esto; algún día haré eso otro; lo haré algún día, cuando los niños sean mayores; lo haré algún día, cuando ya no tenga deudas... Sin embargo, ese día no llega nunca. El «algún día» es un horizonte lejano en el cine de tu mente.

El «algún día» es peligroso y paralizante. Te atrapa en el País de Ni Ahora Ni Nunca. El día en que debes actuar ya está aquí, es hoy, es claro y cristalino y no te requiere que le rindas vasallaje al mañana. La vía rápida te pide que efectúes esta sencilla permutación: *haz que «algún día» sea hoy*.

¿Alguna vez has conducido hasta algún sitio y te has encontrado todos los semáforos en verde? Desafortunadamente, cuando se trata de aprovechar oportunidades y de minimizar los riesgos, las personas esperan el momento perfecto; esperan a que todas las luces se pongan verdes, lo cual se supone que ocurrirá «algún día». Pregúntale a cualquiera que desee escapar de la vía lenta por qué no ha dado el salto, a qué está esperando. Siempre hay alguna excusa:

- «Estoy esperando a que me asciendan».
- «Estoy esperando a que mis hijos sean mayores».
- «Estoy esperando a estar libre de las deudas».
- «Estoy esperando a heredar un dinero».
- «Estoy esperando al nuevo año».
- «Estoy esperando a terminar los estudios».
- «Estoy esperando a que mi esposa consiga un trabajo».
- «Estoy esperando a que el panorama económico mejore».
- «Estoy esperando a haber arreglado el calentador de agua».
- «Estoy esperando a esto»...
- «Estoy esperando a aquello»...

El hilo conductor es siempre el mismo: «Estoy esperando». Pero ¿esperando a qué? A que algún día suceda algo, tenga lugar algún acontecimiento o se den las condiciones adecuadas. Por desgracia, estas cláusulas mentales van y vienen, y el buscador de oportunidades queda atrapado en la misma rutina durante años. Esperar a que todos los semáforos estén en verde es como esperar a que el cielo se ponga morado el tercer miércoles de noviembre.

Permíteme ser claro si no lo he sido: nunca hay un momento perfecto. «Algún día» es hoy. Y hoy es ahora. Una semana son siete «días de hoy», mientras que un año son trescientos sesenta y cinco. ¡El día de hoy es todo lo que tienes! Van transcurriendo los años y no emprendes nunca tu viaje por la vía rápida. Cuando las viejas condiciones se ven satisfechas, aparecen otras nuevas. Y cuando pasan las oportunidades, ¿qué más pasa? *El tiempo.* La vida misma.

A LAS OPORTUNIDADES NO LES IMPORTA SI ES O NO EL MOMENTO OPORTUNO

Las oportunidades se presentan por tu barrio con frecuencia, y cuando lo hacen, debes atraparlas. Evalúa los riesgos y actúa. Lamentablemente, a las oportunidades no les importa si es el momento oportuno para ti. No les importa cuáles son tus circunstancias; si tienes el automóvil averiado o si tu vida es un caos. Vienen y se van cuando quieren; tienen su propia mente y no ven tus dificultades. Las oportunidades aparecen en forma de cambios y desafíos. ¡Recuerda que los cambios producen millonarios!

El Foro de la Vía Rápida (TheFastlaneForum.com) es un ejemplo de cómo aproveché una oportunidad que se presentó en un momento distinto del que habría querido. Mi foro ya existía años antes de que escribiera este libro porque la oportunidad se presentó sin anunciarse. Había previsto ponerlo en marcha tras acabar el libro; sin embargo, años antes de que escribiera la primera palabra, volví a visitar un foro empresarial que anteriormente había visitado con frecuencia. Reconocí a antiguos miembros que escribían ahí a menudo, todos añoraban «los viejos tiempos», puesto que el foro se había visto invadido por tipos que hacían publicidad tipo *spam* y que querían vender sus programas y sus estafas. Ese jardín, antes lleno de flores, había sido invadido por las malas hierbas. La gente pedía cambios o una alternativa.

Tenía en mente crear un foro en algún momento, indefinido, del futuro. No contaba con hacerlo próximamente. Pero la oportunidad dobló la esquina de repente y oí el ruido ensordecedor de su tubo de escape. A pesar de que estaba en la ducha, salí de ahí y bajé corriendo a la calle, empapado, sin haberme preparado para ese encuentro prematuro, y me topé con la oportunidad. La saludé, le abrí la puerta y la hice entrar. No era el momento oportuno para mí, pero sí lo era para la oportunidad, y fue así como el «algún día» se convirtió en ese día. *Esa decisión me permitió prevender cientos de libros antes de escribir la primera palabra.*

Muchos de los empresarios de más éxito del mundo iniciaron sus emprendimientos cuando estaban en la universidad. Conoces sus empresas: Microsoft, Dell, FedEx y Facebook. Sus fundadores aprovecharon la oportunidad que se presentó «a destiempo» y decidieron asumir un riesgo inteligente, sin esperar a ver satisfechas una serie de condiciones previas. No esperaron a haberse graduado, o a las vacaciones de verano, o a haber hecho un examen difícil. Las oportunidades se presentan en forma de necesidades que no están cubiertas. Cuando una de ellas llame al timbre de tu puerta, ¡ábrela! Si no lo haces, la oportunidad se irá y tocará otro timbre, pues sabe que acabará por encontrar a alguien que le permita-entrar.

¿Por qué no puedes ser tú esa persona? El momento rara vez es perfecto. El hecho de esperar fortalece la mediocridad. La gente permanece sentada aguardando toda su vida a que se den las condiciones ideales. Pero los escenarios y las circunstancias perfectos nunca llegan. ¿Qué es lo que llega? El tiempo, la vejez y el fantasma de un sueño perdido.

Tienes la oportunidad, ahora mismo, de salir del garaje y tomar la carretera. Tu viaje por la vía rápida empieza cuando te pones en marcha. Las carreteras de la vía rápida conducen a la riqueza. Dispones del itinerario de la vía rápida, y ya sabes cómo son las cosas en la vía lenta y en el arcén. Ya sabes cómo hacer la puesta a punto de tu vehículo. Ya sabes qué modos de pensar constituyen activos y cuáles pasivos en tu hoja de balance. Has puesto al descubierto las fuerzas gravitacionales que intentarán detener tu avance. Ya dispones de todas las herramientas necesarias para salir del garaje y entrar en una de las muchas carreteras que conducen a la riqueza. Ha llegado la hora de que lo hagas.

RESUMEN DEL CAPÍTULO: INDICACIONES PARA LA VÍA RÁPIDA

- Estar interesado en algo es la primera marcha, la primera velocidad. Comprometerse con ello es la franja roja.
- El trabajo duro y el compromiso separan a los ganadores de los perdedores.
- Algunos eligen la comodidad *mediocre* a corto plazo en lugar del confort *meteórico* a largo plazo.
- Para vivir de forma distinta a los demás, debes hacer lo que los demás no harán.
- Sé consciente de que vas a tener que esforzarte mucho, realizar sacrificios y que te vas a encontrar con baches en el camino. Estas son las minas terrestres que sacan a los débiles de la carretera y los hacen volver al país de «la mayoría de la gente».
- El fracaso es natural en el camino hacia el éxito. Espera encontrártelo y aprende de él.
- Un solo acierto podría otorgarte seguridad financiera durante el resto de tu vida; tal vez pueda otorgársela también a tus descendientes.
- No puedes batear el golpe ganador desde el banquillo.

- Los riesgos absurdos presentan un lado negativo ilimitado (a largo plazo) y un lado positivo limitado (a corto plazo).

- Los riesgos inteligentes presentan un lado positivo ilimitado (a largo plazo) y un lado negativo limitado (a corto plazo).

- El momento perfecto no existe, y esperar a hacer algo «algún día» es perder el tiempo.

7.ª PARTE

LAS VÍAS HACIA LA RIQUEZA

Las rutas que puedes seguir para hacerte rico

*Quien elige emprender un determinado
camino está eligiendo el lugar al que conduce.
Es el medio lo que determina el final.*

Henry Emerson Fosdick

LA CARRETERA POR LA QUE VAS, ¿ES UN CAMINO SIN SALIDA EN REALIDAD?

¿Cuáles son las carreteras que conducen a la riqueza? Si eres un conductor de la vía lenta, tu carretera es tu empleo (ejerces de doctor, abogado, ingeniero, vendedor, peluquero, piloto, etc.). Si eres un conductor de la vía rápida, tu carretera es un negocio: eres emprendedor en Internet, inversor en bienes raíces, autor o inventor. Tu carretera es tu profesión o tu camino empresarial, y es la que debe llevarte a la riqueza. Por desgracia, la mayor parte de los empleos no pueden llevarte a la riqueza debido a sus limitaciones matemáticas y, sorprendentemente, la mayoría de las empresas tampoco. Una carretera que empiece en Chicago y vaya hacia el este nunca llegará a Las Vegas. ¡Es un camino sin salida! Si tu carretera empresarial no te está llevando adonde quieres, debes usar el volante y corregir el rumbo: sal de la carretera y toma otra, o cambia de sentido.

Millones de dueños de negocios se hallan abocados a un callejón sin salida. Se engañan a sí mismos y van siguiendo la ruta equivocada, y luego se preguntan por qué no se han hecho ricos. En lugar de tener jornadas laborales de ocho horas, trabajan doce en su propia tienda. En lugar de apostar por un sistema que trabaje cada vez más por ellos, no dejan de intercambiar su tiempo por dinero. En lugar de intercambiar cinco días de trabajo por dos días libres, intercambian seis por uno, o siete por cero, a perpetuidad, durante el resto de su vida.

Si haces caso a uno de los componentes de la filosofía de la vía rápida, el de emprender un negocio, y pones un puesto de venta de limonada en la esquina de una calle, no vas bien. No es una carretera adecuada, porque no lleva a la riqueza. Para que una carretera lleve a la riqueza, debe acercarse a la ley de la *efectación* o pasar por ella.

LA CARRETERA DE LA *EFECTACIÓN*: LOS CINCO MANDAMIENTOS DE LA VÍA RÁPIDA

Recuerda, la ley de la *efectación* dice que para ganar millones (de dólares) hay que tener un impacto sobre millones (de personas). ¿Y cómo se puede tener este impacto? En la vía lenta, el valor intrínseco del individuo aumenta en grandísima medida, de manera que este se vuelve enormemente indispensable y gana millones. En la vía rápida, el individuo diseña un negocio que afectará a millones de personas que van a pagar pequeñas cantidades por el producto o servicio ofrecido, o a menos personas que van a pagar grandes cantidades. Si tu carretera no pasa por el barrio Efectación o no tiene una salida que conduzca a él, lo siento, pero estás en la carretera equivocada.

El poder de la ecuación de la riqueza de la vía rápida es desencadenado por un negocio que conduce a la ley de la *efectación*. Las oportunidades de negocio son abundantes, y desafortunadamente la mayor parte de ellas no son carreteras de la vía rápida. Si estás atrapado en un negocio minorista que vende cortes de pelo a diez dólares, ¿es razonable pensar que puedas prestar tu servicio a millones de personas? Para ganar millones, debes servir a millones. Una actitud enérgica y decidida no te va a servir para enriquecerte si la carretera no te acerca al barrio Efectación, porque la *efectación* es la guardiana de la riqueza.

Para encender la ley de la *efectación* e iluminar tu carretera, examínala a la luz de los cinco mandamientos de la vía rápida:

1. **El mandamiento de la necesidad.**
2. **El mandamiento del acceso.**
3. **El mandamiento del control.**
4. **El mandamiento de la escalabilidad.**
5. **El mandamiento del tiempo.**

Estos mandamientos son una prueba de fuego de la vía rápida y determinan si tu carretera es adecuada. ¿Lleva a la riqueza tu carretera (o tu carretera potencial)? ¿Pertenece a la vía rápida? Si no es así, ¿puedes efectuar cambios para que se adecue a dicha vía? ¿Puede cumplirse la ley de la *efectación* en tu opción de negocio? Tu carretera ¿lleva a la creación de una empresa multimillonaria, a la generación de ingresos pasivos y a que puedas poner fin a tu negocio con un magnífico acontecimiento de liquidación?

Una carretera fiel a los cinco mandamientos puede hacer que pronto seas rico. A medida que se acumulan las transgresiones, el potencial de enriquecimiento disminuye y, con ello, tu capacidad de acercarte al barrio Efectación. Si bien es posible violar uno o más mandamientos y aun así crear riqueza rápidamente, debes procurar ir por una carretera que sea fiel a los cinco. Los medios potentes son generadores de riqueza potentes. Lamentablemente, la mayor parte de las oportunidades empresariales no respetan los mandamientos; en este caso, no merecen tu respeto ni tu atención.

RESUMEN DEL CAPÍTULO: INDICACIONES PARA LA VÍA RÁPIDA

- No todos los negocios sirven para enriquecerse. En pocos de ellos puede cumplirse la ley de la *efectación*.

- Los mejores caminos y las vías rápidas más genuinas son coherentes con cinco mandamientos: la necesidad, el acceso, el control, la escalabilidad y el tiempo.

El mandamiento de la necesidad

*¿Para qué vivimos, sino para hacernos la
vida menos difícil unos a otros?*

George Eliot

SI CONSTRUYES UNA CASA SOBRE LA ARENA, SE VENDRÁ ABAJO

El 90% de todos los negocios fracasan en un plazo de cinco años, y sé por qué ocurre esto. No funcionan porque violan el mandamiento de la necesidad.

Si construyes un negocio sobre una base defectuosa, fracasará. Los cimientos de arena hacen que las casas se derrumben. Las empresas que violan el mandamiento de la necesidad o bien se encuentran entre el 90% de las que fracasan o bien son empleos disfrazados. La fuerza de la gravedad no puede ser desafiada, y la premisa ganadora de los negocios es simple pero a menudo la mayoría de los emprendedores la olvidan: *las empresas que resuelven necesidades ganan. Las empresas que ofrecen valor ganan.* Las empresas que resuelven problemas obtienen ganancias. Las motivaciones egoístas y narcisistas no dan lugar a buenos modelos empresariales a largo plazo.

Piensa en el propósito de las empresas. ¿Por qué existen? ¿Para satisfacer el deseo egoísta de «hacer lo que aman» sus dueños? ¿Para satisfacer sus anhelos de riqueza y libertad financiera? ¿Son estas tus motivaciones? En serio, a nadie le importan tus deseos, tus sueños, tus pasiones, tus motivos y tus razones para querer ser rico. A nadie le importa que quieras tener un Ferrari y demostrar que tus padres están equivocados. A nadie le importa que las grandes corporaciones estadounidenses te hayan perjudicado. ¡A nadie le importa! En este planeta impera el egoísmo y a todo el mundo le trae sin cuidado qué es lo que te impulsa a ir por la vía rápida.

¿Qué les importa a las personas? Les importa lo que tu negocio pueda hacer por ellas. ¿Cómo las va a ayudar? ¿Qué les ofrece? ¿Solucionará su problema? ¿Les hará la vida más fácil? ¿Les proporcionará vivienda? ¿Les permitirá ahorrar dinero? ¿Les ofrecerá formación? ¿Les hará sentir algo? Dime: ¿por qué debería darle yo dinero a tu negocio? ¿Qué valor estás aportando a mi vida?

Reflexiona sobre el binomio productor/consumidor. Los consumidores son egoístas. Exigen saber qué tienes para ellos. Para tener éxito como productor, *abandona tu propio egoísmo y satisface el egoísmo de los demás*.

DEJA DE PERSEGUIR EL DINERO Y BUSCA NECESIDADES

Nunca emprendas un negocio con el solo objetivo de ganar dinero. *Deja de perseguir el dinero y empieza a buscar necesidades*. Permíteme repetirlo, porque es lo más importante de este libro: deja de pensar en tu negocio en términos de tus deseos egoístas, ya sean ganar dinero, perseguir tus sueños o «hacer lo que amas». En lugar de eso, busca necesidades, problemas, puntos débiles, carencias de servicio y emociones.

Los emprendedores fracasan porque crean iniciativas basadas en premisas egoístas, y las premisas egoístas no dan lugar a negocios rentables; acaban directamente en la papelera del 90 % de los fracasos.

- «Necesito una nueva fuente de ingresos».
- «Soy un experto en _____, así que haré eso».
- «He leído un libro sobre hacerse rico y dice que hay que montar un negocio».

La primera de estas motivaciones es incorrecta. La segunda, también. Y la tercera.

Repito: las premisas egoístas y narcisistas son invitaciones vip a violar el mandamiento de la necesidad.

Tú y tu negocio atraéis dinero cuando dejas de ser egoísta y haces que tu negocio deje de estar centrado en tus propias necesidades y pase a estarlo en las necesidades de otras personas. Da primero, y recibe después. Las necesidades son lo primero, ¡no el dinero! ¡Las necesidades preceden al dinero! Entra en el mercado con tu propia necesidad egoísta y apuesto que vas a fracasar.

Joe era experto en artes marciales y amaba su oficio. Siguiendo el consejo de los gurús, se dispuso a «hacer lo que amaba» y abrió un estudio de artes marciales. Al cabo de unos meses, tuvo que cerrarlo, porque no podía mantener a su familia con sus ganancias de veintiún mil dólares anuales.

El fracaso de Joe estaba cantado. Emprendió un negocio que no iba a rodar sobre una carretera asfaltada, sino sobre un camino de arena, porque en su base había unas necesidades y unos deseos egoístas: «Soy experto en artes marciales y amo lo que hago; por lo tanto, debería abrir un estudio». La base de un negocio de la vía rápida debe ser externa; deben ser las necesidades del mercado y no nuestras propias necesidades egoístas. En lugar de darles las riendas a sus motivaciones personales, Joe debería haberse planteado lo siguiente:

- «¿Hay alguna necesidad en mi barrio de un estudio de artes marciales?».

- «¿Qué están haciendo mal los estudios de artes marciales que yo podría hacer mejor?».
- «¿Qué valor añadido le ofrezco al estudiante de artes marciales?».
- «¿Qué activos traigo a esta comunidad?».

Joe se estrelló porque en el mercado no había una verdadera necesidad de su servicio y porque sus motivaciones eran egoístas. Si se hubiera hecho las preguntas anteriores en primer lugar, sus probabilidades de conducir por una carretera que lo llevase al éxito habrían mejorado drásticamente.

Hace varios años, durante el período de expansión económica, vi que se estaba construyendo una tienda en el vecindario donde vivía mi madre, en Phoenix (Arizona). El barrio, Chandler, estaba habitado por gente de raza blanca y de clase media. Cuando el edificio estuvo construido y la tienda se abrió, ya podía olerse el fracaso. ¿Por qué?

Esa nueva tienda era una *boutique* de ropa *hip hop*. Transgredía el mandamiento de la necesidad, porque ese barrio *no necesita* una tienda en la que se venda ese tipo de ropa. El barrio no se encuentra en una zona urbana, no hay clubes de baile cerca y no hay nada en él que evoque, ni remotamente, la cultura *hip hop*. De hecho, a menos de cien metros de la tienda hay una residencia de ancianos. ¿Es un abuelo de noventa y un años un cliente potencial? El problema evidente en este caso es el egoísmo. El propietario se dejó llevar por la pasión, por su amor por la música y la cultura *hip hop*. Es posible que un *coach* de vida le dijera que «hiciese lo que amara». Fuera lo que fuese lo que lo decidió a poner esa tienda, obedeció a una necesidad interna, no externa. Es decir, el objetivo de la tienda no era satisfacer una necesidad existente en el mercado. Predije un tiempo de vida de doce meses para ese negocio, y duró dieciocho en total. Estaba construido sobre la arena; es decir, no estaba al servicio de una necesidad.

LOS QUE PERSIGUEN EL DINERO EN LUGAR DE BUSCAR NECESIDADES

A menudo leo publicaciones de aspirantes a emprendedores que tienen el grandioso objetivo de hacer una fortuna por medio de un negocio. Echa un vistazo a cualquier foro de emprendedores y verás que las bases en las que la gente fundamenta sus proyectos son egoístas. Los cimientos que dan lugar a preguntas como las siguientes no son sólidos:

- «¿Cómo puedo ganar dinero emprendiendo un negocio?».
- «¿Qué negocio puedo emprender con doscientos dólares que me ofrezca una rentabilidad de cinco mil dólares al mes?».
- «¿Qué negocio puedo emprender que pueda llevar desde casa?».
- «Tengo un amigo que fabrica artilugios; ¿puedo ganar dinero vendiéndolos?».
- «¿Cómo puedo obtener ingresos pasivos?».
- «¿Qué producto puede venderse bien en eBay?».
- «¿Cuál es el mejor negocio que se puede emprender si se tienen muy pocos medios?».

Si te haces este tipo de preguntas, es probable que fracases, porque revelan que estás preocupado por el dinero y no por satisfacer unas necesidades o aportar valor. ¡Lo has entendido al revés! Llamo a estos individuos «cazadores de dinero». Pasan de un negocio a otro según cómo sopla el viento del mercado, y muchas veces se dedican a la reventa; rara vez resuelven necesidades o generan dinámicas. A veces, estos emprendedores egoístas utilizan prácticas comerciales cuestionables, al descuidar las necesidades de los clientes y perseguir el dinero con un celo implacable.

Los cazadores de dinero son consumidores que no han efectuado la transición hacia ser productores. Quieren ser productores pero piensan de forma egoísta, como consumidores.

Por ejemplo, en la época del *boom* inmobiliario, los cazadores de dinero se convirtieron en corredores hipotecarios y agentes inmobiliarios. El estallido de la burbuja purgó al sector del exceso de oferta. Ahora que las ejecuciones hipotecarias están en su punto álgido, los «modificadores de préstamos» son los nuevos cazadores de dinero. Cada auge y declive hace que aparezcan en escena los cazadores de dinero que están egoístamente motivados para saltar a bordo del tren de las tendencias, gente que está en el mundo de los negocios con la finalidad exclusiva de servirse a sí misma. Al haber tantos consumidores egoístas de los que aprovecharse, los cazadores de dinero sobreviven y prosperan hasta que llega la próxima crisis o hasta que salen a la luz sus métodos fraudulentos. En los períodos de exceso proliferan los fraudes, las maquinaciones y las estafas, porque los cazadores de dinero ocupan el escenario y se crean desequilibrios.

PARA ATRAER EL DINERO HAY QUE OLVIDARSE DE ÉL

¿Quieres ganar mucho dinero? En ese caso empieza a atraerlo en lugar de perseguirlo.

El dinero es como un gato travieso. Si lo persigues por el barrio, te elude. Se oculta entre las ramas de un árbol, detrás de un rosal o en un jardín. Sin embargo, si lo ignoras y te enfocas en lo que *atrae* al gato, viene a ti y se sienta en tu regazo.

El dinero no se siente atraído por las personas egoístas. Se siente atraído por los negocios que resuelven problemas. Se siente atraído por quienes satisfacen necesidades y aportan valor. *Resuelve las necesidades de mucha gente y atraerás mucho dinero.* La *cantidad de dinero* que ganas no es más que un reflejo de la *cantidad de valor* que les has proporcionado a los demás. Si ignoras esta ecuación, el dinero te ignorará a ti. Los negocios de éxito tienen un rasgo en común: la satisfacción de las necesidades del consumidor se refleja en unas buenas ventas. Son los mercados y los consumidores, no tú, los que determinan si tu negocio es viable. Si vendes diez millones de algo, diez millones de personas han votado que tu producto las ayudará o satisfará una de sus necesidades.

La única carretera de la vía rápida que conduce a la riqueza es la que está pavimentada con asfalto; los caminos de arena no sirven. Es decir, tu negocio debe satisfacer necesidades o deseos, brindar soluciones. Así, tus probabilidades de éxito son mucho mayores. Resuelve las pequeñas necesidades de muchos o las grandes necesidades de unos pocos. Puedes hacer algo tan fantástico como crear una empresa de *software* como hizo Bill Gates, o algo aparentemente tan simple como introducir una modificación en algo existente. Si tienes un sitio web que presta servicio a diez mil personas a diario, estás teniendo un impacto. Si posees una empresa inmobiliaria que brinda alojamiento a mil personas, estás teniendo un impacto.

¡Ten un impacto enorme y empieza a proporcionar valor! ¡Deja que el dinero venga a ti! Contempla lo que hay más allá de tu propio mundo, deja de ser egoísta y ayuda a los demás seres humanos a resolver sus problemas. En un mundo lleno de egoísmo, sé desinteresado. ¿Quieres que sea más concreto? No hay problema. Haz cualquiera de estas cosas para un millón de individuos:

1. Haz que se sientan mejor.
2. Ayúdalos a resolver un problema.
3. Proporciónales formación.
4. Facilita que tengan un mejor aspecto (por medio de mejorar su salud o su alimentación, o de venderles cierto tipo de ropa o de maquillaje).
5. Apórtales seguridad (en cuanto a la vivienda, la protección o la salud).
6. Facilita que experimenten en mayor medida una emoción positiva (como amor, felicidad o autoconfianza; o haz que se rían).
7. Satisface alguno de sus apetitos, desde los más básicos (la comida) hasta los más atrevidos (el impulso sexual).

8. Haz que su vida sea más fácil en algún sentido.
9. Estimula sus sueños y dales esperanza.

Si haces algo de esto para un millón de personas, *te aseguro que ganarás millones* (de dólares). Así que la próxima vez que te descubras navegando en Internet en busca de la forma de ganar dinero, detente y pregúntate: «¿Qué tengo que ofrecerle al mundo?». ¡Proporciónale valor al mundo y serás un imán para el dinero!

«HACER LO QUE UNO AMA» E IR MURIENDO MIENTRAS TANTO

Ten cuidado con esta otra proclama de los gurús: «¡Haz lo que amas y ganarás mucho dinero!». Esto es mentira. No sigas este consejo, a menos que quieras violar el mandamiento de la necesidad. El «haz lo que amas» es otro decreto mítico formulado por gurús hipócritas y por presuntos *coaches* de vida que se encuentran, probablemente, a tres clientes de distancia de la bancarrota. Tristemente, la carretera «haz lo que amas» rara vez conduce a la riqueza. De hecho, puede llevarte a que dejes de amar esa actividad.

Si eres como yo, el «haz lo que amas» no es una opción en aras del enriquecimiento. Piensa en lo que amas y luego pregúntate: ¿alguien pagará por eso? ¿Va a resolver una necesidad? ¿Eres lo bastante bueno para ganar dinero haciéndolo? Lo más probable es que no lo seas.

Para que el «haz lo que amas» funcione, necesitas dos cosas: primero, eso que amas debe resolver una necesidad, y segundo, debes ser excepcionalmente bueno en ese ámbito.

A mí me encanta jugar al baloncesto, pero soy muy malo en este deporte. No puedo convertir mi amor por el baloncesto en una carrera. Y me encanta tocar el piano, pero también se me da fatal. Me gusta hacer muchas cosas en las que no soy bueno. Si quisiera convertir cualquiera de estos «amores» en una carrera profesional, necesitaría un tiempo y un dinero ilimitados, porque nadie pagaría un centavo por mi servicio.

Pongamos ahora como ejemplo el libro que tienes en tus manos. Me encanta escribir. Este libro representa la materialización de uno de mis sueños, de manera que es la expresión de algo «que amo hacer», pero este sueño ha sido posible gracias a la vía rápida. Si necesitase que este libro pagara mi hipoteca, no estoy seguro de que lo hubiese escrito. No tengo ni idea de si se venderán diez ejemplares o diez millones. Por lo tanto, no puedo confiar en él como instrumento de enriquecimiento.

«Hacer lo que amamos» para ganar dinero a menudo no es una estrategia lo bastante eficaz, porque no somos lo suficientemente buenos. Además, hay tantas personas «haciendo lo que aman» que el mercado correspondiente a esas actividades se satura, los márgenes de beneficios se hunden y la competencia es feroz.

Hay muchos autores y muchos libros en el mercado. El hecho de que me encante escribir no garantiza que vaya a ganar dinero con ello. De hecho, a nadie le importa si me gusta o no escribir. ¿A ti sí? ¡Por supuesto que no! *Lo que quieres es saber si lo que escribo te será útil.*

En una entrevista que concedió para una revista, le preguntaron al multimillonario R. J. Kirk sobre la clave de su éxito, y respondió: «Corresponde a los demás decir si soy útil o no». No te corresponde a ti determinar si eres útil; es el mercado el que lo decide. La gente paga para verse satisfecha, no para satisfacer tu necesidad de «hacer lo que amas». La gente paga para que le brindes soluciones, no para que tú lo pases bien. La gente paga para que le resuelvan problemas. A la gente no le importa en absoluto lo que sea que ames hacer. Si el «haz lo que amas» no satisface una necesidad de forma espectacular, ¡nadie te pagará para que hagas eso!

Este libro ha sido posible porque no he necesitado que el dinero validase mi pericia. Si una oración no es demasiado complicada de entender, comprendes lo que quiero decir con ella, y con eso basta. Es posible que no se me dé especialmente bien escribir, pero independientemente de que se venda mucho o poco, este libro es la expresión de una actividad «que amo» realizar, tanto si soy bueno en ella como si no. La vía rápida me permitió sacar el dinero de la ecuación. Ahora no necesito que me paguen para «hacer lo que amo». Lo hago sin más. En otras palabras, el dinero me llevó al punto de que puedo «hacer lo que amo». Pero no fue «haciendo lo que amo» como me hice rico. ¿No es irónico?

A LeBron James le pagan para jugar al baloncesto porque es bueno en ello. Uno de los muchos destinos de la vía rápida es que no sea necesario que el dinero confirme que puedas dedicarte a «hacer lo que amas». Mi éxito en la vía rápida me permitiría jugar al baloncesto los siete días de la semana. Y puedo jugar a videojuegos todo el día si quiero. No necesito que me paguen para «hacer lo que amo» porque puedo permitirme hacerlo sin cobrar nada por ello.

Si eres uno de los pocos afortunados que pueden obtener ingresos con una actividad que le encanta y eres lo bastante bueno en ella, enhorabuena. ¡Incluso es posible que no necesites la vía rápida!, sino que con la vía lenta tengas suficiente. No tienes por qué preocuparte. Pero a aquellos de nosotros que no podemos transformar en ingresos lo que amamos hacer, la vía rápida nos ofrece alternativas.

IMITACIONES Y REPRODUCCIONES DEL «HACER LO QUE AMAS»

Si no puedes hacer lo que amas en el contexto de un empleo o un negocio, es probable que caigas en una trampa. Tu reacción natural será hacer un trato con el diablo, con la vía lenta. Negocias con tu vida: haces cosas que odias a cambio de hacer cosas que amas. Haces esta reflexión: «Trabajaré cinco días en algo que detesto para poder disfrutar dos días (los fines de semana) haciendo algo que amo». ¿Te parece racional este trueque?

Por ejemplo, mi amigo Andy es agente de cobros en un banco y odia su trabajo. En la hora de la cerveza, escucho sus quejas, su frustración y otras lindezas en relación con su trabajo: el microseguimiento que le hacen en plan nazi, lo incompetente que es su jefe y lo psicóticos que son sus compañeros de trabajo. Recibe por todos lados. Se insensibiliza para aguantar este sufrimiento cinco días a la semana. ¿Su salvación? Los sábados y domingos. Este amigo paga el «haz lo que odias» echándose a la mar los fines de semana, que es «lo que ama» hacer.

Están también las personas que «hacen lo que aman» como una actividad alternativa. Por ejemplo, a Pauline le encanta tejer, y vende sus productos por Internet. A José le encantan los sistemas de audio que llevan incorporados los automóviles, por lo que abre una tienda de venta de equipos estéreo para vehículos. A Janice le encanta esculpir y vende sus obras en la galería local. Gary es un apasionado del culturismo, así que se hace entrenador personal en este ámbito.

Hacer lo que uno ama como actividad alternativa presenta dos peligros:

1. El dinero tarda en acudir.
2. El amor corre el riesgo de desaparecer.

En primer lugar, el «haz lo que amas» rara vez produce una afluencia rápida de dinero, porque lo más probable es que no solo tú estés haciendo lo que amas, sino que haya otros miles de individuos que amen hacer lo mismo. Si quieres una prueba de ello, mira las audiciones de la primera semana de los aspirantes a triunfar en *American Idol*. La necesidad que tiene la sociedad de cantantes de poco nivel es baja; esto satura el mercado y hace que los márgenes de beneficios sean escasos.

En el gimnasio al que voy, un entrenador personal me dijo que tiene dificultades para llegar a fin de mes. Cuando le pregunté el motivo, me respondió que hay tanta competencia en el ámbito del entrenamiento personal que no puede cobrar un precio que le compense por el tiempo invertido. Sus tarifas son deflacionarias porque hay una gran oferta de entrenadores, y cuando la oferta es superior a la demanda (a la necesidad), los precios bajan.

¿Y por qué existe una saturación tan grande en el ámbito del entrenamiento personal? Es fácil de entender. La gente sigue el consejo de los gurús, «haz lo que amas», sin reflexionar acerca de la necesidad que hay de su servicio. Por desgracia, si *amas* hacer algo, puedes apostar a que miles de personas también aman hacerlo. Cuando decides «hacer lo que amas», prepárate para enfrentarte a una dura competencia. Y ¿quién disfruta de mayores márgenes de beneficio? ¿Un entrenador personal, o el tipo que crea una empresa para limpiar las escenas de crímenes?

El segundo peligro que tiene «hacer lo que se ama» como actividad alternativa es que el amor puede contaminarse cuando aquello se hace por dinero. Si te obligan a hacer algo, incluso algo que dices amar, a cambio de una paga, ese amor corre el peligro de desaparecer.

Hace años, acepté un empleo como conductor de limusinas porque me encantaba conducir. Cuando dejé el empleo, odiaba conducir. Después del trabajo, me quedaba en casa porque estaba cansado de estar al volante. Mi amor se vio contaminado.

Tenía una amiga que pintaba unos cuadros fantásticos por afición. Cuando le pregunté por qué no pintaba a tiempo completo para ganarse la vida, su respuesta fue simple: pintaba cuando la pasión por hacerlo la embargaba. Las pocas veces en las que había pintado por dinero, su creatividad artística se había visto muy mermada porque una fuerza diferente había alimentado su motivación: el dinero, en lugar de la emoción del momento.

«Hacer lo que aman» se lo pueden permitir los deportistas de élite, porque están en la cima. Y, sin embargo, incluso después de ganar millones, muchos de estos deportistas sufren el mismo destino: pierden el amor por su deporte. Y los bailarines pierden su amor por el baile. Y los artistas pierden su amor por el arte. El dinero y las exigencias de la vida enturbian el amor y lo transforman en una carga.

«Hacer lo que amas» puede proporcionarte una felicidad ilusoria, pero en muchas ocasiones el mercado correspondiente a tu actividad está saturado y, lo que es más importante, tu amor natural por la actividad puede desvanecerse.

HAY QUE PASAR DEL AMOR A LA PASIÓN

El combustible motivacional en la vía rápida es la pasión, no el amor. La pasión es lo que te saca del garaje y te lleva a la carretera. Si te apasiona un objetivo en concreto, harás cualquier cosa por alcanzarlo. A mí me apasionaban los Lamborghinis y estaba dispuesto a hacer cualquier cosa por tener uno: recoger caca de perro, fregar suelos, empezar a trabajar a las tres de la madrugada... Lo que hiciese falta hacer, me apasionaba hacerlo. ¿«Amaba» conducir limusinas? Por Dios, no, pero tenía una pasión relacionada con la vía rápida, que fue lo que me motivó a perseguir el futuro que visualizaba.

Tu vehículo necesita algo que lo arranque, algo que te impulse a levantarte de la cama por la mañana dispuesto a afrontar los retos del día. Lo que hace que el vehículo arranque es la pasión. Necesitas sentir pasión por algo más grande. A cada uno nos apasiona algo distinto, y cuando encuentres lo que te apasiona a ti, harás cualquier cosa por lograrlo.

Al reubicar tus metas y visiones al final de una estrategia adecuada, ese final transforma tu vida diaria en un continuo de actos apasionados que sabes que te están llevando hacia ese destino. Si no puedes recibir dinero por la realización de alguna actividad, identifica un «por qué» o un objetivo final que te haga abordar esa actividad con pasión.

¿Qué es lo que te motiva? ¿Por qué estás haciendo eso? ¿Por qué quieres ir por la vía rápida? ¿A quién quieres demostrar que estaba equivocado? Mis motivaciones eran estas:

- «Quiero pagar la hipoteca de mi madre».
- «No quiero que me despierte un despertador».
- «Quiero escribir un libro sin que la necesidad de dinero me presione a hacerlo».

- «Quiero una gran casa con piscina en la ladera de una montaña».
- «Quiero un Lamborghini».
- «Quiero marcar la diferencia».
- «Quiero demostrarle a Fulano que estaba equivocado».

La pasión es superior al «haz lo que amas», porque la pasión fomenta la motivación en relación con algo más grande que uno mismo y abre el abanico de las posibilidades. Cuando tu enfoque es «hacer lo que amas», está muy centrado en un sector de actividad, y es probable que transgredas el mandamiento de la necesidad. ¿Por qué estás emprendiendo un determinado negocio? ¿Porque amas hacer eso o para dar respuesta a una necesidad existente en el mercado?

Vuelvo a decirlo: la pasión por un objetivo final es lo que impulsa la acción en la vía rápida.

Mike Rowe, presentador del programa de televisión por cable *Dirty Jobs* [Trabajos sucios], mostró a varios empresarios que debían llevar a cabo tareas nada glamurosas, como analizar estiércol de ganado bovino o retirar excrementos de paloma. Lo que tenían en común era la pasión. Ninguno de ellos «amaba» lo que hacía, pero todos disponían de una motivación que los apasionaba y unas cuentas bancarias con muy buenos saldos. Tenían muy poca competencia, porque el resto de la gente estaba volcada en el empeño de «hacer lo que amaba».

Todo lo que necesitas para convertir tus actividades diarias en asuntos que te apasionen es contar con una gran motivación. Si sabes que estás preparando el terreno para tu viaje por la vía rápida, pasarás a levantarte entusiasmado por las mañanas. ¿Cuáles son tus razones para ir por este camino? Y ¿son lo bastante potentes para que te mantengas motivado a lo largo del proceso?

LA PASIÓN ACABA CON EL SUFRIMIENTO
VINCULADO CON EL TRABAJO

En la fase inicial de mi empresa, trabajaba muchas horas. ¿Experimenté fatiga con tanto trabajo? No. Lo disfrutaba, porque tenía mis metas y estaba avanzando hacia su consecución. El viaje fue duro, me planteó retos y, sí, ¡incluso fue divertido! Me apasionaba aquello que quería lograr, y lo obtendría. *La vía rápida no es un destino, sino un viaje personal.*

Escribir este libro ha sido un viaje largo, y admito que desistí tres veces. ¿Por qué? Porque después de estar un año escribiéndolo y no haber sido capaz de acabarlo, mi amor por la escritura se evaporó. Mi amor se convirtió en odio. Estaba «haciendo lo que amaba» y de repente ese amor se desvaneció, porque la gente empezaba a esperar el libro. Le confesé a un amigo que abandonaba el proyecto, que ya no disfrutaba con ello y, además, no tenía ninguna necesidad de acabar la obra.

Y ¿cómo pudo ser que llegase hasta el final si mi amor por la escritura se había evaporado? Encontré mi pasión, la cual me impulsó a terminar el libro: la pasión de ver cómo los sueños de los demás se hacen realidad. Cuando veo que de pronto alguien vuelve a vibrar con un sueño al que había renunciado, me siento revitalizado. Cada vez que quería darme por vencido, recibía un correo electrónico en el que alguien me expresaba su agradecimiento: «Tu foro me ha cambiado la vida» o «Gracias, mi vida ha cambiado para mejor». Recibir esos mensajes era como recibir un pago en forma de pasión, lo cual me impulsaba a retomar la tarea. Pasé del amor al sufrimiento, y de ahí a la pasión.

TOMA UNA CARRETERA QUE TE PERMITA
MATERIALIZAR UN SUEÑO FANTÁSTICO

Una vía que no te lleve hasta tus sueños es un camino sin salida. Cuando uno renuncia a sus sueños, su vida se marchita. Recuerda cuando, en tu infancia, te preguntaban: «¿Qué quieres ser de mayor?». Era una forma de indagar cuáles eran tus sueños, y lo más probable era que tu respuesta obedeciese a una visión fantasmal. En mi caso, quería ser astronauta (por culpa de Han Solo), cineasta (por culpa de George Lucas) y escritor (por culpa de Isaac Asimov).

¿Y en cuanto a ti? ¿Cuál es tu sueño increíble y fantástico? Y lo verdaderamente importante: ¿estás viviendo ese sueño? O ¿tienes alguna posibilidad de llegar a vivirlo? Lo más probable es que no, porque la vía lenta habrá acabado con él.

Le pregunté a mi amigo Rick cuál era su sueño y no me respondió «quiero ser representante de ventas en Verizon Wireless», sino «quería ser piloto de carreras». En ese caso, ¿por qué se está dedicando Rick a vender teléfonos móviles? ¿Hay alguna posibilidad de que haga realidad su sueño?

No hay ninguna. Su sueño murió y la carretera que conducía a él está abandonada. Sin embargo, a la vez que Rick se apega a su trabajo y espera que lo asciendan, se cuestiona la realidad que está viviendo: «Tiene que haber algo más», piensa.

Está también el caso de Sarah. No respondió a mi pregunta diciendo «quiero ser jefa de turno en Taco Bell». No; quería ser artista. Pero hoy Sarah se encuentra trabajando en el turno de noche, fregando el suelo del comedor y quitando los pegotes que ha dejado gente descuidada que ha confundido la crema agria con pintura de dedos. Mientras mete la fregona en el escurridor, Sarah experimenta un momento de desasosiego: «¿En esto se ha convertido mi vida?».

El problema que tienen estos individuos no son sus empleos. Todos hemos tenido trabajos horribles y embarazosos que hemos odiado. El problema es que se han metido en un camino sin salida, que nunca confluirá con su sueño. Han renunciado a sus sueños para pagar las facturas. En lugar de estar yendo por una carretera que acabará por confluir con sus sueños (o con la posibilidad de un sueño), están transitando por un infierno del que no pueden escapar. La vida es sinónimo de sufrimiento para estas personas. No tiene nada de malo trabajar en Verizon (un operador de telefonía móvil) o en Taco Bell (un establecimiento de comida rápida). De hecho, los empleos que he mencionado están mejor que los empleos absurdos que yo he tenido. Pero, por favor, no permitas que estos trabajos sean tu forma de llegar a tu objetivo final, la última carretera por la que vas a circular, porque es probable que no llegues nunca a la meta.

Si tu sueño está muerto, también lo está tu pasión. La ausencia de pasión te vuelve insensible a la música del mejor violinista del mundo cuando está tocando en una estación. La ausencia de pasión te conduce a la mediocridad, a ser y actuar como la gran mayoría. La ausencia de pasión te lleva de cabeza a la infelicidad. La ausencia de pasión no te permitirá hacerte rico.

Si quieres volver a sentirte motivado, revitaliza tu sueño y alinéalo con una estrategia capaz de trazar un sendero que conduzca hasta su realización quemando la maleza que te impide el paso. Los sueños muertos no pueden generar el fuego que te permita abrir ese sendero. La pasión enardece tu voluntad de hacer lo que sea necesario, de hacer más de lo que los otros pueden hacer. Los conductores de la vía rápida trabajan como nadie para poder vivir como nadie puede hacerlo. Dedican cuatro años a trabajar duramente a cambio de cuarenta años de libertad. Desafortunadamente, la mayoría de las personas trabajan duramente durante cuarenta años a cambio de cuatro semanas de libertad (o del tiempo que duren sus vacaciones pagadas).

ENCUENTRA TU «NIEVE EN EL INODORO»

¿Cómo puedes encontrar tu pasión? La pasión proviene o bien de la excitación o bien del descontento. Alguien publicó esta historia en el Foro de la Vía Rápida (TheFastlaneForum.com):

Crecí en el seno de una familia pobre y vivía en un viejo granero destartalado la mitad del cual había sido convertido en una casa.

Una de las peores épocas del año era el invierno, porque las tuberías del agua se congelaban y, con ellas, nuestra agua corriente. La única forma de descargar el inodoro era traer nieve, meterla en el depósito de agua del inodoro y esperar a que se derritiera. Veía cómo mi madre se ocupaba de ello; era la única forma de que pudiésemos tirar de la cadena. Lo peor era que el depósito tenía que volver a llenarse de nieve cada vez que alguien usaba el inodoro. Pensé para mis adentros: «¡No quiero volver a vivir así nunca más!».

¿Cuál es tu pasión, tu «nieve en el inodoro» permanente?

A Leslie Walburn la apasionan los animales. Desilusionada por el hecho de que en las perreras propiedad del condado se practica la eutanasia a los perros, su sueño es tener un refugio para perros en el que no se les dé muerte. Aunque puede «hacer lo que ama» al tener un empleo en una perrera, esto no la acerca a su sueño, ni podrá reunir el dinero necesario para alcanzarlo (pues los refugios para perros son caros). Lo que hace Leslie para romper el círculo es permitir que su pasión alimente su motivación: emprende un negocio de la vía rápida (no relacionado con los animales) que acaba por financiar su sueño. Su pasión la lleva a materializar un sueño en el que no tiene por qué ganar dinero.

Reflexiona sobre una ocasión en la que tu vida dio un vuelco a partir de tu entusiasmo o tu descontento.

Esa es tu pasión. En mi caso, experimenté la pasión del entusiasmo cuando vi mi primer Lamborghini en la adolescencia y decidí que un día tendría uno. Y experimenté la pasión del descontento al ver a mi madre perseverar en trabajos sin futuro en su intento de criar a tres hijos sin un marido. Ambas circunstancias alimentaron mi pasión: quería un Lamborghini y quería ayudar a aliviar la carga de mi madre. El entusiasmo (los anhelos y deseos) es combustible para la pasión, como lo es el descontento (las situaciones indeseables). Ambos me permitieron hacer lo que otras personas no harían. Si encuentras tu combustible, también tú harás cosas extraordinarias.

RESUMEN DEL CAPÍTULO: INDICACIONES PARA LA VÍA RÁPIDA

- El mandamiento de la necesidad establece que los negocios que resuelven necesidades ganan. Las necesidades pueden ser situaciones dolorosas que requieren ser aliviadas, un servicio conveniente que nadie está prestando, problemas no resueltos o desconexiones emocionales.
- El 90 % de los nuevos emprendimientos fracasan porque su base son las necesidades internas, egoístas, de sus fundadores, en lugar de ser las necesidades del mercado.
- A nadie le importan tus deseos egoístas consistentes en cumplir tus sueños o ganar dinero; la gente solo quiere saber qué puede hacer por ella tu negocio.
- Los cazadores de dinero no se han liberado del egoísmo, y sus emprendimientos suelen obedecer a sus propias necesidades egoístas.
- La gente vota por tu negocio con su dinero.
- Persigue el dinero y te eludirá. Sin embargo, si lo ignoras y te concentras en lo que atrae al dinero, vendrá hacia ti.
- Ayuda a un millón de personas y serás millonario.
- Para que «hacer lo que amas» te aporte dinero, lo que amas debe resolver una necesidad y tú debes ser excepcional haciendo eso.
- El «haz lo que amas» fomenta la saturación del mercado, lo cual hace que los márgenes de beneficio sean muy reducidos.

- Cuando dispones de los recursos económicos pertinentes, puedes «hacer lo que amas» y permitirte que nadie te pague por ello, y tampoco tienes por qué ser bueno en eso.
- Los conductores de la vía lenta alimentan el «haz lo que amas» con el «haz lo que odias». Intercambian cinco días de odio por dos días de amor.
- Si quieres ganar dinero haciendo «lo que amas», corres el riesgo de dejar de amarlo.
- La pasión por un objetivo final impulsa el éxito en la vía rápida.
- Contar con un objetivo que inspire pasión puede transformar el trabajo en alegría.
- «Hacer lo que uno ama» conduce, por lo general, a la violación del mandamiento de la necesidad.
- La estrategia correcta para ti es aquella que va a permitirte realizar tus sueños.

El mandamiento del acceso

*Nuestros planes fracasan porque no apuntan a
ningún objetivo. Cuando un hombre no sabe a qué
puerto se dirige, ningún viento es el adecuado.*

Séneca

PUEDES SER LA OVEJA O EL PASTOR

Era 1994 y estaba dentro de un auditorio caluroso, entre una masa caótica de personas; era una hormiga en un hormiguero. Meses antes, me había involucrado en una empresa de *marketing* multinivel, y ese era uno de los encuentros que se celebraban mensualmente para motivar a la gente. La multitud estaba emocionada, ansiosa y motivada.

Yo no lo estaba. Miré a mi alrededor y vi un problema. Vi un ejército de autómatas que se aferraban a lo que fuera que se dijese, dejando de lado el pensamiento crítico. Yo mismo estuve a punto de ser adoctrinado, pero no fui una presa tan fácil. Hice preguntas. Fui persistente, curioso y quisquilloso en relación con el camino que iba a emprender.

«¿Cuánto dinero estás ganando?», pregunté a menudo. Como hacen los políticos, los presentes eludían responderme y me remitían a una persona en concreto de la organización, pero no me dejé engañar. De acuerdo, ya me dijiste que Bill Hanson gana treinta mil dólares al mes, pero ¿cuánto ganas tú? ¿Y tú? ¿Y tú? ¿Y las otras tres mil personas que hay en esta sala? La realidad era que pocas de ellas ganaban algo de dinero. ¿Por qué? Porque estaban atrapadas en medio del tráfico; iban conduciendo por una carretera congestionada que transgredía el mandamiento del acceso. El tráfico avanza lentamente por las carreteras atestadas, si es que avanza en absoluto.

EL MANDAMIENTO DEL ACCESO

Fracasé cuatro veces en la venta multinivel porque mi subconsciente sabía la verdad: esa opción violaba el mandamiento del acceso.

El mandamiento del acceso establece que *cuando las barreras que obstaculizan la entrada a cualquier camino empresarial caen o disminuyen, la efectividad de ese camino se reduce y la competencia en ese campo crece en consecuencia.* Unas barreras más altas equivalen a caminos más fuertes y potentes, en los que existe menos competencia y en los que es menos necesario ser excepcionalmente bueno.

Las vías empresariales en las que las barreras están caídas son caminos deficientes, porque el hecho de que sea fácil acceder a ellas hace que haya mucha competencia. Hay mucha gente entre la que repartir un solo pastel, o, dicho de otro modo, hay mucho tráfico en esas carreteras. Y cuando las carreteras están congestionadas por el tráfico, los vehículos no avanzan.

En otras palabras, si entrar en un «negocio» cuesta tan poco como pagar doscientos dólares por tener un kit de distribuidor, no hay barreras que obstaculicen el acceso, y hay que dejar pasar la oportunidad. Si cualquier tipo que esté sesteando en un callejón al lado de un contenedor de basura puede comenzar su negocio en cuestión de minutos, ¡no te conviene meterte ahí! El mundo está plagado de presuntos negocios que no cuentan con barreras que dificulten el acceso. Es por eso por lo que no son buenos y por lo que las personas que están en ellos no son ricas.

Hace una década, la gran oportunidad era «ganar millones en eBay». No duró mucho, porque esta opción acabó por violar el mandamiento del acceso. Si alguien podía crear un negocio en eBay en diez minutos, está claro que había millones de personas que podían hacer lo mismo. ¿Quién se hizo rico? Los primeros en aprovechar la oportunidad, el mismo eBay y los fundadores de eBay. Condujeron por la vía rápida y recogieron a millones de autoestopistas por el camino. A unos pocos les fue bien, mientras que hubo millones que individuos que no prosperaron.

Más recientemente, la gran oportunidad fueron los blogs de Internet. ¡Los blogueros estaban ganando miles de dólares! Era cierto, pero hoy en día, el bloguero multimillonario es la excepción y no la regla. ¿Por qué? Porque esta opción fue derrotada por la facilidad de acceso, que ocasionó una gran afluencia de tráfico, mucha competencia y la saturación. La saturación hace que desciendan los volúmenes de venta, lo cual, a su vez, provoca que disminuyan los beneficios. Si cualquiera puede emprender un negocio en el plazo de un día o menos tiempo en el que se dedicará a vender u ofrecer lo mismo que tú, es probable que estéis transgrediendo el mandamiento del acceso y que os esperen tiempos difíciles.

En el *marketing* en red, o *marketing* multinivel, el mandamiento del acceso siempre es violado, a menos que uno sea el creador y el propietario de una empresa de este tipo. Si estás en una sala junto con dos mil personas que están haciendo exactamente lo mismo que tú, tienes todas las probabilidades de éxito en tu contra. ¿Quién es el innovador, el líder, el que está arriba de un acantilado separando las aguas del mar Rojo? El tipo que está en el escenario, el que fundó esa empresa de *marketing* multinivel, es el conductor de la vía rápida. ¿Y tú? Lo siento, pero solo eres un soldado más de su ejército, un engranaje dentro de su estrategia empresarial. ¡El fundador no necesita escalar niveles en la pirámide, porque él la construyó! Puedes construir una pirámide o escalar la de otro. Puedes ser la oveja o el pastor.

SI ESTÁS EN UN NEGOCIO EN EL QUE ES FÁCIL ENTRAR, DEBES SER ALGUIEN EXCEPCIONAL EN ESE ÁMBITO

Si transgredes el mandamiento del acceso, prepárate para ser alguien *excepcional*. La excepcionalidad hace que las probabilidades escasas pasen a ser mucho mayores. Por desgracia, la excepcionalidad es una posibilidad remota; es tan poco probable ser alguien excepcionalmente bueno en un sector en el que hay mucha oferta como lo es que un deportista de instituto cuyo nivel sea superior a la media acabe siendo un profesional de élite.

Por ejemplo, cuando estuve sentado en ese auditorio junto con otros miles de vendedores, me di cuenta de que para sobresalir entre miles de personas que hacían lo mismo tenía que ser alguien excepcional. Debía ser el mejor. Pero si era honesto conmigo mismo, sabía que no podía aspirar a la excepcionalidad dentro de esa estructura. ¿Podía ser una excepción entre cincuenta mil «distribuidores» que tenían mis mismos objetivos? Era dudoso. Sin embargo, cuando emprendí mi negocio en Internet, tenía unos doce competidores. ¿Podía ser alguien excepcional en ese mercado? ¡Por supuesto que sí!

Otros ejemplos de la necesidad de ser excepcional los brindan el póquer profesional y el comercio financiero (el comercio con acciones, futuros o divisas). Ambas disciplinas violan el mandamiento del acceso, pues cuesta muy poco o nada empezar a ejercer estas actividades. Puedo ir a Las Vegas con diez mil dólares y participar en un torneo de póquer cuando lo desee. O puedo depositar diez mil dólares en una cuenta de operaciones y empezar a comerciar con divisas. *La falta de obstáculos que dificulten el acceso nutre la oferta*, y para tener éxito en ese ámbito, hay que ser excepcional. Los mejores (y más ricos) jugadores de póquer del mundo son excepcionales y se aprovechan de los más débiles, que han sido atraídos por lo fácil que es entrar. Los profesionales llaman a estas personas «dinero muerto».

En los mercados de divisas se dan las mismas condiciones. Los principiantes van y vienen; comercian con divisas y esperan ganar una fortuna, pero los únicos que ganan millones son los participantes excepcionales y los que ofrecen los contextos que permiten operar (como las plataformas de divisas, las agencias de bolsa y los sitios web dedicados al póquer).

Hay un viejo refrán que dice: «En plena fiebre del oro, no caves en busca de oro. ¡Vende palas!». En lo que respecta al acceso, tu sector de actividad y de negocio no debe estar abierto a que todo el mundo entre en él, porque si lo está, debes estar preparado para ser alguien excepcional. Si eres excepcional, la facilidad de acceso no es un inconveniente para ti, sino una ventaja.

ENTRA EN UN NEGOCIO QUE REQUIERA UN PROCESO; EVITA LAS ENTRADAS «DE UN SOLO ACONTECIMIENTO»

¿Quieres saber si tu negocio contraviene el mandamiento del acceso? La respuesta es otra pregunta sencilla: ¿se entra en ese negocio por medio de un *acontecimiento* o hay que seguir un *proceso*? Los verdaderos emprendimientos empresariales implican un proceso; no empiezan con un solo acontecimiento. Si de pronto tienes un negocio porque has comprado un kit de distribuidor o has rellenado un formulario en Internet, has violado el mandamiento del acceso. Si de repente tienes un negocio porque has llevado a cabo una o dos acciones, también lo has violado. Por el contrario, si quisiera ofrecer un servicio de cama y desayuno en Napa Valley, tendría que encontrar una propiedad, arreglarla, financiarla, asegurarla, obtener licencias y permisos, contratar personal y dar otros diez pasos más. Se requiere un proceso detallado para acceder a algo que valga la pena.

Iniciar un negocio, y adquirir riqueza también, implica efectuar una serie de elecciones coherentes que conformen un proceso.

A los fundadores de las empresas de *marketing* en red les va espectacularmente bien porque saben que a las personas les encantan los acontecimientos. Y ¿qué mejor acontecimiento hay que entrar en un negocio por medio de rellenar un impreso? Esos fundadores *convierten la facilidad de acceso en una ventaja.* Les interesa crear empresas a las que otras personas puedan unirse por medio de un solo acto. De manera que no te dejes engañar. Enviar un cheque por correo a alguna dirección que figure en la parte posterior de una revista de emprendedores no es la semilla de ningún negocio. Cualquier iniciativa empresarial que puedas crear o a la que puedas unirte en diez minutos transgrede el mandamiento del acceso. Si violas este mandamiento, has comprado un billete de ida al País de Todo el Mundo y has pasado a formar parte del plan de otra persona. Esa otra persona es la que está yendo por la vía rápida.

¡TODO EL MUNDO ESTÁ HACIENDO LO MISMO!

¿Alguna vez te has quedado atrapado en el tráfico en la autopista y apenas has podido avanzar durante horas? ¡Bienvenido al «todo el mundo está haciendo lo mismo»! Una carretera llena de tráfico es una carretera llena de gente. Si veo que todos están haciendo lo mismo, no empezaré a hacer eso, o dejaré de hacerlo. Saldré de la autopista, y tú también deberías hacerlo. ¿Por qué? Porque «todo el mundo» no es rico. Si toda la gente fuese rica, hacer lo mismo que hacen todos sería una buena opción.

En el ámbito del dinero, la mejor señal de advertencia es el «todo el mundo». Esta es la señal de alarma de que el mandamiento del acceso se ha transgredido. Si todo el mundo está participando en la misma actividad, el fracaso es más que probable.

Mientras «todos» compraban casas como locos durante el *boom* inmobiliario, yo hice lo contrario. Me mantuve al margen y vendí. Cuando todo el mundo está comprando, debes vender. Cuando todo el mundo está vendiendo, debes comprar, o permanecer alerta.

La historia está plagada de auges y depresiones directamente relacionados con lo que hace la mayoría. Solo en unos pocos años, desde el *boom* tecnológico de finales de la década de los noventa, pasando por la gran eclosión del precio del petróleo, hasta el estallido de la burbuja inmobiliaria que provocó una debacle financiera mundial, hemos tenido ejemplos perfectos de lo que ocurre cuando todo el mundo hace lo mismo. Esta es una carretera muy transitada en la que el tráfico avanza poco a poco, y de forma inexorable, hacia la fatalidad; todos los que «hacen lo mismo» son como un rebaño de corderos que se dirige al matadero.

LA SEÑAL DE ALARMA DE QUE «TODO EL MUNDO ESTÁ HACIENDO LO MISMO»

A finales de la década de los noventa, cuando el precio de las acciones de las empresas tecnológicas se disparó, perdí dinero, porque seguí al rebaño. Aprendí la lección. Durante el último *boom* inmobiliario, no compré ninguna casa. No; en esa ocasión vendí tres propiedades antes de que se produjese el declive. Cuando el mercado de la vivienda se derrumbó y las acciones no tardaron en hacer lo mismo, hacía tiempo que me había ido y que había percibido unos buenos ingresos por la venta de mis propiedades. ¿Cómo sabía lo que iba a ocurrir?

Vi el peligro que entrañaba el hecho de que «todo el mundo estuviese haciendo lo mismo», porque si hacer lo que hacen todos fuese una estrategia ganadora, todo el mundo sería rico, y no es el caso. Aunque este razonamiento pueda parecer demasiado simple, nunca me ha fallado. Y ¿cómo sé que todo el mundo está haciendo lo mismo? Esto es fácil de detectar: cuando hay un auge irracional de cualquier inversión que hace mella entre la población general, sé que es el momento de *salir de ahí y permanecer al margen*.

Cuando el fontanero que acude a tu casa para arreglarte el inodoro presume de que las tres propiedades que tiene alquiladas se han revalorizado un 15 % en los tres últimos meses, es hora de salir y permanecer al margen. Cuando tu entrenador personal se enorgullece de que su paquete de acciones compradas en Internet se ha revalorizado el 40 % en dos meses, es hora de salir y quedarse al margen. Cuando tu primo camionero te llama y te pregunta si es buena idea invertir en petróleo porque el barril está a ciento cincuenta dólares, es hora de salir y quedarse al margen. Cuando estalla la burbuja que sea, los consumidores y los cazadores de dinero pueden sufrir graves pérdidas. Pero algunos individuos astutos han dominado la *regla de todo el mundo*. En lugar de salir, acortan el otro lado y se benefician de la caída. Cada vez que estalla una burbuja pasa a haber nuevos millonarios y multimillonarios. Y es que hay gente que puede ver el colapso inminente e inevitable que sigue a cada ascensión irracional meteórica y sabe sacarle partido.

Cuando el mercado de valores implosionó a principios del 2009, ¿quién estaba comprando y quién estaba vendiendo? Todo el mundo estaba vendiendo. Yo me había ido hacía tiempo; había vendido un año antes. Y Warren Buffet estaba comprando. Mientras todo el mundo vendía, el hombre más rico del mundo compraba. «Pero no puede ser que todo el mundo esté equivocado, ¿no?». Sí, puede ser.

Si quieres vivir de forma diferente a todos, no puedes ser como todos. No confundas esto con la excepcionalidad. Tienes que liderar una iniciativa y hacer que «todos» te sigan. Cuando los corderos se ponen en fila para ser sacrificados, te conviene ser el dueño del matadero.

RESUMEN DEL CAPÍTULO: INDICACIONES PARA LA VÍA RÁPIDA

- El mandamiento del acceso establece que cuando caen las barreras que deberían obstaculizar la entrada, la competencia aumenta y ese camino es menos apto.

- Las carreteras a las que se puede acceder con mayor facilidad están más transitadas. Un mayor tráfico genera una mayor competencia, y una mayor competencia hace que los márgenes de beneficio sean menores.

- Los negocios a los que es fácil acceder a menudo carecen de control y operan en mercados saturados.

- Hay que ser excepcional para contrarrestar el hecho de que sea fácil entrar en ese ámbito de negocio.

- Un buen negocio debe contar con un peaje de entrada. Es decir, el hecho de emprenderlo debe requerir un proceso; no puede bastar con un acontecimiento.

- «Todo el mundo» es la población general y actúa según la información que le llega procedente de los grandes medios de comunicación.

- Si todos fuésemos ricos, hacer «lo que hacen todos» sería una buena estrategia. Ahora bien, si todo el mundo fuese rico, nadie lo sería.

- El hecho de que «todo el mundo» esté invirtiendo en algo es una señal de que está habiendo un exceso de compra y de que esas inversiones acabarán fracasando.

El mandamiento del control

No es seguro depender de nada más que de uno mismo.

John Gay

EXIGE ESTAR AL VOLANTE

Sí o no. O estás conduciendo por la vía rápida o no lo estás haciendo. O tienes el control de tu plan financiero o no lo tienes. No hay término medio. Y si no eres tú quien conduce, estás sentado en el asiento del pasajero y otra persona tiene el control.

Visualiza el automóvil, el yate o el avión de tus sueños. Genial; ahora, aquí tienes la llave del contacto. Puedes disponer de ese vehículo durante una hora, sin restricciones. ¿Vas a tomar la llave y salir a pasear, aprovechando cada minuto? ¿O dejarás caer tu trasero en el asiento del pasajero y renunciarás? «¡Eh!, toma tú el control; yo iré en el asiento del pasajero, como un autostopista». ¿Te parece una situación absurda? Pues no lo es. Así es como abordan muchas personas el emprendimiento empresarial: hacen autostop; renuncian a ocupar el asiento del conductor y violan el mandamiento del control. Al hacer esto, sacrifican el control sobre su plan financiero y, en última instancia, enriquecen a otra persona.

¿QUÉ SIGNIFICA HACER AUTOSTOP EN LA VÍA RÁPIDA?

Así como los autoestopistas de la vida real van por el arcén y pueden convertirse en víctimas, los autoestopistas del ámbito de los negocios transgreden el mandamiento del control.

El autostopista empresarial busca protegerse del riesgo y se encoge de miedo dentro de los confines de una organización matriarcal. Esta relación servil hace que no tenga el control y esté expuesto a lo que haga el conductor. Cuando uno está al mando de su negocio, controla *todos* sus aspectos: la organización, los productos, los precios, el modelo de ingresos y las opciones operativas. Si uno no puede controlar todos los aspectos de su empresa, ¡no está conduciendo! Y si uno no conduce, está expuesto a sufrir choques repentinos e inesperados.

Los conductores de la vía rápida tienen y conservan el control. Aquellos que violan el mandamiento no lo hacen. En general:

- Los conductores crean compañías de *marketing* multinivel; no se unen a ellas.
- Los conductores venden franquicias; no se adhieren a ellas.
- Los conductores ofrecen programas de afiliación; no se unen a ellos.
- Los conductores administran fondos de cobertura; no invierten en ellos.
- Los conductores venden acciones; no las compran.
- Los conductores garantizan el envío directo; no lo utilizan.
- Los conductores ofrecen empleo; no se convierten en empleados.
- Los conductores cobran rentas y regalías; no las pagan.
- Los conductores venden licencias; no las compran.
- Los conductores venden acciones de su empresa que acaba de salir a bolsa; no compran este tipo de acciones.

Y tú, ¿estás *conduciendo* por la vía rápida? ¿O eres un *autostopista* de esta vía?

Si te reconoces como autostopista, no te desanimes ni te pongas a la defensiva. No puedes ser el conductor en todos los casos. De hecho, ¡incluso yo «hago autostop» en relación con algunas actividades! Los autoestopistas de la vía rápida pueden ganar mucho dinero, a veces muchísimo. Sin embargo, comprende esto: el conductor tiene el control y *gana una fortuna*. En el mejor de los casos, el autostopista gana *un buen dinero*.

GANAR UNA FORTUNA FRENTE A GANAR UN BUEN DINERO

Hay una diferencia entre ganar un buen dinero, ganar una fortuna y tener unos ingresos legendarios.

Ganar un buen dinero es ganar veinte mil dólares al mes.

El reclamo de todas las empresas de *marketing* multinivel es: «Oye, ¿quieres ganar diez mil dólares al mes?». Como si fuese una ganga. Recuerda tu parabrisas: diez mil dólares solo es mucho dinero en tu cabeza. Es una cantidad de dinero decente, pero con ella nunca vas a tener un *jet* privado ni un yate de doce metros de eslora en Marbella.

Ganar una fortuna es ganar doscientos mil dólares al mes. Eso sí tendrá una repercusión en tu estilo de vida. Cuando uno tiene este nivel de ingresos, su vida cambia.

Y luego están los ingresos legendarios, que consisten en ganar más de un millón de dólares al mes. ¿Increíble? De ningún modo. Cuando uno saca buen partido a los cinco mandamientos y controla su empresa, ganar un millón al mes no es imposible.

Para ganar una fortuna o tener unos ingresos legendarios, debes controlar tu sistema y cada uno de sus aspectos. Cuando renuncias al control y le cedes el poder a una autoridad superior, facilitas que el conductor gane una fortuna y tú, como pasajero, te conformas con ganar un buen dinero. Por ejemplo, mi sitio web ofrecía un programa de afiliación. Mi mejor afiliado ganaba, sistemáticamente, más de veinte mil dólares mensuales. Percibía unos buenos ingresos, sí. Pero él era el pasajero que hacía autostop y yo era el conductor; era yo quien controlaba el proceso de afiliación. Piensa en el riesgo que asumió esa persona: en cualquier momento, yo podía establecer una «nueva política» que redujese sus ganancias. Yo gestionaba el flujo de sus ingresos, y él se arriesgaba a que yo alterara o modificara los términos de la afiliación. Y lo más importante era que, como conductor, yo era el que ganaba una fortuna (doscientos mil dólares al mes), mientras que él se conformaba con ganar un buen dinero (veinte mil dólares mensuales).

Es posible que hayas oído hablar de un grupo de empresarios de Internet conocido como *millonarios AdSense*. Google AdSense es un programa de publicidad en línea que los editores de contenidos de Internet utilizan para obtener ingresos a partir del tráfico que tienen sus sitios web. Hay afiliados, blogueros y editores que ganan un buen dinero utilizándolo. Algunos proveedores de contenidos y blogueros ganan cantidades de seis cifras al mes. Puede decirse que esto es una fortuna, pero es Google (el conductor) el que percibe unos ingresos legendarios.

AUSENCIA DE CONTROL = ACCIDENTES

Piensa en los peligros que tiene hacer autostop. Te metes en el coche de un extraño y le dejas conducir. Hacer autostop en la vía rápida supone un riesgo increíble, especialmente si uno tiene una familia que mantener. Innumerables emprendedores han tenido la misma experiencia que tuve yo; han aprendido por las malas.

Te pongo en contexto: mi foro aprovecha la red de publicidad de Google, que paga por los clics que reciben los anuncios que aparecen en él. Es una «relación entre autostopista y conductor», en la que Google es el conductor y mi foro es el pasajero. Un hilo de discusión que surgió en mi foro trató el tema de un programa de comercialización de libros electrónicos. En un momento dado, alguien hizo una broma sobre un exjugador de la NBA que había caído en bancarrota, y (en pocas palabras) la gente de Google afirmó que ese contenido violaba sus términos. Los anuncios dejaron de aparecer y los ingresos también. Ahora imagina que el foro y los ingresos procedentes de Google hubiesen sido los responsables de alimentar a mi familia. Imagina que yo hubiese confiado en eso. Imagina que hubiese estado ganando quince mil dólares mensuales con esos anuncios y que esa fuente de ingresos hubiese desaparecido de golpe.

Ningún control. Ningún poder. Ni voz ni voto. Pude resolver el problema al cabo de ocho días, pero dejó al descubierto lo peligroso que es ser autostopista en la vía rápida en lugar de ser el conductor. Durante esos ocho días, no obtuve ningún ingreso por esa actividad. En toda relación entre autostopista y conductor, este último siempre gana más dinero que el primero y tiene en sus manos un componente determinante en cualquier estrategia de la vía rápida: *el control*.

No puedo imaginarme dirigiendo una empresa cuyo flujo de ingresos pueda acabar en un instante a causa de la decisión de otra empresa. Si alguien puede «darle a un interruptor» y destruir tu negocio, estás jugando a la ruleta con tu plan financiero. El peligro inevitable de hacer autostop es que el control lo tiene el conductor. Si este choca contra un muro, adivina quién va con él: tú.

El problema de ser autostopista es que nunca se sabe cómo es el conductor. Puede ser alguien ético, moral y justo, o puede ser alguien corrupto y malvado. En cualquiera de los casos, si eres un autostopista, renuncias a todo poder y se lo das al conductor. *Quien tiene la llave (de contacto) tiene el poder.*

Aunque esto sea así, millones de personas se siguen sometiendo a este tipo de control organizacional. Suscriben acuerdos de franquicia, con lo cual le ceden a otro el control sobre decisiones empresariales cruciales, como las relativas al *marketing*, la publicidad y las regalías. Se someten a sistemas de distribución en los que otros dictan la fórmula de las retribuciones. El proceso de producción está dirigido desde una sede en la que se toman todas las decisiones. Se les dice lo que pueden y no pueden hacer, como si fuesen autómatas. Son rehenes de un patriarca corporativo, pero no se dan cuenta de que no son sus propios jefes. Si no puedes cambiar el producto, ¿eres el jefe? Si no puedes cambiar los precios, ¿eres el jefe? Si no puedes influir en las decisiones relativas al *marketing*, ¿eres el jefe?

Hace años, me uní a una empresa de *marketing* multinivel. Tenía ahí a un amigo que ganaba un buen dinero. Pero llegó el momento en que la empresa cambió su línea de productos y el esquema de las retribuciones. El flujo de ingresos de mi amigo se vio interrumpido y acabó por desaparecer. El activo que había creado (los niveles que estaban por debajo de él y el flujo de efectivo) se evaporó en cuestión de meses. Mi amigo no tenía el control aunque afirmase que era el dueño de su propio negocio. Su error fue violar el mandamiento del control. Nunca tuvo «la llave» de su negocio, y su imperio no era más que un espejismo construido sobre unos falsos cimientos determinados por una dirección en la que él no podía influir.

Cuando los conductores hacen giros radicales y cambian los términos, los autoestopistas no tienen más remedio que aceptar la nueva realidad. Y si el conductor cae por el precipicio de la bancarrota o de la negligencia criminal, tú vas también en ese coche. ¿En serio quieres implicarte en una relación empresarial de este tipo?

PIENSA COMO UN TIBURÓN, NO COMO UN PECECILLO

Si vivieras en un acuario, ¿preferirías ser el tiburón o un pececillo? *Los tiburones comen; los pececillos son comidos*. (En este libro *tiburón* no es sinónimo de *ejecutivo sin escrúpulos*, sino el elemento de una metáfora).

En el ámbito de los negocios tiene lugar una competencia feroz para atraer el interés del consumidor y su dinero. Es un océano expansivo en el que múltiples especies libran una guerra por el sustento: el dinero. En este juego oceánico, es mejor estar en la cima de la cadena alimenticia que estar en la parte inferior luchando por subir. Por tanto, en lugar de intentar subir en un escalafón empresarial, construye tú el escalafón. O en lugar de unirte a una organización piramidal, construye tú una organización de este tipo. Piensa como el dueño de una fábrica, no como el comerciante minorista.

Para convertirte en un tiburón, debes pensar como tal. Los tiburones piensan en grande y los pececillos en pequeño. Debes profundizar en tu sistema de creencias y cambiar tu forma de pensar. Piensa globalmente, no localmente. Piensa en liderar, no en seguir a otro. Piensa en innovar, no en imitar. El cambio y la transformación de pececillo a tiburón empieza en el ámbito de tus pensamientos. El primer cambio de mentalidad consiste en que dejes de centrarte en llegar a unas pocas personas y pienses en llegar a muchas.

Cuando decidas ir por la vía rápida, sé un tiburón y concibe que tu ámbito de actuación es la totalidad del océano. ¿Has visto alguna vez un banco de peces? No hay ninguno que opere de forma individual; todos actúan al unísono, como un colectivo. Por desgracia, la mayoría de los individuos no pueden ver el peligro implícito en esta analogía. Cada uno de ellos es solamente un pez dentro de un colectivo controlado por una fuerza mayor. Y ¿quiénes se sienten atraídos por los bancos de peces? Los tiburones. Sé el tiburón, el depredador, no el pececillo. Sé un conductor, no un autostopista.

¡INVIERTE SOLAMENTE EN TU NEGOCIO!

¿De quién es el árbol del dinero que estás cuidando? ¿Estás invirtiendo en tu negocio o en el de otra persona?

¿Alguna vez te has encontrado en un atasco de tráfico y has visto un automóvil cubierto con adhesivos de alguna empresa? Estas empresas son desde una compañía de *marketing* multinivel dedicada a la venta de bebidas de acai hasta una de las compañías de maquillaje más grandes del país. Al llevar esos adhesivos, el conductor está proclamando que está invirtiendo su vida en el negocio de otro. Es un pececillo en un mar infestado de tiburones.

Recientemente, una mujer de mediana edad condujo hasta donde yo estaba (nos encontrábamos en el *parking* de mi gimnasio). Se detuvo y me preguntó acerca de mi Lamborghini y su placa de matrícula personalizada. Luego abrió la caja de Pandora y me preguntó: «¿Estás en un negocio de *marketing* en red?». Antes de responder, eché un vistazo al automóvil que conducía. Era un Hyundai viejo y oxidado que necesitaba llantas nuevas y una mano de pintura. Le faltaba la luna trasera (a menos que consideres que la cinta adhesiva sea un sustituto adecuado para un cristal). Las puertas laterales estaban cubiertas con pegatinas adhesivas y magnéticas que proclamaban la grandeza de su empresa de *marketing* multinivel: «¡Obtén unos magníficos ingresos desde casa!».

Me pregunté por qué, si su empresa (y su camino) eran tan geniales, conducía un Hyundai destartalado que costaba menos que el neumático delantero izquierdo de mi Lamborghini. ¿Cómo podía anunciar la obtención de grandes ingresos trabajando en casa cuando era evidente que ella no estaba ganando mucho dinero? Le pregunté, respetuosamente, por qué estaba invirtiendo en un negocio que no controlaba. ¿Por qué estaba proclamando lo genial que era otra empresa cuando podía proclamar lo genial que era su propio negocio?

Sonrió, dispuso sus defensas contra el «ladrón de sueños» en el que me convertí de repente y rechazó mi análisis. Su mente no admitió mi consejo, como si lo que ella estaba haciendo fuese razonable y estuviese funcionando. Está bien. Sigue haciendo lo que estás haciendo, a ver si eso te lleva adonde quieres ir. Te acercaste a mí, que soy el que está jubilado y viviendo su sueño, pero no me escuches si no quieres. Sé que suena arrogante y pretencioso, y me disculpo, pero debes admitir que la mayoría de las personas no piensan de forma lógica.

Cuando inviertes, a ciegas, tu vida y tu tiempo en el negocio de otro, te conviertes en parte de su plan de *marketing*. Pasas a ser una pincelada dentro de su gran cuadro. Te resignas a la pequeña posibilidad de ganar un buen dinero en lugar de apostar por ganar una fortuna. No invertir en mi propio negocio fue uno de los errores más graves en mi primera etapa como emprendedor. Hacer autostop en la vía rápida es una epidemia que engaña a muchos aspirantes a emprendedores. Digo «aspirantes» porque hacer autostop no es un comportamiento emprendedor, ya que en el núcleo del emprendimiento están la creación y la innovación. Los autoestopistas no son pioneros; no crean ni innovan. Venden, operan y administran.

Si el conductor decide cerrar la tienda que gestionas, se acabó tu suerte. Si el conductor decide dejar de producir el producto que es tu única fuente de ingresos, se acabó tu suerte. Los conductores de la vía rápida controlan sus marcas, sus propiedades y sus planes financieros. No ponen todo esto en manos de alguien y esperan que ocurra lo mejor.

¿PERTENECE EL *MARKETING* MULTINIVEL A LA VÍA RÁPIDA? SOLO SI...

El *marketing* en red solamente pertenece a la vía rápida si *tú* eres el dueño de una empresa de estas características. Como conductor de la vía rápida, te conviene crear este tipo de empresas en cualquier caso, no unirte a ellas.

Tengo muchos amigos en Facebook que están fervientemente implicados con el *marketing* multinivel. No defiendo mi visión del mundo ante ellos, porque tienen que darse cuenta por sí mismos de cómo son las cosas. Si realmente creen que ganar veinte mil dólares al mes es mucho, que lo crean. Si realmente creen que tendrán un flujo de ingresos pasivos para siempre, que lo crean. Si realmente creen que tienen el control, que lo crean. Estas personas tienen que ver la verdad por sí mismas.

Necesité implicarme en cuatro empresas de *marketing* en red para darme cuenta de la verdad. Y ¿cuál es la verdad? Que los únicos individuos de esas empresas que vivían en casas junto al océano Pacífico con garajes llenos de coches de lujo eran los fundadores y los miembros del primer círculo, no los distribuidores que se sumaron años más tarde.

No disimulo mi descontento con el *marketing* multinivel, aunque la razón de mi descontento es malinterpretada. El *marketing* en red es una estrategia de autostop disfrazada como una actividad empresarial. Mi disconformidad se debe a este equívoco, que hace que millones de personas sucumban a argumentos como «¡sé tu propio jefe!», «¡sé el dueño de tu propia empresa!» o «¡percibe unos ingresos residuales pasivos!».

Si bien estas declaraciones contienen una pizca de verdad, ocultan la auténtica esencia del *marketing* multinivel, que son las ventas, la distribución y la capacitación, no el emprendimiento.

Como he dicho, estuve implicado en cuatro empresas de *marketing* en red, y no recuerdo haber decidido nunca nada en cuanto a los productos, la investigación y el desarrollo, las restricciones de comercialización, las reglas, el análisis de los costes o cualquier otro aspecto fundamental de la actividad empresarial. Todos estos aspectos los controlan los dueños de las empresas. Tú, como distribuidor dentro de la red, no eres dueño de ninguna empresa; tienes el empleo consistente en crear y administrar una organización de ventas. Esto es como meter dinero debajo de un colchón y decir que se ha efectuado una inversión.

Hace años, tenía amigos a quienes les iba bien con el *marketing* multinivel, y a algunos de ellos aún les va bien. ¡Diablos!, incluso a mí me fue bien. Pero había dos cosas que siempre me inquietaron.

En primer lugar, no tenía el control. Estaba a merced de la empresa de turno: sus políticas, sus procedimientos, su línea de productos, su estructura de costes... Estaba totalmente limitado por las órdenes que venían de arriba. Recuerdo que en una ocasión la empresa dejó de producir su mejor producto y mis ingresos cayeron en picado, sin tener yo ninguna culpa.

Y ¿cómo le ha ido a mi amigo que se estaba ganando bien la vida con el *marketing* multinivel? Lo dejó porque no estuvo de acuerdo con ciertas decisiones corporativas y, por lo que he oído, cada pocos años deja una empresa y se apunta a una nueva oportunidad. Sigue siempre el mismo ciclo: aprovecha una buena ocasión, le saca todo el jugo y pasa a la siguiente. Por lo que sé, ni es rico ni está jubilado. En lugar de estar atrapado en un empleo rutinario, está atrapado en la dinámica de ir siempre tras la próxima zanahoria.

En segundo lugar, me incomodaba el hecho de que no me sentía un emprendedor. Me sentía como una abeja obrera atrapada en una colmena caótica. Sentía que era el empleado de una gran empresa que se estaba beneficiando del fruto de mi arduo trabajo, incluso cuando las horas que dedicaba a ese arduo trabajo rendían pocos dólares. En el fondo sabía que estaba violando un montón de mandamientos y reglas: la regla de todo el mundo, el mandamiento del acceso y el mandamiento del control.

El modelo del *marketing* en red me disgusta porque no se les dice la verdad a los posibles participantes: piensan que son empresarios cuando no son más que vendedores y gerentes de ventas dentro del plan de un conductor de la vía rápida.

¿Pueden ganar mucho dinero estas personas? Por supuesto, ¡no lo discuto! Los mejores vendedores de las compañías que están en la lista Fortune 500 también perciben unos ingresos cuantiosos. Y ganan mucho dinero, asimismo, los agraciados a quienes les toca un premio importante en la lotería. Pero en estos casos estamos hablando de probabilidades, no de absolutos. Los distribuidores de las empresas de *marketing* multinivel son empleados que trabajan a comisión mientras creen que son empresarios. En realidad trabajan para un conductor de la vía rápida dentro de un régimen que no controlan, sino que está controlado por dicho conductor.

Los distribuidores de las compañías multinivel son soldados del ejército del conductor de la vía rápida.

Quiero dejar algo claro a todas las personas implicadas en el *marketing* multinivel que están dispuestas a llevarme a la horca: me encanta esta fórmula como emprendedor. Si alguna vez inventase un producto que debiese ser distribuido, el *marketing* en red sería la primera posibilidad que tomaría en consideración. Además, el *marketing* multinivel tiene un excelente valor formativo: la gente aprende a vender, a motivar, a construir equipos y a trabajar en red. Todo esto puede servirte para acelerar la creación de tu futuro.

En cuanto a mi amigo, es un autostopista de la vía rápida. No se da cuenta de que para sacar el máximo partido posible a la vía rápida no hay que unirse a una empresa de *marketing* en red, sino que hay que crearla. Debes ser el creador de una empresa a la que las personas anhelen vincularse. Debes tener el control de las políticas y los productos. Debes ser el productor.

El conductor de la vía rápida crea su propio negocio e invierte en él; el autostopista se sube al coche de otra persona y espera que lo lleven. Ahora bien, si no controlas tu sistema, tu árbol del dinero y tu marca, no controlas nada. Debes estar en la cima de la pirámide y servir a las masas. ¡Deja de subir pirámides y empieza a construirlas!

RESUMEN DEL CAPÍTULO: INDICACIONES PARA LA VÍA RÁPIDA

- Los autoestopistas ceden el control de su negocio a un conductor de la vía rápida.
- No es lo mismo ganar un buen dinero que ganar una fortuna. Los autoestopistas pueden lograr lo primero, mientras que los conductores de la vía rápida están en disposición

de lograr lo segundo; a veces obtienen unos ingresos legendarios.

- En la relación que mantienen el conductor y el autostopista, el conductor siempre tiene el control, mientras que el autostopista está a su merced.

- Los autoestopistas forman parte del plan de la vía rápida de otra persona.

- Haz del mundo tu ámbito de actuación desde una organización que controles.

- El *marketing* en red tiene poco que ver con el emprendimiento; tiene más que ver con las ventas, la gestión de redes, la capacitación y la motivación.

- El *marketing* en red viola tanto el mandamiento del control como el del acceso, y a veces, también, el de la necesidad.

- Los distribuidores de una empresa de *marketing* multinivel son soldados del ejército de un conductor de la vía rápida.

- El *marketing* en red es un sistema de distribución muy potente. Como conductor de la vía rápida, procura ser el dueño de una empresa de este tipo, en lugar de sumarte a la de otra persona.

CAPÍTULO

33

El mandamiento de la escalabilidad

Para tener éxito en el mundo de los negocios,
basta con que aciertes una vez.

Mark Cuban

EL LÍMITE DE VELOCIDAD: ¿20 O 200?

Cuando tu negocio transgrede el mandamiento de la escalabilidad, la aceleración de la riqueza permanece encerrada dentro de unos límites de velocidad restrictivos. Conduce por cualquier carretera en que el límite de velocidad sea de 20 kilómetros por hora y tardarás mucho en llegar a cualquier parte. La escalabilidad tiene que ver con el incremento, con operar a mayor escala. Esto es lo que hace que la ecuación de la riqueza de la vía rápida sea tan potente.

¿A cuánto público puedes llegar? El alcance empresarial es como un campo de juego o un hábitat acuático. Puedes optar por desenvolverte en el océano o en un estanque del parque de tu localidad. Hay seis hábitats empresariales:

1. Una localidad o un barrio (piscina).

2. Un condado o una ciudad (estanque).
3. Un estado (como los de Estados Unidos) o una provincia (laguna).
4. Una región (lago).
5. Un país (mar).
6. Todo el mundo (océano).

Es difícil llegar a muchas personas con un negocio de ámbito local o en el contexto de una «piscina» que solo esté pensada para acoger a un pequeño número de individuos. Se puede lograr, por supuesto, pero se requiere magnitud, la cual no es barata. Si tienes un salón de bronceado, tu hábitat es local. Si tienes un restaurante de categoría, tu hábitat es un condado o una ciudad. Si tienes una empresa de Internet, tu hábitat es el mundo. Cuanto mayor sea el hábitat, mayor será la velocidad por la que podrás circular por la vía rápida.

BATEA PARA HACER *HOME RUNS*, NO PARA CONSEGUIR *SINGLES*

El multimillonario Mark Cuban escribió en su blog que no importa cuántas veces batees la pelota fuera en un negocio, porque solo tienes que acertar una vez, y esa «vez» puede dejarte la vida resuelta. En otras palabras, *ten un negocio en el que hagas home runs* (el *home run* es la jugada que permite anotar una carrera en el béisbol).

Los negocios son como el béisbol. Juega en un campo donde puedas hacer *home runs*; ¡no juegues en un campo donde estén prohibidos! Por ejemplo, si tienes una tienda de ropa en Main Street, estás infringiendo el mandamiento de la escalabilidad, porque tus clientes potenciales son la gente que compra en esa zona. Para romper el límite del alcance, debes incrementarlo reproduciendo tu negocio: debes abrir más tiendas, crear una franquicia o vender en Internet.

Desafortunadamente, la mayoría de los emprendedores montan negocios destinados solamente a «conseguir *singles*» (en béisbol, un logro muy inferior a anotar una carrera). Su ámbito de actuación está muy acotado. En su carretera hay una señal que impide circular a más de 20 Km/h. Es imposible hacer un *home run* en un campo de juego tan reducido. Si eres masajista, no te despertarás un día y tendrás diez mil clientes esperando en la puerta. ¡No hay posibilidad de incremento! Y si en la ecuación de la vía rápida el incremento no es posible, ¡no hay ninguna posibilidad de hacerse rico! El mandamiento de la escalabilidad es como una cabina de peaje en la carretera que pasa por la ley de la *efectación*.

LA ECUACIÓN DE LA RIQUEZA DE LA VÍA RÁPIDA, DESACTIVADA

Cuando violas el mandamiento de la escalabilidad, desactivas la ecuación de la riqueza de la vía rápida y solo pasas a contar con la vía lenta. Recuerda cuál es la ecuación de la riqueza de la vía rápida:

$$Riqueza = Beneficio\ neto + Valor\ de\ los\ activos$$

El valor de los activos se basa en el beneficio neto, es decir, el beneficio por unidad multiplicado por la cantidad de unidades vendidas.

$$Beneficio\ neto = Unidades\ vendidas \times Beneficio\ por\ unidad$$

Si la cantidad de unidades que puedes vender es limitada, no tienes la posibilidad de operar a otra escala. Y si no puedes operar a otra escala, te será imposible aumentar tus ingresos de forma exponencial. Cuando sigues un camino empresarial en el que la escalabilidad no es posible, la ecuación de la riqueza de la vía rápida no puede hacer nada por ti.

Mi ejemplo favorito es el del tipo que se adhiere a una franquicia a una popular cadena de venta de bocadillos y abre el negocio en su barrio. Este negocio infringe el mandamiento de la escalabilidad porque las variables (las unidades vendidas y los beneficios por unidad) solo pueden ser limitadas. ¿Cuántos bocadillos puede vender ese hombre en un día? ¿Cincuenta? ¿Cien? ¿Cuántas horas tiene el día? ¿Veinticuatro? ¿Ves la relación? El objetivo debe ser que el límite de las unidades que se pueden vender sea superior a cien. ¿Qué tal diez mil? ¿O cien mil? ¿Hay algo que pueda hacer este dueño de la tienda de bocadillos para vender más unidades en un día? En el marco de su estructura actual, no. Su alcance está limitado a su zona. Nunca le venderá un *combo* a un hombre que viva en la ciudad de al lado, y mucho menos a alguien que viva en Australia. El alcance es limitado, lo cual hace que la velocidad a la que se puede circular por esta carretera sea muy reducida. Es una vía lenta.

Para empeorar las cosas, el otro componente de la ecuación también es limitado: el beneficio por unidad. ¿Cuál es la ganancia por unidad máxima que permite la venta de un bocadillo y una bebida? ¿Tal vez dos dólares? De nuevo, estamos operando bajo el techo de unas cantidades reducidas. *No son unas cantidades que favorezcan el enriquecimiento; de hecho, lo limitan.*

Déjame hacer una aclaración antes de que me des con un martillo en la cabeza: no estoy sugiriendo que el dueño de un restaurante local no pueda hacerse rico. De hecho, conozco a algunos propietarios de restaurantes que están ganando mucho dinero. Ahora bien, son los dueños de otro tipo de restaurantes, de establecimientos de primer nivel, en los que el alcance y la magnitud son mayores. Si cobras, en promedio, doscientos dólares por cena y atraes clientes de toda la ciudad, no solo del barrio, estás operando a otra escala. Tu beneficio por unidad ya no es de dos dólares como en el caso de los bocadillos, sino de cuarenta dólares por persona; y si le sumamos la consumición de bebidas alcohólicas, el beneficio por unidad sube a los sesenta dólares.

ESCALABILIDAD = INCREMENTO DEL ALCANCE O LA MAGNITUD

Para que un negocio sea de envergadura, la *magnitud* o el *alcance* deben poder aumentar. La magnitud se incrementa por medio del precio o el coste. Si vendes Lamborghinis en lugar de Hyundais, cuentas con una mayor magnitud, a causa de lo que cuestan los Lamborghinis. Pasas junto al barrio Efectación (es muy probable que los propietarios de Lamborghinis exploten la ley de la *efectación*). Si eres agente de bienes raíces para gente rica y vendes fincas que cuestan muchos millones, también logras una gran magnitud. Los precios y costes elevados impulsan la magnitud de forma implícita. Si vendes con éxito el edificio de apartamentos más caro de Manhattan, has logrado un efecto en cuanto a la magnitud y has tenido éxito en cuanto a la escalabilidad. Si estás operando con una buena magnitud, te encuentras cerca de la *efectación* o ya la has logrado.

Un gran alcance también permite cumplir el mandamiento de la escalabilidad, independientemente de cuál sea la magnitud. Un gran alcance consiste en una cantidad ingente de clientes o usuarios potenciales. Cuanto mayor sea la cantidad de personas a las que llegues, mayor será el potencial de escalabilidad. ¿A quién sirve tu negocio? ¿A tu barrio o al mundo? Cuanto mayor sea tu ámbito de actuación, mayor será tu potencial de enriquecimiento.

El tipo que solo vende bocadillos en su establecimiento de Main Street no cuenta con alcance ni magnitud. ¿Hay algo que pueda hacer ese hombre para convertir sus ganancias de cuarenta mil dólares anuales en cuatrocientos mil? No. Su destino está sellado incluso antes de abrir el negocio. No se adhirió a una franquicia; compró un empleo. No se hará rico hasta que despierte y se dé cuenta de que no puede llegar a muchas personas vendiendo bocadillos en un solo establecimiento. Unas unidades que le reportan dos dólares de beneficio y de las cuales solamente puede vender cien al día no le permitirán llegar muy lejos.

LA ESCALABILIDAD Y EL INCREMENTO ILIMITADO

El mandamiento de la escalabilidad exige un negocio que permita sacar el máximo partido a la ecuación de la riqueza de la vía rápida. ¡Dale una oportunidad a la ley de la *efectación*! ¡Dale una oportunidad a la riqueza! Y ¿cómo puedes saber si tu negocio (o posible negocio) respeta el mandamiento de la escalabilidad? Pregúntate:

- ¿Pueden los ingresos netos de este negocio incrementarse de forma ilimitada? (Por ejemplo, si ahora estoy obteniendo unas ganancias de dos mil dólares mensuales, ¿puedo llegar a tener unos beneficios de doscientos mil dólares al mes?).
- El valor de los activos de esta empresa, ¿puede llegar a ser de millones de dólares?
- ¿Puede servir a millones de personas este negocio? ¿O solo puede servir a unos centenares? El ámbito del negocio, ¿es el mundo entero o un barrio?
- ¿Se puede reproducir y expandir este negocio más allá del ámbito local mediante franquicias, cadenas o unidades adicionales?
- En el mejor de los casos, ¿cuántas unidades se pueden llegar a vender? ¿Cien o cien millones?
- En el mejor de los casos, ¿qué flexibilidad permite el beneficio por unidad? ¿Es posible incrementar la magnitud?

Si no puedes dar respuestas afirmativas a las preguntas anteriores, tal vez estés atrapado en un negocio restrictivo en el que la creación de riqueza esté muy limitada.

Los hábitats minúsculos dan lugar a una riqueza minúscula. La escalabilidad es sinónimo de grandes cantidades. Piensa a lo grande, en extenderte por el ámbito nacional y el global. Las grandes cantidades, o escalabilidad, conducen a la ley de la *efectación*. Para ganar millones (de dólares), debes afectar a millones (de personas). No puedes hacer esto con una pequeña tienda en Main Street, sino con cientos de tiendas repartidas por todo el país.

PASA POR EL BARRIO *EFECTACIÓN*

Un amigo mío que quería hacerse rico me preguntó si pensaba que unirse a una franquicia de cafeterías era una buena idea. «No», le dije. Mi respuesta lo sorprendió porque creía que esa opción le permitiría ser su propio jefe. Pero la idea no me gustó, porque la entrada a la ley de la *efectación* estaba bloqueada.

¿Cuál era el problema? Que su objetivo era la libertad financiera. Y siendo este su objetivo, tener una cafetería como franquicia no iba a ser suficiente. No podría acceder a la ley de la *efectación*. Servir cien bebidas al día no supondría un gran alcance ni una gran magnitud. Y como mi amigo no quería tener veinte franquicias sino solo una, él mismo ponía una barricada frente a la ley. La carretera estaba cerrada.

Si no puedes acceder a la ley de la *efectación*, no te harás rico. Toda carretera que lleve a la riqueza debe pasar por la ley de la *efectación*. En el caso del conductor de la vía lenta, su posibilidad de acceder a esa ley pasa por que su valor intrínseco se incremente de forma extraordinaria: ese conductor accederá a la ley cuando cante para millones de fans, divierta a millones de espectadores o juegue a un deporte de pelota delante de millones de aficionados. En cambio, en el caso del conductor de la vía rápida, la ley de la efectación se cumple por medio de un gran incremento del alcance o del valor de los activos: se trata de vender a millones, ayudar a millones, atender a millones e impactar a millones.

LAS BARRERAS QUE IMPIDEN EL ACCESO A LA LEY DE LA *EFECTACIÓN*

Hay tres barreras que impiden a los empresarios acceder a la ley de la *efectación*: el alcance reducido, la magnitud escasa y no tener el control de la fuente de ingresos.

La barrera más fuerte que impide la entrada al barrio Efectación es el alcance reducido: si no puedes servir a millones (de personas) no ganarás millones (de dólares). Volviendo a la cafetería de mi amigo, la variable de las *unidades vendidas* (de la ecuación de la riqueza de la vía rápida) está restringida, porque su establecimiento solo presta servicio en el ámbito local. Sus ventas están matemáticamente limitadas a un máximo inamovible; no hay forma de poder aumentar el alcance. En ese establecimiento nunca se le servirá un café a alguien que esté en Nueva Zelanda. Un negocio cuyo alcance no pueda ampliarse es como un automóvil que tenga un regulador de velocidad que le impida acelerar más allá de un punto.

La única opción que tendría mi amigo para ampliar el alcance sería abrir más establecimientos en más lugares. Si poseyese veintinueve franquicias en todo el estado, serviría seis mil cafés al día. El alcance tiene un papel preponderante, y la ley de la *efectación* está estrechamente vinculada a él. Por supuesto, la estrategia óptima en la vía rápida no es adherirse a franquicias, sino crearlas.

Si mi amigo no quiere tener múltiples cafeterías, no puede romper la barrera del alcance reducido. Sin un gran alcance (que se traduce en muchas unidades vendidas) y sin una gran magnitud (unos beneficios elevados por unidad vendida), tiene un negocio en el que el valor de los activos es escaso. La ecuación de la riqueza no brinda buenos resultados y la ley de la *efectación* no se cumple, con lo cual mi amigo se pasará la vida trabajando y no saldrá de la clase media. Con unos ingresos propios de la clase media y unos activos de escaso valor, la ecuación de la riqueza que es de aplicación en su caso es la de la vía lenta.

La otra barrera que impide entrar en el barrio Efectación es la magnitud escasa. Puesto que nuestro dueño de la cafetería no puede ampliar su alcance, su otra opción para lograr la escalabilidad es incrementar la magnitud. Desafortunadamente, la carretera de la magnitud también está cerrada para él. El beneficio por unidad no puede ser alterado. Cada venta no genera una ganancia superior a unos pocos dólares, y subir los precios reduciría la cantidad de unidades vendidas. ¡Es imposible ganar cien mil dólares por café servido!

La tercera barrera que hay que superar para acceder al barrio Efectación es la relativa al control de la fuente de ingresos. Mientras que el acceso directo a la ley de la *efectación* es un camino infalible hacia la riqueza, no está tan claro que el acceso indirecto a esta ley tenga la riqueza como resultado, ya que la *efectación* siempre fluye hacia arriba, hacia los propietarios y los productores, y no hacia abajo, hacia los empleados y los consumidores. Por ejemplo, si trabajas como médico en un centro de atención privada, podrías argumentar que cuentas con una buena magnitud y, por lo tanto, deberías ser rico. De hecho, todos los médicos deberían ser ricos, ya que su magnitud es considerable, ¿verdad? No exactamente. Lo que falla en este supuesto es que *la ley de la efectación premia solamente a quienes tienen el control*.

Los propietarios de los centros de atención médica privados son los que reciben el beneficio completo de la *efectación*, no los doctores contratados. Los médicos que están en plantilla no tienen garantizado el acceso a la *efectación*, porque no controlan el sistema. ¿Pueden hacerse ricos de todos modos? Sí, pero esta decisión está en manos de las evaluaciones que haga el propietario del sistema del valor intrínseco de su personal. Los médicos que son los dueños de sus propias consultas y contratan a otros médicos sí tienen pleno acceso a la *efectación* y se hacen ricos.

La efectación siempre tiene preferencia por el creador y dueño del sistema.

CÓMO ACCEDER A LA LEY

Si quieres acceder a la ley de la *efectación*, conduce por una carretera en la que puedas romper los límites del alcance o la magnitud y controla tu fuente de ingresos. Por suerte, no te costará determinar qué carreteras discurren paralelas a la ley de la *efectación*. Independientemente de cuál sea tu camino, y del itinerario que sigas, ¿te permite incrementar directamente el alcance, de tal manera que puedas llegar a millones de personas? ¿O puedes tener un impacto enorme sobre unos pocos? (En este segundo caso, el factor de incremento de la escalabilidad es la magnitud).

- Si inventas un artilugio que puedan usar millones de personas, logras un gran alcance de forma directa y accedes a la ley. Puedes hacerte rico rápidamente.
- Si te eligen como finalista en *American Idol*, logras un gran alcance de forma directa y accedes a la ley. Puedes hacerte rico rápidamente.
- Si creas un sitio web que preste servicio a las madres solteras, logras un gran alcance de forma directa y accedes a la ley. Puedes hacerte rico rápidamente.
- Si estás a un par de ascensos de ser el director de finanzas de una empresa perteneciente a la lista Fortune 100, logras un gran alcance de forma indirecta y accedes a la ley. Puedes hacerte rico rápidamente.
- Si eres abogado y llevas casos de muertes resultantes de actos ilícitos, logras una gran magnitud de forma indirecta y accedes a la ley. Puedes hacerte rico rápidamente.
- Si abres una tienda de venta al detalle que tiene éxito y cedes franquicias de ella a trescientos emprendedores de todo el país, logras un gran alcance y una gran magnitud y accedes a la ley. Puedes hacerte rico rápidamente.
- Si inventas un aparato que detecte el cáncer de piel, logras una gran magnitud y un gran alcance y accedes a la ley. Puedes hacerte rico rápidamente.

Piensa a lo grande, y piensa en la escalabilidad (es decir, en llevar el alcance y/o la magnitud a otra escala). Examina el valor de tus variables de la ecuación de la vía rápida. ¿Cuántas unidades puedes vender como máximo y a cuánto asciende el beneficio que puedes obtener por unidad vendida? ¿Cuál es el ámbito de tu clientela potencial? Por ejemplo, como autor, tengo un gran alcance, y, gracias a ello, puedo acceder a la ley de la *efectación*. ¿Cuál es mi público? Solo para empezar, ¡todo el mundo de habla inglesa, decenas de millones de personas! Me acuerdo del alcance cada vez que alguien encarga un ejemplar de este libro desde Australia o Nueva Zelanda. Mi límite es el mundo. No hay señales de limitación de la velocidad en mi carretera, y esto hace que tenga garantizado el acceso a la ley de la *efectación*.

RESUMEN DEL CAPÍTULO: INDICACIONES PARA LA VÍA RÁPIDA

- El ámbito de tu clientela potencial determina tu hábitat. Cuanto mayor es el hábitat, mayores son las posibilidades de enriquecimiento.
- Puedes «hacer *home runs*» con tu negocio o conseguir solamente «*singles*». Su potencial viene determinado por el alcance, el cual depende del hábitat.
- La ecuación de la riqueza de la vía rápida se desactiva cuando se transgrede el mandamiento de la escalabilidad.
- La escalabilidad se logra por medio de un gran alcance (muchas unidades vendidas) y/o una gran magnitud (un gran beneficio por unidad).
- La ley de la *efectación* es el principal medio de enriquecimiento, pero el acceso a ella puede estar bloqueado por un alcance y una magnitud deficientes, o por no tener el control de la fuente de ingresos.
- Los propietarios y productores son quienes se benefician con mayor seguridad de la *efectación*. Romper los límites del alcance o de la magnitud indirectamente, en una entidad que no controle uno mismo, no garantiza el enriquecimiento.

- Para poder acceder a la *efectación*, debes romper la barrera del alcance reducido o la de la magnitud escasa en una entidad que controles.

- Las deficiencias en cuanto al alcance, la magnitud o el control de la fuente son reguladores de velocidad que impiden avanzar deprisa hacia la riqueza.

El mandamiento del tiempo

Voy bien de ideas, pero mal de tiempo. Espero
vivir unos cien años por lo menos.

Thomas Edison

ROMPE LAS CUERDAS QUE TE ATAN

El último mandamiento de la vía rápida es el del tiempo. Este mandamiento requiere que tu negocio se desvincule de tu tiempo. ¿Puede tu negocio sustituirte y convertirse en un árbol del dinero? Los ingresos pasivos son un objetivo de la vía rápida que puede alcanzarse si se cumple el mandamiento del tiempo.

Recuerda esto: *ser dueño de un negocio no garantiza la riqueza ni la desvinculación respecto del tiempo*. Algunos dueños están casados con sus negocios porque estos contravienen el mandamiento del tiempo. En estos casos, el negocio se convierte en un empleo y en una sentencia de cadena perpetua. Aunque entregarse en cuerpo y alma a un negocio es perfectamente normal al empezarlo y en las etapas de crecimiento y consolidación, no es una fórmula que me gustaría soportar durante cuarenta años. El mandamiento del tiempo te insta a hacerte estas preguntas:

- ¿Se puede automatizar y sistematizar este negocio para que funcione estando yo ausente?
- ¿Tengo unos márgenes de beneficios lo bastante amplios para poder contratar personal?
- ¿Puede beneficiarse mi empresa de la introducción de una plántula de árbol del dinero?
- ¿Cómo puedo hacer que este negocio funcione sin que deba dedicarle tiempo?

En los empleos se ofrece el propio tiempo a cambio de unos ingresos, y ocurre lo mismo en el caso de algunos negocios. El objetivo de la vía rápida es que puedas desvincular tu tiempo de los ingresos, aunque estos no sean millonarios. ¿Preferirías trabajar diez horas a la semana y ganar sesenta mil dólares o trabajar setenta horas a la semana y ganar ciento cuarenta mil? Yo elegiría lo primero antes que lo segundo todas las veces que se me preguntase.

Ashlyn Gardner ama la literatura y el arte. Siguiendo el consejo profético de los gurús, opta por «hacer lo que ama»: abre una cafetería que exhibe obras de arte de artistas locales y acoge lecturas de fragmentos de obras literarias una vez por semana. Como ocurre con las nuevas relaciones amorosas, su negocio comienza como un arrebato de pasión y la hace sentir emocionada y entusiasmada. Sin embargo, dos años después, la situación se normaliza y el glamur se convierte en dificultades. Ashlyn se da cuenta de que no posee su negocio, sino que su negocio la posee.
A las cuatro de la madrugada ya está despierta para abrir, y tiene que estar allí a las ocho de la tarde para cerrar. El hecho de tener que estar pendiente de su negocio todos los días de la semana a todas horas es un fastidio perpetuo. Los empleados van y vienen, y los buenos exigen un sueldo que no puede pagarles. Deja de tener vida social y su novio rompe con ella porque nunca tiene tiempo. Su abono al gimnasio caduca y, con él, su clase semanal de yoga.

Buscando recuperar su tiempo y su vida, Ashlyn le da vueltas a la idea de contratar a un gerente. Por desgracia, esta opción la haría entrar en números rojos. Por otra parte, no está dispuesta a seguir trabajando de forma gratuita; los beneficios que obtiene no le compensan el coste que tiene el negocio para su vida. Tres años después de haberlo empezado, cierra el establecimiento y busca volver a trabajar como empleada.

Ashlyn no llevó mal su negocio. Su cafetería tenía éxito y le permitía ganarse la vida de forma modesta. ¿En qué falló? En que transgredió el mandamiento del tiempo. Como les ocurre a la mayoría de los dueños de negocios, cuando lo empezó no pensó más allá de la emoción de la novedad.

UN ÁRBOL DEL DINERO QUE NUNCA CRECE

En un negocio de éxito la diversión no prevalece, sobre todo si se viola el mandamiento del tiempo. A menudo los individuos entran en su negocio con una idea equivocada acerca de cómo será. Impulsados por gurús y *coaches* de vida, muchos creen, falsamente, que «ser tu propio jefe» y «hacer lo que amas» es suficiente combustible motivacional para que brote el éxito. Desafortunadamente, estos aspirantes a dueños de negocios se meten por caminos que parecen más bien senderos que cruzan un desierto. Y lo siento, pero los árboles del dinero no crecen en los desiertos.

Reflexiona sobre Ashlyn y su pintoresca cafetería. ¿Era ella su propia jefa? Sí, pero no fue suficiente. La cafetería tal vez no falló, pero sí le falló a ella. Ashlyn estaba motivada por su pasión por el arte y la literatura. Estaba motivada por ser su propia jefa. Si bien estas predisposiciones son saludables, no son suficientes para cambiar un camino deficiente. No se pueden hacer brotar flores en un terreno árido.

Como conductor de la vía rápida, debes viajar por tu carretera con la intención de automatizar los procesos. El objetivo es obtener ingresos pasivos y que el árbol del dinero crezca en un terreno fértil. Cuando se transgrede el mandamiento del tiempo, ello se debe a uno de estos dos obstáculos:

1. No se tiene acceso a las semillas porque el camino emprendido tiene fallos.
2. Las semillas no crecerán en un terreno que no sea fértil.

Si tu negocio se fundamenta en una de las plántulas del árbol del dinero, tu árbol debería poder crecer. Los sistemas de contenidos, informáticos, de *software*, de distribución y de recursos humanos son, todos ellos, plántulas de árboles del dinero. Si tu negocio no está fundamentado en ninguno de estos sistemas, ¿puedes añadirle alguno de ellos para lograr ingresos pasivos?

En cuanto a la cafetería de Ashlyn, reconoció que necesitaba la semilla de un árbol del dinero (la semilla de los recursos humanos) en forma de un gerente. Pero no podía asumir ese coste, y no pudo acceder a la semilla. Su camino tenía fallos desde el principio y si ponía una semilla en él no iba a germinar. Si hubiese ignorado su limitación financiera y hubiese contratado a un gerente de todos modos (es decir, si hubiese sembrado la semilla), habría descubierto más tarde que el terreno no era fértil y que en él no podría crecer el árbol del dinero.

El problema que tienen la mayor parte de los caminos empresariales es que no son terreno fértil para los árboles del dinero por la sencilla razón de que transgreden el mandamiento del tiempo. O bien no se puede acceder a las semillas o bien, si se puede acceder a ellas, no van a germinar.

RESUMEN DEL CAPÍTULO: INDICACIONES PARA LA VÍA RÁPIDA

- Un negocio que esté vinculado a tu tiempo es un empleo.
- Un negocio que genere ingresos independientemente de lo que hagas con tu tiempo cumple el mandamiento del tiempo.
- Para satisfacer el mandamiento del tiempo, emprende un negocio cimentado en un sistema que sea una plántula de árbol del dinero o introduce uno de estos sistemas en tu negocio.

El enriquecimiento rápido: las autopistas interestatales

No puedes vivir un día perfecto sin hacer algo por alguien que nunca podrá devolverte el favor.

John Wooden

LOS CRUCES

Si quieres cruzar todo un país, conduce por las carreteras más rápidas, no por las más lentas. Parece lógico, pero cuando se trata de la independencia financiera, ya no lo parece tanto. En lugar de conducir por las carreteras más rápidas, la mayoría de las personas van por las más lentas y, en algunos casos, por carreteras que ni siquiera las llevarán adonde quieren ir.

Emprender un negocio es una gran decisión. Si lo abordas con un interés superficial, se asemejará a una afición. Y los negocios que se gestionan como pasatiempos rinden como pasatiempos.

A los veintitantos años, probé con varios negocios y no obtuve un éxito duradero. Fue mi etapa de las encrucijadas y mi último empleo esporádico fue el de conductor de limusinas. Acepté ese trabajo porque tenía facturas por pagar, por supuesto, pero tenía también otros motivos: quise infiltrarme. Pensaba que quería crear una empresa de limusinas. Como nunca había estado en ese negocio, quise tener un empleo en ese ámbito para aprender cómo funcionaba todo. Cuando llevaba un año en el negocio, mi oportunidad (mi cruce de carreteras) llegó. El dueño de la compañía de limusinas puso la empresa a la venta y me la ofreció sin que tuviese que pagar ningún anticipo. ¡Ahí estaba mi oportunidad de ser el dueño de un servicio de limusinas! Pero había un problema.

Debía enfrentarme a una decisión desgarradora. Había decidido mudarme a Phoenix hacía solamente unas semanas y me estaba preparando para el traslado. Y ahora ocurría eso. ¿Debería quedarme? Después de ver cómo el propietario lidiaba con las constantes exigencias del negocio durante más de un año, me di cuenta de algo muy importante: no me gustaba esa dinámica. Era un negocio que exigía dedicación los siete días de la semana durante muchas horas, y había que levantarse muy temprano en muchas ocasiones. Y yo estoy de muy mal humor cuando tengo que madrugar...

Así que me encontraba ante una decisión que podría ser traidora o aceleradora. ¿Quería ir por ahí? ¿Quería aprovechar esa gran oportunidad que era no pagar nada por anticipado por tener ese negocio y renunciar a Phoenix? ¿Qué hice? Acudí a mi matriz de decisión promedio ponderada (MDPP) para aclararme (¡sí, realmente utilizo lo que recomiendo en este libro!). Obviamente, ganó Phoenix y no compré la empresa de limusinas. Pero ¿qué confronté en esa matriz de decisión que me ayudó a identificar la carretera correcta y el curso de acción adecuado?

Conocía los cinco mandamientos de la vía rápida y sabía cuáles eran las rutas empresariales que otorgaban la mayor pureza a la vía rápida... y cuáles eran las probabilidades de implementación de ambos conjuntos de factores.

LOS CINCO MANDAMIENTOS DE LA VÍA RÁPIDA PURA

No invertirás en un negocio que preste un servicio innecesario. No cambiarás tu tiempo por dinero. No operarás dentro de una escalabilidad limitada. No renunciarás a tener el control. No permitirás que una empresa de nueva creación sea fruto de un acontecimiento en lugar de ser fruto de un proceso.

Cuando analicé el servicio de limusinas como negocio potencial, vi claro que no era una vía rápida pura. Se ajustaba a los criterios que eran el control y que no era un negocio accesible a las masas, pero sin potencial de escalabilidad, ya que solamente prestaba servicio a las afueras del noroeste de Chicago. Además, no habría podido desvincular mi tiempo del negocio, sino que habría tenido que dedicarle largas horas, y los márgenes de beneficios no eran lo bastante amplios para contratar recursos humanos. Y ciertamente no resolvía una necesidad no satisfecha; en Chicago, había varias empresas de servicio de limusinas.

Para hacer entrar ese negocio en la vía rápida, habría tenido que invertir mucho tiempo, esfuerzo y dinero. En el fondo, sabía que quería implicarme en un negocio que se ajustase a los mandamientos de la vía rápida desde el principio, no en uno que necesitara ser moldeado. Las vías rápidas más puras son las que tienen un mayor potencial de generación de riqueza, y yo lo sabía. Cuando cumples la ley de la *efectación*, el dinero acude a ti. ¿Cuáles son las carreteras más puras de la vía rápida, las que permiten correr a una velocidad extraordinaria, a partir de explotar la ley de la *efectación*?

LAS TRES AUTOPISTAS INTERESTATALES DE LA VÍA RÁPIDA

Llamo a las carreteras de la vía rápida que ofrecen más posibilidades «las tres autopistas interestatales» porque poseen los límites de velocidad más elevados y cumplen, o pueden cumplir, los cinco mandamientos de la vía rápida. Estas tres autopistas son:

1. **Internet.**
2. La **innovación.**
3. La **repetición intencional.**

Cada autopista interestatal es un paraguas que cobija docenas de otras carreteras. Si juntas las tres, dispones de centenares de carreteras por las que poder viajar.

Autopista interestatal n.º 1: Internet

La autopista interestatal más potente es tener un negocio en Internet. Internet ha hecho más millonarios en la última década que cualquier otro medio existente. También ha destruido, y sigue destruyendo, muchos negocios cuya presencia física va quedando desfasada, como las agencias de viajes, las agencias de valores y bolsa, los periódicos y las revistas. Internet es el tiburón de la vía rápida.

Yo hice fortuna con Internet. La presencia de esta herramienta es una de las razones por las que rechacé la oportunidad que se me ofrecía de tener una empresa de limusinas. Internet es la mejor vía rápida disponible, porque cumple de inmediato los cinco mandamientos de la vía rápida, siempre que exista una necesidad del servicio que se ofrece o el producto que se venda. Se llega de forma natural a gente de todo el mundo, los procesos se pueden automatizar por medio de sistemas informáticos, es un medio que uno mismo puede controlar (algo que no ocurre con la mayor parte de los medios, desafortunadamente) y sus barreras son lo bastante fuertes para evitar la entrada de «todo el mundo».

Los modelos empresariales de Internet se dividen en siete grandes categorías:

1. Las suscripciones

Ofrece a los usuarios acceso a datos, información o *software* y cóbrales una tarifa mensual. Esos datos pueden ser clientes potenciales, información sobre ventas, bases de datos o pornografía de la buena. Cuando diez mil personas te estén pagando 9,95 dólares mensuales por tu información, estarás yendo por la vía rápida.

Cuando era el dueño de mi empresa, pagué por muchos servicios de Internet, como suscriptor; pagué por ejemplo para saber cuánta gente estaba visitando mi sitio web y para gestionar las afiliaciones (los usuarios que querían ofrecer mi servicio). Una empresa en particular ofrecía un servicio de monitorización de sitios web que realizaba un seguimiento del tiempo en el que el sitio web estaba visible (y no caído). En su página de inicio anunciaba cuántos clientes monitorizaba. En ese momento, afirmaba que estaba prestando servicio a «veinte mil clientes», y yo les pagaba cincuenta dólares al mes. Suponiendo que el importe que yo pagaba fuese el promedio, 20.000 clientes × 50 dólares = 1.000.000 de dólares en ingresos brutos... *al mes*. Este es un ejemplo perfecto de sistema empresarial *online* en el que el negocio es el sistema. No hay productos, no hay envíos, no hay quebraderos de cabeza. Aventuro que ese sitio web goza de unos márgenes de beneficio del 75 %, es decir, que su creador o sus creadores perciben unas ganancias netas de unos setecientos cincuenta mil dólares mensuales. ¿Cuánto tardarías en ser millonario si ganases setecientos cincuenta mil dólares al mes? ¿O tal vez prefieras ahorrar doscientos dólares todos los meses a partir de tu salario de cuarenta y cinco mil dólares anuales? La comparación es odiosa.

Ejemplos de sitios web que funcionan por suscripción son RealtyTrac.com y LoopNet.com.

2. Los negocios basados en los contenidos

Los modelos de negocio basados en los contenidos son revistas de noticias *online* y blogs que difunden información pensando en un determinado nicho de mercado. Estos servicios proporcionan contenidos de consumo gratuito y venden publicidad a quienes desean tener una presencia en esos medios. Mi Foro de la Vía Rápida puede considerarse un modelo de ingresos basado en los contenidos. Considero que este modelo de ingresos es el que presenta mayores dificultades para alcanzar el éxito, porque las barreras al acceso han disminuido significativamente y su éxito se basa en un tráfico elevado. Además, los sistemas de contenidos están vinculados en gran medida a programas de afiliación, lo cual constituye una «estructura de autostop».

3. La generación de clientes potenciales

Los servicios de generación de clientes potenciales a menudo brindan un servicio a los consumidores a la vez que aglutinan un sector de actividad cuyos actores estaban dispersos. Esto es lo que hice para el sector de las limusinas: reuní un sector de actividad muy fragmentado en una única fuente centralizada, atraje ahí a los consumidores y vendí la información relativa a estos a las empresas de servicio de limusinas. La generación de clientes potenciales es popular entre los sectores fragmentados, en los cuales los actores del sector son sobre todo pequeñas y medianas empresas. La generación de clientes potenciales probablemente no funcionaría en el sector de las aerolíneas, pero sí en el de los cirujanos plásticos. Este sistema resuelve dos necesidades: el deseo del consumidor de ahorrar tiempo y dinero y la necesidad de los empresarios de encontrar nuevos clientes a bajo coste.

4. Las redes sociales

Las redes sociales son derivados de los sistemas de contenidos en los que en lugar de ofrecerse contenidos a usuarios individuales la gente se reúne en grupos o tribus. Facebook comenzó como una red para estudiantes en edad universitaria y se convirtió en una red social genérica en la que tiene cabida gente de todas las edades. MySpace apunta a los estudiantes de secundaria. LinkedIn interesa a los profesionales que quieren prosperar. Las redes sociales unen a comunidades de personas que tienen ideas afines, desde escritores de novelas de misterio hasta cerebritos habilidosos a quienes les gusta reconstruir motores los fines de semana.

5. **Los sistemas de intermediación**

Los intermediarios reúnen a compradores y vendedores y facilitan las transacciones. Son creadores de mercado para un sector en particular y suelen ganar dinero con cada transacción. Ejemplos de intermediarios conocidos son PayPal, Elance, CarsDirect y Travelocity.

6. **La inclusión de publicidad**

Como en el caso de los sistemas de intermediación, se unen a compradores y vendedores, pero en este caso se cobran tarifas por la inclusión de publicidad y no por las transacciones. Por ejemplo, yo era dueño de un sitio web que mostraba limusinas en venta, y quienes querían que su limusina estuviese ahí expuesta pagaban un importe en concepto de publicidad. Algunos servicios, como eBay, se sirven tanto de la intermediación como de la inclusión de publicidad. Los motores de búsqueda como Google y Yahoo operan tanto el modelo publicitario como el de la intermediación.

7. **El comercio electrónico**

El comercio electrónico consiste en vender bienes, servicios e información a través de Internet. Amazon y Wayfair son ejemplos de proveedores de comercio electrónico a gran escala. Además, muchas pequeñas tiendas locales se han expandido (han ampliado su alcance) gracias al modelo del comercio electrónico. Por ejemplo, en mi patio trasero tengo veinticuatro lámparas solares que compré en línea a un pequeño minorista de Minnesota que también vende en Internet. Hace solo unos años, esa tienda era local y no tenía posibilidad de ampliar su alcance, pero ahora, al tener presencia en Internet, su ámbito es el mundo, y puede venderle productos a un jubilado de Phoenix como soy yo.

También pueden venderse contenidos por medio del comercio electrónico. Los libros electrónicos son la forma más popular de distribución de información en Internet. Cuando vendo mi libro en este formato, estoy sacando partido al comercio electrónico. Con este sistema puedo vender libros sentado en el *parking* de la Universidad Estatal de Arizona, o puedo configurar un sitio web y vender libros al público europeo.

Cuando analizamos Internet como carretera de la vía rápida, vemos que es increíblemente potente a la luz de la ecuación de la riqueza de la vía rápida.

$$Riqueza = Beneficio\ neto\ +\ Valor\ de\ los\ activos$$

Dentro de la variable de las unidades vendidas (dentro de los ingresos netos), el mundo es el límite cuando operamos con Internet. Además, el valor de los activos no está determinado solamente por los ingresos netos, sino también por la cantidad de tráfico. Muchos sitios web se venden por miles de millones de dólares aunque la actividad que desarrollen no genere ninguna ganancia, por el hecho de que reciben una cantidad de visitas extraordinaria. No hay límite en cuanto al tráfico que pueda llegar a acoger un sitio web. Por todo ello, las variables de la vía rápida que son el beneficio neto y el valor de los activos tienen un potencial de crecimiento prácticamente ilimitado.

Autopista interestatal n.º 2: la innovación

La innovación es otro gran aspecto de la pureza de la vía rápida y abarca muchas opciones. Es la forma tradicional de hacerse rico:

consiste en inventar un producto, un servicio o una información, fabricarlo y distribuirlo.

La innovación incluye cualquier acto de creación que vaya seguido de la distribución adecuada. Déjame repetir que la innovación implica dos actos: la fabricación y la distribución.

Inventa un producto (o más de uno) y después véndelo, en la teletienda, en Internet, a través de diez mil distribuidores en una red de *marketing* multinivel o a veinte mayoristas que después lo vendan a veinte mil minoristas. Y ¿cuál puede ser el producto innovador? Prácticamente cualquier cosa que resuelva una necesidad o le permita a la gente satisfacer un deseo:

- Un comestible (una cerveza, una salsa barbacoa, unas galletas, una receta secreta).
- Un producto para el hogar (un robot aspirador, una herramienta, una percha).
- Un producto que mejore la salud y la vitalidad (vitaminas, hierbas, una bebida energética, pastillas, una fórmula «potenciadora de la virilidad»).
- Información (un libro, una revista, un *newsletter* que funcione por suscripción).
- Un artículo personal (una prenda de vestir, un bolso, unos zapatos, unos guantes).
- Un artículo para automóviles (un accesorio, un complemento, una pegatina).

La invención sigue estando reconocida como el método predeterminado para hacerse rico rápidamente, y sí, es un método que sigue siendo válido y funciona bien. Pero no te confundas. No debes inventar, necesariamente, algo equivalente al automóvil, el teléfono o el ridículo Segway (el vehículo personal en el que dos ruedas sustituyen a tus piernas): lo que más hacen los inventores es tomar algo y mejorarlo o modificarlo. Toma algo viejo y pasado de moda y mejóralo. Toma un producto interesante que no sea muy conocido, hazlo tuyo y vuelve a introducirlo en el mundo. Toma algo poco convencional y conviértelo en algo convencional.

Vi en la televisión una entrevista a un emprendedor de éxito que lo único que había hecho era traspasar vodka de las típicas botellas sosas transparentes a unas botellas coloridas, llamativas. De hecho, para mi cumpleaños recibí una botella de vodka en forma de calavera. El vodka ha existido durante siglos; sin embargo, un emprendedor tomó este producto archiconocido y le añadió un elemento que le permitió ofrecer algo único, distinto de todo lo demás. A veces, inventar consiste en algo tan sencillo como esto.

Mi ejemplo favorito es la batamanta, una manta de gran tamaño con brazos que ha tenido un éxito enorme en el mercado. El concepto del producto original (la manta) existe desde hace muchos años, pero el creador o los creadores de la batamanta tomaron ese concepto, lo reempaquetaron, lo revendieron y ¡ahí lo tienes!, un gran éxito; se han vendido cuarenta millones de unidades hasta el momento.

La innovación es un proceso en dos etapas: la *fabricación* y la *distribución*. Inventar un producto que resuelve una necesidad es ganar la mitad de la batalla; la otra mitad se gana cuando se logra que ese producto lo compren millones de personas. Hay varios canales de distribución posibles: la teletienda (venderlo a través de medios de comunicación de masas), el comercio minorista (venderlo a distribuidoras y mayoristas) y el *marketing* directo (venderlo a través de los medios impresos, por correo postal y en Internet).

Por ejemplo, cuando escribí este libro, yo era el medio de fabricación. Lo escribí, lo maqueté, lo edité y lo publiqué. Lo fabriqué. Esta fue la primera etapa de mi innovación. Sin embargo, como ocurre siempre con la innovación, la fabricación es una pequeña batalla dentro de una guerra, la cual se gana con la distribución. Un producto magnífico no tiene ningún valor si no llega a las personas, y esto requiere que sea distribuido. En el caso de mi libro, tenía que aprovechar las distribuidoras de libros (mayoristas) e Internet (un sistema de distribución) si quería tener éxito.

Tu producto puede ser algo que inventes aunque lo fabriquen en China, o un libro electrónico que escribas en un fin de semana. La innovación (materializada como libros y otros productos) se inscribe en la vía rápida. ¿Alguna vez te has preguntado por qué hay gente que vende libros para hacerse rico rápidamente cuyos contenidos son una mezcla de los de treinta libros anteriores? Esos autores saben que con estos libros circulan a buena velocidad por la vía rápida.

Para llegar a circular por la vía rápida gracias a lo que escribas, el problema nunca es el libro o las palabras que contiene. Algunas de las mejores obras del mundo no se leen, mientras que los hay mediocres que venden millones. Lo que marca la diferencia es el *marketing*, las relaciones públicas y la pericia comercial. *Escribir un libro no es un negocio; venderlo sí lo es.* Si estoy firmemente decidido a vender este libro a millones de individuos, tengo que producirlo y después distribuirlo. Tengo que venderlo, comercializarlo, promocionarlo, aparecer en público, dar charlas, ser entrevistado y escribir; tengo que invertir en el negocio de la distribución. Para sacar partido a la ecuación de la riqueza de la vía rápida y acercarme a la ley de la *efectación*, tengo que comprometerme con la difusión y hacer que millones de personas conozcan este producto.

Autopista interestatal n.º 3: la repetición intencional

La última autopista interestatal de la vía rápida es la *repetición intencional*, es decir, la manera o el acto de repetir un proceso con el propósito de acercarse a un objetivo o resultado deseado.

La repetición intencional es una vía rápida potente pero también es la que presenta las mayores dificultades, porque no satisface los cinco mandamientos, sino cuatro. El proceso de la repetición intencional es el acto de satisfacer el mandamiento de la escalabilidad, la cual puede lograrse a través de un sistema de recursos humanos o de tener éxito repetidas veces.

Por ejemplo, cuando un inversor de bienes raíces compra una vivienda unifamiliar en una subasta bancaria y luego la alquila, ahí no hay escalabilidad, y con ese acto único no hay nada que pueda crearla. Según la ecuación de la riqueza de la vía rápida, hay poco margen de maniobra: los ingresos netos proceden del alquiler y el valor del activo procede del valor de mercado de la casa.

Para vencer esta dificultad, el inversor repite el proceso. En lugar de comprar una casa, compra cincuenta. Sí, es más fácil decirlo que hacerlo, y el proceso puede ser increíblemente lento. El inversor ha elegido jugar en un campo en el que solo puede conseguir *singles*, y para lograr un *home run* debe efectuar el mismo tipo de inversión muchas veces. La repetición intencional consiste en aportar envergadura a un negocio rentable «basado en *singles*» de tal manera que acabe por ser un negocio de *home runs*.

Las franquicias son otro ejemplo de repetición intencional.

Si montas una tienda con el objetivo de enriquecerte por medio de la repetición intencional, deberás tener cientos de tiendas como esa, quizá miles. Para ello, deberás crear una cadena o conceder franquicias. El repetidor intencional empieza un negocio para que una sucesión de éxitos lo lleve al éxito final. Una pequeña tienda suele violar cuatro de los mandamientos, pero puede transformarse rápidamente en un negocio de la vía rápida por medio de la repetición. La premisa del sistema de franquicias de la vía rápida es crear un negocio local en el que los procesos puedan sistematizarse y luego franquiciar el concepto a escala nacional o mundial. El objetivo del repetidor es reproducir y vender un concepto, una marca y un sistema y quitarse de en medio de la actividad de su negocio. Aunque con tu pequeña charcutería no vayas por la vía rápida, puedes llegar a ir gracias a la repetición intencional, es decir, gracias a conceder franquicias o crear una cadena.

Un hilo de discusión de mi foro, en el que se implicó mucha gente, se titulaba: «¿Se puede ir por la vía rápida con una máquina expendedora de dulces?». Un usuario del foro quería saber si contar con una máquina expendedora de dulces en un centro comercial podía ser una manera de ir por la vía rápida. Si solamente tenía uno, no, pero ¿y si tenía muchos? En ese caso, ¡adelante! Una máquina expendedora en un centro comercial no te hará rico porque es un negocio basado en «conseguir *singles*»; pero si tienes doscientas máquinas en cincuenta centros comerciales, sí podrías hacerte rico, porque tendrás más ingresos netos, el valor de tus activos aumentará y el impacto será mayor en cuanto a la magnitud. La repetición intencional es la respuesta del conductor de la vía rápida a una escalabilidad limitada.

RESUMEN DEL CAPÍTULO: INDICACIONES PARA LA VÍA RÁPIDA

- Las mejores vías rápidas satisfacen los cinco mandamientos: la necesidad, el acceso, el control, la escalabilidad y el tiempo.

- Siempre que el producto o el servicio que se ofrezca satisfaga una necesidad, Internet es la autopista interestatal más rápida, ya que cumple todos los mandamientos de forma extraordinaria.

- La innovación puede materializarse de varias maneras: escribiendo libros, inventando algún producto o prestando determinados servicios.

- Alcanzar el éxito por medio de la invención requiere que el producto cuente con una distribución masiva.

- Un negocio basado en «conseguir *singles*» llega a ser un negocio «en el que se logran *home runs*» mediante la repetición intencional. Por medio de la repetición se logra la escalabilidad.

Encuentra tu carretera

Al principio, uno se niega a creer que algo nuevo
y raro pueda hacerse, después empieza a tener la
esperanza de que pueda hacerse, después ve que puede
hacerse, y acaba por hacerlo... y el resto del mundo
se pregunta por qué nadie hizo eso siglos atrás.

Frances Hodgson Burnett

NECESIDADES, IDEAS, OPORTUNIDADES
Y CARRETERAS ABIERTAS

Las oportunidades y las carreteras que llevan a ellas están en todas partes. Mira alrededor. ¿Esa persona que está quejándose en el mostrador de la tienda? Ahí hay una oportunidad. ¿Ese estúpido laberinto de mensajes automatizados que odias escuchar cada vez que llamas al banco? Ahí hay una oportunidad. ¿Esa casa sin vender que languidece en el mercado? Ahí hay una oportunidad. ¿Esos desperdicios que hay tirados al lado de la carretera? Ahí hay una oportunidad. ¿La ensalada que solo se conservó dos días en la nevera? Ahí hay una oportunidad. ¿Esas personas que se quejan en ese foro de Internet? Ahí hay una oportunidad.

Si no puedes ver las oportunidades que te rodean todos los días, es porque no has sintonizado con ellas tu dial de la vía rápida. Basta con que efectúes pequeños cambios en tu forma de pensar para que carreteras que parecían cerradas se abran de repente. Muchos emprendedores cometen el error de asociar las oportunidades con ideas profundamente innovadoras, legendarias. Buscan la idea perfecta que nadie ha tenido nunca y que pueda darse a conocer al mundo por medio de acontecimientos grandiosos. Pero esto solamente ocurre en muy raras ocasiones.

Las oportunidades rara vez consisten en que a uno se le ocurra y logre manifestar un invento que suponga un gran avance para la civilización, como la bombilla o el automóvil, sino que hay una oportunidad ahí donde haya una necesidad que no esté satisfecha o no lo esté adecuadamente. Hay una oportunidad ahí donde se pueda resolver un inconveniente. Hay una oportunidad ahí donde se pueda hacer que algo resulte más fácil. Hay una oportunidad ahí donde se pueda estimular un sentimiento agradable o combatir uno desagradable. Hay una oportunidad ahí donde se pueda ofrecer comodidad. Hay una oportunidad ahí donde se pueda prestar un mejor servicio. Hay una oportunidad ahí donde se pueda mitigar o erradicar un dolor. Hay una oportunidad ahí donde se pueda competir con eficacia frente a empresas débiles.

«ALGUIEN YA LO ESTÁ HACIENDO»

¿Resulta que tienes una gran idea pero alguien ya está haciendo eso? Bien, ¿y qué? Hazlo mejor.

El «alguien ya lo está haciendo» es una ilusión monumental que uno se autoimpone como un obstáculo infranqueable. Pero *siempre habrá alguien que ya esté haciendo eso*. La gran pregunta es: ¿puedes hacerlo mejor? ¿Puedes satisfacer mejor esa necesidad, ofrecer un mayor valor o vender mejor ese producto o servicio? Cuando se me ocurrió la idea de crear un directorio de limusinas en Internet, pensé que era una idea prístina, inmaculada y legendaria... hasta que indagué en la Red. Resultó que ya había una docena de empresas que estaban ofreciendo ese servicio. En ese momento, no tenía el dial totalmente sintonizado con la vía rápida. Iba a abandonar la idea y emprender una nueva sesión de lluvia de ideas conmigo mismo en busca de la ocurrencia magnífica y genial, esa que no había tenido ninguno de los seis mil millones de habitantes del planeta hasta la fecha. Pero una amiga interrumpió esa dinámica de pensamiento; le dio un golpe a mi dial y pasé a sintonizar bien la vía rápida. Me dijo: «La competencia está en todas partes. Hazlo, pero hazlo mejor».

Tenía razón. El factor de la competencia es inevitable en el mundo de los negocios. Esa oportunidad era una carretera abierta, no cerrada. Los directorios web existentes no eran fáciles de encontrar y, en su mayor parte, eran complicados para el usuario. Reconocí una necesidad poco satisfecha y decidí tomar esa oportunidad, a pesar de las numerosas señales que advertían de que se trataba de una «carretera cerrada». Una década más tarde, todas las empresas que me habían dado miedo habían desaparecido o pasado a ser insignificantes. De hecho, el líder del sector, incapaz de responder a mi preponderancia, pasó a ofrecer otro tipo de servicio.

OLVIDA LA GRAN IDEA; BUSCA HACERLO MEJOR

Las empresas de éxito rara vez prosperan alrededor de una idea legendaria. Lo que hacen normalmente los empresarios de éxito es tomar algún concepto existente y mejorarlo. Detectan necesidades mal satisfechas y procuran satisfacerlas mejor. *Olvídate de la ocurrencia genial y trabaja por manifestar de forma magnífica una idea que tal vez ya exista.* No necesitas que se te ocurra algo que a nadie se le haya ocurrido antes. Las viejas ideas son suficientes; ¡tómalas en tus manos y hazlo mejor! ¡Ponlas en práctica como nadie lo ha hecho!

Hace años, ¿qué habría ocurrido si Sergey Brin y Larry Page hubiesen mirado el panorama de Internet y hubiesen pensado: «Caramba, ya hay muchos motores de búsqueda: Yahoo, Snap, Alta Vista... ¿Por qué empezar con Google? ¡Esto ya se está haciendo!».

Afortunadamente, no pensaron así, y en la actualidad Google es el motor de búsqueda más utilizado, y debido a eso, Brin y Page son multimillonarios. ¿Tuvieron una nueva idea impactante? No; resolvieron mejor una necesidad ejecutando de forma magnífica una idea ya existente.

Hace décadas que existen los grandes almacenes, pero eso no impidió que Sam Walton creara Wal-Mart. La carretera parecía cerrada, pero en realidad estaba abierta.

Hacía décadas que existían las hamburguesas, pero eso no impidió que Ray Kroc creara McDonald's. La carretera parecía cerrada, pero en realidad estaba abierta.

Hacía mil años que existía el café cuando Howard Schultz creó Starbucks. ¿Se trataba de una nueva idea? No, pero Starbucks convirtió el café en una moda; inventó una marca, un ambiente y una emoción, y los vinculó al café. La carretera parecía cerrada, pero en realidad estaba abierta.

Las tiendas de alquiler de DVD hacía mucho tiempo que existían, pero eso no impidió que aparecieran NetFlix o RedBox, que añadieron el factor *comodidad* a la ecuación de la necesidad. La carretera parecía cerrada, pero en realidad estaba abierta.

Hace miles de años que se elabora cerveza, pero eso no impidió que Jim Koch creara la cerveza Samuel Adams o que Sam Calagione creara la fábrica de cerveza Dogfish Head, que actualmente es la que está experimentando un mayor crecimiento en Estados Unidos. Dogfish se inició en 1995 con un kit casero de elaboración de cerveza con 38 litros de capacidad y poco dinero. La carretera parecía cerrada, pero en realidad estaba abierta.

La basura existe desde que el ser humano empezó a caminar por el planeta. Sin embargo, eso no impidió que Brian Scudamore creara 1-800-GOT-JUNK (un servicio elegante de recogida de desperdicios y trastos inútiles), empresa que concede franquicias, ni que Wayne Huizinga fundara la empresa de gestión de residuos Waste Management teniendo solo un camión y un puñado de clientes. Waste Management acabó por convertirse en una compañía que está incluida en la lista Fortune 500. ¿Es nueva la necesidad de desprenderse de los residuos? ¿O es una necesidad que podía satisfacerse mejor? La carretera parecía cerrada, pero en realidad estaba abierta.

¿Las mantas con brazos? Hacía años que existían, pero eso no impidió que se vendieran cuarenta millones de batamantas en la teletienda. Se trataba de una vieja idea que fue mejor publicitada y mejor ejecutada. La carretera parecía cerrada, pero en realidad estaba abierta.

MySpace estaba prosperando mucho antes de Facebook, pero eso no detuvo a Mark Zuckerberg. Vio un nicho de necesidad y lo resolvió. La carretera parecía cerrada, pero en realidad estaba abierta.

Las necesidades mal atendidas hacen que vías que parecían cerradas estén abiertas en realidad. Las empresas de éxito acostumbran a tomar ideas, servicios y productos existentes con el fin de mejorarlos o darles nuevas salidas.

CÓMO DETECTAR CARRETERAS ABIERTAS

No pasa un día sin que vea una necesidad que pueda explotarse como una oportunidad de ir por la vía rápida. Mi mente está afinada a este respecto puesto que he acostumbrado mis sentidos a detectar oportunidades. Veo y oigo lo que la mayoría de la gente no ve ni oye. ¿Cómo puedes hacer que tus ojos y tus oídos perciban en la misma frecuencia que los míos? Con un poco de práctica, es fácil.

Las carreteras abiertas (las necesidades y las oportunidades) vienen precedidas de ciertas palabras o frases clave que gritan: «¡Esto es una oportunidad!». Cuando detectes que tú u otra persona habéis dicho (o incluso pensado, en tu caso) estas palabras, habrás descubierto una posible oportunidad. Estas son las formulaciones más habituales:

- «Odio...».
  ¿Cuál es la situación odiosa? Brinda una solución para esa situación, y ahí tienes tu carretera abierta.

- «No me gusta...».
  ¿Qué genera desagrado? Brinda una solución para eso que genere desagrado, y ahí tienes tu carretera abierta.

- «Esto me frustra».
  ¿Cuál es la situación frustrante? Brinda una solución para eso que genera frustración, y ahí tienes tu carretera abierta.

- «¿Por qué es esto así?».
  ¿Qué es lo que no se entiende? Resuelve esa dificultad o ese absurdo, y ahí tienes tu carretera abierta.

- «¿Tengo que hacer eso?».
  ¿Qué actividad molesta hay que llevar a cabo que otro podría hacer por nosotros? Satisface esa necesidad, y ahí tienes tu carretera abierta.

- «Ojalá hubiera...».
  ¿Qué producto o servicio se echa en falta? Si tú u otra persona deseáis que algo exista, otras personas también lo desean. Haz realidad ese deseo, y ahí tienes tu carretera abierta.

- «Estoy cansado de...».
  ¿Qué es lo que produce el hartazgo? Brinda una solución a eso, y ahí tienes tu carretera abierta.

- «Esto es un asco».
  ¿Qué es lo que es un asco? Elimina o reduce ese inconveniente tan molesto, y ahí tienes tu carretera abierta.

Las oportunidades están vestidas con palabras clave predecibles que delatan su presencia. Por ejemplo, soy bastante descuidado al comer. Si llevo puesta una camisa blanca mientras estoy comiendo espaguetis, ya puedo olvidarme de ella. Además, tengo la desagradable habilidad de morderme la parte de dentro del labio inferior. Cada vez que me muerdo, aparece una úlcera bucal. Me salen aftas desde que iba a la escuela primaria, aunque no son un problema a menos que me muerda el labio o la lengua accidentalmente. La última úlcera bucal que me salió perduró una semana y era terriblemente dolorosa. «¡Estoy cansado de estas aftas!», pensé en medio del dolor. Observa las palabras: «Estoy cansado de...». ¡Ahí había una oportunidad!

Mi incomodidad me llevó a investigar en Internet acerca de las úlceras bucales. Encontré algunas hipótesis e informaciones contradictorias relativas a cómo prevenirlas. Había quien recomendaba la vitamina X, mientras que otros recomendaban la hierba Y. (¡Vitamina X y hierba Y no son los verdaderos nombres, porque estoy protegiendo mi fórmula!). De manera que compré la vitamina X y la hierba Y y esperé hasta el próximo error que cometiese al masticar.

El error tuvo lugar. Mientras estaba comiendo, me mordí el labio. Unos días más tarde sentí que se estaba gestando un afta en el lugar en el que me había mordido, así que tomé una buena cantidad de vitamina X y hierba Y. Curiosamente, la úlcera bucal no apareció. ¡Parecía que la vitamina X y la hierba Y funcionaban como tratamiento preventivo contra las aftas! Ahora, cada vez que siento que se quiere formar una úlcera bucal a partir de la herida resultante de una mordedura, tomo esa combinación de productos, y la llaga no aparece. ¡Hace casi dos años que no tengo ningún afta! He pasado de tener una cada dos meses a ninguna.

La oportunidad que tengo abierta ante mí es clara. Podría comercializar mi «fórmula antiaftas» a gran escala. Tendría el control del negocio, las barreras que dificultan el acceso son decentes, podría llegar a mucha gente y el tiempo invertido no sería demasiado. ¿Cuántas personas sufren de aftas? ¿Cuántas fórmulas hay disponibles para prevenirlas? Hay algunas, pero ¿se están comercializando bien? ¿Puedo hacerlo mejor?

Las oportunidades que son las carreteras abiertas se presentan en un lenguaje fácil de detectar: siempre que manifiestes o que alguien manifieste una incomodidad, una angustia, una queja, un problema o una carencia, debes abordar esa dificultad e introducir una solución. ¡Ofrece soluciones a las masas y te garantizo que el dinero acudirá! Moraleja: resuelve los problemas de otras personas y resolverás tus propios problemas económicos.

EL FRACASO ABRE GRIETAS EN LAS CARRETERAS

Desafortunadamente, las carreteras de la vía rápida menos transitadas están pavimentadas con el asfalto agrietado que son los fracasos, no con un asfalto liso. Esto significa que las demoras están garantizadas. *Todo el mundo experimenta fracasos en el camino hacia el éxito.* Lo que distingue a los ganadores de los perdedores es lo que hacen unos y otros cuando se encuentran con un tramo mal asfaltado. ¿Cómo vas a reaccionar? ¿Dictaminarás que «esto de la vía rápida es una estupidez» y pondrás fin a tu viaje? ¿Cambiarás de carretera, tal vez? ¿O seguirás adelante?

Los fracasos que nos llevan en direcciones inesperadas son a menudo las fuerzas que más impulsan nuestra creatividad. El marcapasos, el horno microondas, la penicilina y el caucho vulcanizado son invenciones que surgieron a partir de fracasos e incidentes. El fracaso puso fin a un curso de acción pero abrió otro, y los inventores de esos productos tuvieron la fortaleza de reconocer la nueva posibilidad.

Salir de la carretera para tomar otra que vaya en otra dirección es, a veces, lo mejor que puede hacerse. Pero ten muy presente la diferencia que hay entre *dejarlo* y *abandonar un determinado camino.* «Dejarlo» es dar los sueños por muertos y arrojarlos al vertedero de la imposibilidad. «Abandonar un determinado camino» significa cambiar de rumbo, tomar una nueva carretera. Si pones fin a tu carrera como profesor para crear una empresa dedicada a ofrecer clases particulares, has cambiado de carretera. Si vendes tu salón de bronceado y creas una empresa que va a operar en Internet, has cambiado de rumbo. Si abandonas una empresa de *marketing* multinivel y decides crear la tuya, has emprendido otro camino.

Yo cambié de carretera muchas veces, pero jamás renuncié a mi sueño. Si tu camino no te va a llevar a cumplir tus sueños, tal vez sea hora de que emprendas otro.

RESUMEN DEL CAPÍTULO: INDICACIONES PARA LA VÍA RÁPIDA

- Las oportunidades rara vez tienen que ver con crear el gran invento; lo habitual es que guarden relación con mejorar el rendimiento de algo, resolver pequeñas incomodidades y dar respuesta a algún dolor o dificultad.
- La competencia no debe evitar que emprendas tu camino. La competencia está en todas partes, y tu objetivo debe ser *hacerlo mejor*.
- El éxito de la vía rápida reside en la forma de ejecutar una idea, no en la idea en sí.
- Los empresarios con más éxito del mundo no tuvieron una idea rompedora; se limitaron a tomar un producto o servicio existente y mejorarlo, o bien hicieron que llegase a más personas.
- Las oportunidades pueden detectarse a partir de determinadas formas en que nos expresamos o en que pensamos,

o de lo que manifiestan otras personas, en relación con algo.

- Los fracasos hacen que se abran nuevos caminos.
- Solo abandonamos si renunciamos a nuestro sueño.

Haz que tu carretera tenga un destino

Lo trágico en la vida no es no alcanzar nuestro objetivo.
Lo trágico es no tener ningún objetivo por alcanzar.

Benjamin Mays

¿CUÁL ES TU META?

A la vía rápida no le importan tus fines; solo quiere ser el medio para que los logres. Tal vez los costosos vehículos italianos y las propiedades de lujo te dejan indiferente. Lo entiendo. Tal vez seas altruista y quieras vivir modestamente, difundir el Evangelio o contribuir a obras de caridad y filantrópicas. El objetivo del viaje de la vía rápida es que tu felicidad se vea coronada por tu libertad. Se trata de que seas libre de las dificultades económicas; libre para viajar; libre de los jefes, de los despertadores y de tener que dedicar dos horas a ir y volver del trabajo; libre de las malas proporciones (de dar nueve para obtener cinco, de dar cinco para lograr dos, de obtener dos semanas a cambio de cincuenta y de conseguir una rentabilidad del 8 % durante cuarenta años), y libre para disfrutar del mundo como si fuese tu patio de recreo.

EL PRECIO DE LA LIBERTAD: EL DINERO

La libertad tiene un precio, y ese precio es el dinero. Los grandes sueños, desde los materialistas Ferraris hasta las fundaciones altruistas sin ánimo de lucro, cuestan dinero. No puedes viajar por el mundo nadando en los océanos. Tienes que pagar para ello, y si piensas que el dinero es diabólico, ya has perdido.

Un usuario publicó lo siguiente en el Foro de la Vía Rápida. Este contenido muestra que las personas quieren el fruto del árbol de la libertad pero no tienen la determinación de plantar dicho árbol:

Estaba sentado alrededor de una fogata hablando con algunas personas. Y apareció el tema del dinero. Uno de los muchachos dijo que en la vida hay mucho más que el dinero, el cual ni siquiera es real (no es más que un espejismo socialmente aceptado), y que quería ser pobre y no un maldito ejecutivo. Dijo que había dejado su vida atrás para «encontrarse a sí mismo», por lo que estaba como interno en ese lugar sin cobrar nada, a cambio de alojamiento y comida.

Lo había pasado mal, ya que había tenido que renunciar a su hijo de cuatro años, pero es que necesitaba «encontrarse a sí mismo». Después de todo, lo importante en la vida no es el dinero, y todo lo que él quiere es una pequeña casa y un caballo, como tienen los vecinos que hay más abajo de la colina. Todos los que estaban alrededor de la fogata asintieron y elogiaron a ese hombre por estar tan iluminado. En primer lugar, estoy de acuerdo. En la vida lo importante no es el dinero, sino el tiempo. Entonces, ¿por qué estás tirando cuarenta horas a la semana para tener alojamiento (ni siquiera para recibir algo de dinero)? En segundo lugar, el dinero no cambia a las personas; solo acentúa lo que ya son. En tercer lugar, esa pequeña casa y ese caballo que hay cuesta abajo valen un millón y medio de dólares aproximadamente. Y lo más importante: ¿abandonaste a tu hijo para encontrarte a ti mismo? ¿Y no estás ganando ni un centavo en el proceso? ¿Quién está subvencionando tu viaje hacia la iluminación y asumiendo la responsabilidad emocional y económica por el hijo que dejaste atrás? Me he encontrado últimamente con una serie de personas que odian el dinero y todo lo que tiene que ver con el dinero, pero que quieren el resultado final de todos modos: tiempo libre y la posibilidad de vivir su sueño. No comentaré cómo fue la conversación después de que ese hombre hubo manifestado sus ideas; basta con decir que se suponía que nosotros (no él) debíamos pagar para que tuviera una casita y un caballo, y a alguien que criara a su hijo.

Por grandes o pequeños que sean, los sueños tienen un precio, y ese precio se paga con dinero, asumiendo la responsabilidad (por lo pasado y por lo que está por venir) y manteniendo un compromiso. Tu sueño te costará dinero, sí. Pero ¿cuánto?

CUATRO PASOS PARA EMPEZAR A DEFINIR TU DESTINO

Tu destino es el estilo de vida que deseas y la libertad de disfrutarlo. Puedes alcanzar tu destino por medio de dos estrategias. La primera es un sistema dinerario en el que acumules una suma lo bastante grande para obtener unos intereses mensuales que te permitan satisfacer las necesidades intrínsecas a tu estilo de vida. La segunda es un sistema empresarial que genere un flujo de ingresos pasivos que sostenga tu estilo de vida y, a la vez, nutra tu sistema dinerario.

Para que esto sea una realidad, necesitas plantearte unos objetivos. Concretamente, ¿cuánto dinero necesitaréis tú y tu familia? ¿Qué precio tienen la libertad y el estilo de vida que quieres llevar? Averígualo con este proceso de cuatro pasos:

1. **Define tu estilo de vida: ¿qué quieres?**
2. **Evalúa el coste: ¿cuánto cuestan tus sueños?**

3. Establece los objetivos: ¿cuánto dinero debe generar tu sistema dinerario y cuánto debes ganar con tu sistema empresarial?

4. Hazlo realidad: ¡financia tus sueños y vívelos!

Paso 1: define tu estilo de vida

Define el estilo de vida que quieres llevar. ¿Quieres una gran casa o crear una fundación sin ánimo de lucro? ¿Qué es lo que quieres exactamente? Escríbelo. Yo también voy a hacerlo, para desarrollar un ejemplo.

Tres coches: un Mercedes, un híbrido y un monovolumen.

Una casa de 550 metros cuadrados con una fuente, una piscina y una cascada.

Una cabaña en la montaña.

La capacidad de viajar tres meses al año.

Educación privada para mis hijos.

Paso 2: evalúa el coste

Determina el coste mensual de cada una de las cosas que quieres, incluidos todos los impuestos y seguros asociados.

Los tres coches: 2.000 dólares ($)

La casa: 5.000 $

La cabaña: 1.000 $

Los viajes: 1.000 $

La educación privada: 1.000 $

Coste del estilo de vida = 10.000 $/mes

A continuación, determina tus gastos mensuales en provisiones, dejando un margen para gastos imprevistos. Ten en cuenta en este apartado lo que gastas al mes en ropa, artilugios, juguetes para los niños, el seguro de salud, etc. Añade esta cantidad a tu coste del estilo de vida para determinar tu coste de vida bruto.

Coste de vida bruto = 10.000 $/mes (coste del estilo de vida) + 4.000 $/mes (provisiones) = 14.000 $/mes

Seguidamente, determina tu coste de vida neto dividiendo el coste de vida bruto por 0,60 (o por el 60 %). La finalidad de esta operación es tener en cuenta los posibles impuestos.

Coste de vida neto = 14.000 $ / 0,60 = 23.333 $/mes

Paso 3: establece los objetivos

La finalidad de este paso es que establezcas el objetivo de los ingresos que quieres obtener con tu *sistema empresarial* y el objetivo de los intereses que quieres obtener con tu *sistema dinerario*. Para calcular tu objetivo en cuanto al sistema dinerario, multiplica tu costo de vida neto por 12, y divide el resultado por 0,05 (o el 5 %). El 5 % es la rentabilidad mínima que cabe esperar.

Objetivo del sistema dinerario = (23.333 $ × 12) / 0,05 = 5.599.920 $

Para obtener tu objetivo en cuanto a tu sistema empresarial, multiplica tu coste de vida bruto por 5.

Objetivo del sistema empresarial = (14.000 $ × 5) = 70.000 $/mes.

Estos son tus dos objetivos. En primer lugar, procura crear un sistema empresarial que genere setenta mil dólares mensuales en ingresos pasivos. De estos ingresos, el 40 % va destinado al pago de impuestos, el 40 % a nutrir tu sistema dinerario y el 20 % debe sufragar tu estilo de vida. Así haces realidad tu objetivo relativo al estilo de vida y, a la vez, mantienes en marcha tu sistema dinerario. El otro objetivo son tus ingresos pasivos procedentes de un sistema dinerario que ofrezca una rentabilidad constante. Para que tu sistema dinerario pueda costear tu estilo de vida, la cantidad que debes tener depositada en él es de 5.599.920 dólares. El 5 % de interés generado por esta cantidad son unos veintitrés mil dólares mensuales, con los que costearás tu estilo de vida y pagarás tus impuestos.

Este doble abordaje da lugar a un flujo de ingresos pasivos procedentes de un negocio que nutre un sistema dinerario. El resultado es que, por así decirlo, curvas la línea de tu destino, de tal forma que acercas a ti la meta final. Puedes experimentar la jubilación sin estar jubilado. Por ejemplo, mi negocio de Internet me generaba unos ingresos de cien mil dólares mensuales, todos los meses. En ese caso, no tenía veinte millones de dólares acumulados que me generasen cien mil dólares en intereses, pero tenía la opción de llevar el estilo de vida que me apetecía porque *mi sistema empresarial generaba una cantidad de efectivo equivalente a esa rentabilidad*. El exceso de ingresos nutrió mi sistema dinerario. Luego, más tarde, liquidé el activo para alcanzar la cantidad que quería que albergase mi sistema dinerario. Si tu sistema empresarial genera ingresos pasivos, puedes usarlo para costear tu estilo de vida y tu sistema dinerario simultáneamente.

Paso 4: hazlo realidad

Comienza hoy mirando lo que tienes un metro por delante, no cinco kilómetros por delante. Si te quedas mirando la cima de la montaña, te sentirás abrumado, así que ¡deja de mirarla! La clave para realizar tareas ingentes es descomponerlas en los pasos más pequeños posibles. No puedes correr un maratón de cuarenta kilómetros centrándote en el último, sino que debes empezar por abordar el primero, después el segundo, a continuación el tercero, y así sucesivamente.

Esta cuestión se repite en el Foro de la Vía Rápida (TheFast-laneForum.com): «Me gustaría ganar cinco mil dólares al mes; ¿cómo lo hago?». Aparte de que la lógica de «perseguir el dinero» es defectuosa, el primer paso consiste en ganar cincuenta dólares al mes (no por medio de un empleo, se entiende). ¡No puedes ganar cinco mil dólares mensuales hasta que hayas aprendido a ganar cincuenta! Resulta sorprendente cómo a la gente le encanta saltarse los procesos y cómo anhela, en cambio, los acontecimientos.

Como primer paso para edificar tu sistema dinerario, busca una moneda de centavo (o equivalente) y deposítala en una lata de café. ¡Enhorabuena!, estás veinticinco pasos más cerca de tu objetivo. No, no estoy bromeando. Tu objetivo no es reunir 5,6 millones de dólares, sino quinientos sesenta millones de centavos. Deposita la calderilla del día en tu lata al final de cada jornada. Encuentra sesenta centavos allí, veinticinco ahí, ciento quince allá... La cantidad va aumentando y, aunque poco a poco, te vas acercando a tu meta todos los días. ¿Ridículo? No, así es como empecé, y sí, aún llevo a cabo esta práctica actualmente, ya que es un ejercicio que sirve para tres cosas.

En primer lugar, cuando pones el cambio en tu lata diariamente, te entrenas en la visualización de que tu objetivo está acercándose. Es un recordatorio diario. Es cierto que no acumularás quinientos sesenta millones de centavos de esta manera, pero el objetivo es avanzar hacia un objetivo que parece distante por medio de la repetición de ciertos actos. En segundo lugar, esta práctica te obliga a efectuar esta consideración: ¿has aplicado presión para lograr tu objetivo, o es tu recipiente del cambio la única arma de tu arsenal? ¿Estás implicado en un negocio de la vía rápida o sigues confinado a un empleo? El tercer objetivo es que *cambies tu relación* con el dinero. Para tomarte en serio tu sistema dinerario, vas a tener que cambiar en gran medida tus creencias relativas al dinero. ¿Qué es para ti el dinero? ¿Un medio para obtener la última versión de *World of Warcraft*? ¿O son tus dólares (o euros, etc.) los soldados de tu ejército de luchadores por la libertad?

El paso final es que vincules tu sistema dinerario a una empresa de corretaje. Abre una cuenta con esta finalidad. La mayor parte de las cuentas de corretaje requieren un depósito mínimo de mil dólares. Si ya tienes una cuenta, elige un fondo de ingresos que rinda al menos un 5 % anual y traspasa ahí el dinero. Una alternativa es que abras una cuenta de operaciones y operes con fondos cotizados en bolsa, que son más baratos y objeto de operaciones bursátiles periódicamente, en lugar de tener un fondo de inversión tradicional. Estas son las casas de corretaje que recomiendo, para los habitantes de Estados Unidos:*

1. Fidelity (Fidelity.com/1-800-FIDELITY).
2. Vanguard (Vanguard.com/1-877-662-7447).
3. T. Rowe Price (TRowePrice.com/1-800-638-5660).
4. TDAmeritrade (TDAmeritrade.com/1-800-454-9272).

Si no dispones de mil dólares, pongamos por caso, para abrir tu cuenta, puedes hacerlo una vez que hayas reunido esta cantidad. En tu lata del cambio se pueden acumular unos quinientos dólares al año. Cuando tengas la cuenta, podrás ser testigo de los ingresos pasivos que genera tu sistema dinerario en tiempo real. Si tienes cincuenta mil dólares en tu sistema de generación de ingresos pasivos y no incrementas esta cantidad por medio de actividades propias de la vía rápida, verás literalmente cómo obtienes un flujo de ingresos pasivos cada mes en forma de intereses o dividendos. Por ejemplo, si invirtieses en un fondo de bonos mundiales que tuviese una rentabilidad del 6,5 %, obtendrías doscientos setenta dólares al mes, como ingresos pasivos, de tus cincuenta mil dólares.

Ahora bien, insisto en la idea de que la riqueza alcanzada por la vía rápida es generada por los ingresos netos y el valor de los activos, no por el mercado de valores o el interés compuesto. La cuenta de

---

* Si no eres ciudadano estadounidense, tendrás de que asegurarte de que las casas de corretaje que recomienda el autor puedan ofrecerte un producto dentro de la legalidad, o bien buscar una casa de corretaje que opere en el ámbito de tu país. (N. del T.)

tu sistema dinerario debe nutrirla tu negocio de la vía rápida, no los ahorros de tu sueldo.

LAS NORMAS DE CIRCULACIÓN: LA EDUCACIÓN FINANCIERA

Cuando mi hermana cumplió los veintiún años, se compró su primer automóvil, un Nissan Pulsar nuevo. Fue su primer error en el mundo de las finanzas y mi primera exposición al mundo del analfabetismo financiero. A mi hermana le costaba satisfacer los pagos del automóvil, y cuando le pedí que me dejara leer los documentos de su préstamo, me quedé impactado. Le pregunté:

—¿Cómo compraste el coche? ¿Qué condiciones negociaste?

Y respondió:

—Le dije al vendedor que quería pagar trescientos noventa y nueve dólares al mes.

Su trágico error no fue no saber negociar, sino ser una analfabeta financiera. El vendedor le dio exactamente lo que había solicitado, y al hacerlo, la engañó. Mi hermana compró un coche por el que iba a pagar miles de dólares más del que era su precio de venta, y las tasas de su préstamo rozaban la ilegalidad. El vendedor le dio justo lo que quería: un pago a plazos de trescientos noventa y nueve dólares al mes, y lo único que tuvieron que hacer fue llenar los espacios en blanco de un formulario. Su préstamo era a devolver en el curso de sesenta meses (cuando deberían haber sido cuarenta y ocho) y la tasa de interés era del 18,8 % (cuando debería haber sido del 9 %). Acabaría por pagar el doble de lo que costaba el automóvil a causa de un error: ser financieramente analfabeta.

ADMINISTRAR EL PROPIO SISTEMA DINERARIO
EXIGE CULTURA FINANCIERA

No puedes construir un imperio financiero si ignoras los principios básicos de la economía y las finanzas. Estas disciplinas son los cimientos de cualquier imperio financiero; si no las dominas mínimamente, corres el riesgo de acabar en el arcén. Recuerda que una mayor cantidad de dinero no resuelve los problemas económicos. Veíamos en otro capítulo que no seguir formándose después de la graduación era dar un paso hacia el arcén. Pues bien, no adquirir una formación básica en economía y finanzas es dar otro paso en este sentido.

El mundo está lleno de analfabetos financieros, que no han aprendido las «normas de circulación». Cuando somos niños, no se nos enseña a administrar nuestro dinero o la disciplina financiera básica. Se nos abandona en una jungla financiera que está plagada de depredadores. Muchas personas perfectamente inteligentes carecen de cualquier conocimiento en relación con unos conceptos financieros tan básicos como estos:

- Las tasas de interés.
- Los rendimientos sujetos a impuestos y los que no lo están.
- La amortización hipotecaria.
- El balance de un talonario de cheques.
- Los cálculos de porcentajes básicos.
- El cálculo del retorno de una inversión.
- Por qué sube y baja el precio de las acciones.
- Por qué la promesa de que una cuenta bancaria ofrezca un 15 % de rentabilidad garantizada es una estafa.
- Cómo funcionan las opciones sobre acciones (por ejemplo, las opciones de compra y de venta).
- Por qué existen los seguros.
- Cómo funciona un fondo de inversión.
- Qué son los bonos y por qué suben y bajan.
- La moneda mundial.

Para lograr que tu sistema dinerario llegue a generarte los ingresos pasivos que necesitas, debes familiarizarte con los instrumentos financieros que lo nutren. ¿Sabes cómo calcular el interés simple y cuál va a ser el retorno de tu inversión? ¿Sabes qué le sucede al precio de un bono cuando las tasas de interés suben? ¿Sabes cuál es la diferencia entre una rentabilidad libre de impuestos y otra por la que tendrás que pagarlos? Estos conceptos fraguan el camino a la riqueza. Los analfabetos financieros no pueden administrar sus sistemas dinerarios. Para tener éxito en tu viaje, debes conocer las normas de circulación, aprobar el «examen de conducir del conductor de la riqueza». Es decir, debes conocer los fundamentos de la economía y las finanzas.

¿ES CARACTERÍSTICO DE LA VÍA LENTA VIVIR POR DEBAJO DE LAS PROPIAS POSIBILIDADES?

Vivir por debajo de las propias posibilidades es la primera regla de la educación financiera. Sí, es una instrucción pragmática que se hace eco de la que dan los dogmáticos de la vía lenta. Ellos dicen: «Que tus gastos sean siempre inferiores a tus ingresos». Yo la convierto en una formulación más amable: «Vive por debajo de tus posibilidades». Es decir, si ganas diez dólares, no gastes veinte. Esto es crucial tanto en la vía lenta como en la vía rápida, pero en el caso de esta última hay que hacer una puntualización: *vive por debajo de tus posibilidades y con la intención de ampliar tus posibilidades*.

«Vivir por debajo de las propias posibilidades» es relevante sea cual sea el nivel de ingresos. La variable clave son las *posibilidades*. Si Bill gana cincuenta mil dólares y Jack gana un millón, ¿quién cuenta con más medios? ¿Cuál de los dos podrá vivir a lo grande? Puede ser que ambos estén viviendo «dentro de sus posibilidades», pero el estilo de vida que puede permitirse Jack no tiene nada que ver con el que puede permitirse Bill. Recuerda que *los conductores de la vía lenta buscan minimizar los gastos mientras que los conductores de la vía rápida buscan maximizar los ingresos y el valor de los activos*.

Puedes llevar un estilo de vida lujoso y seguir viviendo por debajo de tus posibilidades, pero para los conductores de la vía rápida este es un gran desafío, porque deben cobrar los primeros, no los últimos. El pago de los impuestos tiene lugar mucho después de

461

haberse percibido los ingresos, y «vivir por debajo de las propias posibilidades» requiere una disciplina superior a la media.

UN ASESOR FINANCIERO NO PUEDE
SUSTITUIR AL ANALFABETISMO

Soy mi propio asesor financiero porque no me gusta no tener el control. Contratar a un asesor puede tener sentido para ti, pero debo hacerte una advertencia: *esta opción no resuelve el problema que es tu analfabetismo financiero*. El solo hecho de que tu almuerzo haya consistido en una ensalada no significa que en la cena puedas atiborrarte de *donuts*. Si contratas a un asesor financiero, debes ser lo bastante competente para poder evaluar su asesoramiento. ¿Te está aconsejando que compres bonos en un entorno en el que la tasa de interés está aumentando? ¿Te está aconsejando que compres bonos del Tesoro cuando el mercado está saturado al respecto? ¿Te está aconsejando que efectúes una inversión que parece «demasiado buena para ser verdad»? *La alfabetización financiera te permite evaluar los consejos de tu asesor.*

En octubre del 2009, el actor Nicolas Cage, quien según parece ganó más de cuarenta millones de dólares en el año anterior, demandó a su exgestor comercial por veinte millones: lo acusó de haberle asesorado mal y de haberlo llevado a la ruina. Cage afirmó que su gestor lo expuso a una cesta de inversiones arriesgadas que desembocaron en unas pérdidas catastróficas. En una contrademanda presentada más tarde, el gestor argumentó que las dificultades económicas de Cage se debían al comportamiento «derrochador» del actor, no a su consejo. Fuese cual fuese la verdad, lo que quiero poner de relieve es que si no puedes evaluar el desempeño de tu asesor, no tienes el control. Si no puedes distinguir los buenos consejos de los malos, no tienes el control. Si quieres contratar los servicios de un asesor financiero, *la alfabetización es tu seguro*. Los asesores financieros no resuelven el analfabetismo financiero más de lo que el dinero resuelve su mala administración.

El analfabetismo financiero te expone a correr riesgos y, en el peor de los casos, a que te estafen. El fondo de inversión de Bernard Madoff fue una estafa que afectó a miles de personas, y se perdieron miles de millones de dólares. Pero lo más impactante es que el silbido de la bomba se pudo oír años antes de que estallara. Ahora bien, cuando uno es un analfabeto financiero, está sordo, y cuando uno está sordo, no puede oír el silbido.

RESUMEN DEL CAPÍTULO: INDICACIONES PARA LA VÍA RÁPIDA

- La vía rápida es el medio hacia tu fin, porque los sueños cuestan dinero.
- Conquista grandes objetivos dividiéndolos en sus componentes más pequeños.
- El ahorro diario refuerza tu relación con el dinero; es tu sistema de ingresos pasivos lo que compra tu libertad y lo que te permite ir sumando soldados a tu ejército.
- El objetivo de tu sistema dinerario no es que te hagas rico, sino hacer que tengas más ingresos. Le corresponde a tu negocio de la vía rápida incrementar tu riqueza.
- Te costará mucho construir un imperio financiero si eres analfabeto en el ámbito de las finanzas.
- «Vivir por debajo de las propias posibilidades» es relevante sea cual sea el nivel de ingresos.
- Para el conductor de la vía rápida, «vivir por debajo de las propias posibilidades» significa ampliar estas posibilidades.

- Un asesor financiero no resuelve el analfabetismo financiero. Si dominas los aspectos fundamentales de la economía y las finanzas, cuentas con un seguro para protegerte.
- El analfabetismo financiero hace que tengas menos control, sobre todo a la hora de evaluar los consejos de un asesor financiero.

8.ª PARTE

LA VELOCIDAD: CÓMO ACELERAR LA CREACIÓN DE RIQUEZA

La velocidad del éxito

Las ideas no son más que flatulencias neurológicas.

M. J. DeMarco

«¡GUAU! ¡350 KILÓMETROS POR HORA!»

Escucho el comentario de los 350 km/h por parte de chavales que echan un vistazo a mi Lamborghini cuando está estacionado en un *parking*. La velocidad máxima que marca el velocímetro es de 220 millas por hora (unos 350 km/h). Sin embargo, aunque el coche tenga esta potencia, nunca he alcanzado esa velocidad; ni siquiera he llegado a ir a 250 km/h. Los 350 km/h no son más que la *velocidad potencial* que puede alcanzar el vehículo. Asimismo, todo lo que has leído en este libro es solo eso: un potencial inactivo, no realizado.

La vía rápida es un conjunto de información que configura una velocidad potencial.

Ahora ya sabes cuál es el itinerario de la vía rápida y la ecuación de la riqueza correspondiente a esta vía. Has abandonado el arcén y la vía lenta. Tu vehículo está preparado y lleno de combustible. Estás comprometido, no meramente interesado. Estás listo para implicarte en el proceso, y sabes exactamente lo que quieres y adónde quieres llegar. Has elegido una carretera, y es hora de apretar el acelerador.

SE ESPERA QUE LA GENTE NO HAGA NADA

¿Alguna vez te has preguntado si los productos para enriquecerse que se venden en la teletienda a altas horas de la madrugada funcionan realmente? ¿Puedes ganar millones comerciando con divisas o comprando bienes raíces sin tener dinero en efectivo? Sí puedes, pero los proveedores de esos infomerciales no te dicen cuál es su verdadera fuente de ingresos. Ellos ganan dinero por medio de la *obsolescencia planificada*. La obsolescencia planificada es la expectativa que tiene un empresario de que lo que sea que te venda, no lo usarás. Y si no lo usas, es poco probable que pidas que te devuelva el dinero.

Se espera que la gente no haga nada. El conocimiento de la naturaleza humana juega un papel importante en los modelos empresariales de los productores. Los sistemas para hacerse rico que se venden en la televisión se aprovechan de la naturaleza humana, una de cuyas características es buscar los acontecimientos y evitar los procesos. El camino de la menor resistencia es no hacer nada, o intentarlo a medias.

El hecho es que la mayoría de las personas, tanto si comulgan con la estrategia de la vía rápida como si no, no harán nada con la información. Mirarán el itinerario, pero nunca entrarán en la carretera y pisarán el acelerador. Una cosa es poseer el mapa del tesoro, y otra es salir de casa e ir a buscarlo. ¡Cuando uno quiere evitar la normalidad, lo normal es que no haga nada!

LA ESTRATEGIA PARA ADQUIRIR VELOCIDAD: EL AJEDREZ, NO LAS DAMAS

Para adquirir velocidad no hay que quedarse pensando en un negocio de la vía rápida, sino que hay que crearlo. Adquieres velocidad cuando descubres una necesidad, concibes una solución y creas un prototipo. Adquieres velocidad cuando rellenas y presentas los documentos que certifican la creación de tu entidad empresarial. Adquieres velocidad cuando construyes y haces crecer tu negocio. Adquieres velocidad cuando haces contactos y consigues que tu proceso tenga presencia en el mundo. Adquieres velocidad cuando abordas tu negocio haciendo uso de estrategias, como si fuese una partida de ajedrez, mientras tus oponentes juegan a las damas. Adquieres velocidad cuando apagas la Playstation.

El ajedrez es un juego complejo que precisa ejecutar jugadas complejas, y tu negocio requiere que procedas de manera similar. Desafortunadamente, la mayoría de los dueños de negocios abordan su actividad empresarial unidimensionalmente, como si se tratase de una partida de damas, y así no pueden ganar. El juego de las damas es unidimensional porque todas las piezas se mueven de forma idéntica, mientras que el ajedrez es multidimensional porque las piezas se mueven de formas diferentes y tienen roles distintos.

El empresario que juega a las damas cuenta con una única estrategia ofensiva y defensiva: los *precios*. Sube los precios, baja los precios, reduce los costes y busca los proveedores más baratos: «Señor Dios, ¿cómo puedo ser el que tenga los mejores precios, para que todo el mundo me compre de mí?». Este enfoque unidimensional arroja a los empresarios a librar cíclicamente guerras de ofertas y a marginar sus propios productos y servicios al tener un solo objetivo en mente: ser los más baratos.

En el sector de las limusinas, las guerras de precios predominaban; los propietarios estandarizaban sus servicios en un abordaje unidimensional: «Si mi oferta es la más barata, tendré más clientes».

Para tener éxito, debes pasar de este enfoque a otro multidimensional. Deja las damas y juega al ajedrez, donde cada pieza cumple una función específica dentro de tu negocio. La forma en que ejecutes cada función determinará si avanzas con la velocidad correspondiente a la vía rápida o si vas a la deriva, sin rumbo. Las piezas son:

- El rey: *tu ejecución*.
- La reina: *tu* marketing.
- El alfil: *tu servicio al cliente*.
- El caballo: *tu producto*.
- La torre: *tu gente*.
- El peón: *tus ideas*.

Está más allá de las posibilidades de este libro analizar en detalle todas las funciones de cada pieza, pero destacaré los elementos cruciales que estimulan la velocidad. ¡Tienes un sistema por construir!

LA EJECUCIÓN ES EL REY. LAS IDEAS SON PEONES

La velocidad potencial es una idea en el aire que necesita que alguien la ejecute. Cuando un joven ve 350 km/h en un velocímetro, ve una idea y una posibilidad. En los negocios, las ideas son peones; son velocímetros que marcan hasta los 350 km/h en Lamborghinis estacionados. La velocidad real es la ejecución, la presión aplicada a un acelerador. He aquí el rey del juego.

Velocidad potencial $\rightarrow$ Una idea
Velocidad real $\rightarrow$ Una idea acelerada y ejecutada

Una idea atrapada en tu cerebro es como un superdeportivo aparcado en el garaje con una batería agotada. No logra nada; su propósito no está explotado. La ejecución hace que la idea adquiera realidad y carga la batería. La ejecución es sacar ese Lamborghini del garaje y pisar el acelerador a fondo, de tal manera que el viento que golpea contra tu cara te haga un *lifting* facial temporal. La ejecución consiste en sacar esa idea del reducto de tu mente y llevarla por los caminos de la posibilidad.

A los emprendedores les cuesta distinguir entre una idea y su ejecución. Creen que las ideas valen millones, cuando el éxito nunca tiene que ver con la idea sino con la *ejecución*.

«¡He tenido esta idea!». ¿Ah, sí? ¿Y a quién le importa?

Les diría a los tipos que han tenido una idea y lo han dejado ahí: otros mil individuos tuvieron una idea. ¿En qué te diferencias de ellos? En que ellos ejecutaron la suya. Tú no lo hiciste; no hiciste nada. Lo que hiciste fue pasarte horas jugando al fútbol en la videoconsola. Pasarte la mañana durmiendo. Dedicar cinco días a la semana a trabajar en un empleo. Elegiste todo menos dedicarte a esa gran idea. Verás, una idea no es más que una reacción química que tiene lugar en tu cerebro. Es un suceso que requiere poco esfuerzo. *Una idea es el acontecimiento, mientras que la ejecución es el proceso.* Pierre Omidyar no inició eBay con un destello de genialidad, sino que tomó ese destello (el acontecimiento) y lo transformó en una ejecución ingente (el proceso). La ejecución es la gran línea divisoria que separa a los ganadores que ponen en práctica sus ideas de los perdedores que no ponen en práctica las suyas.

Si quieres jubilarte treinta años antes de lo habitual, necesitas un rey dominante e implacable. Los reyes desprevenidos y despreocupados pierden las partidas y no ganan las carreras.

LAS IDEAS NO TIENEN VALOR; LA EJECUCIÓN NO TIENE PRECIO

Pasa diez minutos en mi foro y descubrirás que la mayoría de los emprendedores adoran las ideas, pero que rara vez hablan de la forma de ejecutarlas. Se entretienen con los peones.

«¡Tengo esta gran idea!».

«¿Alguien está haciendo esto?».

«¡No puedo revelar esta idea porque me la quitarán!».

«¿Firmarás mi acuerdo de no divulgación antes de que te diga mi idea?».

No, no firmaré tu acuerdo de no divulgación, ni me importa tu idea. En el mundo de la riqueza, las ideas no tienen valor, pero se las trata como si fuesen oro. Me divierte ver cómo los magos de las ideas protegen sus ocurrencias con sumo celo; se aseguran bien de que no caigan en manos de ladrones, desconocedores del hecho de que hay cientos de personas que ya han tenido esa misma idea. *El dueño de una idea no es el que la imagina, sino el que la ejecuta.*

Según el empresario Derek Sivers (Sivers.org), las ideas no son más que multiplicadores, mientras que la ejecución representa el dinero real. Dentro de nuestro ajedrez de la vía rápida, las ideas (los peones) son la velocidad potencial, mientras que la ejecución (el rey) es la presión aplicada al acelerador. Esta relación muestra cómo el remolque que es una gran idea (la velocidad potencial/unos peones fuertes) no va a ninguna parte cuando se une a una ejecución débil (la ausencia de presión en el acelerador/un rey débil).

El peón: la idea (velocidad máxima potencial)
Idea horrible = 2 km/h
Idea floja = 10 km/h
Idea regular = 60 km/h
Buena idea = 100 km/h
Gran idea = 160 km/h
Idea genial = 350 km/h

El rey: la ejecución (presión sobre el acelerador)
Ninguna ejecución = 1 dólar
Ejecución floja = 1.000 dólares
Ejecución regular = 10.000 dólares
Buena ejecución = 100.000 dólares
Gran ejecución = 1.000.000 de dólares
Ejecución brillante = 10.000.000 de dólares

Si te das cuenta, una idea genial y la ausencia de ejecución valen doscientos dólares. Una velocidad potencial increíble (la idea) se junta con una presión del acelerador (una ejecución) débil. Sin embargo, una idea regular ejecutada de forma brillante podría valer trescientos cincuenta millones de dólares. Como puedes ver, lo más relevante no son tus ideas y su velocidad potencial, ¡sino la forma en que las ejecutas!

Cuando emprendí mi negocio de Internet, había varias otras empresas que ya tenían su sitio web. En lugar de pensar que «alguien ya lo estaba haciendo», ejecuté mejor la idea y llegué a ser el líder de mi sector. ¿Fue espectacular mi idea? No. Estaba bien, pero la clave fue que la ejecuté mejor que mis competidores. Una vez que mi modelo de obtención de ingresos tuvo éxito y otros lo copiaron despiadadamente, ¿flaqueó y se vino abajo mi negocio? No, porque la idea no era el eje de mi éxito, sino la forma de ejecutarla. Los competidores que copiaron mi idea no tenían un rey poderoso que les permitiese ganar el juego de la riqueza, es decir, no manifestaron una buena ejecución. No se gana al ajedrez comiendo peones.

¿Cómo se convirtieron MySpace y Facebook en dos de las redes sociales más populares si no inventaron el concepto original? Gracias a la ejecución. *La ejecución es tomar la flatulencia neurológica que es una idea y hacerla oler como una rosa.*

En serio, piensa en lo que he estado diciendo a lo largo de todo este libro: ¿por qué es tan difícil la ejecución, mientras que las ideas son tan rutinarias? Una vez más, volvemos a la dicotomía de la riqueza que es el *acontecimiento* frente al *proceso*. La ejecución requiere un proceso: esfuerzo, sacrificio, disciplina y persistencia. Las ideas no son más que acontecimientos.

Si debes recorrer seis millones de kilómetros y te desplazas a quince kilómetros por hora, tardarás cuarenta y cinco años en llegar a tu destino. Esto es lo que ocurre en la vía lenta. En cambio, si te desplazas a noventa y cinco kilómetros por hora, llegarás ahí en siete años. Esto es lo que ocurre en la vía rápida. Lo que hace que un negocio prospere con rapidez es su ejecución. Lo que permite ir deprisa por la vía rápida es hacer crecer un negocio exponencialmente y explotar al máximo los ingresos netos y el valor de los activos.

RESUMEN DEL CAPÍTULO: INDICACIONES PARA LA VÍA RÁPIDA

- La velocidad se consigue ejecutando bien una idea.
- La mayoría de las personas dejan que una información potente caduque y pierda su valor.
- Las empresas de éxito de la vía rápida están gestionadas de forma multidimensional, de la misma manera que, en el ajedrez, las estrategias que se despliegan son multidimensionales. Las empresas unidimensionales solamente se centran en el precio.
- La ejecución es lo que distingue a los ganadores de los perdedores; no sus ideas.
- En los negocios, la ejecución es un proceso. Las ideas son sucesos.
- Las ideas son la velocidad potencial. La ejecución es la velocidad real.
- Hay otras personas que han tenido la misma idea rompedora que has tenido tú. Pero quien piensa en una idea no posee nada. El que la ejecuta lo posee todo.
- El dinero real y la aceleración se manifiestan cuando una idea (la velocidad potencial) se combina con la ejecución (la presión del acelerador).
- Una idea es una flatulencia neurológica. La ejecución la hace oler como una rosa.

Inicia tu plan empresarial. ¡Empieza por ejecutarlo!

El hecho de tener la mejor idea del mundo no te beneficiará a menos que actúes a partir de ella. Quien quiere leche no debería sentarse en un taburete en medio de la pradera con la esperanza de que una vaca se le acerque.

Curtis Grant

EL MUNDO REACCIONA COMO REACCIONA

El mundo reacciona como reacciona. Si crees que uno más uno es igual a dos y el mundo te dice que es igual a tres, debes dejar que esto sea así, a pesar de lo que te indiquen tus ideas preconcebidas. En lo que concierne a las ideas, los planes y los negocios, uno *nunca* sabe qué es lo que va a funcionar hasta que lo expone al mundo.

Cada vez que lanzaba un nuevo servicio o que incorporaba una nueva función en mi sitio web, se trataba de un experimento para ver cómo reaccionaba el mundo. Y con cada experimento tenía una sorpresa. «¡Este nuevo diseño del sitio va a ser un exitazo!»; y a continuación, llegaban cientos de correos electrónicos por parte de visitantes descontentos que pedían mi cabeza.

El verdadero juez y jurado de las ideas es el mundo. Si al mundo le gusta lo que le ofreces, vota a favor de ello dándote su tiempo, sus pensamientos o su dinero. Si no le gusta lo que le ofreces, te niega su dinero y busca en otro lado. ¿Y los que realmente se enojan con tu propuesta? Te mandan un correo electrónico o escriben en su blog tachándote de idiota.

LA TRIBU HA HABLADO

Mi sitio web necesitaba un rediseño, y me pasé seis semanas cambiándole la cara. Estaba emocionado, y al mundo le iba a encantar el nuevo diseño: era diáfano, los usuarios se manejarían con mayor facilidad y quedaría clara mi destreza como diseñador. Así que lo mostré al mundo. Y el mundo lo odió. La gente empezó a quejarse. La tasa de rebote de mi sitio (el porcentaje de personas que visitan una página y salen inmediatamente) se disparó. El porcentaje de clientes potenciales que lograba se desplomó; pasé de los mil doscientos diarios a quinientos o menos.

La tribu había hablado. A pesar de lo que había invertido en el rediseño, recuperé la versión anterior enseguida. Había perdido seis semanas de trabajo. Mi preciosa criatura fue un fracaso estrepitoso. El mundo blandió una pancarta, la leí y reaccioné.

Como puedes ver, *el mundo te dice en qué dirección debes ir en todo momento*. Presta atención a las señales. Y ¿cómo hacer que el mundo te manifieste su opinión? Ejecuta tus ideas y conceptos, muéstraselos y deja que te hable. Empieza a pintar el mundo con tu pincel de genio y te dirá si vas bien o si vas mal.

UNA DECLARACIÓN ESCANDALOSA

Al mundo no le importan las ideas; solo reacciona a ellas. Este simple hecho torpedea una de las instituciones más sólidas de la práctica empresarial: los planes de empresa. Los académicos se indignarán ante la atrocidad que voy a exponer. Estate preparado para el insuperable sacrilegio empresarial que voy a manifestar: *los planes de empresa son inútiles.* Sí, esto he dicho. *Los planes de empresa son inútiles porque son ideas cargadas de esteroides.*

Nunca he llevado a cabo un plan de empresa, a menos que consideres como tal una servilleta de papel manchada en la que tracé unos garabatos. De hecho, los mejores planes empresariales son garabatos improvisados en servilletas, en viejas bolsas de papel y en envoltorios de chocolatinas, o reflejados como notas de voz en el iPhone. El problema que tienen los planes de empresa es que son manifestaciones de velocidad potencial. Son como los coches muy potentes que permanecen encerrados en un garaje: no son más poderosos que las cortadoras de césped que hay junto a ellos. *Los planes empresariales son inútiles hasta que empiezan a ejecutarse.*

Y adivina qué pasa entonces. En el momento en que lo ejecutas, el mundo te dice exactamente lo que yo te he dicho: que tu plan de empresa es inútil. El mercado (el mundo) te hará girar el volante de tu negocio en direcciones inimaginables, que no tendrán nada que ver con lo que habías previsto en tu plan. Si entrevistas a cualquier emprendedor que lleve más de cinco años en el mundo de los negocios, te dirá que empezó con la intención A y que acabó poniendo en práctica la intención B. Que empezó vendiendo el producto X y acabó por vender el producto Y. El mundo te dice hacia dónde debes ir, y no te pagará ni dos centavos por tu maravilloso plan de empresa detallado a lo largo de ciento cincuenta páginas en PowerPoint.

Facebook comenzó como la red social de los alumnos de una universidad y dinamitó este nicho para pasar a ser una red social de masas que utilizan personas de todas las edades. Mi sitio web era un directorio al principio, y se transformó en un portal de generación de clientes potenciales. El mundo tiene el poder incorregible de «dañar» los planes empresariales en el momento en que las ideas se transforman en realidades.

Esto no quiere decir, sin embargo, que no haya que llevar a cabo un análisis financiero. Embarcarse a ciegas en un negocio sin conocer las limitaciones económicas específicas que rigen en él sería temerario. Cuando tomé la decisión de crear un sitio web de limusinas en lugar de comprar una empresa de limusinas, efectué un análisis financiero. Sin embargo, no me enredé en las complejidades y la parálisis de la planificación, la cual no puede sustituir a la ejecución. *Averigua qué necesitas calcular y ponte en marcha.* El mundo hará su trabajo y te irá diciendo en qué dirección debes ir.

«PERO ¡YO QUIERO CONTAR CON CAPITAL DE RIESGO!»

Lo sé, lo sé; puedo oír tus objeciones. Si no tienes un plan de empresa, ¿cómo vas a obtener capital de riesgo? ¿O inversores? No puedes. Sin un plan empresarial, nadie te va a financiar. Pero anímate: el problema no es tu plan de negocio y nunca lo será.

El mejor plan de empresa posible siempre será un historial de ejecución.

Si estás ejecutando bien tu idea, de repente la gente querrá ver tu plan empresarial, porque sabrá que cuentas con la fortaleza necesaria para ponerlo en práctica. Si yo recibiese un plan de negocio de manos de un empresario que hubiese vendido su empresa por veinte millones de dólares solo dos años antes, puedes apostar a que lo leería. El valor no está en el plan, *sino en la persona que lo entrega* y en su historial de ejecución.

Conozco un círculo de personas que leerían mi plan de empresa si se lo diera. Saben que tengo un historial de ejecución que lo valida. Si no cuentas con un historial de ejecución, tu plan empresarial es como papel mojado.

TU EJECUCIÓN TE PERMITIRÁ OBTENER FINANCIACIÓN, NO TU PLAN DE EMPRESA

Empecé mi empresa con muy pocos medios y novecientos dólares. No conté con inversores, con financiación ni con ningún apoyo. El hecho es que si hubiese desperdiciado ciento cincuenta horas para elaborar un plan de negocio de noventa y cinco páginas, nadie lo habría leído, porque era un novato: no tenía dinero, no tenía antecedentes y no había competido con éxito en ningún campo. Sin embargo, cuando creé e hice crecer mi negocio, sucedió algo milagroso. A medida que mis ideas cristalizaban en activos tangibles que podían ser consumidos por el mundo, de repente me convertí en un activo al que otras personas querían acceder. Me llamaron inversores de capital de riesgo e inversores ángel;* no los llamé yo. De repente, la gente quería ver mi plan de empresa. ¿A qué se debió ese cambio de comportamiento tan repentino? ¿Acaso no era yo la misma persona que unos años atrás? Sin duda, pero en lugar de tener una idea en un papel, *tenía un concepto tangible que reflejaba mi ejecución*.

Una pregunta que suele hacer la gente en el Foro de la Vía Rápida es: «¿Cómo puedo encontrar inversores para mi idea?». Tanto si la idea tiene que ver con un invento como si tiene que ver con un nuevo sitio web excelente, mi respuesta nunca es la que esas personas desean oír: si quieres inversores, sal y ejecuta tu idea. Crea un prototipo. Crea una marca. Crea un historial que los demás puedan ver o tocar. Sumérgete en el proceso. Cuando tu idea tenga una presencia física, los inversores abrirán sus billeteras. Diablos, ¡sé lo suficientemente bueno y se esforzarán para darte dinero!

Cuando todo lo que tienes son ciento veinte páginas de textos, tablas y gráficos, eso muestra que cuentas con habilidades de organización, no de ejecución. Los inversores ángel con capital para invertir nunca ponen dinero en planes de negocio: *invierten en personas que cuentan con antecedentes de ejecución*. ¡Ese es tu mejor plan de empresa! Si realmente quieres obtener fondos para tu negocio, ponte en marcha y haz que tu idea sea tangible. Ofréceles a los inversores algo que puedan ver, tocar y sentir. Muéstrales un atisbo de tu ejecución, porque este es el factor de aceleración en la vía rápida.

---

* Un inversor ángel (*business angel* en inglés) es un individuo que toma sus propias decisiones de inversión y que aporta su propio dinero y, en ocasiones su tiempo, a empresas no cotizadas promovidas por personas que le son ajenas. Aunque invierte en cualquier etapa del desarrollo, desempeña un papel fundamental en la creación de empresas innovadoras al apoyar a los emprendedores en las fases iniciales del ciclo de vida de sus empresas". (Fuente: AEBAN, Asociación Española de Business Angels).

RESUMEN DEL CAPÍTULO: INDICACIONES PARA LA VÍA RÁPIDA

- El mundo nos da pistas en cuanto a la dirección en la que debemos ir.
- Los planes de empresa son inútiles porque son ideas cargadas de esteroides.
- Tan pronto como el mundo interactúa con tus ideas, tu plan empresarial queda invalidado.
- El mercado te hará tomar caminos que no habías previsto.
- El mejor plan de negocio posible es el historial de ejecución, porque dicho historial legitima el plan.
- Si cuentas con un historial de ejecución, de pronto la gente querrá ver tu plan de empresa.
- Si quieres que alguien invierta en tu negocio, ponte manos a la obra y crea algo que refleje de forma tangible tu ejecución.
- Es más probable que los inversores pongan dinero en algo tangible y real que en ideas desarrolladas al detalle sobre un papel.

¡Los peatones te harán rico!

Si haces que tus clientes tengan una magnífica experiencia,
se lo dirán a otras personas. El boca a boca es muy potente.

Jeff Bezos

EL ALFIL DE TU AJEDREZ

Cuando la vida se pone difícil, buscamos el consejo de sacerdotes, rabinos o pastores. Son los «tipos a quienes recurrir» cuando se presentan problemas en la vida. Sin embargo, cuando se trata de tu negocio, ¿quién es tu «tipo al que recurrir»? ¿Quién está en primera línea tratando con tus clientes? El alfil del ajedrez empresarial es el servicio al cliente y la forma en que tú o tu empresa tratáis a las personas que compran vuestro producto o contratan vuestro servicio. En cualquier empresa, el servicio al cliente debe cumplir una función, similar a la que cumplen los hombres que llevan sotana: la de ayudar, apoyar y resolver problemas.

MI ITINERARIO INTERIOR: MI CUADERNO NEGRO

El itinerario de la vía rápida era mi brújula para avanzar hacia la riqueza, pero también tenía un itinerario interior, y no, no era mi plan de empresa. Era mi pequeño cuaderno negro. No, no era un tesoro oculto lleno de números de teléfono de bellezas femeninas, sino un registro escrito de todas las quejas, agravios y problemas que surgían a diario en el contexto de mi actividad empresarial. Este libro me ha servido como guía durante más de una década.

La mayoría de los empresarios que oyen una queja la ignoran. La mayoría le pasan la pelota a un empleado y rezan para que el problema desaparezca. Esto no es válido en la vía rápida. Las quejas son algo valioso. Proporcionan una retroalimentación gratuita y revelan las necesidades que nuestro negocio no está satisfaciendo. *Representan el ruido de la carretera en el viaje hacia la riqueza.*

Llevaba el registro de las quejas de mis clientes porque me proporcionaban una visión caleidoscópica de sus pensamientos. Una queja significaba que había otras diez personas que sentían eso mismo. Cuando mi cuaderno negro acumulaba quejas similares a lo largo de una semana, debía evaluar el problema y adoptar medidas correctoras. *Las quejas son los susurros del mundo que te indican la dirección en la que deberías ir.*

LOS CUATRO TIPOS DE RUIDO DE TRÁFICO (QUEJAS)

Cuando el mundo exprese su opinión sobre tu nuevo sitio web, producto o concepto, ¿qué debes esperar? ¿Qué debes abordar y qué debes ignorar? Hay cuatro tipos de quejas: las quejas por los cambios, las quejas relacionadas con las expectativas, las quejas relativas a carencias y las quejas fraudulentas.

Las quejas por los cambios

Toma cualquier cosa que le encante a la gente, cámbialo y tendrás una manifestación con pancartas frente a la puerta de tu empresa. En Estados Unidos, la gente mostró su profunda disconformidad cuando Coca-Cola cambió su fórmula, o cuando la cadena FOX canceló la serie de dramas familiares *Party of Five* (*Cinco en familia*). El mundo detesta los cambios, y es un comportamiento humano natural resistirse a ellos. Los cambios ponen en peligro la comodidad, las expectativas y la seguridad.

Cuando rediseñé mi sitio web y llegaron cientos de quejas, esperaba cierto grado de resistencia. Es normal que ocurra. De hecho, cada cambio de diseño que he efectuado a lo largo de más de diez años se ha encontrado con alguna resistencia. La pregunta importante era: ¿qué cantidad de quejas podía considerarse normal? ¿Y hasta qué punto estaban justificadas?

Las quejas motivadas por los cambios son las que ofrecen menos información y, por lo tanto, son las más difíciles de descifrar. En cuanto al rediseño mencionado, los datos confirmaron que la cantidad de quejas era sustancial. Las tasas de rebote se triplicaron y mi tasa de conversión se resintió. Tuve que asumir el fracaso, volver atrás y empezar de nuevo. Cuando efectúes un cambio, recibirás quejas; te lo garantizo. Y no se pueden tomar medidas en relación con todas ellas, por el simple hecho de que ahí se está manifestando la psicología humana; no se deben siempre a que hayas hecho un mal trabajo.

Las quejas relacionadas con las expectativas

Este tipo de quejas aparecen cuando las expectativas del cliente no se ven satisfechas. Lo has convencido de que comprase tu producto o contratase tu servicio, esperaba algo, y lo que le has proporcionado no ha estado a la altura de lo esperado. Esto sucede o bien porque tu servicio fue deficiente o bien porque el cliente concibió una falsa expectativa a partir de una estrategia de *marketing* engañosa. En cualquiera de los dos casos, la queja pone de manifiesto un problema. Un problema tuyo, no del cliente. O bien debes mejorar la calidad de tu producto o servicio o bien debes ser más riguroso a la hora de crear expectativas.

«Su servicio es un asco». Escuché esa queja cientos de veces y, sin embargo, mi empresa no solo sobrevivió, sino que prosperó. Si mi servicio era malo y me habían dicho que lo era, ¿cómo pudo tener éxito mi empresa? Porque indagué en las quejas.

Los anunciantes que se quejaban de que «mi servicio era un asco» no lo estaban usando como estaba previsto. Tenían unas expectativas equivocadas. Poseía un servicio de generación de clientes potenciales que enviaba el correo electrónico de esos clientes a mis anunciantes. Lo que ocurre con los clientes potenciales es que deben cuidarse. Uno no consigue reservas por parte de clientes potenciales después de haberlos tenido olvidados durante tres semanas en la bandeja de entrada del correo electrónico y respondiéndoles después como lo haría un alumno de primero de primaria. Uno no consigue reservas por parte de clientes potenciales si inicia sesión en su cuenta una vez cada milenio. Mi servicio apesta, sí, cuando no se usa correctamente.

En lugar de culpar a mis anunciantes, busqué gestionar mejor las expectativas. Dejé muy claro que los clientes potenciales son tan buenos como la persona que los atiende, no más. Informé de que los clientes potenciales que no eran atendidos convenientemente no iban a efectuar reservas. Además, como la mayoría de mis clientes no eran muy diestros a la hora de comunicarse, lancé campañas formativas para garantizar que ofreciesen respuestas profesionales. No podía incidir directamente en las quejas, pero sí podía hacerlo en las expectativas. Sabía que si mis clientes ganaban dinero, seguirían pagándome.

Cuando pides lubina en un restaurante y te la sirven cruda, se incumple tu expectativa de un producto bien cocinado. Te quejas. Sin embargo, el propietario tiene un problema mayor: ¿por qué está cruda? ¿Porque el chef es un incompetente? ¿Porque el proceso que se sigue en la cocina debe modificarse? Las quejas relativas a las expectativas revelan complicaciones operativas, un *marketing* que induce a error o problemas con el producto.

Si contratas el servicio de una empresa de reforma de viviendas que anuncia que te va a «reformar el baño en dos semanas» y el trabajo se prolonga durante dos meses, se transgreden tus expectativas, y el empresario debe o bien modificar lo que anuncia según esta verdad, o bien reestructurar el procedimiento para que el cliente vea satisfechas sus expectativas. No hay más remedio que cambiar la forma de operar o cambiar el *marketing*. Esta modalidad de quejas viola las expectativas del cliente de forma negativa.

Las quejas relativas a carencias

Este tipo de quejas consisten en que el cliente te solicita continuamente algo que no tienes. *Las quejas relativas a carencias son extremadamente valiosas, ya que ponen de relieve necesidades no satisfechas.*

Cuando empecé a gestionar mi servicio de generación de clientes potenciales, era habitual que los proveedores de servicios de limusinas dijeran: «¡No hago bodas!». Los clientes solicitaban limusinas para bodas y algunos proveedores no ofrecían este servicio. Del mismo modo, muchos proveedores no ofrecían el servicio de llevar a gente al aeropuerto. Se acumularon las quejas y surgió un patrón. Añadí una función en el sitio web que permitía a los proveedores especificar el tipo de servicios que ofrecían, y asunto resuelto. Al solucionar ese problema, *elevé el valor* de mis clientes potenciales. Un mayor valor equivale a una mayor magnitud, mayores ganancias y un incremento del valor de los activos.

Las quejas relativas a carencias son oportunidades de oro. ¡La gente te dice exactamente lo que quiere… y no tienes que pagar por ello! Las necesidades insatisfechas vienen servidas en una bandeja de plata.

Las quejas fraudulentas

En marzo del 2005, una mujer entró en un restaurante de la cadena de hamburgueserías Wendy's y afirmó que había encontrado un dedo humano en su cuenco de chili. Su intención no era solo quejarse sino también demandar. Afortunadamente, la queja fraudulenta se frustró después de que se reveló el pasado litigioso de la mujer. Al mes siguiente, la policía de Las Vegas la arrestó por hurto mayor.

En la parte inferior del barril están las quejas fraudulentas. Pregúntale a cualquier empresario y te confirmará que las quejas fraudulentas son las más desalentadoras, porque reflejan lo peor de la sociedad: un comportamiento ilegítimo concebido para aprovecharse del propietario de la empresa.

Tuve que lidiar con quejas fraudulentas casi todas las semanas. Uno de mis clientes comete un error al teclear y el idiota de turno cree que tiene derecho a una limusina por cinco dólares la hora en lugar de tener que pagar cincuenta. «¡O me paga usted lo que me debe o me pondré en contacto con mi abogado y lo demandaré!». Sí, estoy seguro de que tienes un abogado. Buena suerte, campeón. ¿Le vas a pagar doscientos cincuenta dólares por hora a un abogado para pleitear por un error tipográfico que asciende a cuarenta y cinco dólares?

Desafortunadamente, cuando uno tiene millones de clientes, se encuentra con cientos de viajeros del arcén decididos a obtener algo por medios ilícitos. Esto puede volverte cínico, porque los quejosos que pretenden aprovecharse son farsantes de poca categoría. Cuando arrojas una mosca en la sopa con la esperanza de obtener una comida gratis, eres un delincuente, lamento decirlo.

¿Cómo debes lidiar con aquellos que quieren aprovecharse? Respóndeles una sola vez con elegancia explicándoles tu posición y sigue adelante.

ELIGE TUS BATALLAS

Bill Cosby dijo en una ocasión: «No sé cuál es la clave del éxito, pero la clave del fracaso es tratar de complacer a todos». Empecé mi negocio con una pasión exagerada por mantener a todos contentos. Eso pronto demostró ser una locura. Las quejas deben ser gestionadas de forma sensata, y es por eso por lo que decidí llevar un registro de ellas. Quería identificar patrones que me permitiesen mejorar el valor de mi servicio. Sabía que unos productos mejores atraían clientes mejores y que los buenos clientes pagan bien.

Hoy en día es fácil hacer el seguimiento de las quejas. Twitter ofrece a los empresarios la capacidad de realizar un seguimiento de lo que dicen sus clientes. Las alertas de Google pueden notificarte cuándo un sitio web menciona el nombre de tu empresa. Hacer el seguimiento de los comentarios es cada vez más fácil, pero descifrar cuándo hay que hacerles caso es cada vez más difícil.

«No quiero pagar por su servicio». Algunas quejas deben ignorarse. Si tratas de hacer felices a todos, te volverás loco. Elige tus batallas. Resuelve las quejas que te permitan añadir el máximo valor a tu negocio y, con ello, ayudar al máximo a tus clientes. Como empresario debes recordar que, si bien no tienes un jefe, quien paga tu hipoteca son tus clientes y siempre debes escucharlos (pero a veces no hay que hacerles caso).

SACA PARTIDO A LOS «ASCOS»

No es necesario que suavice la afirmación que voy a hacer: en la era moderna, el servicio al cliente es un asco. Nos hemos visto tan inundados por las malas experiencias que actualmente ya esperamos que el servicio al cliente al que vamos a acudir va a ser malo, y lo aceptamos como normal. ¿Alguna vez has llamado a un fabricante de ordenadores para obtener ayuda? ¿O a tu gran banco? ¿O a la compañía de tu seguro de salud? Recibes una atención pésima en todos los casos. El servicio al cliente era un arte que se ha perdido. Nuestra experiencia con los servicios recibidos ha sido tan infame que nos hemos insensibilizado al respecto y no esperamos más que desinterés.

Al final de la manzana en la que está mi casa, hay un centro comercial con un restaurante en una esquina que cambia de dueño cada seis meses. Desde que vivo en esa zona, se han abierto cuatro restaurantes en ese espacio, y los cuatro han cerrado. No puedo comentar nada sobre los tres primeros fracasos, pero sí sobre el último. Cuando cené ahí, la comida era decente, pero el servicio fue deplorable. Las bebidas no venían llenas. Los cubiertos estaban sucios. La camarera era arrogante, como si nuestra presencia fuese un estorbo. Después de irme, pensé: «Este lugar no va a durar». Y, efectivamente, unos meses más tarde se colgó el cartel de «Se alquila».

Si bien el mal servicio al cliente es frustrante cuando somos los consumidores, nos brinda una gran oportunidad a los empresarios. *Los servicios al cliente deficientes revelan grandes oportunidades.* Lo que tienen de bueno las expectativas es que también funcionan a la inversa. Así como los clientes se quejan cuando no han visto cumplidas sus expectativas, existe también la posibilidad de que se sientan agradablemente sorprendidos al recibir un servicio de mayor calidad del que esperaban. Tu empresa puede subir hasta la estratosfera si despliegas una estrategia de servicio al cliente que supere las expectativas de la clientela.

Todos esperamos experimentar cierto grado de incomodidad cuando debemos acudir a un servicio de atención al cliente. Esta es una ventaja para los conductores de la vía rápida. Por ejemplo, si descubro un reintegro fraudulento de diez mil dólares en mi extracto bancario, mi primera reacción instintiva es ponerme furioso. Mi segunda reacción instintiva es llamar al banco para resolver el problema. En ese momento, mi cerebro crea inmediatamente una mezcla heterogénea de expectativas en relación con la llamada al banco:

- Espero oír un mensaje grabado o un asistente automático.
- Espero pulsar teclas una infinidad de veces: «pulse uno para esto», «pulse dos para eso», «pulse tres para aquello»...
- Espero que me pasen de una persona a otra.
- Espero hablar con alguien que no habla el inglés con fluidez (alguien llamado «Steve» pero que podría llamarse más bien Pradeep o Sanjay).

Estas son mis expectativas. Sin duda, no son muy elevadas. Mi banco, y cientos de otros parecidos, se permiten ofrecer un servicio horrible porque es lo que espera todo el mundo. Sin embargo, démosle la vuelta a la situación: ¿y si al llamar al banco, en lugar de encontrarme con un laberinto de mensajes grabados me respondiese enseguida una persona que hablase bien el inglés? Es decir, en lugar de ser recibido por voces enlatadas y tener que pulsar teclas, respondería al teléfono una *persona real*, como ocurre cuando tú atiendes una llamada en tu teléfono. Después de cinco minutos de hablar con la persona del servicio de atención al cliente, mi problema se habría abordado y resuelto. ¡Ni siquiera me habrían transferido a otro agente! Si me encontrase con esta situación, diría: «¡Santa Madre de Dios! ¡Guau!».

Este sería un ejemplo de servicio de atención al cliente superior al esperado. Si les ofreces a los clientes más de lo que esperan, te serán fieles, e incluso se harán fans de tu negocio.

SACA PARTIDO A LOS SISTEMAS DE RECURSOS HUMANOS GRATUITOS

Una forma de contar con un flujo de ingresos pasivos es disponer de un sistema de recursos humanos, es decir, de personal. Pero los empleados no son baratos, y los sistemas de recursos humanos suelen requerir que alguien los dirija. En tal caso, ¿no sería genial que pudieses implementar un sistema de recursos humanos de forma gratuita? Puedes lograrlo si consigues que tu negocio cuente con muchos fans.

Un servicio al cliente superior al esperado fomenta la fidelidad de por vida e incluso crea fans. Y proporciona una corriente interminable de publicidad gratuita. El boca a boca es una potente herramienta publicitaria porque es *gratuita* y da lugar a un retorno de la inversión infinito.

Tu estrategia de servicio al cliente influirá en el crecimiento de tu empresa. Si un cliente queda satisfecho, sus expectativas se han visto cumplidas. Para tener clientes entusiasmados, *debes hacer que estén más que satisfechos*.

En el curso de mis negociaciones con los posibles comprado-res de mi empresa, solían preguntarme: «¿Cuánto gasta usted para conseguir anunciantes?». Mi respuesta no era la que esperaban: «Nada». Su reacción era de incredulidad y escepticismo. Cuan-do empecé, lo hice a la vieja usanza: exploré el mercado potencial, publicité mi servicio e hice llamadas en frío. Pero después de un tiempo, dejé de pagar para conseguir anunciantes, porque los que ya tenía hacían propaganda por mí... ¡gratis! Cuando a tus clientes les encanta tu negocio, se convierten en fans y lo promocionan. Se convierten en sistemas de recursos humanos no remunerados, en «predicadores evangelistas» que mencionan el nombre de tu em-presa siempre que se da la ocasión.

Y ¿cómo puedes lograr que tu empresa tenga fans o predicado-res? Por medio de un servicio al cliente que supere las expectativas de la gente. Cuando envías un correo electrónico a una corpora-ción, ¿cuánto tardas en obtener una respuesta real, humana? ¿Un día? ¿Una semana? En mi empresa, respondía los correos electró-nicos de los clientes en cuestión de minutos, no de horas, días o semanas. Había personas que enviaban un correo electrónico con el único objetivo de comprobar lo que tardaba en responder. Es-taba decidido a ofrecer más de lo que esperaban mis clientes, y me salió a cuenta.

Mi servicio de atención al cliente estaba atendido por un hu-mano. Quienes llamaban se encontraban con una persona real que trabajaba en una empresa real. Nada de «pulse uno» o «pulse dos». Desestimé subcontratar el servicio al cliente.

El hecho de contar con clientes-fans hace que el negocio crez-ca exponencialmente, porque *los sistemas de recursos humanos hablan*. Por ejemplo, el proveedor del alojamiento de mi sitio web es Liquid Web. La primera vez que contacté con ellos para obtener asisten-cia técnica, envié la solicitud correspondiente y concebí unas ex-pectativas; supuse que pasaría un día o dos antes de que me diesen una respuesta. Estaba equivocado. Me respondieron al cabo de diez minutos y tardaron veinte en resolver el problema. El servicio que me prestaron superó mis expectativas.

¿El resultado? Soy un fan de Liquid Web. Cuando alguien me pide que le recomiende un proveedor de alojamiento de sitios web, le respondo sin dudarlo: «Liquid Web». Soy un «cliente evangélico». Pago a Liquid Web con dos tipos de moneda: con mi dinero y recomendando su servicio a menudo. El valor efectivo de esta segunda moneda no tiene precio, porque soy para ellos un sistema de recursos humanos *gratuito* que vende su producto. Imagina lo potente que es tener no solamente un cliente-fan, sino diez mil. ¿Crecerá tu negocio un 2 % en un año? ¿O un 200 %?

Con el fin de proporcionar un servicio excelente y hacer así que tu negocio reciba un gran impulso, determina el perfil de las expectativas de tus clientes. ¿Qué esperan encontrar cuando se dirigen a tu empresa? ¿Qué es lo que se encuentran cuando se dirigen a tus competidores y a otras empresas del mismo sector? Hazte una idea del servicio que esperan obtener tus clientes y supéralo.

Cada vez que incumples las expectativas de tus clientes en sentido positivo, obtienes un doble beneficio. En primer lugar, vuelven a comprar tus productos o a contratar tus servicios. En segundo lugar, tus clientes-fans ejercen de colaboradores e intermediarios para tu empresa; hacen la función de un sistema de recursos humanos no remunerado. Esto dispara el crecimiento de tu empresa, y con ello aceleras hacia la consecución de la riqueza.

Proporcionar una magnífica atención al cliente es más costoso, pero los beneficios deberían superar los costes. Si los empresarios gastaran más dinero en complacer a los clientes que ya tienen que en tratar de encontrar otros nuevos, la empresa promedio sobreviviría más allá de los cinco primeros años. Por desgracia, los empresarios que lo primero que buscan es ganar dinero y lo último satisfacer las necesidades de sus clientes a menudo gastan mucho en publicidad para conseguir clientes nuevos, los cuales se encuentran con un servicio poco inspirado y deficiente. El empresario se ve en medio de una lucha constante, parecida a vaciar con un cubo el agua que va entrando en un bote que tiene fugas: va reemplazando a los viejos clientes descontentos por otros nuevos que no saben lo que les espera. No hagas lo mismo. Incumple las expectativas de tus clientes... en positivo. Genera fans o «evangelistas». Crea un sistema de recursos humanos que trabaje para ti de forma gratuita. Atrae el dinero.

¿A QUIÉN ERES LEAL?

El mito más importante en el ámbito del emprendimiento es «sé tu propio jefe». Los emprendedores que se rigen por este mantra acaban por encontrarse, con el tiempo, con que no son jefes de nada; solo de una empresa arruinada. En el mundo empresarial, el éxito proviene de hacer que el cliente sea el jefe y la principal parte interesada de la empresa.

Una parte interesada se define como «la persona, el grupo o la organización que tiene una participación directa o indirecta en una organización porque puede afectar a las acciones, los objetivos y las políticas de esa organización o recibir el efecto de ello». El suicidio empresarial a largo plazo se produce cuando el empresario, de forma egoísta, es la única parte interesada y no tiene en cuenta a sus clientes. ¿Quieres saber cuál es la verdadera causa de que los servicios al cliente sean un asco? El hecho de que los empresarios sitúen a sus clientes en la parte inferior de la cadena de actores. Las empresas públicas son las peores en este sentido, ya que ponen a los accionistas primero, a Wall Street en segundo lugar y a los ejecutivos en tercer lugar. Adivina quiénes están al final de la cadena: tú y yo.

A mis empleados les repetía, les predicaba incluso, este lema: «Los clientes os pagan el sueldo, no yo. ¡Mantenedlos felices!». Mi parte interesada no eran mis deseos egoístas de coches rápidos y casas grandes. Eran mis clientes, porque sabía que *tenían el poder*. De modo que era leal a mis clientes. En realidad sí tenía un jefe, quien poseía las llaves de todo lo que deseaba egoístamente.

LUCE COMO UNA GRAN EMPRESA PERO ACTÚA
COMO UN PEQUEÑO EMPRESARIO

Durante la clase de gimnasia del señor Miller, en mi segundo año de instituto, fui compañero del alumno Mark Cegraves. Lo curioso del caso es que dicho alumno no existía. El señor Miller tenía la habilidad de destrozar el más simple de los nombres: Henderson se convirtió en Hankerson, Seagroves en Cegraves y Rickson en Rakesh. Fuera cual fuese el nombre, el señor Miller lo alteraba. No sé si la causa era su analfabetismo o su edad.

Démosle al botón de avance rápido y situémonos más de una década más adelante, y ¿quién figuraba en mi sitio web como el director del área tecnológica? Mark Cegraves. Y ¿quién había desarrollado el sitio web? ¡Gretchen Hankerson! ¿Qué pasó, que contraté a mis amigos del instituto? No, no lo hice. De hecho, esos nombres no eran más que meras ilusiones, aproximaciones a los nombres reales. Ninguno de esos individuos trabajó para mí. Sin embargo, si se visitaba las páginas «Contacto» o «Acerca de nosotros» de mi sitio web, estaban incluidos como empleados con cargos prominentes: director del área tecnológica, director de desarrollo comercial o encargado del sitio web. No tenía tales empleados, pero parecía que contaba con un gran equipo, cada vez más numeroso.

Reconozco que esto comenzó como una «broma interna» inofensiva con mis empleados, pero después me di cuenta de que tenía un beneficio: ayudaba a crear marca, a que mi producto pareciese grande, dominante, bien financiado, en expansión. No estoy seguro de que fuese ético utilizar los nombres distorsionados de una clase de gimnasia de 1987 para aparentar que tenía determinados empleados, pero mi propósito y mi intención eran claros: *quería parecer una gran empresa pero actuar como un pequeño empresario.*

CÓMO OFRECER UN SERVICIO AL CLIENTE
SUPERIOR AL ESPERADO

Está claro que las grandes empresas proporcionan un servicio deficiente, y que la gente ya espera que esto sea así. Mientras tanto, se sabe que las pequeñas empresas brindan un mejor servicio, con un toque personal. Mi objetivo era dar la impresión de que tenía el poder de una gran empresa pero prestar un servicio personalizado, como el que ofrece una entidad unipersonal. Cuando el cliente percibe que una gran empresa le está proporcionando un servicio personalizado y ejemplar, acabas de prestar un servicio superior al esperado, y ese cliente te será leal; incluso se convertirá en fan de tu empresa.

Hay una oportunidad de negocio en cualquier ámbito en que la gente espere que el servicio al cliente sea defectuoso. Parecer grande y actuar como los pequeños es el escenario que permite prestar a los clientes un servicio superior al que esperan. Esta táctica es apropiada para cualquier empresa que opere sin presencia física. Evidentemente, no puedes parecer grande si el tuyo es un pequeño comercio minorista, pero quienes tenemos empresas en Internet sí podemos.

La trampa que atrapa a muchos empresarios es el extremo opuesto: *parecen pequeños y actúan como si fuesen grandes*.

«Joe Blow Enterprises». Con este nombre, ¿confías en que estás tratando con una compañía fuerte y que tiene una buena reputación? Es un nombre que proclama que se trata de una sociedad unipersonal, y no dice nada sustancial o atractivo. Lo siento, pero «Joe Blow Enterprises» es un gran fiasco. Estoy seguro de que esta empresa no tiene logotipo y de que si lo tuviera sería insulso, aburrido o parecería diseñado con algún programa de dibujo gratuito. Su sitio web es estático, obsoleto e infantil. No, la tipografía Comic Sans no es apropiada para dar una imagen profesional. Esta empresa vende al mundo pero no tiene un número gratuito al que llamar. Todo ello indica que es muy pequeña.

El problema se agrava cuando una pequeña empresa imita el comportamiento de una gran compañía. Cuando llamamos, debemos pulsar un largo laberinto de teclas... para al final dejar nuestro mensaje a una máquina. ¿Y si mandamos un correo electrónico? Mejor olvidarlo; la mayor parte de los correos son ignorados, y los que no lo son obtienen respuesta varias semanas más tarde. Lo de «nos pondremos en contacto con usted» nunca tiene lugar. Los problemas relacionados con el servicio al cliente no se resuelven en un plazo de horas, sino de semanas. Si te empeñas en trabajar cuatro horas a la semana, tu negocio no crecerá, porque estás anteponiendo tu egoísmo a hacer crecer el negocio de forma meteórica. Si pareces pequeño y actúas como si fueses grande, estás cavando tus propios baches.

DERROTA A LOS COMPETIDORES ANTES DE QUE APAREZCAN

Procuré «parecer grande» con otro propósito, también: derrotar a la competencia antes incluso de que decidiese instalarse. Cuando alguien (o alguna empresa) quiere establecerse y competir contigo, lo primero que hace es investigarte. Visita tu sitio web, mira lo que estás haciendo y los precios que estás cobrando y decide si quiere invertir dinero y tiempo en entrar en el mercado. La presencia de una gran empresa asusta a los aspirantes a empresarios; de hecho, yo mismo estuve a punto de renunciar a mi proyecto por este motivo: «¡Oh, cielos! ¿Cómo puedo competir yo solo contra una empresa que tiene doce empleados?».

Si un emprendedor cree que no puede competir porque eres demasiado grande y estás demasiado bien financiado, has ganado la batalla antes de empezarla. Ese emprendedor se implicará solo a medias o se interesará por entrar en otro sector, en el que la competencia no sea tan fuerte. En definitiva, *haz que la tuya parezca una gran empresa, pero actúa como un pequeño empresario.*

RESUMEN DEL CAPÍTULO: INDICACIONES PARA LA VÍA RÁPIDA

- Las quejas ofrecen información valiosa sobre lo que piensan los clientes.

- Las quejas por los cambios son difíciles de descifrar y a menudo es necesario disponer de información adicional para tenerlas en cuenta o desestimarlas.

- Las quejas relacionadas con las expectativas revelan problemas operativos en la empresa o en la estrategia de *marketing*.

- Las quejas relativas a carencias revelan necesidades no satisfechas, permiten incrementar el valor del producto o servicio y ponen de manifiesto nuevas oportunidades de ingresos.

- Para prestar un servicio excelente al cliente, basta con que incumplas sus bajas expectativas en positivo.

- Las deficiencias en el servicio al cliente ofrecen oportunidades para la vía rápida.

- Los clientes satisfechos pueden ser sistemas de recursos humanos que promocionen tu negocio de forma gratuita.

- Los clientes satisfechos tienen dos comportamientos que benefician al empresario: vuelven a comprar ese producto o a contratar ese servicio y expanden la clientela por medio del boca a boca.

- Tus clientes y su satisfacción son la clave de que puedas llegar a tener todo lo que deseas para ti.

- Parecer una gran empresa pero actuar como un pequeño empresario prepara el terreno para poder incumplir las expectativas de los clientes en cuanto al servicio en positivo.

- Parecer una empresa grande puede ahuyentar a los competidores potenciales.

¡Lanza a los secuestradores a la cuneta!

Las personas son, definitivamente, el mayor activo de una empresa. Da igual si lo que se vende son coches o productos de maquillaje; una empresa solo es tan buena como las personas que están en ella.

Mary Kay Ash

¿ESTÁ BIEN ADMINISTRADO TU CASTILLO?

Tu castillo es tu negocio. Si metes delincuentes en él, espera tener problemas. Volviendo a nuestra analogía del ajedrez, la torre (o el castillo) representa las personas que pones en tu negocio. Esto incluye los empleados, los socios, los inversores y los asesores.

EL MATRIMONIO EMPRESARIAL: LOS SOCIOS

Tener un socio empresarial es como estar casado. O todo funciona fantásticamente bien o termina en un amargo divorcio.

Hace tres años, Jim y Mike estaban tomando cerveza en un bar y tuvieron una idea legendaria que los impulsó a emprender un negocio juntos. El único motivo que tuvieron para unirse fue su emoción y su entusiasmo. Acordaron repartirse las ganancias al 50 % y se pusieron en marcha con fervor. Mike consiguió el primer cliente, y Jim el segundo. En unos pocos meses, contaban con veintiocho clientes, lo suficiente para que ambos obtuviesen ganancias y pudiesen renunciar a sus empleos.

Dos años después de poner en marcha el negocio, Jim empieza a dedicarle menos tiempo y la calidad de su trabajo comienza a resentirse. Mike no sabe qué está haciendo Jim a cada momento, pero advierte un dato preocupante: por cada cuatro clientes que Mike lleva a la empresa, Jim lleva uno, y a veces ninguno. Mike acaba por enterarse de que Jim leyó un libro que aboga por trabajar cuatro horas a la semana. Para empeorar las cosas, los clientes de Jim no son bien atendidos y Mike tiene que ocuparse de ellos; sin embargo, todos los viernes, como un reloj, Jim está allí para obtener su 50 %.

Cuando Mike le plantea la cuestión a Jim, este se pone a la defensiva y aumentan las tensiones. Esta confrontación solo provoca que la productividad de Jim disminuya aún más, hasta el punto de que en ocasiones no consigue ni un solo cliente durante meses. Mike intenta disolver la sociedad, pero Jim se resiste. Y es lógico que se resista: está obteniendo el 50 % de las ganancias que generan los esfuerzos de Mike. Finalmente, Mike se ve obligado a contratar a un abogado y buscar una solución legal. Unos años más tarde, la sociedad se disuelve y, junto con ella, la amistad entre Mike y Jim.

Las asociaciones son matrimonios. Cuando el romanticismo y la pasión han desaparecido, el matrimonio debe sobrevivir sobre la base del carácter, las sinergias y las cualidades complementarias. Mis primeros emprendimientos empresariales los llevé a cabo asociado con alguien, y todos fracasaron. No es que mis compañeros fueran malas personas, pero nuestra ética laboral, nuestros valores y nuestras visiones no eran compatibles. Uno de los socios que tuve trabajaba en un empleo normal, con horario de nueve a cinco, y le encantaba practicar deportes; nuestro negocio ocupaba el cuarto o quinto lugar en su lista de prioridades. El otro socio que conformaba la sociedad estaba trabajando en otros tres negocios, además del nuestro. En definitiva, yo debía llevar las riendas casi en solitario; para mí, ese negocio era la prioridad *número uno*. ¿Ves el problema?

Si buscas el concepto *asociación* en el Foro de la Vía Rápida, encontrarás un paisaje lleno de quejas sobre asociaciones que se han deteriorado. Un socio quiere expandirse, mientras que el otro desea consolidar la empresa. Un socio quiere invertir en publicidad, mientras que el otro prefiere invertir en desarrollar productos nuevos. Un socio quiere tener coches caros y recibir su parte, pero llega tarde a la oficina y se va temprano. Las asociaciones son como los matrimonios: la mitad de las veces fallan porque los socios no son compatibles.

Se dice que debes asociarte con personas que tengan habilidades complementarias a las tuyas. Si a mí se me da bien el *marketing*, debería asociarme con alguien de perfil técnico. Si tú tienes don de gentes y se te da bien vender, debes asociarte con alguien de perfil analítico. Si bien este es un excelente punto de partida para encontrar un socio, limitarse a esto es como casarse con la primera persona con la que uno sale solo porque tiene los pechos grandes o porque se parece a Brad Pitt. Hay muchos otros rasgos de personalidad relevantes en el futuro de una asociación:

- ¿Tenéis la misma ética laboral? ¿Se implicará poco tu compañero en el negocio mientras tú te quemas las pestañas por las noches?
- ¿Tenéis la misma visión o van a chocar entre sí vuestras respectivas visiones?
- ¿Quieres crecer despacio mientras que tu socio ansía adueñarse del mundo con gran rapidez?
- ¿Quieres tener franquicias mientras que tu socio solo se conforma con un establecimiento que le permita pagar las facturas?

- ¿Confías completamente en esa persona? ¿Apostarías tu vida por ella?
- ¿Tenéis el mismo tipo de personalidad?

El hecho es que las personas se asocian por las razones equivocadas. Así como emprenden negocios bajo falsas premisas (como la de no tener en cuenta si hay o no necesidad de su producto o servicio en el mercado), crean sociedades bajo otra falsa premisa: la *diversificación*. Los socios no buscan trabajar en sinergia sino diversificar los riesgos, los gastos y la carga de trabajo. A menudo, los distintos socios buscan que el otro lleve la carga principal, y cuando uno va más cargado, surge el resentimiento.

Las asociaciones pueden funcionar, al igual que hay muchos matrimonios que funcionan. Pero debes asegurarte de saber cómo es la persona con la que te vas a comprometer. Un romance de dos semanas con tu compañero o compañera de habitación de la universidad tal vez no sea suficiente para determinar la compatibilidad. ¿Te casarías con alguien dos semanas después de empezar a salir con esa persona?

CONSIGUE UN ABOGADO Y UN CONTABLE EXCELENTES

He llevado a cabo muchas negociaciones verbales con inversores, y cuando el documento legal de noventa páginas llegaba a mi escritorio, lo que habíamos acordado de palabra y lo que había escrito no coincidía. Habíamos hablado de una amortización al 10 % en cinco años; en tal caso, ¿por qué ponía al 5 % en diez años? Y ¿quién descubrió esa incongruencia en medio de una avalancha de jerga legal? Yo no. Fue mi abogado.

Ocurría también que la sola omisión de un gasto empresarial podía costarme miles de dólares en impuestos. ¿Quién sabe que un sistema de respuesta de voz interactivo de treinta y ocho mil dólares es un gasto deducible? Yo no lo sabía; pensaba que solo era un sistema telefónico caro. Un contable se dio cuenta.

Si no hubiese tenido un buen contable y un buen abogado, sería más pobre. Estas personas no son fáciles de encontrar porque son como socios con contrato. Constituyen otro grupo de personas que tienen las llaves de tu castillo.

No seas un idiota como fui yo. Cuando aún estaba muy verde como emprendedor, busqué mi primer contable en las páginas amarillas; fue una contable en este caso. Así pues, no la contraté porque nadie me la hubiese recomendado, sino a ciegas. No tardé en ver que no abordaba la planificación fiscal. No me hizo preguntas sobre mi negocio o mis inquietudes; solo quería rellenar los formularios en el menor tiempo posible y a otra cosa, mariposa. Además, la mayoría de sus clientes eran conductores de la vía lenta que tenían contratados sus servicios para gestionar las retenciones de sus impuestos y los temas fiscales relacionados con sus planes de ahorro; apenas algunos de sus clientes eran empresas. Magnífica elección, M. J. Necesitaba a un profesional que tuviese la mentalidad empresarial de la vía rápida, y me comprometí a encontrarlo. Después de entrevistar e investigar a media docena de contables, encontré uno cuyos clientes eran principalmente empresarios.

Elige con mucho cuidado a quién le confías las llaves de tu castillo, porque puede llevarte a la ruina. Recuerda a Nicolas Cage: su gestor, supuestamente, lo llevó a la bancarrota. Investiga y entrevista a los candidatos. Pide referencias a empresarios de éxito y consolidados. Trata a tu abogado y a tu contable como tratarías a cualquier socio, porque pueden acceder a todas las estancias de tu castillo. Quienes poseen las llaves tienen el potencial de llevarte por mal camino.

SI TE OFRECEN CERVEZA... ¡CUIDADO CON LA MOTOSIERRA!

Cuando confías ciegamente en los demás en cualquier ámbito (el de los negocios, el de las inversiones financieras, el de la seguridad), corres el riesgo de que te estafen.

Hay un viejo anuncio de cerveza en el que una pareja conduce por un oscuro camino rural y ve a un autostopista que lleva una caja de cerveza y una motosierra. El conductor quiere recoger al autostopista porque lleva algo que quiere, la cerveza, pero no repara en la motosierra. La confianza ciega puede ser como recoger a un autostopista en una carretera desierta y oscura con la esperanza de que te dé alguna botella de cerveza, sin ver el dispositivo de tortura que lleva a sus espaldas.

Has de hacer de tu confianza un activo que los otros deben ganarse. Deja que sus actos hablen más que sus palabras. Cuando permites que las palabras desarmen tu confianza o tu detector de mentiras, eres susceptible de sufrir un ataque. Cuando recoges autoestopistas y salivas al ver su caja de cerveza, es posible que no veas su motosierra.

Uno de los peores empleados a los que he contratado nunca fue una mentirosa compulsiva que me robó. ¿Por qué demonios la contraté? Porque me desarmó con sus palabras. Durante la entrevista me dijo que cantaba en el coro de la iglesia y que era una mujer religiosa. No le había hecho ninguna pregunta del ámbito de la religión, pero supuso que yo vincularía la honestidad con sus creencias. Tenía razón, y bajé las defensas. La contraté sin comprobar sus antecedentes y tardé varios años en descubrir la verdad.

COMPRUEBA PRIMERO, CONFÍA DESPUÉS

El expresidente Ronald Reagan dijo en una ocasión: «Confía, pero comprueba». Cuando contraté a la mujer mentirosa, confié pero no verifiqué. Fueron necesarios varios robos, cámaras de vídeo y búsquedas en registros públicos para descubrir la verdad. Efectué la comprobación demasiado tarde y pagué un precio por ello.

Los casos más atroces de abuso de confianza se han producido dentro del sistema financiero. Bernard Madoff perpetró la estafa de esquema Ponzi más grande de todos los tiempos, y se perdieron miles de millones de dólares. ¿Cómo puede un hombre estafar miles de millones a un total de millones de personas? A causa de la confianza no verificada. Miles de individuos confiaron en Madoff sin efectuar comprobaciones. Los que sí las efectuaron no invirtieron, y algunos incluso hicieron sonar la alarma. Somos personas confiadas y queremos creer lo mejor. Queremos creer en los cuentos de hadas y en el «felices para siempre». Queremos creer que con dos pagos fáciles de 39,95 dólares podemos ganar millones invirtiendo en bienes inmuebles que no requieren un desembolso inicial.

Cuando inicié mi carrera empresarial recién salido de la universidad, confiaba en todo el mundo. Me creía todo tipo de estrategias absurdas que me prometiesen una forma de enriquecerme. Y ¿qué pasa cuando confías en todos? Que te quemas. Que te vuelves perezoso. Que contratas a delincuentes. Cuando confías en todo el mundo, te implicas en oportunidades empresariales que transgreden el mandamiento del control. Permites que otros decidan en tu viaje financiero. Y cuando ocurre esto, te estrellas y ardes. Solo hay una persona en la que puedes confiar ciegamente en este mundo, y eres *tú*.

¿Por qué me muestro tan cínico? Si no lo entiendes ahora, lo entenderás más tarde. *Cuando sirvas a millones, entrarás en contacto con millones.* Solo entonces comprenderás la esencia de la ecuación consumidor/productor. Solo entonces verás cuántas personas están dispuestas a hacer un esfuerzo adicional para tratar de arruinarte. No hay ningún lugar en el que estés a salvo de los mentirosos, los estafadores y los ladrones. Estas personas se muestran empáticas en los lugares más insospechados: en la iglesia de tu comunidad, en el sitio web de citas serias y en tu elegante club de campo.

Si pierdo diez mil dólares en una inversión que investigué meticulosamente, puedo vivir con ello. Lo que fácil viene, fácil se va. Sin embargo, si me roban diez mil dólares porque he confiado a ciegas en alguien a quien dejé entrar en mi vehículo, es diferente.

Actualmente no confío de primeras en nadie, pero les doy a todos la oportunidad de ganarse mi confianza. Hay muchas personas buenas en este mundo, y superan a las malas por un amplio margen. Solo requiere un poco de esfuerzo encontrarlas y conservarlas. Pero ten cuidado con los autoestopistas que están a un lado de la carretera. No te dejes tentar por una cerveza fría y dejes de ver la motosierra.

CHÓFERES IMPRUDENTES

¿Dirigen los locos el manicomio? Cuando no estás en casa, ¿quién dirige tu castillo? ¿Quiénes son los chóferes de tu negocio?

Ofrecer un excelente servicio al cliente es una cosa; hacer que los empleados lo brinden es otra. Muchas veces nos enfocamos en el resultado pretendido pero olvidamos la primera línea de batalla. ¿Cuánto te está costando realmente esa persona carente de formación y a la que pagas ocho dólares la hora que atiende con desidia a los clientes en la recepción? Para hacer que los clientes sean fans de tu empresa, tus empleados deben compartir tu filosofía de servicio al cliente. No puedes permitir que ningún empleado arruine una inversión multimillonaria. *Todos los intangibles del mundo no pueden cambiar una mala experiencia que haya tenido un cliente con un servicio recibido.*

A raíz de una estancia de nueve días en Las Vegas viví el hecho de que un servicio robótico es un inconveniente empresarial definitivo, por más elegante que sea el lugar. La mayoría de la gente se va de vacaciones a Las Vegas para escapar de sus compañeros de trabajo, de sus empleados incompetentes, de sus casas llenas de desorden, del tráfico y de los típicos dramas de la vida. Se supone que Las Vegas proporcionan un escape. Por gentileza de la empresa de mi compañera, que participaba en una convención, el primer lugar en el que nos alojamos fue el hotel Rio. Nunca me había alojado ahí y no era el tipo de hotel que buscaba cuando salía de viaje. Era algo viejo y anticuado; el colchón estaba duro y las instalaciones deterioradas. No obstante, el personal me pareció muy agradable. Los crupieres del casino eran amables y el resto del personal del casino se mostraba solícito incluso con nuestras peticiones más insignificantes. Disfruté mi estancia.

Después de estar tres días en el Rio, pasamos a alojarnos en el hotel Venetian, en una estancia que organizó mi agente de American Express. El Venetian es un hotel nuevo que tiene una arquitectura majestuosa: columnas y ménsulas ornamentadas, lámparas lujosas y otras piezas de mobiliario fastuosas que harían que cualquiera se sintiese como un miembro de la realeza.

Estuvimos seis días en el Venetian. Y lamentablemente, después de la experiencia que tuvimos, nunca volveré.

Me encantó la lujosa arquitectura italiana, pero el personal era un desastre. Nuestra pesadilla comenzó el primer día y se prolongó todos los días, y estuvo marcada por unas experiencias humanas lamentables: un servicio de limpieza indiferente, unos tiempos de espera inaceptables en cuanto a los servicios del hotel, promesas incumplidas, un personal mecanizado, un precio excesivo y, en general, falta de soluciones cuando indicábamos algún problema. De esa experiencia pueden extraerse dos lecciones fundamentales:

1. Los empleados deben saber ejecutar tu filosofía de servicio óptimo al cliente.
2. Las características espectaculares del producto no pueden contrarrestar un mal servicio.

En primer lugar, los empleados deben transmitir tu filosofía de servicio al cliente. Son los embajadores de tu empresa y los transmisores de tu visión. Básicamente, son los chóferes de tu negocio, y si son imprudentes, tu visión no se materializa. *Está en manos de tus empleados la percepción que tiene el público de tu empresa.*

¿Era la política del Venetian tratarnos con tanto desinterés y falta de respeto? No lo creo. El fallo se encontraba en la mala comunicación que había entre la dirección y los empleados. No solo uno era ineficiente, sino que lo eran varios. No puedes estar todo el día pendiente de todo. Tus empleados llevan los cubos de achicar el agua, y si no se aplican en el servicio, arruinan el negocio y generan un gran problema. Es irrelevante cuál sea tu filosofía de servicio al cliente si tus empleados no la traducen en actos en el trato personal.

En segundo lugar, por más espectaculares que sean las características del producto, por ejemplo una gran exhibición tecnológica (un sitio web llamativo) o una magnífica arquitectura (unos hoteles lujosamente decorados), esto no puede compensar un servicio al cliente de mala calidad. A pesar del aspecto suntuoso del Venetian (una obra de miles de millones de dólares), a pesar de los suelos de mármol y las columnas adornadas, su servicio al cliente era un asco. Sin embargo, en el hotel Rio nos encontramos con un servicio al cliente excelente, lo que se tradujo en una gran experiencia, a pesar de que el edificio del hotel estaba anticuado.

La incongruencia que he ejemplificado es una calle de sentido único: un servicio fantástico (que supere las expectativas del cliente) puede ayudar a compensar las deficiencias, pero los elementos fantásticos no pueden compensar un mal servicio al cliente o una interacción humana deficiente. El suelo del Venetian podría haber sido de oro macizo; no habría importado. ¡Nada puede contrarrestar las experiencias humanas deficientes!

Aunque tengas el mejor hotel del mundo ubicado en la mejor playa de California, si tratas a los clientes como si fuesen un estorbo y no atiendes sus peticiones, no regresarán. El crecimiento exponencial del negocio se ve impulsado por un servicio al cliente fantástico, y los empleados que tratan con el cliente deben compartir tu visión. Y esto no lo vas a lograr con unas declaraciones de misión vanidosas colgadas en la pared de tu despacho.

RESUMEN DEL CAPÍTULO: INDICACIONES PARA LA VÍA RÁPIDA

- Una asociación empresarial es tan importante como un matrimonio.
- Un buen contable y un buen abogado te permitirán ahorrar miles, tal vez millones de dólares.
- Los contables y los abogados tienen las llaves de tu castillo; asegúrate de que puedes confiar plenamente en ellos, porque poseen el poder de resolver situaciones o de cometer agravios.
- La confianza total te expone totalmente al riesgo.
- La confianza no verificada puede tener consecuencias incontrolables.
- Tus empleados transmiten la percepción que tiene tu empresa del público.
- Un servicio al cliente fantástico puede contrarrestar deficiencias, pero los elementos fantásticos no pueden contrarrestar el mal servicio al cliente.
- La filosofía del servicio al cliente debe transmitirse a los empleados por medio de la interacción humana, no por medio de unas declaraciones de misión ambiciosas colgadas en una pared del despacho del jefe.

Salva a alguien

Un buen producto no satura nunca el mercado;
un mal producto lo hace con gran rapidez.

Henry Ford

TU CABALLERO DE LA ARMADURA BRILLANTE

¿Es tu producto o servicio el caballero de brillante armadura para alguien? ¿Va a salvarle el día a alguien? ¿O es un caballero creado en la forja del egoísmo y al que alimentas con tus esperanzas de que galopará sobre un semental negro y te hará rico a la vez que te permitirá ser tu propio jefe?*

EL SATURADO MUNDO DEL «¡YO TAMBIÉN!»

Las empresas «yo también» generan ingresos «yo también». No es difícil encontrar negocios basados en algo distinto de una necesidad. No se diferencian en nada de los demás, y se hunden en el poblado abismo del «yo también». Una vez que la ilusión de ser uno «su propio jefe» se ha desvanecido, los dueños de estas empresas se

---

* En inglés se usa la misma palabra, *knight*, para 'caballero' y para el caballo del ajedrez. De forma implícita, el autor está prosiguiendo con su asociación entre las piezas del ajedrez y los factores de la eficacia empresarial. (N. del T.)

desesperan. Las empresas edificadas sobre las premisas incorrectas se lanzan al basurero que es la *comoditización* y obligan a sus dueños a hacer lo inevitable: jugar a las damas.

¿Qué es la comoditización? Este concepto indica que un producto o servicio no se distingue del que ofrecen otros proveedores. Esto ocurre en gran medida, por ejemplo, en el ámbito del transporte aéreo. La mayoría de las personas no son leales a ninguna aerolínea en particular; son leales a la compañía que les ofrece el mejor precio. Otro ejemplo lo ofrece la gasolina. Acudo a cualquier gasolinera, porque el producto que ofrecen todas ellas es uniforme.

Las personas tienden a tomar las decisiones de compra de bienes y servicios que han sido objeto de comoditización basándose en un solo parámetro: el precio. Cuando esto no es así es porque la empresa ha hecho el buen trabajo de diferenciar su producto de las alternativas. Si tu producto no destaca entre los demás, no tiene ninguna posibilidad de venderse especialmente, y te ves obligado a adoptar la estrategia de reducir el precio para llamar la atención.

ENTRA EN EL MUNDO DE LOS NEGOCIOS POR LA RAZÓN CORRECTA

¿Por qué estás en el mundo de los negocios? Lo más probable es que sea por la razón equivocada.

Un ejemplo perfecto lo ofrece el sector de las limusinas, en el que las nuevas empresas se suceden como las barras de los torniquetes de las estaciones de metro. ¿Qué es lo que impulsa a alguien a abrir una empresa de alquiler de limusinas? Raramente la existencia de una necesidad. La gente se mete en el negocio para satisfacer su propia necesidad egoísta: sencillamente quieren hacerlo, como fue mi caso hace años. De hecho, el negocio de las limusinas parece ser una especie de salida digna del mundo del taxi. Pero ¿necesita el mercado una nueva empresa de limusinas? ¿Tiene el nuevo empresario la intención de brindar un producto superior, que destaque de lo que ofrece la competencia? No. La intención es egoísta: «Quiero tener una empresa de limusinas, así que voy a crear una».

Esto da lugar a un exceso de oferta frente a una demanda insuficiente; hay demasiadas limusinas circulando en comparación con la cantidad de clientes. Cuando la oferta es superior a la demanda, los precios deben bajar, y, de repente, el producto ha sido objeto de comoditización. La total indiferencia hacia las necesidades del mercado es lo que acaba por llevar a ese punto: uno debe vender su alma al comprador que quiere el precio más bajo. ¿Cuál es el origen de esta locura? El hecho de que la gente emprende negocios en los que no tiene posibilidades de prosperar; los emprenden solamente para «hacer lo que aman» o «hacer lo que saben hacer».

Un caballero que posee un negocio de limpieza de alfombras publicó en el Foro de la Vía Rápida una historia ilustrativa de lo que estoy comentando:

> El problema es que aunque proporciono un valor increíble en lo que hago, este valor está aplicado a algo que la gente no quiere comprar. La gente evita limpiar sus alfombras durante tanto tiempo como le sea posible. Entonces, en realidad, estoy proporcionando algo que tiene poco valor. Por lo tanto, he llegado a la conclusión de que necesito cambiar mi premisa empresarial. ¿En qué valores debo enfocarme? ¿Qué es lo que valora la gente hoy en día? Creo que estoy en un negocio cuya premisa empresarial no es buena.

Lo siento por este hombre. ¿Por qué se metió en el negocio de la limpieza de alfombras? ¿Porque había esta necesidad en el mercado o porque *necesitaba un trabajo y quería tener su propio negocio*? Fuera cual fuese el motivo, se encuentra en un sector en el que el servicio ha sido víctima de la comoditización. Los empresarios pelean por cada cliente mientras ganan cada vez menos dólares por cada uno; si quieren mantenerse, deben bajar los precios.

Mi respuesta fue que no podía cambiar su premisa empresarial porque ya estaba metido en el negocio. La premisa empresarial correcta lo habría sacado del sector o lo habría metido en él para abordar una necesidad no satisfecha. Cuando cientos de personas entran en un ámbito de negocio únicamente porque saben cómo brindar ese servicio o porque desean hacerlo, en lugar de basarse en la necesidad que hay de dicho servicio, se encuentran librando una guerra de precios; cada uno intenta ofrecer el servicio un poco más barato. La necesidad (la demanda) es limitada, mientras que hay demasiados proveedores (demasiada oferta). La clave de la premisa de la necesidad es *no entrar en un sector en el que la oferta sea excesiva* o, si se entra en él, debe ser para resolver un problema específico, no para pensar en qué necesidad puede haber una vez que ya se ha entrado. Si tu producto no es el caballero salvador de alguien, si no destaca y se diferencia entre todos los demás, será víctima de la comoditización.

¡DEJA DE FIJARTE EN LO QUE HACE LA COMPETENCIA!

Aunque mi servicio de Internet iba dirigido a los consumidores, los clientes que me pagaban eran dueños de pequeñas empresas. Cuando interactúas diariamente con cientos de pequeños empresarios, acabas por tener muy claro cuál es su enfoque empresarial. Al principio supuse que todos los dueños de negocios pensaban como yo, pero resultó ser un supuesto equivocado; a menudo, su predisposición era la opuesta a la mía. No tardé en descubrir que *la mayoría de los empresarios prestaban más atención a la competencia que a su propio negocio*. En lugar de ocuparse de sus propios asuntos, metían la nariz en todo lo que estaban haciendo los demás. Cuando ocurre esto, uno descuida su propio producto y se vuelve reactivo en lugar de proactivo.

¿Tienes los ojos puestos en tu vehículo y en la carretera que tienes delante? ¿O estás obsesionado con los coches que hay a tu alrededor? «¡Oh, no! ¡Excel Limousine ha reducido su tarifa por hora en cinco dólares! ¡Tengo que llamar a la autoridad de control de precios!», «¡Cielos! ¡Godfrey Limousine anuncia su limusina como un modelo del año 2009 cuando es del 2003! ¡Ahora mismo llamo a mi abogado!». Si tus ojos están pegados a la espalda de la competencia, no los tienes puestos en el camino que tienes por delante. Si estás siguiendo al coche que tienes delante, no estás encabezando la carrera, y si no estás liderando, no estás innovando. Si la empresa X hace algo y tú reaccionas, estás mostrando un comportamiento reactivo, no proactivo. ¿Por qué no haces que sean los demás los que tengan los ojos fijos *en ti*? Si estás preocupado por todo lo que hagan tus competidores, estás engañando a tu negocio y a tus clientes.

CÓMO LIDIAR CON LA COMPETENCIA

Olvídate de tus competidores el 95 % del tiempo. En cuanto al 5 % del tiempo restante, úsalo para sacar partido de las debilidades de la competencia y hacer que tu empresa se distinga de las demás. Si te olvidas de los competidores, podrás centrarte en *tu* negocio; podrás dedicarte a innovar y ganarte los corazones y las mentes de tus clientes. Cuando satisfagas necesidades y tu ejército de clientes aumente en tamaño, de pronto ocurrirá algo: *todos tus competidores irán detrás de ti*.

Yo fui el líder de mi sector. Innové y todos me siguieron. Si introducía algo nuevo, mis competidores hacían lo mismo al cabo de unos meses. Introduje el modelo de ingresos procedentes de la generación de clientes potenciales, y fue copiado docenas de veces. Mis ojos no estaban fijos en los demás porque estaba preocupado por mi propio éxito y la satisfacción de mis clientes.

En las raras ocasiones en las que eches un vistazo a lo que hace la competencia, hazlo con la finalidad de mejorar tu negocio. Detecta las debilidades de los competidores y haz que tu producto se diferencie de los demás. *Descubre lo que deberías hacer que los demás no estén haciendo.* Encuentra la necesidad. Aprovecha los errores que cometen tus competidores en el servicio al cliente. ¿No están prestando un buen servicio? ¿Manifiestan sus clientes su insatisfacción en Internet?

Cuando lancé mi directorio de limusinas, mi competencia consistía en algunos sitios web y en las tradicionales páginas amarillas. El punto débil de todos esos competidores era el *riesgo*. Quien quería anunciarse con ellos tenía que pagar un gran importe por adelantado, tanto si ese acto le iba a reportar beneficios como si no. Si se gastaban cinco mil dólares y conseguían un nuevo cliente, se habían gastado esa cantidad para obtener un cliente. El riesgo era escalofriante; pensé que era excesivo para los empresarios del sector, así que traté de resolverlo.

A las empresas maduras, la competencia a menudo les sirve para sacar partido a lo que no debe hacerse. Sabía que mi principal competidor nunca respondía los correos electrónicos, y eso me dio una ventaja. Si vas a apartar la mirada de la carretera para observar a tus competidores, que sea para detectar sus puntos débiles. Las marcas se construyen a partir de aprovechar las debilidades de los demás: *la diferenciación constituye una defensa contra la comoditización*. ¿Qué está haciendo mal la competencia? ¿En qué aspectos se muestra ineficaz? Diferénciate a partir de la insatisfacción de los clientes. La única alternativa a los burdos bienes y servicios tipo «yo también» es la diferenciación, la cual se consigue innovando y analizando los puntos débiles de los competidores. ¡Esfuérzate por innovar!

RESUMEN DEL CAPÍTULO: INDICACIONES PARA LA VÍA RÁPIDA

- La comoditización tiene lugar cuando uno se mete en un negocio a partir de una premisa incorrecta, como «quiero tener un negocio» o «sé cómo hacer esto, así que montaré una empresa para hacerlo».
- Si estás demasiado ocupado copiando o mirando a tus competidores, no estás innovando.
- Compite detectando los puntos débiles de la competencia y ofrecer un producto o servicio diferenciado.

Crea marcas, no negocios

Todo el mundo tiene un cartel invisible colgando del cuello que dice: «Hazme sentir importante». No olvides nunca este mensaje cuando trabajes con la gente.

Mary Kay Ash

LA REINA DEL JUEGO: EL *MARKETING* Y LA CREACIÓN DE MARCA

En el ajedrez, cuando pierdes la reina pierdes la partida. En el ámbito de los negocios, la mayoría de los empresarios juegan sin la reina.

¿Alguna vez has comprado un producto de la teletienda y cuando te dispusiste a usarlo era de mala calidad y no funcionaba según lo anunciado? A continuación, ¿quisiste mostrar tu disconformidad devolviéndolo y tuviste que hablar con un tipo que parecía tener un cociente intelectual de dos dígitos? Ese es el poder del *marketing*: malos interlocutores, un mal servicio y un mal producto, pero un *marketing* impresionante. Si tienes un producto que no es gran cosa (un caballero débil o un caballo débil, para seguir con la analogía del ajedrez), un mal servicio al cliente (unos alfiles borrachos) y un personal incompetente (un castillo o una torre, en el ajedrez, lleno de idiotas), puedes sobrevivir si tienes una reina fuerte.

La reina es la pieza más poderosa del juego del ajedrez y también del ámbito empresarial. El *marketing* puede convencer a la gente de comprar productos mediocres. El *marketing* puede ocultar o disimular los defectos del servicio. El *marketing* puede disimular la incompetencia y hacer que delincuentes convictos no aparezcan vinculados a sus productos. El poder del *marketing* es que una campaña publicitaria potente puede lograr que se vendan productos malos. El *marketing* induce una determinada percepción en el público; y cualquiera que sea la percepción, esa es la realidad.

CREA UNA MARCA, NO UN NEGOCIO

Los negocios sobreviven. Las marcas prosperan. Una marca es la mejor defensa contra la comoditización. Cuando tu empresa está ahí solo para que puedas ganar dinero y pagar las facturas del mes, estás jugando a las damas; estás siendo unidimensional. Las personas son leales a las marcas y a las relaciones, no a las empresas ni a los negocios.

Adoro la Coca-Cola y detesto la Pepsi. Soy fiel a la Coca-Cola, y no me importaría si de pronto la Pepsi pasase a ser un dólar más barata. Siempre compraré Coca-Cola. Coca-Cola ha creado una marca, y el poder de esa marca ha dado lugar a una lealtad firme, que es difícil de quebrantar. ¿Es la Coca-Cola objetivamente mejor que la Pepsi? No lo sé, ni me importa.

Cuando piensas en la marca de automóviles Volvo, ¿qué te viene a la cabeza? A mí me viene *seguridad*. ¿Y cuando piensas en la marca Porsche? Yo la asocio con la velocidad. ¿Y la marca Ferrari? La asocio con la riqueza. ¿Volkswagen? Con la practicidad. ¿Toyota? Con la fiabilidad. Sin embargo, cuando alguien menciona la marca Chevrolet, no me viene nada claro a la mente excepto la bancarrota inminente, las disputas sindicales y la dudosa fiabilidad. Algunos fabricantes de automóviles han labrado marcas fuertes, mientras que los otros hacen lo que pueden para proteger el negocio.

Nuestro amigo de la empresa de limpieza de alfombras también tiene un negocio en lugar de una marca. Las marcas no tienen crisis de identidad; los negocios sí. Si nuestro amigo quiere sobresalir en un sector saturado de «yo también», deberá crear una marca y diferenciarse. Necesita ser un Lamborghini frente a un atasco de tráfico de Chevrolets. ¿Qué hará que su negocio de limpieza de alfombras sea diferente del resto? ¿Por qué debería acudir a él la gente aunque sus precios puedan ser un 20 % más elevados?

Estas preguntas difíciles tienen respuestas difíciles, especialmente desde el momento en que entró en ese sector empresarial a partir de una premisa defectuosa. Sin embargo, tras indagar un poco en el tema, veo que la mayoría de sus competidores carentes de escrúpulos usan unas tácticas publicitarias como cebo que apartan la atención del público de la letra pequeña. ¿Tal vez pueda aprovechar este punto débil nuestro amigo? El desafío que le planteé fue que intentase sacarle partido a este inconveniente. Tal vez podría reivindicarse como un limpiador de alfombras que no hacía trampas, sino que ofrecía unos precios fijos, no aplicaba recargos y no sorprendía al cliente con la letra pequeña.

Apple, el fabricante de ordenadores, es un gran ejemplo de creación de una marca basada en una necesidad o una molestia. La gente odia los virus, los programas espía y los constantes mensajes «Sus actualizaciones están listas para descargarse» que están asociados a los ordenadores personales. Apple aprovechó los puntos débiles de los PC: resolvió este tipo de problemas, y se ha convertido en una de las marcas de más éxito de la historia. Apple no es el más barato porque ha diseñado una marca y puede exigir un precio más alto. Di «Apple» y muchas imágenes acudirán a tu mente: un producto creativo, elegante, fácil de usar y moderno. En cambio, cuando pienso en un PC, me vienen a la mente pantallas azules, operaciones ilegales y mensajes del tipo «debe reiniciar su ordenador diecisiete veces antes de que esta actualización esté operativa». En un caso estamos hablando de un negocio, y en el otro de una marca.

SÉ ÚNICO: LA PROPUESTA DE VENTA ÚNICA

El primer paso para crear una marca es tener una *propuesta de venta única* (PVU). Si tu empresa no tiene una PVU, estás yendo a la deriva en un mar de «yo también»; vas sin timón y sin ancla, y estás a merced de los vientos del mercado. Las empresas que no tienen una PVU no ofrecen nada singular, nada único ni que presente algún beneficio especial. No hay ninguna razón lógica por la que alguien deba comprar algo a esas empresas, aparte de la esperanza o la necesidad asociadas con unos precios baratos. Tu PVU es el ancla de tu marca. ¿Qué hace que tu empresa sea diferente del resto? ¿Qué impulsará a un cliente a acudir a ti en lugar de acudir a la competencia?

Mi PVU era potente: publicidad sin riesgo. Si no le enviamos nada, no paga nada. Los anunciantes se subieron al carro porque estaban cansados de anunciarse en las páginas amarillas, que les ofrecían esta propuesta tan arriesgada: «Páguenos cinco mil dólares por adelantado; después tenga esperanza y rece». Detecté un punto débil y ofrecí una solución. Nuestro limpiador de alfombras no tenía una PVU. Nada lo distinguía de la competencia; podría haber sido un grano de arroz dentro de una bolsa de veinte kilos de forraje.

Las PVU son los componentes básicos de las marcas y pueden compensar unos precios más altos e incluso un producto inferior. FedEx se presentó al mundo cuando dijo: «Su paquete tiene que llegarle, sí o sí, de un día para otro». M&M's dijo: «El chocolate con leche que se derrite en tu boca, no en tus manos». Observa cómo estas PVU se enfocan en los beneficios del producto. No me gustan los productos de Domino's Pizza (a pesar de haber sido contratado por esta empresa), pero eso no impidió que crearan un imperio de la *pizza* a partir de su PVU «se la llevamos en treinta minutos o menos, o le saldrá gratis». Domino's identificó la necesidad: la entrega de *pizzas* a domicilio era un calvario para los clientes, a causa de lo mucho que debían esperar. Lo resolvieron, lo convirtieron en su marca y el resto es historia. ¿Cómo logró colarse Domino's en un mercado tan concurrido y tener éxito? Creando marca y con un buen *marketing*. Tenían una reina fuerte.

DESARROLLA TU PVU

¿Cómo puedes desarrollar una PVU sólida para tu empresa? Siguiendo seis sencillos pasos:

Paso 1: descubre el beneficio (o los beneficios) de tu producto o servicio

Crea una empresa por la razón correcta: para resolver un problema o una necesidad. Esto da lugar a la primera PVU. Si tu empresa ya está creada, encuentra el mayor beneficio de tu producto, que permita diferenciarlo de lo que ofrece la competencia. Efectúa esta indagación pensando en las necesidades y los deseos de los clientes.

Paso 2: sé único

El objetivo de una PVU es ser único en comparación con las alternativas. Esto hace que el consumidor cuente con un argumento lógico para elegir tu empresa, ya que si no lo hace está renunciando al beneficio que esta le ofrece. Las PVU deben manifestarse por medio de verbos potentes que expresen una acción y que inspiren deseo y un sentimiento de urgencia. «Baje de peso» debe sustituirse por «elimine la grasa» o «acabe con esos kilos de más». «Haga crecer su negocio» debe descartarse en favor de «aumente rápidamente sus ingresos» o «rompa los registros de ventas».

La singularidad de tu PVU hace que los consumidores cuenten con opciones diferenciadas a la hora de efectuar sus decisiones de compra. Si eliges un Mac en lugar de un PC, estás eligiendo seguridad, velocidad y fiabilidad en lugar de los virus y los programas que ocupan demasiada memoria.

Paso 3: sé específico y aporta pruebas

La publicidad nos inunda, y si quieres llamar la atención debes mitigar el escepticismo natural del consumidor. Hazlo siendo específico, y si es posible, aporta pruebas.

SITIO WEB: «Vendemos su automóvil en veinte días o menos o no nos llevamos ninguna comisión».

PRODUCTO: «Pierda nueve kilos o no pague ni un céntimo».

SERVICIO: «Vendemos su casa en treinta días o se la compramos».

Domino's Pizza no dijo «le entregamos su *pizza* en el tiempo acordado», sino «se la entregamos en treinta minutos como máximo o le sale gratis». Esta es una acción específica, apoyada por la demostración de que se va a cumplir lo prometido (o, si no, el cliente consigue una *pizza* gratis). En mi caso, tenía la responsabilidad de enviarles a mis anunciantes clientes potenciales. Si no lo hacía, no me pagaban: «Le enviamos personas interesadas o no paga ni un centavo».

Paso 4: que el mensaje sea corto, claro y conciso

Los mejores mensajes de promoción de la PVU son los cortos, claros y potentes. La gente no presta atención a las frases largas.

Paso 5: integra tu PVU en *todas* tus herramientas de *marketing*

Una PVU no tiene valor si no está presente en todos los elementos visibles de la empresa. Incluye tu PVU en todos los materiales y soportes que lleguen al público:

- En tus camiones, vehículos y edificios.
- En tu publicidad y materiales promocionales.
- En tus tarjetas de presentación, membretes, letreros, folletos y catálogos.

- En tu sitio web y en la firma de tu correo electrónico.
- En tu sistema de correo de voz, en las instrucciones para recepcionistas y comerciales, etc.

Paso 6: hazlo realidad

Una PVU tiene que ser lo bastante fuerte para convencer a la gente de que te compre a ti o, mejor aún, de que pase a ser fan de tu marca. Si tu PVU no capta la atención de tu público potencial, o si el beneficio o gancho es demasiado débil, no será útil. Además, tu PVU debe manifestar una realidad. Debes cumplir con lo que dices. Si la *pizza* llega al cliente en cuarenta minutos, la garantía de treinta minutos es fraudulenta. Las PVU fraudulentas quedan rápidamente de manifiesto y dan lugar a «sistemas de recursos humanos» dispuestos a despeñar tu empresa.

HAZTE NOTAR

La próxima vez que estés atrapado en el tráfico, mira a tu alrededor. Todos los coches tienen el mismo aspecto. No hay ninguno que llame especialmente la atención. Es un mar de presencias mediocres. Esta es la razón por la que yo, que soy un experto en *marketing* nato, tengo debilidad por los Lamborghinis: destacan entre la multitud. Tu marca también debe hacerlo.

Afrontémoslo: a nadie le gusta ser como todos los demás. El adolescente promedio se esfuerza por no ser como el resto, y es por eso por lo que nos hemos visto inundados de aros en los pezones, *piercings* en los ojos, vestimentas góticas y tatuajes: con todo ello, el sujeto proclama que es diferente de todos los demás.

Las empresas de éxito adoptan el mismo enfoque respecto a su marca y al *marketing*.

Escribir este libro, aunque me ha costado, no ha sido el verdadero desafío. El auténtico reto será que llegue a las manos de la gente. ¿Por qué? Porque el ámbito de los libros sobre finanzas y estrategias para ganar dinero está colmado, saturado de «yo también».

Es decir, hay una competencia descomunal. Si bien este libro es la realización de mi sueño, para tener éxito como autor superventas necesito que mi marca destaque.

En el último vistazo que echo a Facebook, está lleno de oportunidades:

> *«Un estudiante que deja la universidad gana dos mil dólares en un día. ¡Averigua cómo!».*
>
> *«¡Mira cómo gano quince mil dólares al mes con esta oportunidad fantástica!».*
>
> *«¡Una nueva empresa con un plan de matriz forzada te garantiza unos ingresos de seis cifras!».*
>
> *«¡Me acabo de unir a este increíble programa de afiliación y hoy mismo he ganado trescientos dólares!».*
>
> *«¡Sé tu propio jefe!».*

Hace poco utilicé una calculadora de Internet que calculaba el *percentil de riqueza*, para averiguar cuál era el nivel de mi patrimonio neto en comparación con el de mis conciudadanos estadounidenses. La calculadora arrojó que formaba parte del 1 % más rico de la población. Si bien me siento halagado, mi desafío sigue estando ahí. Mi valor neto es indicativo de un logro «único» y «extraordinario», pero en el mundo de la percepción, este mérito no destaca especialmente. En Facebook, nunca adivinarías que casi todos están cerca de la bancarrota. No, en Facebook todo el mundo es multimillonario, un *coach* de éxito, gurú o modelo. Todos forman parte del 1 % de más éxito en su sector y del 1 % más rico de la población. Como puedes ver, todos somos expertos en *marketing*, y hay quienes no venden más que ilusiones. Hay un ruido de fondo extraordinario, y esto hace que sea más difícil oír a quienes tienen realmente algo importante por aportar. Tus esfuerzos en cuanto al *marketing* deben ir encaminados a que se te oiga por encima del ruido.

CÓMO HACERSE OÍR EN MEDIO DE UN GRAN RUIDO

Hay cinco maneras en que puedes hacer que tu mensaje destaque por encima del ruido: polarizar, ser atrevido, despertar emociones, alentar la interacción y ser poco convencional.

Polarizar

La polarización probablemente no sea la mejor estrategia comercial para una marca que pretenda llegar a todo tipo de público, porque implica manifestar unos puntos de vista o mensajes extremos, ¡y no se trata de enojar a la mitad de la clientela potencial! Sin embargo, funciona fantásticamente bien para los sitios web que necesitan aumentar el tráfico o para los libros que necesitan lectores.

La polarización funciona porque expone un punto de vista extremo, lo que obliga a las personas a *amarte* u *odiarte*. Sarah Palin utiliza la polarización. O la adoras o querrías arrojarla de la cubierta de un barco a un río infestado de cocodrilos. Los expertos en política usan la polarización para vender libros, porque los lectores quieren unirse a una causa o refutarla furiosamente. Los sitios web que se polarizan atraen visitantes, tanto a los que comulgan con la causa como a los que quieren combatirla. Si eres un fanático del equipo de béisbol White Sox de Chicago y creas un sitio web que ataque sin clemencia la ineptitud de los Cubs de Chicago, puedes esperar un público polarizado: personas que estarán de acuerdo y otras que estarán radicalmente en contra.

Este libro puede calificarse de polarizador. Mucha gente calificará mis puntos de vista como extremos, ya que son contrarios a las opiniones ortodoxas: «¡Dios mío, ha dicho que los cupones de descuento no me harán rico!», «¡Se ha cargado mi plan de pensiones!». La oposición a lo «normal» siempre se considerará polarizadora.

Ser atrevido

El sexo vende, y es la técnica más utilizada para hacerse oír por encima del ruido. El sexo es un potente mitigador del ruido porque nunca pasa de moda. Puedes abusar de él y la gente seguirá respondiendo. En el 2005 GoDaddy, empresa registradora de dominios de Internet, emitió su primer anuncio de la Super Bowl utilizando el sexo como arma para superar el ruido. En los años siguientes, se sucedieron los anuncios tristemente famosos GoDaddy Girl. Nunca pensé que fuesen muy buenos, pero se elevaron por encima del ruido y llamaron la atención de la gente. ¿El resultado? Las ventas aumentaron y la cuota de mercado de GoDaddy subió al 32 % después del 2006.

Veo cómo los vendedores de las redes sociales utilizan la técnica del atrevimiento en Facebook. Una mujer hace videoconferencias sobre técnicas de *marketing* llevando puesta la parte superior de un bikini. Cuando cuelga uno de esos vídeos, la cantidad de visualizaciones y comentarios que obtiene es *cinco veces superior* a la que logran sus otros vídeos. ¿Por qué tienen mucho más éxito las conferencias en bikini que las normales? Es fácil de entender: porque el sexo se hace oír por encima del ruido. Los hombres ven el busto generoso de la mujer en la vista previa del vídeo y piensan: «¡Ooooh!, tengo que echar un vistazo», mientras que las mujeres sienten curiosidad: «Dios mío, ¿quién ha hecho un vídeo vestida así?». En el caso de los vídeos de esta mujer, casi podría decirse que se combinan la polarización y el sexo.

Despertar emociones

La mayor parte de las decisiones de compra de los consumidores obedecen al impulso de una emoción. Tú y yo compramos cosas porque queremos sentir algo. Yo no me compro un Lamborghini para ir del punto A al punto B; esto es mera practicidad. Lo compro para *sentir* algo: orgullo, sensación de logro, singularidad, adrenalina y fama.

Otro ejemplo del uso de las emociones para conmover al público lo ofrece la organización sin ánimo de lucro American Society for the Prevention of Cruelty for Animals [Sociedad estadounidense para la prevención de la crueldad hacia los animales] (ASPCA.org). Esta organización fue fundada hace más de un siglo y no había oído hablar de ella hasta hace poco. ¿Cómo se hicieron oír por encima del ruido? Lanzaron una potente campaña de *marketing* que desató emociones; sus anuncios presentaban animales maltratados confinados en jaulas con una tierna y emotiva banda sonora como música de fondo.

Si puedes suscitar emociones entre el público y *hacer que eso le importe* a la gente, comprarán tu producto o servicio. Conmueve a la gente; hazla llorar y hazla reír. Tu mensaje surgirá de entre las cenizas del ruido y la impulsará a comprar.

Alentar la interacción

Una cosa es mirar y otra muy diferente es actuar. Dicen que si quieres excitar tu pasión pruebes a conducir el coche de tus sueños. La interacción incrementa la respuesta en cualquier ámbito. Si tienes ocasión de probar, sentir o usar un producto, será más probable que lo compres.

La interacción es como oír tu nombre. Este es tu nombre favorito. En Facebook, las aplicaciones más populares son las «encuestas» y los «cuestionarios», porque la gente es narcisista: «¡Mi película favorita es *Sospechosos habituales*!», «¡Me encanta la *pizza*!», «¡Tengo un caniche!». A la gente le entusiasma hablar de sí misma, y si incorporas esta realidad a tu plan de *marketing*, mejorarás la respuesta a tu producto o servicio.

Por ejemplo, si lanzo la encuesta «¿Estás yendo por la vía rápida o atrapado en la vía lenta? Averígualo ahora», estoy llevando a cabo una campaña interactiva concebida para involucrar a las personas y hacer que hablen de sí mismas. Cuando tus clientes potenciales rompen sus barreras personales y exponen partes de sí mismos, se acercan a ti; es como si existiese una relación personal entre vosotros. Y una relación vende más que una entidad empresarial anónima.

Algunas empresas están utilizando los medios de comunicación tradicionales e Internet para fomentar la interacción. Hace poco vi el anuncio de un fabricante de automóviles que mostraba la historia de una persecución a gran velocidad, si bien la historia no termina. Al final del anuncio se nos dice: «Averigüe lo que ocurre a continuación. Visite [la web tal]». Al provocar al público con mensajes o historias incompletos, los clientes potenciales se ven obligados a ver el final en un sitio web, y los sitios web fomentan la interacción.

La base de la revolución que suponen las redes sociales, los blogs y las webs 2.0 es la interacción. No queremos limitarnos a leer un artículo; ¡queremos comentar algo al respecto! ¡Lo que tenemos por decir debe escucharse!

Ser poco convencional

Lo convencional nos resulta demasiado familiar. Si has visto algo tres docenas de veces en el último mes, por decir algo, ¿tendrá efecto sobre ti? Por ejemplo, la frase «sé tu propio jefe» ha sido tan utilizada que ha perdido su poder. Sin embargo, sigo viendo titulares publicitarios y subtítulos de los llamados gurús que la usan, como si aún fuese un reclamo potente.

¿Qué es algo poco convencional? ¿Alguna vez has visto que se vendiese un Lamborghini por un dólar? Yo sé que no, porque si lo hubiese visto, lo recordaría. Una campaña así despertaría la curiosidad porque no sería convencional: «¿Qué loco vendería un coche caro por un dólar? ¿Es una estafa? ¿Cuál es el truco? ¡Tengo que averiguarlo!».

Otro ejemplo de salirse de lo convencional es romper las convenciones burlándose de ellas o interrumpiéndolas. ¿Recuerdas el conejito de Energizer?[*] Aún sigue tocando el tambor. Esos anuncios crearon una marca a partir de romper con lo convencional: el

---

[*] Puede ser que estés más familiarizado con el conejito de Duracell. Los conejitos de ambas compañías eran semejantes. El ámbito publicitario del conejito de Energizer era Estados Unidos y Canadá, y el de Duracell el resto de países. A principios de 2016 se desataron disputas judiciales entre las dos empresas a causa del conejo. (N. del T.)

anunciante creó una serie de mensajes de *marketing* estándar, aburridos, y los dinamitó con su conejito. El vendedor anticipó la familiaridad que genera lo convencional («¡Uf!, otro anuncio insulso») e impactó al público interrumpiendo ese aburrimiento con un conejo rosado. AdAge.com reconocía esos anuncios como una de las cien mejores campañas de todos los tiempos.

También se salió de lo convencional la compañía de seguros Geico, que tomó situaciones típicas e introdujo un golpe sorpresa en las escenas: «¡Tengo una gran noticia! Acabo de ahorrar un montón de dinero en el seguro del coche». Geico se burló de lo convencional en otro anuncio, en el que parecía que estabas viendo escenas promocionales de un nuevo programa de telerrealidad llamado *Tiny House* [Casa diminuta]. Se veía a una pareja de recién casados que supuestamente se había mudado a un apartamento muy pequeño durante un año y debía lidiar con la falta de espacio y las tensiones maritales. La pareja se daba con la cabeza contra unos techos bajos e intentaba conciliar el sueño en una cama muy estrecha. Pero esas escenas de aparente telerrealidad no son más que un ardid que se descubre cuando un locutor dice: «Este drama será real, pero no hará que ahorres dinero en el seguro del automóvil».

Si captas la atención de alguien, has ganado la mitad de la batalla. La otra mitad consiste en dejar que el egoísmo se apodere del público y elaborar unos mensajes que favorezcan tus intereses. La gente quiere saber qué tienes para ella. ¿Qué tal un ahorro del 15 % o más en el seguro del coche?

«¿QUÉ TIENES PARA MÍ?»

Es paradójico, sí: para tener éxito en la vía rápida debemos abandonar nuestro propio egoísmo y satisfacer el de los demás. ¿Dije en algún momento que recorrer la vía rápida sería como dar un paseo cómodo y agradable por la playa?

El primer comportamiento humano con el que puedes contar es el egoísmo. La gente quiere lo que quiere. A la gente no le importa tú, tu empresa, tu producto o tus sueños; las personas quieren ayudarse a sí mismas y ayudar a sus familias. Así es la naturaleza humana. Por lo tanto, nuestros mensajes de *marketing* deben enfocarse en los beneficios que van a obtener, no en las características del producto o servicio. La gente necesita que le digan exactamente qué tenemos para ella, cómo la ayudará o favorecerá lo que tenemos por ofrecerle.

Mis clientes eran pequeños empresarios y, a la vez, prestaba un servicio a millones de consumidores. Este papel de intermediario me permitió estudiar muy bien, y con mucha rapidez, el comportamiento de los consumidores y los productores. En cuestión de semanas aprendí cosas que los estudiosos tardarían meses en averiguar. Me di cuenta de que los propietarios de pequeñas empresas caen en la trampa de su propio egoísmo y les encanta predicar las virtudes de su compañía. Venden características sin darse cuenta de que las personas alquilan comodidad y eventos, no limusinas.

Como consumidores, adquirimos productos para resolver necesidades. Realizamos operaciones para llenar vacíos. No compras un taladro; compras un agujero. No compras un vestido; compras una imagen. No compras un Toyota; compras fiabilidad. No compras unas vacaciones; compras una experiencia. Debemos convertirnos en solucionadores de problemas, y para que nuestro negocio sea el «salvador» de alguien, hemos de traducir las características en beneficios. El hecho de que tengas la empresa de limusinas más grande de Colorado, ¿va a resolver mi problema? No hasta que traduzcas esta característica en un beneficio.

TRADUCIR LAS CARACTERÍSTICAS EN BENEFICIOS
Si quieres vender algo, traduce sus características en beneficios. Esto se logra con un proceso de cuatro pasos:

1. Ponerse en el lugar del comprador.
2. Identificar las características del producto o servicio que se quiere vender.

3. Identificar las ventajas de dicho producto o servicio.
4. Traducir las ventajas en beneficios.

Primero, ponte en el lugar de tus compradores habituales. Sé ellos. ¿Quiénes son? ¿Cuál es su *modus operandi*? ¿Son ejecutivos adinerados o personas que compran en Wal-Mart y están atentas a los precios? ¿O son estudiantes con problemas económicos? ¿O madres solteras? Si no puedes identificar a tu comprador habitual, tus resultados serán mediocres y no obtendrás beneficios. Una vez que hayas identificado a tus compradores, pregúntate: ¿qué es lo que quieren? ¿Qué es lo que temen? ¿Qué problema necesitan resolver? ¿O solo quieren «sentir» algo?

Por ejemplo, dos marcas del mismo producto podrían tener dos compradores diferentes. Una persona que compre un Corvette va a tener una motivación psicológica distinta de la que va a tener alguien que compre un Volvo. Ambos son automóviles; sin embargo, quien adquiere un coche deportivo no está comprando solamente unas ruedas que lo lleven de un lugar a otro. Es muy probable que el comprador del Corvette asuma riesgos, trabaje por su cuenta y sea alguien independiente, abierto y asertivo. El comprador del Volvo probablemente sea una persona conservadora, analítica y familiar y a la que le preocupe más la seguridad. Dos perfiles de comprador totalmente diferentes deben dar lugar a dos estrategias de *marketing* muy diferentes, en función de los deseos predominantes en cada grupo.

Después de ponerte en el lugar de tu cliente y comprender lo que quiere, el próximo paso que debes dar es determinar las características de tu producto. Estas eran algunas de las que tenía mi servicio *online*: permitía subir fotos, permitía que los anunciantes expusiesen qué vehículos y servicios ofrecían y en qué días y se podían reservar vehículos. Si bien estas características eran excelentes, era responsabilidad mía traducirlas en beneficios. ¿Qué hacía que fuesen tan geniales? ¿Qué ventajas ofrecían a mis clientes?

Tras determinar las características, conviértelas en beneficios o en resultados concretos. Con ello debe quedar claro por qué alguien debería acudir a ti y no a la competencia.

En el caso de mi servicio *online*, la función de «subir fotos» se tradujo en: «Deje de perder tiempo reuniéndose con clientes en garajes. ¡Suba fotos de su flota y muestre su producto a sus clientes!». La segunda función se tradujo en: «Entre todos los clientes potenciales posibles, diríjase a los que le interesan, indicándoles el servicio y los vehículos que ofrece, y en qué días». Y la función de reservar vehículos se tradujo en: «Maximice el tiempo en que su flota se encuentra circulando y reciba clientes potenciales en función de su disponibilidad de vehículos». Reflejé cada característica como un beneficio concreto que impulsaría al público a utilizar mi servicio. No dejé que los usuarios potenciales llenasen los espacios en blanco; lo hice yo por ellos.

EL PRECIO COMO ARMA DE CREACIÓN DE MARCA

El precio de tu producto o servicio es como un trabajo de pintura. Tuve mi primer contacto con la «pintura» y sus implicaciones a corta edad; no tendría más de seis o siete años. Mi madre organizó dos días de venta de productos usados y me permitió vender algunos juguetes y quedarme con el dinero. Un artículo que puse en venta era un «reloj de fútbol», una monstruosidad que marcaba las horas. Recuerdo vívidamente su precio: 2,55 dólares. «Un robo», razoné.

El primer día de la venta, muchos ojos se depositaron en mi reloj de fútbol, pero nadie lo compró. Mi joven mente empezó a pensar con astucia. ¿Cómo podía hacer que alguien pagase 2,55 dólares por mi reloj? No quería bajar el precio, seguramente porque 2,55 dólares era lo que costaba algún artilugio que quería comprar en la tienda de la esquina. Tuve una idea.

Agarré la cinta adhesiva que usaba mi madre para poner las etiquetas con los precios. Corté cuatro trozos pequeños de cinta y los pegué por encima de mi importe. Luego, en el pedazo de cinta de más arriba, escribí sin complejos 5,55 dólares y lo taché. En el siguiente escribí 4,50 dólares y lo taché. A continuación escribí y taché 3,95 dólares, y después 2,95. En definitiva, en cada pedazo de cinta anoté un precio más bajo y lo taché claramente, para que los compradores pudiesen ver la progresiva «reducción del precio», mientras el precio original de 2,55 dólares seguía estando ahí.

Ahora mi reloj tenía exactamente el mismo precio que al principio, pero lo estaba presentando de manera diferente. Los precios que estaban por encima del real, visiblemente descartados, transmitían dos cosas: que estaba vendiendo un producto de cierto valor y que mi oferta era una ganga. Y ¿qué pasó? Que la segunda persona que miró el reloj lo compró. Logré que mi comprador evaluase el precio en un marco conceptual diferente. Por supuesto, con siete años, no tenía ni idea de qué significaba la palabra *marketing* ni de qué estaba haciendo. Sin embargo, esa fue mi primera experiencia con el *marketing* y relativa a la conexión existente entre el precio y el valor del producto.

EL PRECIO REFLEJA MÁS QUE EL MERO COSTE

El precio puede servir para crear marca porque *el precio implica un valor*. Cuanto más caro sea su precio, mayor valor percibirá la gente en lo que ofreces. Y al contrario: un precio más bajo se asocia con un valor inferior. El precio no es solamente un número que le dice a la gente lo que cuesta algo; transmite un valor y la sensación de si vale la pena o no invertir en ese producto o servicio.

Oí una vieja historia que refleja la equivalencia existente, en la mente de las personas, entre valor y precio. Poniendo orden en su sótano, un hombre encontró una vieja cómoda y decidió regalarla. La llevó a la esquina de la calle y le puso un letrero encima, que ponía «GRATIS». Sorprendentemente, la cómoda estuvo allí todo el día y durante varios días más. Esto confundió al hombre, porque el mueble, aunque era viejo, estaba bien conservado y solo necesitaba una mano de pintura para estar perfecto. El hombre decidió que debía ejecutar una nueva estrategia, de manera que fue a la esquina de la calle y reemplazó el letrero de GRATIS con otro que ponía: «cincuenta dólares». En menos de una hora, alguien robó la cómoda.

El producto era el mismo; solo cambió la estrategia en cuanto al precio.

A menos que el precio sea tu marca (como ocurre con Wal-Mart y Southwest Airlines), no permitas que el precio robe tu marca cuando debería estar definiéndola. El precio es más que un parámetro competitivo que se desliza hacia arriba y hacia abajo para que los productos se vendan más rápido. También transmite, indirectamente, cuál es el valor del producto o servicio. Tuve varios competidores que ofrecieron sus servicios un 10 % más baratos que yo, a veces incluso un 20 %. Sin embargo, continué prosperando. Si yo no era el que tenía los mejores precios, ¿por qué me fue bien? Porque mi servicio era de un valor superior, y mantuve mis precios coherentes con ese valor. Mis clientes potenciales estaban mejor seleccionados. Tenía mejores socios. Mi servicio al cliente era excelente. Yo estaba al cargo de una marca, mientras que mis competidores llevaban negocios.

Mi amiga artista, la que hacía pinturas notablemente bellas y exquisitas (la he presentado en el capítulo treinta), valoraba su trabajo a través de su propio filtro de precios, un filtro por el que se autolimitaba. Era madre soltera y luchaba para pagar las facturas; vivía de paga en paga. Para ella, quinientos dólares era una cantidad extraordinaria, y debido a eso, tasaba sus obras muy por debajo de su verdadero valor. Su visión distorsionada de los precios alteraba su potencial de ganancias y le hacía concebir para su obra un valor inferior al que tenía. Le aconsejé que subiese los precios: «Toma esta pintura de noventa dólares, ponla a trescientos y a ver qué pasa». Efectivamente, siguió vendiendo la misma cantidad de obras con los precios más altos, porque el precio implica un valor y define las marcas.

Los precios pueden jugar un papel incluso en la vía lenta, en la cantidad que uno está dispuesto a percibir como salario. Por ejemplo, alguien publicó esto en el Foro de la Vía Rápida (TheFastlane-Forum.com):

Una empresa publicó dos anuncios para un mismo puesto de programador web en un periódico. En uno de los anuncios se indicaba que el sueldo era de ciento veinte mil dólares anuales. En el otro, que era de treinta y dos mil dólares al año. Solo cuatro personas respondieron al primer anuncio, el que ofrecía el mejor salario. Y más de cien respondieron al segundo anuncio, el que ofrecía un sueldo muy inferior. La mayoría de la gente no confía en sí misma ni en sus capacidades y está dispuesta a conformarse con mucho menos.

¿Te estás conformando con menos en los negocios? ¿Está viéndose alterado tu potencial no realizado por tu marco de valores distorsionado? Es determinante aplicar la estrategia de precios adecuada para crear marca e implantar una buena estrategia de *marketing*. El precio equivocado transmite el significado equivocado. En los sectores en los que la comoditización es muy grande, el precio es crucial. Un asesor en relaciones públicas puede cobrar un 30 % más que sus competidores, pero una estación de servicio no puede hacerlo.

Aunque soy heterosexual, me fascinan los bolsos de diseño porque admiro la estrategia de precios vinculada a estos productos. ¿Cómo pueden venderse por cuatro mil dólares cuando probablemente haya costado menos de cien producirlos? Gracias a que el precio da prestigio a la marca y gracias a un buen *marketing*. El precio forma parte de la creación de la marca.

El precio es una de las muchas formas de entrar en la cabeza del consumidor. Con el fin de utilizarlo para potenciar tu marca, tienes que convencer al consumidor del valor de tu producto o servicio, más allá del coste de su practicidad. ¿Qué te hace diferente del resto? ¿Por qué la gente debería pagar más por lo que tú ofreces? Al diseñar tu estrategia de *marketing*, debes entrar en la mente de tus clientes potenciales y diferenciar tu marca. Si te adueñas de la mente del consumidor, te adueñas de él.

RESUMEN DEL CAPÍTULO: INDICACIONES PARA LA VÍA RÁPIDA

- El *marketing* y la creación de marca (la «reina») son los mejores utensilios de los que dispones en tu caja de herramientas de la vía rápida.
- Las empresas sobreviven. Las marcas prosperan.
- Las empresas tienen crisis de identidad; las marcas no. Las crisis de identidad obligan a los empresarios a someter sus precios a comoditización.
- Las propuestas de venta únicas (PVU) son las claves de tu marca y hacen que tu empresa se distinga del resto.
- Las personas tienden, por naturaleza, a querer ser únicas y diferentes de todas las demás.
- Para tener éxito con el *marketing*, tus mensajes tienen que destacar por encima del «ruido» publicitario.
- La polarización es una gran herramienta para destacar por encima del ruido si el producto o servicio se dirige a un público polarizado. Ámbitos en los que hay una fuerte polarización son la política, las opiniones minoritarias y el deporte.
- El sexo vende y siempre atrae las miradas.
- Los consumidores toman sus decisiones de compra basándose más en las emociones que en el aspecto práctico.

- Si puedes despertar emociones en la gente, será más probable que la convenzas de que compre tu producto o servicio.

- Las personas tienden, por naturaleza, a hablar de sí mismas. Si puedes incorporar la interacción en tus campañas, tendrás más éxito.

- Ser poco convencional consiste, en primer lugar, en identificar lo convencional, y luego en hacer lo contrario de eso o interrumpirlo.

- Las motivaciones de los consumidores son egoístas. A la hora de elaborar tus mensajes, ten presente que quieren saber qué tienes para ellos.

- Las características se convierten en beneficios cuando te pones en el lugar del consumidor, identificas las ventajas de las distintas características y traduces esas ventajas en un resultado específico.

- El precio transmite, implícitamente, qué valor tiene ese producto o servicio y si vale la pena comprarlo o contratarlo.

- No permitas que tu propia percepción de los precios encamine tu marca hacia la mediocridad.

Elige la monogamia por encima de la poligamia

*Ningún caballo llega a ninguna parte
hasta que le ponen riendas.*

*Ningún vapor o gas pone en movimiento ninguna
maquinaria hasta que es confinado.*

*Ningún salto de agua se convierte en luz y
electricidad hasta que es canalizado.*

*Ninguna vida se vuelve genial hasta que uno persevera
en el enfoque, la dedicación y la disciplina.*

Harry Emerson Fosdick

LOS CÓNYUGES INFIELES NO SON BUENOS COMPAÑEROS

Ahora que nos acercamos al final de nuestra conversación, debo abordar la necesidad de fidelidad que tiene la vía rápida. La monogamia, en definitiva.

En la universidad, mi amigo Markus Tekel era un emprendedor ambicioso. Y Markus, si estás leyendo esto, me disculpo por mencionarte. Pero ¿en qué diablos estabas pensando? Markus se implicaba en un negocio distinto cada semana. Una semana se trataba de un absurdo programa de *marketing* multinivel, la siguiente era un esquema de publicidad llave en mano que había encontrado en la contraportada de una revista de emprendedores y la siguiente era un programa de anuncios clasificados. Cambiaba la semana, cambiaba la oportunidad. Mis amigos acabaron por acuñar la denominación *síndrome de Tekel* para referirse a la neurosis consistente en ir saltando de una oportunidad a otra.

El síndrome de Tekel hace referencia a la compulsión de dispersar el enfoque entre distintos proyectos y oportunidades. También es un síntoma de que se está persiguiendo el dinero en lugar de buscar satisfacer necesidades. Cuando uno invierte su tiempo en cinco negocios diferentes, se convierte en un polígamo oportunista. La idea es arrojar a la pared tanta porquería como sea posible porque alguna tendrá que pegarse. «¡Algo habrá entre todo esto que me permitirá ganar algo de dinero!».

Un enfoque disperso conduce a resultados dispersos. En lugar de tener un negocio que prospera, el polígamo oportunista tiene veinte negocios que van mal. Diez negocios que producen diez mil dólares entre todos no son mejores que uno solo que produce esta misma cantidad. Cuando el esfuerzo se divide entre diversos activos, todos ellos son débiles. Los activos débiles no levantan objetos pesados y no permiten construir pirámides consistentes. Los activos débiles no generan velocidad. Los activos débiles no llegan a ascender a valoraciones multimillonarias. Los activos débiles no aceleran la creación de riqueza; dan lugar a ingresos que permiten pagar las facturas del mes y que obligan a empezar de nuevo al mes siguiente.

Hice una incursión en la poligamia cuando inicié otro negocio web que imitaba el modelo de la empresa que ya tenía. Una vez que lo hube lanzado, el nuevo negocio no me permitió dedicar tanto tiempo a mi empresa principal, que era la base de mi sustento. En efecto, «engañé a mi cónyuge» y «se descubrió». Buena parte del tiempo que había estado dedicando a mi próspera empresa debía dedicarlo a la nueva. Los resultados no fueron buenos, y tenía cuatro opciones: seguir «engañando» a mi primera empresa, contratar a alguien que administrase la primera empresa, contratar a alguien que administrase la nueva empresa o cerrar la nueva empresa. Al final hice esto último, porque pensé que si contrataba empleados adicionales debería dedicar más tiempo a tareas directivas.

¡LA MONOGAMIA CONDUCE A UNA POLIGAMIA MUY DIVERTIDA!

No conozco a ningún polígamo oportunista de gran éxito que no haya empezado por ser monógamo.

Piensa en ello: las personas más ricas del mundo se enriquecieron enfocándose en un propósito principal, no desviando el enfoque. LeBron James no sería bueno en el baloncesto si hubiese atendido varios intereses. Se centró en una cosa y solo una: el baloncesto. Comió y durmió en los aros. Ahora que tiene un estatus legendario y un patrimonio neto de millones de dólares, puede permitirse ser polígamo en cuanto a sus intereses.

Para llegar a la cima en tu deporte, en tu empresa o en cualquier ámbito, tienes que comer y dormir con ello. Si estás coqueteando con diez cosas diferentes, tus resultados serán insignificantes. Concéntrate en una y ejecútala con la máxima excelencia.

Algunos de los mejores emprendedores del sector tecnológico crearon unas compañías impresionantes a partir de enfocarse en ellas y comprometerse con ellas al 100 %; no dispersaron su atención llevándola también a otros negocios. Los empresarios de éxito solamente se dispersan hacia emprendimientos distintos de su negocio principal después de haber consolidado su gran fuente de riqueza. Expresado de otro modo, *su monogamia los conduce a la poligamia*.

¿Qué suele ser lo primero que hace un emprendedor después de vender su empresa por cincuenta millones de dólares? Invierte en múltiples empresas, se implica en causas filantrópicas y cultiva sus pasiones. ¿Qué es lo que hace que ahora sea posible la poligamia? El dinero. El dinero compra sistemas, por ejemplo sistemas de recursos humanos y sistemas de ingresos pasivos, que permiten disponer de tiempo.

El éxito de la vía rápida proviene de la monogamia, no de dividir la atención entre los cónyuges y los amantes. Se trata de ser fiel en el matrimonio, una costumbre antigua pero productiva. Concéntrate en un negocio de la vía rápida y esmérate al máximo.

RESUMEN DEL CAPÍTULO: INDICACIONES PARA LA VÍA RÁPIDA

- Quienes tienen el síndrome de Tekel son polígamos oportunistas que saltan de oportunidad en oportunidad.
- Un compromiso empresarial débil conduce a unos activos débiles. Y los activos débiles no aceleran la riqueza.
- Los empresarios de más éxito están comprometidos con su negocio al 100%.
- El éxito con la monogamia empresarial puede conducir al éxito con la poligamia empresarial.

Une todos los puntos: ¡impulsa al máximo tu plan de enriquecimiento!

Tomas tus decisiones en un momento, pero
sus consecuencias duran toda la vida.

M. J. DeMarco

PON EL TURBO HACIA LA RIQUEZA

Un viaje de mil kilómetros empieza con un primer paso. He puesto mucha información en tu camino y es hora de que la reúnas y des ese paso. Es hora de que despliegues tu proceso de forma ordenada. Ahora cuentas con el marco psicológico y matemático necesario para que tus probabilidades de enriquecimiento sean mayores. Hagamos un repaso.

1. Recuerda que la generación de riqueza obedece a una fórmula

El enriquecimiento tiene lugar según una fórmula y requiere también seguir un proceso sistemático constituido por una serie de creencias, elecciones, acciones y hábitos que conforman un estilo de vida. La riqueza es el fruto de un proceso, no de un acontecimiento.

2. Reconoce una serie de realidades

Reconoce que el camino predeterminado hacia la riqueza, el «hazte rico poco a poco», es fundamentalmente defectuoso por el incremento limitado e incontrolable, por un resultado matemático de poco alcance debido a que la generación de ingresos está basada en el tiempo (*Riqueza = Empleo + Rentabilidad de los mercados financieros*). Reconoce que existe la forma de «hacerse rico deprisa». Reconoce que no tener ningún plan no es un buen plan. Reconoce que la suerte es un efecto secundario del compromiso.

3. Detente y cambia de carretera

Deja de seguir los itinerarios equivocados. Deja de hacer lo que has estado haciendo. Deja de vender tu alma a cambio de un fin de semana. Deja de pensar que los planes de pensiones y los fondos de inversión te harán rico. Cambia los itinerarios ineficaces por el itinerario de la vía rápida. Pasa de pensar y actuar como un consumidor a hacerlo como un productor.

4. Ten siempre presente que el factor clave es el tiempo

El tiempo es el mejor activo de la vía rápida; más concretamente, el tiempo libre. Invierte en actividades que vayan a permitirte disponer del tiempo a tu antojo. Evita los ladrones de tiempo, como la deuda parásita, que transforma el tiempo libre en tiempo contratado. Invierte en un sistema empresarial que pueda convertir el tiempo contratado en tiempo libre. Toma tus decisiones teniendo muy en cuenta el factor tiempo.

5. Apunta al incremento controlable e ilimitado

Básate en las matemáticas del incremento controlable e ilimitado para generar riqueza. Este incremento no es posible con la ecuación de la riqueza de la vía lenta, que se basa en el tiempo (el salario por hora, el salario anual, la rentabilidad anual, los años invertidos). Si no puedes controlar los factores matemáticos que predeterminan el enriquecimiento ni lograr que las cantidades de las variables sean mucho más grandes, no puedes controlar tu plan financiero. El incremento exponencial depende de un sistema que haga el trabajo por ti.

6. Aumenta tus activos y tus ingresos

La adquisición de riqueza se acelera por medio de aumentar en gran medida los ingresos y el valor de los activos a través de una actividad empresarial que pueda ser sistematizada y finalmente vendida en un evento de liquidación. Vive por debajo de tus posibilidades, pero procura expandir estas posibilidades centrándote en los ingresos y, a la vez, controlar los gastos. Es el crecimiento exponencial de los ingresos y del valor de los activos, no la reducción de los gastos, lo que permite llegar a ser millonario.

7. Determina qué cantidad de dinero necesitas

¿Cuál es tu cantidad? ¿Cuánto dinero necesitarás para vivir según el estilo de vida que has elegido? Determina tu cantidad, calcula cuánto es en centavos y ponte manos a la obra. Empieza a guardar el cambio, abre una cuenta de inversión y cuelga un gráfico en la pared de tu despacho para hacer un seguimiento constante del incremento de tu cantidad. Empieza a hacer realidad el estilo de vida de tus sueños poniendo fotos de ese estilo de vida en tu lugar de trabajo. Por ejemplo, si quieres una casa de madera junto a un arroyo en la montaña, busca una imagen que refleje esa visión y ponla al lado de tu ordenador, para que no puedas evitar verla todos los días. Materializa tus visiones del futuro como imágenes y oblígalas a entrar en tu psique, para tenerlas siempre presentes. Si tu sueño es un Ferrari, compra un modelo de Ferrari de metal fundido y ponlo en tu automóvil o en tu escritorio. ¡Haz que tus sueños sean reales e inevitables!

8. Aprovecha la ley de la *efectación*

Favorece la *efectación* y la riqueza te favorecerá. La ley de la *efectación* establece que «cuantas más vidas afectes en un entorno que controles, más dinero ganarás». Ten un impacto sobre millones de personas y ganarás millones (de dólares o una moneda equivalente). Cuando resuelves necesidades a gran escala, el dinero fluye a tu vida. El dinero refleja valor.

9. Cambia de dirección

Uno decide en qué dirección va por la vida. En algún momento debes comprometerte con la ideología de la vía rápida, y ese compromiso conformará tu proceso. Uno no se enriquece eligiendo eso como un acontecimiento, de la misma manera que uno no puede decidir perder cincuenta kilos al acostarse y levantarse pesando cincuenta kilos menos. Las decisiones que vayas tomando determinarán si para ti la vía rápida es un *hobby* o si constituye tu estilo de vida. Para que tus decisiones favorezcan al máximo la efectividad, implementa el análisis de las consecuencias en el peor de los casos (ACPC) y la matriz de decisión promedio ponderada (MDPP). La potencia de las decisiones es mayor cuando se toman en la juventud y va disminuyendo con la edad. Examina las elecciones que efectuaste en el pasado. ¿Por qué estás donde estás? ¿Qué fue lo que tuvo un efecto traidor en tu vida? ¿Por qué te asfixian las deudas? Si no rectificas los errores de tus elecciones pasadas, estarás destinado a repetirlos. El cambio de comportamiento empieza con una reflexión acerca de las elecciones que se efectuaron y sigue con la modificación de dichas elecciones, para que el futuro refleje la mentalidad de la vía rápida. Admite tu responsabilidad en relación con las decisiones que tomaste y responsabilízate de tus futuras elecciones.

10. Crea tu empresa según un modelo que te permita ir por la vía rápida

Desvincúlate oficialmente de la ecuación de la riqueza de la vía lenta haciendo que la estructura de tu empresa corresponda a una entidad que pueda circular por la vía rápida. Es decir, crea una corporación C, una corporación S o una corporación de responsabilidad limitada (indaga cuáles son los modelos más próximos a estos en tu país). A partir de ese momento, tu entidad es el marco en el que vas a desarrollar tu sistema empresarial. En este contexto, tu negocio «se paga a sí mismo primero», paga al gobierno en último lugar y emplea un tiempo que está separado de tu tiempo. Este es el primer paso que debes dar para crear un activo.

11. Que la pasión y el sentido de propósito sean tu combustible

Cuando tengas una entidad empresarial y hayas determinado cuál es la cantidad de dinero que te permitirá llevar la vida de tus sueños, necesitarás una pasión y un propósito para permanecer motivado en el día a día. No confundas la *pasión* con *hacer lo que amas*. La pasión incendia tu alma y te impulsa a hacer lo que sea necesario. La pasión hace que te regocijes de entusiasmo y te enfurezcas de descontento. Algunas pasiones son egoístas («Quiero un Lamborghini») y otras son desinteresadas («Quiero ayudar a los niños huérfanos»). No importa cuál sea, siempre y cuando sea lo bastante ardiente como para mantenerte implicado en el proceso.

12. No pares de aprender

Uno empieza a formarse realmente después de haberse graduado. Prométete no dejar de aprender nunca. Lo que sabes ahora no es suficiente para que llegues a ser la persona que debes ser mañana. Busca los conocimientos de la vía rápida que favorezcan la creación y la operatividad de sistemas empresariales en un entorno que controles. Acude a la biblioteca y entra en Internet. La información es la gasolina en tu viaje financiero. Asegúrate de leer a diario a ratos, aprovechando los lapsos de tiempo que a menudo se desaprovechan: los desplazamientos en tren o en avión, mientras haces ejercicio, la pausa para el almuerzo, una hora por la mañana antes de ponerte a trabajar o mientras esperas en la oficina de correos.

13. Elige una carretera apropiada

Métete en una carretera que sea una vía rápida. Si eres incapaz de decidir cuál tomar entre estas, no te preocupes; la carretera puede elegirte a ti. Entrena tu mente a ver necesidades y problemas. Observa lo que piensas y lo que dices, ya que ahí vas a encontrar necesidades no satisfechas o mal satisfechas. No tienes que ser el próximo inventor de la rueda; basta con que encuentres un problema, una cuestión dolorosa o un servicio que se eche en falta y ofrezcas una solución para eso. Muchas de las empresas más rentables del mundo han partido de productos que ya existían; sus dueños resolvieron mejor un problema. Cuando uno se enfoca en las necesidades, los problemas, los inconvenientes y las incomodidades, empieza a ver oportunidades. Las carreteras nos eligen, en efecto.

14. Ten el control de todos los procesos

Controla tu plan financiero, de acuerdo con lo que establece el mandamiento del control. Crea una organización en la que puedas controlarlo todo, desde los precios hasta el *marketing* y la forma de operar. Los empresarios de la vía rápida no ceden el control de las cuestiones empresariales fundamentales a estructuras de control jerárquicas, porque ellos mismos son la estructura de control. Nada como un tiburón, no como un pececito.

15. Proporciona a los demás lo que quieren o necesitan

Ten lo que otros *necesitan*, para poder proporcionárselo, y el dinero fluirá a tu vida, según lo que indica el mandamiento de la necesidad. No puedes aumentar enormemente tus ingresos por medio de buscar el dinero. Deja de perseguir el dinero, porque este elude a quienes intentan cazarlo. En lugar de ello, concéntrate en lo que lo atrae, es decir, en un negocio que resuelve necesidades. El dinero acude cuando se proporciona valor. Desecha el egoísmo y busca tener lo que tu prójimo *quiere*. Si haces esto, el dinero fluirá hacia tu vida, porque el dinero se siente atraído por aquellos que tienen lo que otros quieren, anhelan o necesitan.

16. Automatiza los procesos

Automatiza tu negocio y obedece el mandamiento del tiempo. Consigue desvincular tu tiempo de tu negocio. Las mejores plántulas del árbol de los ingresos pasivos son los sistemas dinerarios, los de alquiler, los informáticos, los de contenidos, los de distribución y los de recursos humanos. La clave de la automatización en cualquier negocio radica en estas plántulas.

17. Reproduce tu sistema

Reproduce tu sistema y respeta el mandamiento de la escalabilidad. Opera en un campo de juego en el que se puedan hacer *home runs*. Para ganar millones (de dólares o equivalente), debes tener un impacto en millones de personas. Para tener un impacto en millones, ¡debes estar en un campo en el que puedas afectar a millones! ¿Pueden tu producto o servicio y tu proceso reproducirse a escala global para aprovechar la ley de la *efectación*?

18. Haz crecer tu negocio

Haz crecer tu negocio abordándolo de forma multidimensional, como si fuese una partida de ajedrez. Crea una marca, no un negocio. Trata a los clientes como a tu jefe y convierte las quejas en oportunidades. Escucha al mundo, ya que te va a ofrecer las mejores pistas respecto a la dirección que debes tomar. Evita la comoditización. Diferénciate de la competencia. Hazte oír por encima del ruido. Concéntrate en un solo negocio.

19. Ten una estrategia de salida

Lograr que todos tus ingresos sean pasivos gracias a un sistema dinerario es uno de los destinos de la vía rápida. La mejor manera de nutrir los sistemas dinerarios es mediante eventos de liquidación de activos de gran valor. Debes saber cuándo es el momento de liquidar tus activos y transformar el dinero sobre el papel en dinero real. Debes saber cuándo es el momento de bajar del caballo y aprender a montar uno nuevo.

20. Jubílate o reproduce tu sistema empresarial. Y recompénsate

Después de liquidar tus activos, jubílate o reproduce tu sistema empresarial. En cualquiera de los dos casos, recompénsate por los hitos que vayas alcanzando a lo largo del viaje. ¿Acabas de vender tu primer producto? ¡Celébralo! Sal a cenar, fúmate un puro, bébete una cerveza. ¿Tu patrimonio neto acaba de superar la barrera de los cien mil dólares? Disfruta de algo agradable. ¿Has cerrado una alianza comercial? Celébralo dándote un capricho. ¿Has superado la barrera del millón de dólares? Tómate unas buenas vacaciones. ¿Has superado la barrera de los diez millones? Cómprate un Lamborghini.

LA HORA DE LA DESPEDIDA

El viaje por la vía rápida no es un destino sino un viaje personal que se convierte en tu vida y en tu proceso. Descubrirás que vale la pena vivir este viaje mientras tus sueños estén vivos y tengan probabilidades de manifestarse. No importa dónde empieces, sino cómo procedas. La puerta del garaje, más allá de la cual hay una vida excepcional, está abierta. ¡Deja atrás el pasado, que te mantiene estancado y entra en la carretera! Todos los conductores de la vía rápida parten de turbulencias vitales similares.

«Pero M. J., ¡mis tarjetas de crédito acumulan una deuda tremenda!».

«Pero M. J., ¡mi empleo consiste en reponer los productos de los estantes de un supermercado!».

«Pero M. J., ¡no tengo tiempo después del trabajo!».

«Pero M. J., ¡mi esposa odia mis ideas empresariales!».

Ten cuidado con los «peros», porque lo que hacen es mantener tu trasero pegado al sofá y evitar que hagas nada. Las excusas nunca hicieron rico a nadie, y todos las tenemos. Deja de ser como todos los demás y empieza a actuar. Efectúa una elección hoy que pueda cambiar el curso de toda tu vida.

¡Bueno! Llevamos mucho tiempo aquí, el sol se ha puesto y el encargado de la cafetería ha colgado el cartel de «cerrado». Quiero darte las gracias por haber estado conmigo. Si quieres profundizar aún más en la teoría de la Vía Rápida, visita FastlaneEntrepreneurs.com o TheFastlaneForum.com. Si este libro te ha inspirado o te ha cambiado la vida, ¡díselo a un amigo o házmelo saber en mj.demarco@yahoo.com (escribiendo en inglés)!

Espero que *La vía rápida del millonario* haya despertado tus sueños y les haya dado la oportunidad de vivir. Recuerda siempre que si tu sueño está vivo, ¡ya lo estás viviendo! Espero que consigas todo lo que te propongas, y quizá, tal vez algún día, tu impacto en el mundo retumbará a través de los años y podrás reflexionar sobre esa pequeña elección que efectuaste mucho tiempo atrás: la elección de tomar un libro y leerlo.

Y a tus sueños les digo: buena suerte y que Dios os bendiga.

M. J. DeMarco

Reflexiones para el lector

M. J., soy profesor de secundaria… ¿Cómo puedo ir por la vía rápida?

En primer lugar, comprende que no vas a hacerte rico con tu empleo actual. No te aconsejo que dejes tu trabajo (todavía), pero sí que establezcas una vía paralela por la que puedas transitar. ¿Te encuentras en el ámbito de tu profesión con algún problema que podrías abordar? ¿Y si creas un producto que todas las escuelas del país necesitasen para su plan de estudios? ¿Y si escribieses un libro dirigido a los profesores? O ¿podrías fundar una escuela privada?

Si no puedes identificar una necesidad que transcurra paralela a tu camino actual, ¿hay otros problemas que puedas identificar en un camino diferente? Tal vez un estudiante pueda revelar una necesidad que deba resolverse. ¿Escuchas sus quejas? ¿Sus problemas, dificultades y esfuerzos? Las necesidades están en todas partes, y no tienes por qué verlas solo en tu actividad profesional.

Los caminos solo se abren cuando se llama a sus puertas. Además, como profesor, tienes un acceso al tiempo que la mayoría de los profesionales no tienen. ¿Sabes a cuántas personas les gustaría disponer de tres meses libres en verano? Aprovecha este tiempo para forjar un nuevo camino, coherente con la vía rápida.

M. J., hace diecinueve años que mi vecino tiene una empresa. Nunca está en casa, nunca tiene tiempo para nada, y está claro que no es rico. ¡Tener una empresa no garantiza la riqueza!

Estoy de acuerdo. El problema de tu vecino es que está en una carretera que no lleva a la riqueza, porque es muy probable que no cumpla el mandamiento del tiempo. Si tu empresa no puede separarse de tu tiempo por medio de una plántula de árbol del dinero, puede muy bien ser que tu negocio sea el equivalente a un empleo sin futuro.

M. J., actualmente tengo una deuda de doce mil dólares y apenas llego a fin de mes. ¿Cómo puedo empezar?

Empieza por comprender el origen de esta deuda. ¿Por qué la tienes? ¿Cómo se presentó y cómo ha llegado a ser de doce mil dólares? El engrosamiento de tu deuda no ha sido un acontecimiento, *sino un proceso* que ha tenido lugar durante varios años. ¡Uno no se levanta una mañana y se encuentra con esa cantidad de deuda! Tus elecciones han desembocado en la deuda que tienes actualmente: tus abundantes elecciones de comprar a crédito en lugar de pagar en efectivo. Elegiste comprar esas horribles prendas de vestir que tienes en el armario. Elegiste ese coche tan elegante. Elegiste no ser menos que tus vecinos. O tal vez vives en una casa que es demasiado cara para ti y has estado pagando los productos de primera necesidad, como los alimentos, con la tarjeta de crédito. Escapar de la deuda de la tarjeta de crédito requiere comprometerse con el proceso en lugar de hacerlo con los acontecimientos, pero en el sentido inverso. Arrepiéntete de haber sido un viajero del arcén y toma nuevas decisiones encaminadas a evitar que tu deuda siga aumentando o, mejor aún, a que disminuya. Paga en efectivo por todo. Aquello que no puedas pagar en efectivo no puedes permitírtelo.

En segundo lugar, enfócate en tus ingresos. Afróntalo: necesitas ganar más dinero. Si tuvieses una empresa que generase unos beneficios de quince mil dólares mensuales, ¿te parecería una carga tan pesada esa deuda? Seguro que no. Tardarías unas semanas en saldarla, no décadas. *Los ingresos son la respuesta*, más la obligación temporal de reducir los gastos para impedir que la deuda siga aumentando.

Comprométete a emprender un negocio basado en las necesidades que pueda servirte para incrementar los ingresos y exponerte a la ecuación de la riqueza de la vía rápida. Sí, es posible que tengas que ensuciarte las manos haciendo algo que a la mayoría les resultaría repulsivo. Tendrás que hacer lo que la mayoría de la gente no hará. O quieres lograr tu objetivo con todas tus fuerzas o no lo quieres en absoluto; no hay término medio que valga.

M. J., mi esposa y yo viajamos por dos carreteras diferentes. Ella es una conductora de la vía lenta inamovible obsesionada con ahorrar cada centavo y llevar un estilo de vida muy austero, y yo soy un emprendedor compulsivo que quiere un poco más de la vida. Mi problema es que mi «compulsión» no me ha traído ningún éxito; solo ha creado turbulencias en nuestra relación.

¿Tu esposa ha leído este libro? Si es así y no está de acuerdo con la filosofía de la vía rápida ni quiere implicarse en ella, es posible que debáis tomar decisiones difíciles en el futuro. Tu cónyuge es tu compañera de por vida, y si vuestros caminos no transcurren paralelos, tal vez sea complicado que podáis seguir adelante. Al igual que ocurre con nuestras elecciones y su potencia, las relaciones también tienen una trayectoria. Si actualmente tu camino y el de tu compañera divergen en un grado, estarán separados por noventa grados dentro de unos años.

Personalmente, no me interesan las relaciones que son «lo suficientemente buenas», sino aquellas que facilitan que ambas personas den lo mejor de sí mismas. No puedo especular sobre la fuerza de tu relación; solo tú puedes hacerlo. ¿Podéis tu cónyuge y tú comprometeros con algunos principios con los que estéis de acuerdo que puedan tender un puente entre vuestras posiciones? ¿El valor que le concedéis al tiempo, tal vez? ¿O el reconocimiento de lo importante que es no ser un analfabeto financiero? ¿O la conveniencia de separar vuestros ingresos de vuestro tiempo? ¿O los efectos ruinosos de la deuda parásita? Tal vez estos puntos en común sean lo bastante fuertes para que haya un objetivo que os una y permita que vuestras carreteras transcurran paralelas.

Y, finalmente, es posible que tu «compulsión» sea un problema. ¿Eres un polígamo oportunista que va en pos de diez oportunidades diferentes? Tu negocio es como tu cónyuge; deja de «engañarlo con otros» y dedícale toda tu atención. Obtendrás según lo que inviertas, y repartir tu tiempo entre varios «amantes» es la receta para obtener unos ingresos mediocres y para que el valor de tus activos tampoco deje de ser mediocre.

M. J., ¿qué me puedes decir de los bienes raíces? No los mencionas mucho... ¿Son una estrategia de la vía rápida?

Considero que las propiedades inmobiliarias son «riqueza 1.0» y que solo pueden servir como estrategia para la vía rápida si se aplica un esfuerzo y si se manipulan los cinco mandamientos. ¿Has invertido en bienes raíces por necesidad o porque sabes cómo funciona este ámbito? Un inversor de bienes raíces de éxito invierte en una casa en la que haya que hacer reformas. Un inversor de bienes raíces de éxito construye un complejo de apartamentos porque el barrio lo necesita.

Además, el sector inmobiliario posee magnitud pero carece de alcance. Esto significa que para lograr un éxito importante debes acumular muchos éxitos menores; debes ir repitiendo el mismo tipo de operación. Una pequeña propiedad no te hará rico, pero si llegas a acumular doscientas a lo largo del tiempo puede ser que logres enriquecerte. Ahora bien, este proceso de acumulación no tiene lugar en unos pocos años, sino que se necesitan muchos. Nunca he conocido a un inversor de bienes raíces de veintidós años que sea multimillonario, por la sencilla razón de que esta estrategia de la vía rápida es bastante lenta. El motivo es que en este caso el valor de los activos no se puede manipular tan fácilmente como en el caso de un negocio propio, que haya creado uno mismo. El valor de los activos está limitado por la magnitud, razón por la cual los inversores en bienes raíces más ricos no solo son mayores, sino que se enfocan en propiedades que puedan reportar cuantiosos beneficios. Por ejemplo, Donald Trump no se dedicó a construir casas unifamiliares, sino edificios altos. Cuestión de magnitud. Los bienes inmuebles permiten en gran medida no tener que dedicarles tiempo, con lo cual favorecen la libertad, de forma sostenida. Solo tú puedes determinar si la inversión en bienes inmuebles es una carretera de la vía rápida por la que quieres circular.

M. J., ¿dices que no puedo hacerme rico trabajando cuatro horas a la semana?

Claro que puedes, porque *cada uno define la libertad en el contexto de su tríada de la riqueza*. Si la riqueza para ti es viajar por el mundo con cien dólares en la cartera y tienes una habilidad especial para sobrevivir por medio de subterfugios, ardides, prestar un horroroso servicio al cliente dedicándole a ello un momento al día, practicar el trueque y otras prácticas nefastas, hazlo. Si sientes que puedes ser el dueño de tu vida y atender las necesidades de tu familia con mil dólares al mes, adelante. ¿Ha habido momentos en los que he trabajado cuatro horas a la semana? ¡Sí, y muchas veces menos! La diferencia es que invertí toneladas de trabajo para llegar ahí y que no me permití trabajar pocas horas cuando estaba ganando mil dólares al mes, sino cuando estaba ganando cien mil. No he conocido nunca a un multimillonario que haya alcanzado el éxito invirtiendo cuatro horas a la semana desde el principio hasta el final. Esta calle es de un solo sentido: *los árboles del dinero pueden dar como fruto que solo sea necesario trabajar cuatro horas a la semana, pero ¡los árboles del dinero no pueden crecer con esta dedicación!*

M. J., ¿qué puedes decir del marketing de afiliación? ¿Sirve como carretera de la vía rápida? Conozco a algunos tipos que están ganando mucho dinero con este sistema.

El *marketing* de afiliación infringe el mandamiento del acceso y el del control; si se pueden superar estas restricciones, puede ser una forma de ir por la vía rápida. Desafortunadamente, en sí mismo, no pertenece a la vía rápida. ¡Acabo de proferir una blasfemia! En algunos foros de *marketing* de afiliación me han criticado por mantener esta postura. Es curioso que me tilden de idiota los mismos tipos que se pasan el día curioseando en Internet buscando vender el producto de algún conductor de la vía rápida (¡como el mío!).

Por supuesto, sé que muchos vendedores afiliados ganan bastante dinero; del mismo modo, sé que muchos ganadores de la lotería también lo ganan. Y sí, hay algunos vendedores de Internet profesionales que son millonarios. Mi punto de vista no hace referencia a una realidad absoluta sino a las *probabilidades*. Cada vez que se transgrede el mandamiento del control, se renuncia al control. Cuando un vendedor afiliado se une a mi empresa y vende mis productos, me da el control y le saco partido al hecho de que el fenómeno de la afiliación esté tan extendido. A mí me va bien, pero ¿y a esa persona? Siempre que se transgrede el mandamiento del acceso, hay que ser alguien excepcional en ese campo.

Por cada vendedor afiliado que gana treinta mil dólares al mes, hay trescientos mil que ganan menos de cien dólares. Por cada vendedor de *marketing* en red que gana cincuenta mil dólares al mes, hay quinientos mil que ganan menos de cien dólares.

Por cada ganador de lotería que gana un millón de dólares, hay un millón de perdedores. ¡Cuestión de probabilidades! Si crees que puedes desafiar las probabilidades y ser excepcional, ve a por ello. ¡Y enhorabuena! Tengo noticia de varios vendedores afiliados excepcionales que ganan millones. ¡No es imposible si se sigue un proceso sólido!

El hecho de tener experiencia en campos que no son propios de la vía rápida no significa que esos ámbitos sean inútiles o que deban evitarse. Ahora bien, sobre la base de las probabilidades matemáticas, procuro que mi pan no esté en la cesta de otra persona. El *marketing* de afiliación es una forma potente de hacer crecer *tu* negocio; es por eso por lo que abogo por que *crees* programas de afiliación a los que quieran unirse las masas, en lugar de que te *unas* al programa de otros.

M. J., ¿sugieres que no hace falta cursar una carrera universitaria?

Depende de su coste, de tu madurez, de tus objetivos y de sus beneficios marginales. Si quieres ser médico, ingeniero o enfermera, sí, ¡debes ir a la universidad! Si quieres inventar un producto cuya concepción requiera tener unos conocimientos de ingeniería importantes, ¡es probable que debas ir a la universidad! Ahora bien, ten cuidado con la servidumbre educativa. Ten presente que la formación universitaria no es un prerrequisito para enriquecerse y que la educación formal a veces puede ser contraproducente. La velocidad de cualquier educación varía según su propósito y su coste. Yo fui a la universidad y no me arrepiento. Iría de nuevo.

M. J., mi patrocinador del siguiente nivel dijo que eres un ladrón de sueños y que tu punto de vista sobre el marketing *en red es defectuoso.*

Genial, en ese caso sigue recibiendo consejos de él. Hazme saber cómo te está yendo dentro de cinco años.

Tengo una esposa y dos hijos por mantener y no puedo permitirme el lujo de dejar mi empleo. ¿Cómo puedo encontrar tiempo para ir por la vía rápida?

El tiempo no es el problema; lo importante es si cuentas con el deseo y la pasión de ir por esta vía. Estás en una trampa porque tienes responsabilidades; así es como gana la vía lenta y te mantiene receptivo a su plan. Para liberarte, debes comprometerte y alimentarte de la pasión insaciable que tengas en relación contigo y tu familia. Esta pasión encontrará el tiempo por ti; lo hallarás a primera hora de la mañana, o tarde por la noche, o los fines de semana... Si no cuentas con una pasión ardiente, tu deseo se manifiesta solamente como interés y no como compromiso. Los conductores de la vía rápida comprometidos crean riqueza, mientras que los que solamente están interesados crean excusas.

M. J., cuando compraste tu primer Lamborghini, ¿eso te hizo feliz? Estoy pensando en comprarme un Porsche.

Los automóviles y otros artículos caros no te harán feliz. Yo ya era feliz cuando compré mi primer Lamborghini, el cual adquirí como forma de recompensarme por un logro. La felicidad la fui adquiriendo en el proceso de conseguir el logro, mientras que la compra fue la recompensa y un acontecimiento. El logro es fruto de un proceso y es el pastel de tu experiencia. ¡Es tu proceso de alcanzar logros de forma repetida e imbuido de pasión en la persecución de tus objetivos específicos lo que te hará feliz, no un automóvil! Cuando vivas esto, es posible que te sorprenda la realidad de que ya no deseas el automóvil en el que habías estado soñando.

Soy madre soltera e higienista dental. ¿Cómo puedo ir por la vía rápida?

Sea cual sea tu profesión, ir por la vía rápida requiere cumplir con los cinco mandamientos que son la necesidad, el acceso, el control, la escalabilidad y el tiempo. ¿Puedes crear un negocio que tenga un gran alcance, que resuelva una necesidad a gran escala? ¿Hay alguna necesidad en el sector dental cuya satisfacción beneficiaría a miles de personas? Si no puedes descubrir una necesidad o una solución en el ámbito de tu sector profesional, tienes que mirar más allá, al mundo, y a otras vías que están al servicio de la gente. Recuerda que no eres solamente higienista dental; también eres madre, mujer e hija. Hay cientos de posibilidades en estos tres ámbitos. ¿Qué te apasiona? ¿La política? ¿La vida natural? ¿La jardinería? ¿Hay necesidades no satisfechas en el campo de tu elección? Si no se te ocurre qué podrías hacer, deja que un problema que necesite una solución revele tu carretera.

Emprender un negocio es arriesgado. ¿Hay alguna manera de minimizar ese riesgo?

Sí. Entra en el mundo de los negocios por la razón correcta, y la razón correcta es llenar un vacío existente en el mercado o hacer algo mejor que cualquier otra persona o entidad. El ámbito de los negocios es arriesgado cuando los emprendedores crean empresas basándose en motivos erróneos y egoístas. Recuerda que a los extraños no les importan tus sueños. Somos inherentemente egoístas; buscamos satisfacer nuestras necesidades y deseos. El riesgo es mayor cuando se emprende un negocio sin que haya una necesidad, una marca o un propósito definidos. El riesgo es mayor cuando se emprende un negocio sobre la base de lo que uno «ama hacer» en lugar de emprenderlo sobre la base de lo que *hay que hacer*. El riesgo es mayor cuando se cede a otras personas el control sobre los aspectos principales del funcionamiento empresarial. Sí, poner en marcha un negocio es arriesgado porque muchas veces los empresarios no parten del propósito fundamental de los negocios, que es resolver problemas y ayudar al prójimo. Las ganancias se obtienen a partir de este propósito; no pueden ser el propósito.

M. J., está claro que eres un fanático del control. Dado que la vía rápida se basa en los ingresos pasivos procedentes de la percepción de intereses, ¿cómo te las arreglas con las tasas de interés, dado que no puedes controlarlas? Si las tasas de interés fuesen cero, ¿no invalidaría eso la vía rápida?

Sí, soy un fanático del control en relación con mi plan financiero, y tú también deberías serlo. Si no tienes el control, puede ser que tu comodidad y tu seguridad dependan de otra persona o empresa. Este no es mi caso. En segundo lugar, estoy de acuerdo en que no puedo controlar las tasas de interés, pero se trata de tener invertida una cantidad lo bastante elevada para que las variaciones que puedan presentar las tasas no sean demasiado relevantes (consulta el capítulo treinta y siete). Incluso en el actual contexto en que las tasas de interés están bajas, puedo encontrar rentabilidades seguras y predecibles del 5 % porque pienso globalmente, no localmente. Si con la cantidad que tienes invertida necesitas que la rentabilidad anual sea del 10 %, te estás engañando a ti mismo y las variaciones de las tasas de interés te traerán problemas. Debes prever las variaciones y ubicar el listón de tus expectativas en un nivel lo suficientemente bajo.

M. J., ¿no puede un buen mentor ser una especie de chófer en el viaje hacia la riqueza?

Los mentores son excelentes recursos si se los busca para obtener orientación y no como acompañantes personales. He tenido la oportunidad de ser mentor de algunos individuos, y varios de ellos no estaban verdaderamente interesados en trabajar duramente o efectuar sacrificios; querían que alguien asumiese el riesgo y tomara el control del proceso. La tutoría no consiste en subcontratar el proceso, sino en obtener orientación a medida que uno forja su propio viaje. ¡Los buenos mentores son vientos de cola que aceleran!

M. J., ¿no estás siendo hipócrita al condenar el despilfarro material y, aun así, asociar la vía rápida con objetos materiales como los Lamborghinis y las casas grandes?

No, porque en la vía rápida no se trata de comprar cosas sino de conseguir la *libertad*, incluida la libertad de poder pagar por lo que quieras tener. Hay una diferencia entre ser prisioneros de nuestras posesiones y comprar aquello que podemos pagar. Si puedes entregar trescientos mil dólares por un automóvil y no verte encadenado a esta compra, adelante.

M. J., estoy sumergido en una rutina y no veo cómo poder liberarme. Repongo estantes durante el día y lavo platos por la noche; me parece que no puedo avanzar.

El cambio empieza con tus creencias, porque estas dictan tus elecciones futuras. Si quieres avanzar, tienes que creer que puedes avanzar. Tienes que elegir emprender tu proceso, y el primer paso consiste en efectuar una simple elección. Empieza a tomar mejores decisiones. La primera debe ser analizar tus elecciones pasadas. ¿Por qué estás donde estás? ¿Qué elecciones traidoras has efectuado que te han puesto delante de un fregadero a lavar platos?

En segundo lugar, debes reflexionar sobre cómo puedes ayudar a otros con tus talentos. Si no tienes ningún talento, debes adquirir alguno. Puedes llegar a ser un experto en cualquier cosa si estudias y te aplicas lo suficiente en ello. Esto es un hecho. Desafortunadamente, esta dedicación tiene un precio y a menudo implica apagar el televisor y sacrificar los placeres inmediatos en aras de un futuro más favorable.

No me importa si estás fregando baños: si resuelves las necesidades de muchos individuos, resolverás las necesidades de uno. Y ¿quién es esa persona cuyas necesidades vas a resolver? Esa persona eres tú.

Cuarenta directrices para vivir de acuerdo con la vía rápida

1. No descartaré el «hazte rico deprisa» como una opción poco probable.
2. No permitiré que la vía lenta entierre mis sueños.
3. No permitiré que los gurús de la vía lenta contaminen mi verdad con sus dogmas.
4. La vía lenta no será *el* plan, pero permitiré que *forme parte* del plan.
5. No venderé mi alma por un fin de semana.
6. No esperaré que aparezca ni esperaré encontrar un chófer que me conduzca hasta la riqueza.
7. No daré mi tiempo a cambio de dinero.
8. No dejaré que el tiempo tenga el control de mi plan financiero.
9. No renunciaré al control de mi plan financiero.
10. No menospreciaré la importancia del tiempo considerándolo abundante y superficial.
11. No tendré fe en los acontecimientos, sino en los procesos.

12. No seguiré los consejos de los gurús que predican un itinerario mientras se enriquecen por medio de otro.

13. No utilizaré el interés compuesto para enriquecerme, sino para obtener ingresos.

14. No menospreciaré el poder que tiene un solo dólar de generar ingresos pasivos.

15. No dejaré de aprender tras haberme graduado, sino que empezaré a hacerlo entonces.

16. No impondré la carga de la deuda parásita en mi vida.

17. No seguiré jugando en el equipo de los consumidores, sino que pasaré a hacerlo en el de los productores.

18. No desestimaré la posibilidad de que mis sueños se hagan realidad.

19. No buscaré el dinero, sino satisfacer las necesidades de otros.

20. No alimentaré mi motivación con el amor, sino que la alimentaré con la pasión.

21. No me enfocaré en mis gastos, sino en mis ingresos.

22. No me pagaré el último, sino el primero.

23. No haré lo mismo que hace todo el mundo.

24. No confiaré en todos, pero permitiré que las personas me demuestren que son dignas de confianza.

25. No renunciaré a tener el control de mi negocio.

26. No haré autostop, sino que procuraré conducir.

27. No operaré en un ámbito en el que la escalabilidad esté limitada ni en hábitats diminutos.

28. No menospreciaré el poder de mis elecciones.

29. No nadaré como un pececito en un estanque, sino como un tiburón en el océano.

30. No consumiré primero, sino que produciré primero y consumiré después.

31. No emprenderé un negocio en el que no haya que superar barreras para entrar o en el que sea demasiado fácil hacerlo.

32. No invertiré en las marcas de otra gente, sino en las mías.

33. No daré crédito a las ideas, sino a la ejecución.

34. No atenderé mal a mis clientes en favor de otras partes interesadas.

35. No crearé un negocio, sino una marca.

36. No enfocaré los mensajes publicitarios en las características de mi producto o servicio, sino en sus beneficios.

37. No seré un polígamo oportunista, sino que me enfocaré en un solo negocio.

38. No abordaré mi negocio como un jugador de damas, sino como un jugador de ajedrez.

39. No viviré por encima de mis posibilidades, pero buscaré ampliar estas posibilidades.

40. No viviré sin la seguridad de la alfabetización financiera.

Potencia tu vía rápida

¡Sigue la vía rápida en Facebook!

http://www.facebook.com/TheMillionaireFastlane

¡Hablemos sobre la vía rápida!

http://www.theFastlaneForum.com

Artículos sobre la vía rápida

http://www.FastlaneEntrepreneurs.com

M. J. DeMarco

http://www.MJDeMarco.com

http://www.twitter.com/MJDeMarco

La vía rápida del millonario

http://www.theMillionaireFastlane.com